讲座集萃（2017）

JINSHA JIANGTAN JIANGZUO JICUI（2017）

金沙讲坛办公室　主编

四川大学出版社

责任编辑:蒋姗姗
责任校对:许　奕
封面设计:墨创文化
责任印制:王　炜

图书在版编目(CIP)数据

金沙讲坛讲座集萃. 2017 / 金沙讲坛办公室主编.
—成都:四川大学出版社,2018.5
ISBN 978-7-5690-1854-7

Ⅰ.①金… Ⅱ.①金… Ⅲ.①社会科学-文集
Ⅳ.①C53

中国版本图书馆 CIP 数据核字（2018）第 095051 号

书　名	金沙讲坛讲座集萃(2017)
主　编	金沙讲坛办公室
出　版	四川大学出版社
地　址	成都市一环路南一段 24 号 (610065)
发　行	四川大学出版社
书　号	ISBN 978-7-5690-1854-7
印　刷	四川盛图彩色印刷有限公司
成品尺寸	170 mm×240 mm
插　页	1
印　张	21.75
字　数	440 千字
版　次	2018 年 5 月第 1 版
印　次	2018 年 5 月第 1 次印刷
定　价	66.00 元

◆ 读者邮购本书,请与本社发行科联系。
电话:(028)85408408/(028)85401670/
(028)85408023　邮政编码:610065
◆ 本社图书如有印装质量问题,请
寄回出版社调换。
◆ 网址:http://www.scupress.net

前　言

习近平总书记在党的十九大报告中指出"文化自信是一个国家、一个民族发展中更基本、更深沉、更持久的力量"。没有高度的文化自信，没有文化的繁荣兴盛，就没有中华民族的伟大复兴。习近平总书记指出要"推动文化事业和文化产业发展"，要"完善公共文化服务体系，深入实施文化惠民工程，丰富群众性文化活动"。"金沙讲坛"这一公益讲座在坚持社会主义核心价值体系、自觉增强市民文化自信上始终是坚定的实践者。

成都"金沙讲坛"创办于 2009 年 3 月 7 日，由中共成都市委宣传部主办，成都市社科联（社科院）承办，成都市广播电视台、成都传媒集团、成都博物馆、成都金沙遗址博物馆等协办。讲坛以"传播学术文化、弘扬人文精神、提升城市品位、提升市民素质"为目标，以"讲成都、谈天下，通古今、论人生"为理念，以"选题系列化、内容大众化、普及品牌化"为思路，着力打造出了"名家荟萃的大讲坛，老百姓自己的文化沙龙"，也把讲坛办成了全国知名的社科普及和文化惠民活动品牌。

"金沙讲坛"坚持公开、免费向全体成都市民开放，每年的 3～11 月共举办现场讲座 50 余场。9 年多来，讲坛先后邀请到了王蒙、龙永图、易中天、于丹、白岩松、杨澜、阿来、乔良、张召忠、张国立、水均益、马少骅、雷军、吴宇森、刘伟、叶小文、白燕升、梁文道、周思敏、林清玄、叶莺、聂卫平、何占豪、尹卓、罗援、刘劲、敬一丹、章金莱（六小龄童）、单霁翔、钟南山等名家莅临讲坛，讲座的内容涵盖政治、经济、文化、历史、法律和社会等人文学科的方方面面，深受广大市民的喜爱，已打造成为成都知名的文化活动品牌和市民的"思想盛宴"。在成都，去听"金沙讲坛"已经成为市民的一种生活方式。9 年多来，讲坛培育了稳定而庞大的听众群，从学生、教师、军人、企业白领到机关干部，从莘莘学子到白发老人，听众覆盖了各个年龄段及各类行业，他们齐聚一堂，共同享受着先进思想的熏陶和先进文化的洗礼。讲坛通过贴近老百姓和高质

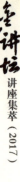
量举办，用百姓喜闻乐见的方式和通俗的语言，让学术文化走进市民百姓之中，同时传播正能量，使老百姓多一份对文化的了解，进而能多一份来自内心深处的文化自信。

2017年度，"金沙讲坛"成功举办了大型现场专题讲座50场，其中走进校园9场、走进机关2场、成都博物馆16场、金沙剧场23场。讲坛主题丰富多彩，在围绕中心工作、发展天府文化、弘扬法治精神、贴近民生艺术等主题上有多场精彩讲座：中央电视台特约评论员、央视《将改革进行到底》纪录片总撰稿人杨禹讲授"不忘初心，牢记使命——十九大精神解读"；央视《朗读者》嘉宾、成都鲜花山谷创始人周小林讲授"天府文化的传播使者——蜀葵丝绸之路"；北京大学哲学系教授、博士生导师陈少峰讲授"城市发展中的文化创意产业"；北京师范大学文学院教授，著名诗人、诗歌评论家、作家任洪渊讲授"天府文化的现代思考——谁是后卓文君"；四川省委党校法学教研部主任、教授刘伟讲授"深入推进从严治党"；中国美术学院教授、博士生导师任道斌讲授"国画欣赏与人文素质"……"金沙讲坛"实现了"一次讲座，多次传播"。成都电视台、成都电台、成都全搜索及《成都日报》《成都商报》《光明日报》《中国社会科学报》《四川党的建设》《四川航空》《四川日报》《华西都市报》等省内外的多家媒体都报道过讲坛情况。2017年11月，"金沙讲坛"被四川省委宣传部、省社科联评为四川省社科普及基地；12月，应邀成为由江苏省干部理论教育讲师团"江苏大讲堂"和南京市委宣传部"市民学堂"共同发起的"紫金讲坛联盟"会员（成员单位现有31家，分布于6个省份），并在常州举办的"紫金讲坛联盟"第三届年会上分享了"金沙讲坛"办坛经验，获得一致好评；12月31日《光明日报》要闻版（第二版）宣传报道了"金沙讲坛"，刊载文章《金沙讲坛：人文成都的一张文化新名片》；《成都日报》的《金沙讲坛》专栏，2017年接连斩获了中国报纸副刊优秀奖、四川新闻奖副刊类一等奖、四川报纸副刊一等奖等。"金沙讲坛"的举办有力地促进了成都社科普及和文化建设，极大地丰富了人民群众的文化生活，提升了"金沙讲坛"在省内外的知名度、美誉度。

金沙讲坛办公室
2018年5月

目　　录

改革发展　不忘初心

探寻科学　仰望星空

弘扬历史　传承文化

健康指导　家庭建设

城市经纬　艺术天地

改革发展　不忘初心

不忘初心，牢记使命
——十九大精神学习解读

◎ 杨　禹

杨禹，中央电视台特约评论员，中国改革报社副社长，中宣部、中央全面深化改革小组、中央电视台承担制作十集大型政论专题片《将改革进行到底》纪录片总撰稿人。

　　我今天的题目是八个字：不忘初心，牢记使命。这是习总书记在十九大开幕时所讲的内容。我用16个字概括这次大会：创立思想，巩固核心，配齐队伍，提升境界。习近平新时代中国特色社会主义思想的创立，开辟了马克思主义新境界，开辟了中国特色社会主义思想新境界，开辟了我们治国理政、管党治党的新境界；也开辟了党带领人民奔向美好生活的新境界。

　　习近平新时代中国特色社会主义思想并不是在一天中诞生的。十八大以来的五年，我们一直以各种方式学习习总书记的系列重要讲话，这些讲话都是这个思想的组成部分。学习十九大的精神最好的载体是总书记32000字的报告。我把其中的关键点、学习中的重点和热议的要点与大家一起做一些分析。

不忘初心，继续前进

　　2016年7月1日建党95周年时，习总书记发表了重要讲话，他提出了八个字：不忘初心，继续前进。一年多来，他每逢重要讲话必讲这八个字，这次大会报告最初的一段话其实就是不忘初心，继续前进的扩展版，他给初心下了一个定义，说我们的初心和使命就是为中国人民谋幸福，为中华民族谋复兴。习总书记不仅对共产党人讲初心，也对全国人民讲初心。2016年在中央纪念孙中山先生的大会上，他说

不能忘记以中山先生为代表的 13 亿中华儿女的共同初心，要继续前进。我们的共同初心是实现民族的伟大复兴；同时，中国共产党人还要牢记，自己是马克思主义者，是人民群众的服务员，这个关系不能颠倒。

大会报告还有八个字也非常重要：登高望远，居安思危。习总书记说，中国共产党再过几年就要迎来 100 岁的生日，如果我们深知自己谋求的是千秋伟业，那我们就知道，我们的党虽然 100 岁了，但仍然风华正茂。这就是一种登高望远、居安思危的精神。共产党人越是充满自信，越要居安思危，要充分地讲成绩，机遇，更要看到我们的短板和不足，我们可能会遇到的困难、挑战和风险，这就是居安思危。

在 2017 年夏天的大型政论专题片《将改革进行到底》的拍摄过程中，我们反思，做这个片子只是为了讲改革多伟大吗？不是。我们固然要讲改革之伟大，但是更想讲的是改革的路还很长，后面难题还很多，我们要有决心、有能力去不断地攻坚克难。在确定片名上我们一直犹豫，后来就到习总书记的讲话里面寻觅启发。习总书记在 2016 年 12 月 30 日全国政协迎接 2017 年的新年茶话会的讲话中提道：71 年前，毛泽东发表了重要的演讲愚公移山；68 年前的今天，在新年献词里，毛泽东号召全党将革命进行到底。我们今天越是大踏步地前进，越要大力弘扬愚公移山的精神和将革命进行到底的精神，才能继续前进。我体会到，十九大对于我们来说是一个阶段性的伟大胜利，在这个胜利时刻即将到来的时候，习总书记告诫我们，一个阶段性的伟大胜利就在面前，人民群众更加热烈的掌声就在面前，但是我们共产党人自己要冷静地知道，我们的路还很长，所以要愚公移山；我们后面的难题更多，所以才要将革命进行到底。这给了我很大的启发，便提出将这部大型政治专题片确定为《将改革进行到底》。大家认为这是整个片子的核心意识，它强调改革不会很快结束，而是永无止境，与总书记不断提到的居安思危思想相吻合。

新时代是指党的十八大以来的时段，即在五年前我们就进入了新时代。这可以从三个角度来分析：第一，进入新时代最重要的标志就是社会的主要矛盾发生了转化，主要矛盾的转化不是在一天中完成的，一个社会主要矛盾的转化，没有五年、八年是完不成的，过去五年转化已经在进行当中。第二，进入新时代一个相当重要的标志就是习近平新时代中国特色社会主义思想指导着我们党和国家的工作，过去五年习总书记在重要讲话里已经把他的思想全面展示，而且这些思想已经在指导我们的工作。这些思想在过去的五年里一直发挥着作用。第三，进入新时代还有一个特点，就是中国智慧、中国方案得到了世界的广泛认同，而中国智慧和中国方案不是在一两天里勾画的，而是在过去五年中一直在勾画。从这三个方面来讲，过去五年一直处于新时代之中。

报告里用了五句话、五个"是"来定义新时代。这五个"是"分别回答了旗帜道路问题，历史人物问题，以人民为中心的发展问题，精神状态问题和国际地位问题。我们日益走近世界舞台中央，这个"近"字是远近的近，就是说我们走近了，接近了世界舞台中央，这反映了我们冷静的态度，过去五年我们的国际地位日益提升，大国外交推进非常顺利，影响力也大幅度提升，但是我们仍然审慎地认为我们还没有走到世界舞台中央，只不过接近了世界舞台中央。这就是登高望远，居安思危，一个字就能体现这种思想高度。

关于主要矛盾的转化

这次大会对于主要矛盾的转化最基本的定义是，我们现在的主要矛盾是人民日益增长的美好生活需要和不平衡不充分的发展之间的矛盾。围绕主要矛盾的转化，1956年中国共产党第八次全国代表大会提出：国内主要矛盾已经不再是工人阶级和资产阶级的矛盾，而是人民对于经济文化迅速发展的需要同当前经济文化不能满足人民需要的状况之间的矛盾；1981年，站在改革开放的起点上，我们又调整为：人民日益增长的物质文化需要同落后的社会生产之间的矛盾；现在我们社会生产总体不落后了，但是不平衡不充分。深入学习矛盾转化要注意四个不能：第一，不能以主观代替客观，社会矛盾的转化是一个客观进程，不是我们主观臆断的。第二，不能超前也不能滞后；第三，不能只做概念变化；第四，虽然有很多变化，但是也不能随意地做连锁反应。这是我们研究它的基本态度。

矛盾的一边是不平衡、不充分的发展。不平衡的发展的表现至少有四点：一是区域的不平衡，东、中、西部，城乡之间有不平衡。二是领域的不平衡，经济领域发展得快，社会领域发展得慢。三是群体的不平衡，比如高中低收入不平衡。四是供需不平衡。越过这四个不平衡，还有更深层次的四个不平衡：一是观念不平衡，虽然我们的基本政治立场、旗帜问题、道路问题，特别是共产党人的观念是一样的，大多数人民群众也是一样的，但是不同人群的观念可能是不一样的，比如说我们的开放观念、市场观念、法治观念等各有不同，参差不齐；二是整个国家治理的体制机制在不断前进，但是不同地方领域的机制也有不平衡，有先进和落后之分；三是我们的能力有不平衡，比如8900万共产党人能力也不一样；四是状态不平衡，在改革发展中，有的党员干部可以说是不用扬鞭自奋蹄，有的人却是等、靠、要和慵懒散漫。这四个不平衡是深层的不平衡，有了这四个不平衡，会加剧前面的不平衡。

什么叫发展不充分？我们发展的总量还不够多，程度还不够高：活力不少了，但是还不足；保障大致全了，但是还不够稳；我们发展的韧劲也初步展现了，但是还不够强。所有这些叠加在一起叫不充分的发展。我们大家对美好生活的愿望与不平衡、不充分的发展之间有矛盾，这是社会前进的动力，因为你要去解决这些不平衡、不充分。当然，我们看到了矛盾的变化，还要看到不变，我国的基本国情没有变，国际地位也没有变。

关于历史使命

关于中国共产党人的历史使命，习总书记反复强调了四个伟大。这四个伟大一是有表述次序，先说伟大斗争，最后说伟大梦想。二是有逻辑次序，第一就是中国特色社会主义伟大事业，它回答了我们今天正在干什么；第二是民族复兴的伟大梦想；第三是开展很多具有新历史特点的伟大斗争，讲我们到底怎么干；最后是党的建设的伟大工程，它回答的是谁领导我们以及如何领导得更好的问题。把这四个伟大的逻辑关系搞清楚了，我们自然就能理解这四个伟大间的相互贯通和相互作用。其中，党的建设的伟大工程起着决定性的作用。

习近平新时代中国特色社会主义思想有八个明确和十四个坚持。八个明确其中有些话是此次重点讲的，有些话是过去五年中一直强调的，还有一些要求是过去几十年来一直在强调的。中国特色社会主义最本质的特征是党的领导，要突出政治建设是这次讲话中提到的。十四个坚持叫作中国特色社会主义的十四个基本方略。总书记还特别提出了决胜小康以及现代化的目标，再有三年决胜小康的任务就要完成，而现代化的目标则分两步走，从 2020 年到 2035 年是第一个 15 年，其中特别需要深入学习研究的课题有，中等收入群体比例要明显提高，这与我们大家都有关系。我们大多数人都是属于中等收入群体，这一课题需要研究的问题包括：一个社会如何定义中等收入，中等收入的比例现在有多高，五年前有多高，十年前有多高？要提高中等收入群体的比例在发展的意义上要做什么，在改革的意义上要做什么？一个社会高中低收入群体的诉求有哪些相同，又有哪些不同？

到 21 世纪中叶 2050 年最关键的一个词就是共同富裕。共同富裕这四个字远远没有破题，因为过去十几年来我们一直在研究小康，研究现代化，现在在现代化征程上提出要实现共同富裕，有很多问题，包括：什么叫作共同富裕？一个共同富裕的社会里大家的财富是都一样多吗？共同富裕社会里还有贫富差别和阶级差别吗？共同富裕的社会里还有前进动力吗？如果都富裕了那还有谁去奋斗呢？这些问题都值得我们去深入分析。

目标摆在面前，还有两个问题值得我们深思。第一个问题，这个目标到底好不好？为什么好？我想至少可以从三个角度来看。第一，如果我们定一个目标，大家都认为我们按照今天的状态和能力按部就班，再苦干 33 年，就有把握实现这个目标，那一定不是好目标。为什么？因为这样的目标没有给自己的潜力留下空间，给自己压力不够。第二，一个目标定完，大多数人都认为我们苦干 33 年，到未来我们还得凭一点运气才有可能实现这个目标，这也不是好目标，这目标定得有点高，不切实际。第三，一个目标定完，大多数人认为经过 33 年，我们奋力一蹦就能把目标钩下来，这就是好目标。

第二个问题，这次定了 30 多年以后的目标，这个目标是不是有点远了？共产党人不会拍着胸脯打保票说，这个目标肯定能实现，谁也不可能决定或者准确知道 33 年以后的社会是什么样子，但是我们不能掉进目标虚无主义，我们要判断在未来的 33 年中能走多远。先回望一下过去 33 年我们走了多远，然后再看看过去的 33 年与未来的 33 年有什么利弊因素的变化，然后再判断未来 33 年还能走这么远甚至更远吗？我们有没有增加不利因素呢？当然增加了，比如说改革，过去好改的都已经改过了，后面剩的都是不好啃的硬骨头。过去我们依靠的人口红利也消失了。但是有没有有利因素？当然有。我认为最关键的有利因素是经过了过去的 33 年今天我们绝大多数人对中国特色社会主义道路的认识变得更清晰，更坚定了。认识到中国特色社会主义道路是最符合国情的一条路，是能把中国带向现代化的道路，是我们唯一正确的选择。而同时我们对别的国家的认识也更加全面，更加理性了，我们知道那条路也许适合别的国家，但它不适合今天的中国。

今后的任务

这次大会还提出了各项任务。

关于经济。2016 年 12 月，中央经济工作会议提出了经济发展新常态下的经济政策框架，实际上就是习近平的经济思想框架，这是我们做好新时代经济工作的根本遵循。这次大会在经济领域有了不少新提法，比如在供给侧改革方面，特别强调重心是培育新的增长点，形成新动能。在创新型国家建设上，特别强调我们的创新是和几个方面的强国牢牢绑定在一起的。这次大会还特别提出了乡村振兴战略，对此我有三点认识。第一，战略的名词是新的，但是整个战略的大多数内容是五年来一贯强调并且在推进的。第二，我们今天说振兴乡村，不等于城镇化战略就不做了，我们每年仍然有两千万人进入大城镇，要城镇化战略与乡村战

略并行，就是城市要发展，乡村也要发展。第三，振兴乡村主要靠改革，这里面都是对改革的要求。

关于区域协调。每一个区域战略都很重要，但是要把落后地区放在最前面，先是老少边贫地区，然后是西部地区、东北地区、中部地区，最后才是东部地区。这个潜台词的意思是说每一个战略都很重要，未来重点要解决落后地区。

关于全面开放。大家特别关心探索建设自由贸易港，我们更应该关心的是自贸试验区，只要对自贸试验区探索（包括成都自贸试验区）的任务完成了，自由贸易港的建设自然就水到渠成。

关于文化。我们这么多年的文化繁荣发展，包括我们现在强调的文化自信，都是为了做好三件事：第一是传承传统文化；第二是弘扬时代精神；第三是讲好中国故事，我们的文化都是落在这三点上的。

关于保障和改善民生。我们既要尽力而为又要量力而行，这要求我们要尊重规律，实事求是；改善民生就是要人人享有，但前面还有四个字，人人尽责。

关于生态文明。关键词在改革二字，就是我们要讲绿色理念，更重要的是把绿色理念尽快变成可以用的绿色制度，这方面的创新压力非常大。

关于强军。人民军队这5年里发生了脱胎换骨的变化，这次大会提出了人民军队的四个现代化目标以及建设世界一流军队的目标。最重要的是强调党对军队的绝对领导，这是治军的第一原则，也是最重要的根本。习总书记今年8月1日在建军90年的讲话里说，过去5年人民军队完成了四个改革重塑，排在第一的是政治生态的重塑，部队如果政治生态有问题，就做不到听党指挥，做不到听党指挥，这支部队就是有100艘航母也打不了胜仗。

关于港澳台问题。总书记提出了全面管制权，对香港、澳门的管制权我们在20年前就有了，这是基本法赋予我们的。由于过去讲得不多，一强调管制就有少数香港同胞不爱听，但是我们是依法对香港、澳门拥有全面管制权，这个观点要大大方方地讲。

关于大国外交。过去的5年来我们形成了这么几组关系：我们在进，有人在退；我们倡导包容，有人在争；我们体现大国的担当，担起责任，有的人在扔掉自己该负的责任；我们倡导共商、共建、共享、共赢，有的人还在奉行孤立主义。未来五年这四种关系还会相互作用、较量、博弈，但是大势已经很清晰了。

关于党的建设。这里特别提到了党建的总要求，仅仅六句话，便分别回答了根本原则、指导方针、工作主线、党的建设的总体布局、基本要求和基本目标的问题。十九大特别强调党的政治建设，对于一个党员来说，要做到党内政治生活准则的12个方面；对领导干部来说要有三个把握，要有政治能力，能够把握方向、大势和全局。或者说领导干部必须保持政治定力，驾驭政治局面，防范政治风险。这些都是政治建设的要求。

总之，我们要不忘初心，继续前进，交出更加优异的答卷。这些答卷的主要内容我们过去 5 年在回答，未来 5 年、10 年、20 年仍将长久地作答。共产党人要守住底线，回答不能怎么样的问题；我们还得不断进步，回答能怎么样的问题。好的理念不等于现实难题的自动解决，还是要做很多艰苦的探索，不敢腐的高压态势是治标，后面两件事情是治本，要实现不能腐、不想腐。我们做群众工作是柔，依法治国是刚，过去有柔少刚，今后也不能有了刚丢了柔，要刚柔相济。改革的核心始终是处理好政府和市场的关系，我们稳增长促转型要把握平衡，改革要完善顶层设计，更多的是靠基层探索，这都是主要的考题。

下面，我换一个角度进行总结。过去 5 年有八个字深植于全党的思想和行动，未来 5 年、10 年、20 年还是这八个字。首先是正气，过去 5 年我们整个国家和社会的正气提升了，今后还要提升，同时巩固住。第二叫作实风，务实、实事求是的工作作风。第三是心态，就是改革创新的状态，共产党人敢于自我革新的状态。最后是人民，社会不管风气、态度如何，我们都时刻不能忘记以人民为本的中心思想。一个百年大党应该是什么样子？我概括了八句话：我们是一个有理想信念的政党；我们是从人民中来的政党；我们有历史传承；我们也要不断开拓创新；我们敢于自我革新；我们也要善于现代治理；我们共产党人要充满自信；我们也要始终充满忧患意识。

最后我再送给大家八个字，其实也是总书记讲的。十九大闭幕以后，习总书记去了党的一大会址，他把不忘初心，牢记使命又讲了一遍，后面又加了一句，我们只有不忘初心，牢记使命，永远奋斗，中国共产党才能永远年轻。这八个字就是永远奋斗，永远年轻。对于中国共产党这样一个政党，对于一个国家，对于一个城市，对于在座的老师和每一位同学来说，只有永远奋斗，才能永远年轻。习总书记这八个字是我们学习十九大精神最后的落脚点，也是每一天。每一年面向我们各自人生和伟大事业的起点。

沙金讲坛

讲座集萃（2017）

深入推进全面从严治党

◎ 刘 伟

刘伟，中共四川省委省直机关党校科社、法学教研部主任，教授，律师，绵阳仲裁委员会仲裁员，省委十八大宣讲团成员，省"两学一做"学习教育专家库成员，省委组织部干部教育培训师资库专家，党员教育培训师资库专家，四川省行政法学会常务理事。曾在四川省纪委，通江县人民政府（副县长）工作锻炼。出版专著 5 部，发表文章 60 多篇，学术成果两次获得省政府奖。

非常高兴和大家一起交流全面从严治党这个专题。首先请大家来思考四个问题。第一，为什么要全面从严治党？第二，全面从严治党谁来抓？第三，全面从严治党应当抓什么？第四，全面从严治党该怎么抓？

全面从严治党的时代背景和意义

2012 年 11 月 29 日，习总书记和常委们集体到国家博物馆参观了复兴之路的展览。参观的时候习总书记提出了一个宏伟的目标，叫"实现中华民族伟大复兴"。回望我国的近代史，我们国家积贫积弱，受到西方列强的入侵并签订了许多不平等条约，我们的国家沦为了半殖民地、半封建社会。每一个中华儿女的心中，都始终怀揣着实现中华民族伟大复兴的梦想。那么，怎样才能实现伟大复兴，习总书记有怎样的治国理政的新的思想、新的理念、新的布局呢？

习总书记提出，要实现中华民族的伟大复兴，首先要实现现代化，要实现现代化，首先要全面建成小康社会。所以，党的十八大以及十八届五中全会以来我们提出全面建设小康社会。怎样才能全面建成小康社会呢？党的十八届三中全会提出全面深化改革，怎样才能让全面深化改革生根、发芽落地呢？党的十八届四中全会提出全面依法治国，而怎样才能实现前面的三个全面呢？党的十八大以来，以及党的十八届六中全会提出要全面从严治党。这就是四个全面的战略布局。要实现这四个全面，我个人觉得要加强和改善党的领导，要全面从严治党。

如何理解新形势下的全面从严治党？我想从如下几个层面和大家进行分析。全面从严治党第一个层面就是要治党，我们治党首先是要坚持党的领导，要把抓好党建作为最大的政绩。第二个层面就是要从严，因为我们曾经是宽、松、软，现在要做到严、紧、硬。但该在哪些方面从严呢？第三个层面就是全面，所谓的全面就是思想、组织、作风、制度、反腐倡廉五位一体，全面从严治党。

首先就是要治党，治党就是要坚持党的领导。为什么要坚持党的领导呢？一般的观点认为它是历史的选择、是现实的需要。我就从现实的需要给大家提一个重要的观点，即坚持党的领导是中国当前的国情使然。国情是什么呢？就是中国处在转型时期，一个国家处在转型时期最担忧的就是能不能成功地转型。我们现在仍然处在转型时期，那么怎样才能成功地转型呢？我个人的理解至少应当具备三个条件：第一，应当有一个坚实有力的组织去推动。第二，组织的成员一定要优秀。第三，一定要找到一条正确的道路。今天的中国处在转型时期，需要一个坚实有力的组织，这个组织就是中国共产党。我们应当坚持和完善党的领导，通过全面从严治党把我们的党塑造得更加坚实有力，把我们的党员塑造得更加优秀，这就是新形势下全面从严治党的重要意义。

党的十八大以来全面从严治党的历程

有人说我们的党存在一定程度上的腐败现象，党员干部作风也存在一定的问题，既然这样，要赢得人民群众的信任和拥护，就应该从两个方面入手。第一是反腐倡廉，第二就是作风建设。

我们首先从反腐的视角进行分析。反腐第一就是惩处，我们要严厉地打击一切腐败分子，按照习总书记的观点，就是"老虎苍蝇一起打"，不管职位多高，只要是触犯了党纪国法，就一抓到底，做到在制度面前一律平等。在惩处推进的过程中的第二项建设叫教育，我们的教育有作用吗？我们的教育有效果吗？怎样才能让教育有效果和作用呢？这就涉及作风建设。

党的十八大以来第一个作风建设叫八项规定。八项规定的内容是怎样的？八项规定主要针对、规范的是哪些干部呢？2012 年 12 月 4 日，中央政治局开会强调抓作风建设首先从政治局抓起。我们要求别人不要做的自己也不要做，要求别人做到的自己首先就要做到。以良好的党风带动政风与民风，才会真正赢得人民群众的拥护与支持，这就是八项规定的目的。

八项规定回到了作风建设的主要规律，作风建设的本源和主要规律是什么？我觉得是四个字，那就是言传身教。2012 年 11 月 15 日，新一届中央领导集体和中外媒体记者见面，习总书记做了一个质朴而简短的讲话，其中有一句话叫作"打铁还需自身硬"。推动全面深化改革，需要我们的每一个人自身硬。正是在这样的推动之下，习总书记曾经在中纪委工作会上说，"善净者先净其身而后人"，就是说你叫人家不要做你自己就不要做，李克强说"为政清廉应先从自己做起"，己正才能正人。正是因为这种规律，我们才把八项规定理解为作风建设的切入点。

提出八项规定之后，又在 2013 年 6 月开展了党的群众路线教育实践活动。主要内容是反四风，在党的群众路线教育实践推动过程中，习总书记提出了"三严三实"，在党的群众路线教育实践活动总结大会上，习总书记又提出了一个新的表述："思想建党与制度建党。"所谓思想建党，就是理想信念要坚定，要坚持共产主义远大理想与中国特色社会主义共同理想。而制度建党方面，可能存在两个难点：第一，是否有良好的制度；第二，制度是否得到了良好的执行与遵守。

2012 年 11 月我们修订了《中国共产党章程》，2013 年 5 月我们制订了两个文件，一个条例、一个规定。2014 年以来，有《党政领导干部选拔任用工作条例》，有《中国共产党统一战线工作条例》，有《中国共产党党组工作条例（试行）》，有《中国共产党巡视工作条例》。2015 年 10 月以来，内容就越来越多，比如《中国共产党廉洁自律准则》《中国共产党纪律处分条例》，7 月《中国共产党问责条例》，10 月《关于新形势下党内政治生活的若干准则》《中国共产党党内监督条例》等公布。制度越来越多、发布时间也越来越密集。以《中国共产党廉洁自律准则》为例，很多地方都是道德术语与纪律术语的交织，主要是靠自觉。而修订的廉洁自律准则更多地体现的是规律本身，实现了德、纪的分开。《中国共产党纪律处分条例》实现了法、纪的分开。

全面从严治党如何得到落实

好的制度怎样才能得到落实和遵守呢？在从严治党的历程中我们发现了一个规律，凡是制度能够得到落实和遵守的都有一个特点，那就是领导干部率先垂范。一个单位、一个地方，凡是制度得不到落实和遵守的，可能都是由于领导干部的率先破坏。党的十八届六中全会修订的《中国共产党党内监督条例》体现了制度的科学化与规范化。其中一个主要的内涵，就是实现了权力、责任与担当的交融。提出监督是四个方面，第一是进一步明确将我们的中央委员会成员、中央政治局成员纳入党内监督的范畴，然后再将党组与党委、党的基层组织、党员都纳入监督的范畴，这样我们的监督就实现了全覆盖。

当前的反腐倡廉工作取得了怎样的成效？今年1月的中央纪委会上，提出了我们已经实现的三个方面：不敢腐初步实现了；不能腐日益完善；不想腐正在构筑。我们一手推动反腐倡廉建设，一手推动作风建设。那么，作风建设可能该怎样推进下去？我们在2015年提出了"三严三实"专题教育，2016年一直到现在提出"两学一做"的学习教育，这些都是以作风建设为切入点。它有几个规律：一是作风建设永远在路上。二是领导干部率先垂范、以上率下、以身作则。三是全面从严治党的范围越来越广，要求越来越严。

全面从严治党五个方面，每个方面都有深刻的内容，比如，思想建设就是坚定理想信念，作风建设就是作风建设永远在路上，反腐倡廉就是治标与治本相结合，制度治党就是要把权力关进制度的笼子里，最终目的就是缔造一个先进的党组织，这个组织中的党员干部一定要优秀，党员一定要合格。这样我们就实现了一个国家成功的转型的前两个条件。然后是找到一条符合中国国情的正确的道路，这条正确的道路就是中国特色社会主义道路，沿着这条道路我们就可以实施四个全面的战略布局，这样我们才有可能把中国推向伟大复兴的、平稳发展的航程。

全面从严治党的目的就是让权力在制度的范围内活动，要把权力关进制度的笼子里，而把权力关进制度的笼子里还有一个引申的含义，就是让权力回归本位。权力的本位就是当官不能发财，当官发财两条路。如果当官不能发财，那怎么才能发财呢？到市场中去，依靠良好的产品与良好的服务，靠创业创新；如果当官都能发财，权力都能产生利润，市场又怎么可能完善呢？当官就应该为大家提供良好的公共服务，提供良好的社会秩序与规则。我们在规则的范围内活动，每个人的活力竞相迸发，中华民族肯定会强大。转型时期，我们需要一批忠诚、有责任、有担当的党员与党员干部。在党员和党员干部的推动之下，在党章与党规的范围内活动，带领广大的人民群众在法律的范围内活动。这样，我们就可以带领全国人民在全面依法治国的框架之下成功地实现全面建成小康的目标，这才是全面从严治党的本意。

坚持正确的选人用人的导向，这次大会回到了干部选拔的最初的原点，就是对选人用人的失察失误严肃追究责任。选人用人如此困难，选人用人意义这么重大，那在选拔优秀的党员干部时候怎样做呢？一定要如履薄冰、战战兢兢，严格按照我们党管干部的原则，按照程序选出一大批真正德才兼备的干部来。如果在干部选拔的过程中，老实人总是吃亏，那些有才华、有能力、有道德的人没有被选出来，这个单位会有活力吗？这个地方会有活力吗？我们经常说一句话，那就

是最担忧我们的领导干部"位尊而德薄"。选拔干部应该是有责任，有担当的，在选人用人方面，一定遵循制度的规律，对选人用人的失误失察一定要严肃追究责任。这样的话，我们在全面从严治党过程中才会培养选拔一大批真正忠诚、干净、有担当的党员干部。

关于坚决维护党中央的权威。维护党中央的权威，就是要始终坚持党的领导，就是坚持党中央的集中统一领导。我们要向以习近平同志为核心的党中央看齐，向党的理论和路线方针政策看齐，向党的决策部署看齐。只有这样，我们在党中央的带领之下，全国人民齐心协力，才可能真正地渡过转型时期，才可能真正地步入伟大的复兴时代。

小结今天的交流内容。第一，为什么要全面从严治党？因为我们处在转型时期，我们处在三期叠加的时期，我们需要一个坚实的党组织和一大批优秀的、高尚的人共同推动这个国家成功地转型。第二，全面从严治党谁来抓？全面从严治党的责任主体是谁呢？是我们的党委、党组。习总书记指出，要把抓好党建作为最大的政绩。因为如果不抓好党建，不抓好党的建设的五个方面，不全面从严治党，我们的党可能会失去党心、民心，得不到人民群众真正的拥护和支持，我们怎么去推动全面依法治国，怎么去推动全面深化改革？所以，我们要在党言党、在党忧党，党要管党，党要治党，从严治党。第三，全面从严治党抓什么？从刚才的分析中我们看到，全面从严治党主要抓两个方面，一要抓从严，二要抓全面，五个方面都要抓，要以反腐倡廉和作风建设为切入点，加强思想建党与制度治党，缔造一个更加先进的党组织，五个方面缺一不可。这样就体现了一种系统的观念，体现了一种整体的观念。所以，我们叫"系统地推进四个全面"，同时也叫作"系统地推进全面从严治党"。第四，全面从严治党该怎么抓？主要规律就是领导干部率先垂范，以身作则。

习总书记在参观复兴之路展览的时候，用"三段论"回顾了中华民族的过去，审视了中华民族的今天，展望了中华民族的明天。他按照历史唯物主义的逻辑思路，推动着实现中华民族伟大复兴的中国梦。习总书记为中华民族的伟大复兴展现出了光明的前景，我们比任何时候都有信心，比任何时候都有能力实现中华民族的伟大复兴。

学习宪法知识，维护宪法权威
——漫谈生活中遇见的宪法

◎陶维东

陶维东，西南财经大学法学院副教授，法学系系主任，地方法治研究所所长，法律硕士教育中心主任。中国立法学研究会理事，中国宪法学研究会会员，中国行政法学研究会会员。省人大省政府市人大市政府常务会议法律学习授课教师，成都市仲裁委仲裁员。四川省及成都市立法顾问，参与数十部法律法规规章的咨询论证及起草工作。主编参编《行政法与行政诉讼法学》《民法学》《经济法学》等多部著作，著有《法律必须被信仰》《法治政府首先是有限政府》等论文。

今天非常荣幸跟在座的各位朋友一起分享本人学习宪法的一些感受，希望这些感受、经验能够对大家理解宪法、学习宪法、掌握宪法，同时帮助大家在适当的时机运用宪法来维护自身的权益。

宪法不是一个高高在上的，只在人民大会堂、报纸头版或在电视见到的东西，而是与我们每一个人的权利、利益息息相关。宪法涉及的内容非常多，今天下午不能把宪法具体条文、具体规定，宪法所涉及的具体权利义务都给大家做最完整的阐述，只能就宪法最核心的，尤其是与我们普通人相关联的内容做一个重点介绍。

宪法是我们生活当中最重要、最权威、具有最高地位的法律文件。现行的宪法即1982年宪法实施30周年时，习近平总书记在纪念宪法的大会上做这样一个陈述：宪法的生命力在于实施，宪法的权威性也在于实施。这说明，宪法不仅仅是写在书本、印在纸上的，更要是在我们的生活中得到体现，要把宪法所规定的内容、权利在我们生活中得到尽可能多、尽可能细地实施和保障。如果宪法离我们每个人的具体权利、利益都非常遥远，那么它的价值就会大打折扣。

几十年来，宪法在我们生活当中价值的体现经历了一个逐步了解、认知、实践和不断取得进步的过程，十八大以来，依法治国的方略成为我们生活和工作中的重要内容，我们逐渐确立了一些基本的制度安排，宪法中有这样一些表述，大家可以一起来回顾一下。

首先，我们强调党的领导、人民当家做主、依法治国三驾马车相统一。要实现党的领导、人民当家做主和依法治国的统一，最根本的就是让宪法在这个三统一当中发挥核心作用。因为宪法确定的最基本的原则是党的领导、人民当家做主和依法治国的统一。

第二点，从十八届三中全会、四中全会到十九大，始终都在强调宪法的权威性。权威性在具体的法治事件里面首先体现为依宪治国，这是国家的基本方略；第二要依宪执政；第三是依宪行政，行政的领域也要依宪法来体现。

第三点，十八届三中全会有一个新的提法，叫作国家治理体系和治理能力现代化。治理体系侧重于体制的构建，就是我们形成了什么样的国家治理体制；而治理能力主要是机制的构建，就是我们有哪些方式，用哪些手段，走哪些程序来进行完善社会制度；在当今社会高度多元化、利益高度分化的背景下，我们如何有效地完成社会治理任务。治理体系和治理能力的现代化构建也必须以宪法为依据，以宪法为中心。

第四点，我们现在强调法治国家、法治政府和法治社会的统一，就是国家整体层面上，必须是由法律框架体系来维系这个国家的基本统一，国家的一体化和国家的经济、社会、文化、发展目标。法治政府强调，在整个法治构建里面，政府守法是最核心的要求，政府守法必须要以宪法为统领；同时，老百姓要有法治理念，法治信仰和法治习惯。这些理念、信仰和习惯的养成也必须是在宪法的大旗帜下，在权威的照射之下实现。

第五点，党的十九大报告里面提出一个非常重要的要求，就是我们要进行合宪性审查。在国家政治、经济、社会、文化、生活的一切方面，可能会遇到很多的矛盾，很多的冲突，有的时候甚至会出现对抗。要解决这些矛盾、冲突、对抗，最主要的途径是坚持宪法精神，如果宪法能够真正走进我们的生活，解决我们生活当中所面临的矛盾、冲突、纠纷、问题，并采取正当的程序来解决、处理的时候，这个社会就会越来越和谐，越来越完善，我们人民的生活也会更加的美好。

在这个背景下，我们来学习宪法，了解宪法的知识；同时也要尊重宪法，维护宪法的权威，最终推动国家和社会不断进步。

宪法的历史

宪法起源于拉丁文 Constitutio，原意为组织确立。我们每个人都以个体化的形式存在，要把一盘散沙似的个体组织、凝聚起来，形成有效的社会整体，必须要有一个组织和确立的过程，所以，宪法的原始含义就是能够把分散的甚至是对立的个体凝聚成一个整体。在古希腊罗马时代，亚里士多德写了一部《政治学》，它是现代文明体系中一部具有基础性或者里程碑意义的重要文献。亚里士多德在其中谈到了宪法是什么，他认为宪法或者说作为宪法理论基础的立宪主义就意味着政府必须对统治者负责，这个统治者也包括被统治者，政府必须对他所服务的对象负责，公民应该参与到法律的制定过程中来，并且遵守他们自己所制定出来的法律；另外，法律面前人人平等。

我们现代的社会形态可以在 800 年前找到依据。1215 年，英王约翰与诸侯做了一个《自由大宪章》。前年，英国纪念了他们的第一部宪法，《自由大宪章》，它已经制定和生效 800 多年了，今天仍然是英国宪法的一部分。《自由大宪章》首先是限制过往权力、不得随意征税；第二是保护贵族与市民的人身和财产权利；第三是法制统一和司法独立，就是普通法。法国的《人权宣言》强调，凡是权力无保障和分权未确定的社会就没有宪法。1787 年的《美国宪法》强调什么呢？潘恩说：一国的宪法不是其政府的决议，而是建立其政府的人民的决议。

中国人接触宪法有一个历史过程。1894 年甲午战争中国战败后，签订了《马关条约》，进行割地赔款。开始中国人很不服气，觉得我们庞大的中国和一个东瀛的小国交战怎么可能会打输呢？国人对此进行了深刻反思，他们发现日本进入近代文明的时间不到 10 年，却打败了曾经比他强不知多少倍的中国。日本的成功在于它善于向西方学习，更重要的是引进了宪法制，让日本国内更加有序。之后我们也开始向日本学习，派去了大量的留学生，不仅学习日本的工业技术也学习日本的典章制度，其中就包括日本的法律制度，尤其是宪法。所以，在晚清风雨飘摇的状态下，统治者制定了一部在今天看来有点滑稽的宪法，那就是《钦定宪法大纲》。这个大纲的题目实际上呈现了当时晚清的矛盾状态，当然这个宪法大纲并没有真正实施，两年之后辛亥革命爆发，清朝就灭亡了。

孙中山建立了中华民国，在民国成立之初就颁布了《中华民国临时约法》，体现了中华民国对制度文明的追求，具有很大的进步意义。1949 年中华人民共和国成立以后，在正式颁布宪法之前，颁行了一个具有宪法性质的文件，即《中国人民政治协商会议共同纲领》，确定了新中国的基本政治、经济、社会、文化制度，奠定了我们走到今天的法律基础。

不管是西方宪政发展还是中国宪法的进步，宪法都有一个核心内容：限权、分权和平权。我个人理解，这三个关键词就是宪法最基本的逻辑。

宪法的定义

宪法有很多定义，美国的潘恩曾经说过，宪法是人民的政治圣经，是我们在公共生活、政治领域中的最高的终极性的文本。马克思主义的创始人马克思、恩格斯曾经讲过，宪法是法律的法律，是母法，是道德之母。我们对宪法有一个基本定位，宪法是国家的根本大法、治国安邦的总章程。宪法解决什么问题？第一是规定国家的根本制度，我们从中央到地方分成几级，比如有中央政府，省政府，市政府，县政府和乡镇政府，这就是规定一个国家的制度体系、政府结构的组成。第二是规定国家的基本权利。宪法形式上是法律，实质上是政治，因为它是人民关于社会共同体共同遵守的游戏规则。这个共同体就是由全体人民组成的国家。宪法还有成文与不成文之分。

宪法、宪政与宪治

宪法、宪政与宪治有基本要求。第一，宪法至上，它在整个法律体系和社会生活体系中具有至高无上的地位。第二，它以民主、政治为依托，是以广大的人民能够分享的权利为基础的。第三，法治。第四，是对人权的尊重和保护。第五，权力要互相制约。第六，是有限政府，政府在社会生活当中所起的作用是有限的。国家也好，政府也好，不是包打天下，包办一切的，政府为我们提供有限服务，它只管理个体自由、市场竞争、和社会自治解决不了的问题，如果问题能够通过个人自由、市场竞争，社会自治得到解决，政府尽量不介入。第七，是对财产权的保护，国家政府要责无旁贷地保护每一个公民的合法财产所有权。第八，要有正当程序，哪怕你看见一个人杀了人，他也必须在立案、起诉、审判之后才承担责任。第九，违宪审查，社会中所有事情都应该通过宪法这样一个最高的标准来进行审查。党的十九大也提出了合宪性审查，这是一个巨大的进步。

西方宪政的困境

实际上，在宪法实施的过程中，不管是法治传统比较悠久的国家，还是我们这样全面推进依法治国的国家，宪政的建设、宪法的实施过程中都遇到了一些困难。

西方社会尽管有法治传统，也有相对较为完善的宪法，但仍然面临着很多的问题。以美国为例：第一，美国的枪支问题。美国的枪支问题实际是一个宪法问题，美国宪法是1787年制定的，1791年美国就通过了著名的宪法第二修正案，其中涉及两个问题，第一是关于美国地方武装，管理良好的民兵是保障自由州安全所必需的；第二是人民持有和携带武器的权利不受侵犯。第二修正案首先解决了联邦制的问题，美国实行高度的地方自治和地方分权，为了保障地方自治和地方分权保留了州拥有地方武装的权力。在保留地方武装权力的同时，更赋予了个体武装权力，因为它认为个体才是自身权益最好的维护者，没有任何人能替代你来维护你的权力，所以个人要拥有枪支。第二个考虑，认为个人权力的终极性就要赋予个体实现自己权力的最大可能性，要让个体得到最好的保护，免于不法伤害，就要让个体拥有武器，拥有枪支。第三个考虑是人与人之间的平等，认为个体之间的差异是很大的，有很弱小的人，也有非常强壮的人，但是这些人在武器面前都是平等的。第四个考虑是，如果禁枪，就是禁止了好人用枪支来保护自己的权利，而对坏人而言，你再怎么禁他都可以通过各种途径拿到枪，所以美国宪政似乎在这个问题上陷入了困境，尤其是近年来拉斯维加斯和得克萨斯等地发生的一系列事件，造成了超出历史案件的损失，引起了美国人们更进一步的反思。

第二，美国也存在种族平等的问题。1776年美国独立战争开始，1787年建立了现代的联邦制国家，但实际上，美国的宪政建设也经历了一个漫长的过程。19世纪60年代才废除了奴隶制，解决了南北分裂，又过了100年，到20世纪60年代才基本解决了种族平等的问题，20世纪初才解决了男女平等的问题。今天，美国的种族平等问题又变得突出了，因为过去主要是非洲裔的问题，而现在则面临中南美洲和墨西哥人的问题。特朗普上台以后号称要在美国和墨西哥人之间建立隔离墙，不少人提出，特朗普的这个说法已经违宪了，违反了种族平等的原则。

第三，福利制度问题。过去几百年来，美国主要通过商业保险的方式解决普通人的医疗保障，属于一种商业化的模式。美国有近20%的人没有任何医疗保障，生老病死只有听天由命。所以100多年来，历届美国总统都致力于医疗保障的改革，但是始终没有成功。奥巴马好不容易通过了让所有人享受医疗改革的方案，但是这个草案依然陷入了宪法危机。共和党控制美国国会以后，以国会众议院的名义向最高法院起诉奥巴马政府，要求推翻这个医改法案。特朗普上台以后，关于中东七个国家移民进入美国的限制也遭遇了几次宪法诉讼。由此看来，需要不断地完善和推进宪政制度。

宪政建设的历史进步

1982 年我国宪法公布后到今天，我们有 4 次涉及 20 多项内容的宪法修正案。这 4 次宪法修正案体现了 30 年来我国社会法治、政治民主的进步。

第一次是 1988 年宪法修正案。关于土地出让制度与房地产业发展。原来宪法的第 10 条第四款规定：任何组织或者个人不得侵占、买卖、出租或者以其他形式非法转让土地。但是 1988 年修正案改成：任何组织或者个人不得侵占、买卖或者以其他形式非法转让土地，土地的使用权可以依照法律的规定转让。这意味着中国的政治、经济、社会具体的进步。如果没有土地出让金的建立，现在房地产的发展情形也就无法想象。历史无法假设，但是今天普通民众居住条件的巨大改善始终得益于 30 年前的宪法修正案。

第二次是 1993 年宪法修正案。解决了社会主义市场经济制度的确立问题。我们今天所享受的社会福利，生活的巨大改善，生活便捷，中国成为世界第二大经济体等都得益于此。原来宪法的第 15 条规定：国家在社会主义公有制基础上实行计划经济。1993 年宪法修正案改成：国家实行社会主义市场经济。

第三次是 1999 年宪法修正案。

第四次是 2004 年宪法修正案。解决了人权保障和私有财产的保护问题。原来宪法的第 33 条规定，国家保护公民合法的收入、储蓄、房屋和其他合法财产的所有权。国家依照法律规定保护公民私有财产的继承权。2004 年宪法修正案强调了公民合法的私有财产不受侵犯。国家依照法律规定保护公民的私有财产权、继承权。可能很多人会担心 70 年之后房子是什么样子，因为我们现有的土地出让时间是 70 年，其实不用担心，按照宪法原则，你尽管保存好房屋所有权证和土地使用权证，国家会在尊重和保护私有财产的基础上，通过制度调整、制度安排尽可能圆满地解决这个问题的。

宪法框架下的公民权利体系：首先是平等权，第二是解决政治权力，第三是自由权，第四是人身权，第五是教育科学文化创造的权力，第六是劳动、休息、社会保障权，第七是批评、建议和检举的权力，第八是申诉、控告、取得赔偿的权力，第九是优待权。

依法治市

◎ 徐继敏

徐继敏，四川大学法学院宪法与行政法教研室主任，教授，行政法、行政诉讼法方向博士生导师，四川大学政府法治研究中心执行主任。中国行政法学会常务理事，四川省法学会行政法研究会副会长，四川省法学会立法学研究会副会长，四川省学术和技术带头人。主要研究领域为行政法、行政诉讼法、行政体制改革、宪法学。出版《行政处罚法的理论与实践》《行政证据通论》《行政程序证据规则研究》《行政程序证据规则与案例》《行政证据学基本问题研究》《省直管县改革法治保障研究》等学术专著，主编《行政法与行政诉讼法》《行政法学》等教材。广泛参与重庆市人民政府、四川省人民政府立法论证，参与中华人民共和国公安部《公安机关办理行政案件证据规定》起草。

大家好，非常高兴来到四川师范大学和同学们讨论法律问题，今天我介绍的法律问题是依法治市。近几年，成都在推进依法治市的领域取得了很大的进步。中国政法大学有一个法治政府研究院，他们在全国选了 100 个城市，把这些城市最近 5 年的发展情况做了评估。从他们的数据中可以看出，在过去 5 年里，成都的法治状况连续 5 年排在前 20 名。

虽然是这样，但是我们也发现，成都在依法治市领域还面临着很多问题，很多人说成都是一个来了就不想走的城市，但是现在成都的交通拥堵问题和冬季空气污染问题日益严重，使很多人对成都的好感度下降。如何用法治、法律缓解这一状况，是目前成都面临的首要问题。

今天我想先给大家介绍三个问题，第一个问题依法治市的背景，为什么要推进依法治市；第二个问题，我们推进依法治市面临的问题和困难是什么；第三个问题是如何推进依法治市。

推进依法治市的背景

第一个背景是我们国家提出建设法治国家，全民推进依法治国的基本方略。对于城市而言，就是依法治市。我们国家为什么要推进法治建设，把法治作为国家的基本建设方略呢？我的理解是以下几个方面。第一个方面是经济社会的快速发展。我国经济社会快

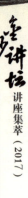
速发展带来了老百姓生活的变化，带来了公民权利的变化。经济发展水平较低时，老百姓收入不高，更看重穿衣吃饭的权力。现在收入达到一定水平以后，人们开始对参政、议政感兴趣。第二个方面是社会结构的变化。现在我们认识的人越来越少，逐渐变成一个陌生人社会，遇到问题找人不行了，只能找规则。第三个方面，随着经济社会发展，我们逐渐有了财产，有了汽车和住房。那么如何保护我们的财产和权力呢？只有法制最可靠。基于这些原因，我们国家要推进法治，全面实行依法治国。

第二个背景是国家治理模式的转变。到目前为止，我国先后采用或者提出过三种治理模式。1949年到改革开放以前，我们国家采用全能主义的国家治理模式。政府什么都做，政府的行为没有边界，在经济上实行计划经济体制，在政治上实行集中政治体制。在这样的背景下，我们不允许市场经济存在，也不太允许社会组织存在，政府用行政手段就能实行有效管理，法律作用被弱化。改革开放以后，我们的国家采用政府主导模式的治理模式，重视发挥市场的作用，发挥法律的作用。但是我们在改革开放之后的很长一段时间仍然强调政府主导，政府看见经济发展速度过快立即就去调控，发现经济速度稍微慢一点，就去刺激。十八届三中全会以后，我们的治国理念发生了变化，提出要建设现代化的国家治理体系，重视发挥市场在资源配置中的决定性作用。所以，推进现代化治理体系，必然意味着我们要理性法治，推进法治。

依法治市面临的问题

首先，依法执政存在明显不足。中国共产党的领导地位是法律所确定的，我们必须坚持党的领导，但是党如何去领导？同时，党的领导在具体技术性领域还存在一些问题：第一，党内法规建设要进一步完善；第二，党委与人大、政协、政府和司法机关的关系没有完全理顺；第三，少数领导习惯用行政命令的方式。其次，法律体系存在问题。虽然我们已经形成了中国特色社会主义的法律体系，但还是面临着很多问题。比如说我们有的立法没有完全体现以民为本，有的过多考虑行政机关，最后，在法律具体条文设计方面也存在一些问题。法律覆盖不全面，同时也缺乏地方立法。

依法行政也存在问题。第一，行政机构臃肿，人员众多，我们维持着世界上最庞大的行政体系，国家的行政成本很高。第二，行政机构责权相似或重复。比如说环境保护，中央、省、市、县到乡镇都有机构，每一个层级政府都承担环境保护的职能，但是大家却都不能完全承担相应的责任。第三，我们的体制都是下级对上级负责，是一个上级导线行政体制。上级要通过目标考评，下级政府就要考虑如何完成下达的指标和目标。而我们需要建立的是服务型政府，要求政府同时要对老百姓负责，这种体制就会面临不少问题。

公民的法律意识不强。体现在以下几个方面：第一，我们缺乏法治信仰，法律在很多情况下是我们的工具，一些人却不信仰它，不把它作为一种追求。第二，许多人的规则意识欠缺。第三，诚信意识欠缺。第四，缺乏法治要求的独立品格，差异化较少，而从众心理与行为较多。

推进依法治市的措施

第一，提升依法治市的执政水平。党的十八届四中全会提出党的领导是社会主义法治的根本保证，应该把党的领导纳入法治轨道；提升领导干部法治水平，在用人和选人方面，我们要看有没有学习过法律，有没有法律职业背景，如果学习过法律，有法律职业背景，应该优先得到提拔。按照四川省的考评机制，地方党政团队里必须要有从事过法律工作的人员，这对推进法治建设有着非常重要的作用。

第二，提升立法质量。首先需要发挥人大在地方立法中的主导作用。2016年10月，成都提出要构建国家中心城市，构建与国家中心城市相匹配的地方法规体系，制定未来10年至20年的成都地方法规。

第三，立法趋向应该发生变化。应健全对社会事业的管理，如在共享单车、电动自行车等切实关乎老百姓生活方面应加强立法，解决问题。首先我们需要推进服务型政府建设，以保证行政权益作为政府的价值追求。政府管理是什么？不是政府的财富越来越多，政府的办公楼越来越好，应该是老百姓生活越来越有尊严和美好，这才是政府管理的价值追求。服务性政府应该是管制性越来越少，行政处罚越来越少，为减少老百姓的违法行为创造良好的氛围。

我们现在是全能政府，提出有事找政府、找警察，但是我认为这样不好。为什么？第一老百姓缺乏自由。老百姓做任何事情都需要征得政府的同意。第二效率很低。我经常举一个例子，政府采购的产品价格一般比市场价格高20％到30％，因为缺乏竞争。十八届三中全会、四中全会提出要发挥市场的决定性作用，要发挥社会的作用，政府、市场、社会要合理分工，实际上就是建设有限政府。有限政府建设包括以下几个方面：

第一方面，合理规划政府职能，简政放权。实行行政审批制度改革，大量减少行政审批事项，简化政府权力。比如取消园林绿化的企业资质管理，企业栽树

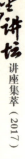

的存活率高低与质量全由市场说了算，而不是由政府管理。

第二方面，政府购买服务。现在的公共服务都是由政府提供，政府提供公共服务的成本高，质量差。政府利用竞争机制分包给企业，可以有效减少政府花销，提高服务质量。

第三方面，推进社会自治和市民自治的形成，发挥社会作用。实行现代化体系、三元治理体系。

三元治理体系就是国家、社会组织、老百姓，利用社会力量防范违法行为，可以有效降低行政成本，同时推动公民自治。

第四方面，责任政府。我们要明确责任，落实责任，并勇于承担责任。

第四，推进公正司法。我们司法存在以下问题：

第一方面，司法依法独立不够。世界上处理中央和地方的关系有两种体制，第一种是单一制，第二种联盟制。单一制国家的司法是中央集权。只有联邦制国家才有地方执法和地方法院。我们国家是单一制国家，但是我们的人、财、物都由地方管理，造成力量的分散。第二方面，司法职业保障不够。推进公正执法要求建立依法独立行使司法制度，首先要保证司法独立行使职权。党的十八届四中全会规定，领导干部不能干预插手具体活动。其次是职业保障制度，要去公正地裁判。

第五，法治社会建设，要推进依法治市，就需要整个社会法治意识普遍比较强，法治环境比较好，这是非常重要的，这就要求我们形成守法光荣、违法可耻的社会氛围；要把法治教育纳入国民教育体系和精神文明的创建中。比如成都实验小学很注重培养学生的参与意识，这个学校的所有重大决定全部由学生参与。上楼梯应该走左边还是下来走左边，都由全校学生讨论，每个学生都遵守得非常好。

依法治市不仅是党委、立法机关、政府、司法机关的责任，也应当是每一个公民共同的责任。例如，四川阿坝藏族自治州小金县，有一个1919年由法国传教士修建的教堂，红军长征的时候，一方面军和四方面军会师以后就在这个教堂举行庆祝仪式，这个教堂作为红色景点被完整地保留了下来。县领导告诉我，在教堂修好的90年以后，小金县政府收到一封来自法国的信，这封信估计是这个传教士的后代写的，他把教堂的建筑图纸寄了过来，并告诉县政府这个教堂已经使用90年了，是一个危房，希望我们修缮加固然后再继续使用，如果不修缮加固就推倒。这就是公民的责任意识。公民意识是法治的一个重要方面，实现依法治市要靠大家的共同努力。

谢谢大家！

从党的十九大看未来五年的经济与投资

◎ 翟东升

翟东升，中国人民大学国际关系学院副院长，副教授，中国人民大学中国对外战略研究中心副主任兼秘书长，中国人民大学国际货币所一级研究员。2015年9月跟随习近平总书记访美，担任《习近平谈治国理政》新书发布会主持。

十九大报告中习近平总书记指出要完善现代治理体系和治理能力，就是要激活中国自身的神经系统，最终打造出一个新的生命体，建立新型国家。这个自身的神经系统第一是法治，就是讲规矩、党纪国法，第二是中国的传统文化，要充分激活传统文化中适应现代社会、现代市场的元素，从而形成新的中国文化。做好这两项工作，将对我们完成现代治理体系的建设大有裨益。

从十九大报告中看工作重心

改革开放初期的三十年坚持一个中心两个基本点。以经济建设为中心这个词，在十九大报告里面出现了一次，在十八大报告里面出现了四次；而以人民为中心在十八大报告里面出现了一次，在十九大报告里面出现了四次。这意味着整个国家的治国理念出现了重大的调整，这可能是构成我们未来新时代核心的一个实施性的方向。

有的人说如果淡化以经济建设为中心，不再重视GDP增长，中国就会产生巨大的就业压力，出现大规模失业。借此，我们可以思考，为什么我们以前要保七、保八的增长率呢？因为中国经济增速每上升一个百分点，整个社会就可以多创造一百万左右的新增就业人口。许多国家会出现周期性混乱，为什么？有一个理论叫"国有三高"：第一，年轻人口占总人口

的比例高；第二，通胀率达到高峰；第三，失业率达到高峰。一个社会的婴儿潮人口到来在 18 到 28 岁之间，这个年龄段的人在政治上、在行为上的特点为：第一，认为自己都懂了，自己已经成人了；第二，对整个社会的理解、对自我的理解相对有限，没有经历太多的事情，容易被操纵，容易从众。如果婴儿潮的人口到来在 18 到 28 岁之间，而社会没有提前做准备，为他们创造足够多的有价值的非农就业，那这些人的失业率就特别高，如果这时再加上高增长就一定会出现问题。20 世纪 60 年代后期，第二次世界大战结束之后出生的高峰期人口来到了青春期，他们需要就业时，每年的通胀率都是双位数，出现了高失业率。我国也曾经通过大规模的招商引资，通过补贴资本和快速的工业化创造足够的非农就业，以吸收和消化剩余劳动力。但随着时间的推移，每年消失的低端劳动力的总数是一千多万，我国从 2010 年前后整个百年的人口劳动力的需求趋势出现了重大的变化，即便经济增速出现大幅下跌，也不用担心出现大量失业人员。

十九大报告里还出现了很多明显增多的关键词，包括法治、民生、环境。比如，污染，环保，治理，安全，监督，反腐败，伟大复兴，全面等，这些词体现的是十九大报告提出的新的社会主要矛盾：人民对美好生活的追求和发展的不平衡、不充分之间的矛盾。不平衡、不充分重点就体现在这些词频的明显上升上，比如，法治体现的是打官司到底管不管用？社会公平不公平？大家讲不讲规矩？讲不讲党纪国法？民生，环境，治理，安全、监督，反腐败，伟大复兴等体现的是中国人走出去有没有面子？关于社会主要矛盾的判断更新了，1981 年十一届六中全会提出主要矛盾是人民日益增长的物质文化需要同落后的生产力之间的矛盾，而这一次提出是人民日益增长的美好生活需要和不平衡、不充分的发展之间的矛盾。新的矛盾界定了新的时代，中国如今已经是世界上第一大制造国，整体生产能力过剩，生产的东西满足全世界的需要都绰绰有余，温饱解决了，全面小康也即将建成，人民对美好生活的需求不仅包括物质方面，还包括非物质方面，比如社会主义民主、法治、公平、正义、健康、文化等。所以，未来高端服务业的投资有很大的增长空间，比如健康产业、文化产业、教育产业、旅游产业、法律金融服务等，国家未来建设的重点可能也在这些方面。

不平衡有不同层次的含义，既包括经济与政治、文化、社会生态之间的不平衡，还包括阶层、地域、城乡之间的不平衡，总体趋势是：财富不是绝对值的分配，而是在增量过程中进行再平衡。十九大报告中的强国，自信，伟大斗争，人类命运共同体，"一带一路"，中国梦，以人民为中心等词都是带有新时代特征的新词。还有防范、化解重大风险，精准脱贫，污染防治等在十九大报告里再次出现，也是未来两三年里可能会重点突出的工作重点。

未来经济发展方向

以前，我们有些人掉在了西方政治学、西方社会科学的话语陷阱里面。首先，我们知道格物才能致知，讨论问题的时候先把人分类，把研究对象分类。国家往往分为自由民主国家和非自由民主国家，而中国就自然被编进了跟沙特等一类的国家。这是一种错误，我们是一个典型的融合了两类现代性特征的新型国家，我们要用自己的概念重新去客观、冷静地理解自己的类别。有一类国家，也就是后发展国家，为了反超先发展国家，往往有一个强势的政党，而这个政党不是代表社会中一部分人的利益，而是代表整体的国民利益去追求国家的复兴和崛起。中国就是这样一个国家，中国共产党代表的是一个社会的整体，而不是代表特定的一小部分人的利益。

第二，地方政府的财源会扩大，预算会进一步硬化，尤其重要的是举债终身负责。未来货币增速基本上都是个位数，货币政策以宏观审慎并举。以前我们讨论金融政策、货币政策的时间着眼点主要是在货币发行的增速 M2，中国的 M2 绝对值比较大，请注意，绝对值没有那么重要，重要的是它的增速，尤其是相对于中国经济增长的那两个速度之间的差异，以前我们着眼于货币增速和通胀，以后除了看货币增速和通胀以外，还要看资产泡沫和汇率的稳定性。现在我们国家成立了金融稳定委员会。

我个人判断未来美元有贬值趋势。在这样一个背景之下，人民币对美元会有适当的升值。未来资本项目管制会选择性、策略性地放开。人民币日益国际化，石油、黄金、人民币的循环正在形成。这是什么概念？一部分原产油国会把石油卖给中国，我们以前都是付给他们美元，以后我们希望用人民币支付。但是他们暂时还不敢相信人民币，就用人民币在上海市场、香港市场换成黄金，这样一种新的绕开美元的循环会在最近一两年里形成。人民币国际化还有一个新的助力就是移动支付，现在大家到欧洲、日本、韩国等地旅游都可以用微信、支付宝支付，回来后再用人民币进行结算。这意味着许多国家的地方政府靠的是消费税，以后那些国家的很多的消费税就会被拿走，杭州市政府和深圳市政府这两个地方政府把他们的触角已经伸到了全欧洲各个旅游景点，各个购物商场，伸到了日本、伸到了韩国，未来也就是一些西方大国有一定的能量、有一定的地位跟我们谈判，绝大部分小国恐怕以后很难有谈判的地位，这就是全球开放性经济的残酷之处。强者越强，弱者很弱，一旦拥有了这两个先进的、强大的手段，就相当于把你的爪子或者是习惯插到了人家的脊柱里面，这个事情目前正在发生，也是这

两年发生的。

银行业和其他金融业对外开放，与之前并不完全一样。首先，开放的重心不同。以前的开放是积极融入美国主导的以美元为基础的资本主义世界体系，以后的开放重心在"一带一路"国家，是发展中国家，开放的区域不一样。其次，以前的开放是选择性开放，重点开放制造业，资本项目、金融项目和高端服务业是不开放的。但是以后的重在服务业，尤其是高端服务。再有，开放的方式不一样，以前是以别人为主，我们作为客户，作为外来者加入他们的体系里面；以后是以我为主，中国变成货币信用的创造者，技术和资本的输出者以及主要的消费市场。

环保。美丽这个词成为现代化社会主义强国的定义之一。社会主义强国定义包括什么？富强，民主，文明，和谐，这次增加一个美丽，意味着环保压力所导致的一些相应的价格变化，导致的一些产业结构的调整，导致的一些市场行为的反复，且日益常态化和机构化。

以城市群为主体构建大中小城市和小城镇协调发展的城镇格局。以前有一种想法是想要把人往小地方分布，这样不就平衡了吗？但是物理上的、视觉上的平衡在经济学意义上可能是严重的失衡，物理学意义上的、生物学意义上的、视觉上的失衡、不平衡在经济学或者说博弈论角度来讲是均衡状态。也就是说，人往高处走，水往低处流，人在大规模的聚集，或者说市场选择大家为了更好的发展聚到一起去，这种聚集的方向是有内在原因的，符合市场的内在动力，人为地把人们往小地方赶，会付出巨大的综合成本和经济成本，效率是低的，所以今后不排斥大城市的发展是符合市场的内在趋势的。

结合全球人口流动这样一个带有普遍规律的现象，我个人认为，到 2050 年前后，也就是建国一百年左右，全中国假如说到时候还有 14 亿人的话，可能有 7 亿人甚至更多的人口聚集在几个相对集中的区域：淮河以北人都会到北京、天津、雄安新区。东部是上海，往西到南京，往南到杭州，中间有一个太湖。南边是在香港、深圳、广州这一条线，包括东莞、佛山，珠江口。西部是成都、重庆。我认为重庆跟成都一定要相向而行，这两个城市的扩张，新城的开发一定要往中间聚，合则两利，斗则两伤。武汉会把中部的人口吸收过去，武汉呈米字形交通，位于天下之中，还有长江水道、黄金水道，区位优势非常突出，武汉也是一个教育大城，每年有百万大学生毕业，有 50% 的大学生会集中在那儿。

农村土地流转这个方面趋于保守，采取"发展多种形式、适度规模经营"。强调适度，不是规模越大越好，不是要资本、企业过来取代农户，而是适度经营，以鼓励家庭农场为主。从城乡一体化转变为乡村振兴战略。

资产配置大方向。第一，环保，要建设美丽中国；军工，要建设社会主义强国。第二，消费升级，不平衡、不充分的发展，人民日益增长的美丽生活的需要，这是消费、新消费升级的概念。第三，"一带一路"。第四，实行地方中小国企改革，从管资产向管资本转变。第五，制造业升级，既要变得干净，又要高质量，实现供给侧改革和制造业的升级。第六，过剩制造业产能集中。产能过剩并非弊端，过剩制造业的产能集中过程也是值得投资的。

浅析未来经济趋势

◎ 蒋永穆

蒋永穆，四川大学经济学院院长、博士生导师，教授。中国《资本论》研究会常务理事、全国马克思列宁主义经济学说史学会常务理事、中华外国经济学说研究会常务理事、中国经济规律研究会理事、全国高校《资本论》研究会常务理事、四川省经济学会副会长、四川省《资本论》研究会副会长、四川省外国经济学说研究会副会长、四川省价格学会常务理事等。国家社科基金重大招标项目《中国特色农业现代化道路研究》首席专家，教育部新世纪优秀人才、全国宝钢优秀教师奖获得者、四川省学术技术带头人、四川省首届十大杰出青年经济人物、成都市有突出贡献专家、四川大学教学名师、四川省工业经济研究学术专家委员会委员、四川省高等学校教师职称评审委员会委员。

2017 年是特殊的一年。1978 年我们拉开改革开放的序幕，到今年已经是第 40 个年头了。在这 40 年当中我们到底发生了什么变化，这当中又有什么是不变的，成为今年全国上下关心的话题。

1949 年新中国成立以后，我们取得了很多成就，但是人民生活水平提高得还不够快。1977 年，全国农村每个社员从集体分得的收入只有 63.3 元；全国有 1.4 亿人口的平均口粮在 150 公斤以下，处于半饥饿状态；农村贫困人口高达 2.5 亿。同时，由于照搬苏联模式，我们在资源配置方面实行高度集中的计划经济体制，在生产资料所有制上采取了"一大二公"的国有制，在农村实行人民公社体制。这种制度，严重阻碍了人的积极性和创造性。党的十一届三中全会正是在这种情况下召开的。这次全会果断停止使用"以阶级斗争为纲"的口号，做出了将党和国家工作中心转移到经济建设上来，实行改革开放的历史决策。以经济建设为中心的这个提法其实早在 1956 年党的八大就有考虑，但是一直没有很好地实现。十一届三中全会彻底转移了工作重心，同时提出实行改革开放。

40 年过去了，我们已经实现了最重要的任务，那就是中国人民由站起来走向富起来。今天，中华民族已经在向富强、民主、文明、和谐、美丽的新时代迈进。

改革开放 40 年我国的变化

怎样全面理解改革开放 40 年所发生的一切？我想用唯物辩证法来理解比较贴切。我们既要看到这 40 年当中发生的变化，同时要清楚地知道在今后的发展中我们要坚持不变的东西。

首先是改革开放 40 年以来发生的变化。这个变化归纳成一句话就是经济社会发展成就斐然。如何看待这些成就？

第一个变化，最直观的就是 GDP 保持了高速增长。回到改革开放的起点，1978 年，我国的国内生产总值（GDP）只有 3645 亿，在世界主要国家中位居第 10 位，人均国民收入仅为 190 美元，少于印度，位居全世界最不发达的低收入国家行列。在这 40 年当中，中国经济最鲜明的特征就是高速增长。

从 1978 年到 2016 年，中国的人均 GDP 年均增长速度是 9.6%，而同期美国的人均 GDP 年均增长速度是 1.6%，我国的人均 GDP 年均增速比美国要高 8 个百分点。同世界进行比较，从 1978 年到 2013 年，中国的年均 GDP 增长率是 9.8%，而同期世界经济年均增速只有 2.8%，我们比同期世界经济年均增速高了 7 个百分点。我们先后超过了世界上的许多发达国家，令人瞩目的是在 2010 年我们超过了日本，成为世界第二大经济体，正在加紧追赶美国。不仅如此，中国的经济增长对世界经济增长的贡献率也在不断提升，尤其是在 2008 年世界金融危机以后。从 2008 年到 2016 年，我们对世界经济增长的年均贡献率已经超过 20%，近两年来，中国对世界经济增长的贡献率均超过 30%，居于世界第一位。这个贡献率大概相当于美国、欧盟、日本这三个主要经济体对世界经济增长贡献的总和。

我们用另外的视角看看中国 GDP 快速攀升的情况。我们从 1978 年起步，到 GDP 达到 1 万亿，用了整整 8 年时间。第二个 1 万亿我们花了 5 年时间。此后速度明显加快，大概平均每年增加 1 万亿。到 2001 年，我国 GDP 突破 10 万亿大关，人均 GDP 也突破了 1000 美元，也是在这一年，我们顺利加入了世贸组织。所以，2001 年是非常特殊的一年。此后我国 GDP 以平均每年增加 2 万亿的速度攀升，2006 年超过了 20 万亿，2010 年超过了 40 万亿，2014 年超过了 60 万亿，2017 年超过了 80 万亿。由此可见，2006 年以来，我国 GDP 每增加 20 万亿大概需要 4 年的时间，而最近增加 20 万亿实际上只用了 3 年时间。

40 年前，中国的经济总量在全球的占比大概是 1.8%，而今天我们占全球经济总量的 14.8%。这个过程当中，我们四川省也有良好的表现。四川省生产总

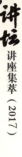

值在 1978 年只有 180 亿，而到 2016 年已经达到了 32935 亿，增长了 178 倍。

从人均国内生产总值来看，1978 年我们人均国内生产总值大概是 190 美元，折合约为人民币 380 元，到 2016 年已经是 8260 美元，2017 年我们要超过 8800 美元。按照世界银行的标准，我们已经跃升为中等收入国家，正在积极向高收入国家迈进。根据联合国的数据，人均 GDP 达到 12000 美元就进入了高收入国家行列。根据计算，我们在两三年内就可以达到这个水平。

第二个变化，是居民收入的持续增加。比较有说服力的是人均可支配收入。同 1978 年相比，2016 年的城镇居民人均可支配收入增长了 98 倍，农村居民人均可支配收入增长了 92 倍。并且，从这个数据来看，城乡融合始终是一个重要的问题。

另一个重要指标是恩格尔系数，它是指收入当中食品支出所占的比重。这个指标通常是用来衡量一个国家富裕水平的。一般说来，这个指标越小，说明这个国家越富裕。40 年前，老百姓每赚 100 元就会用 60 元去买大米、酱油等基本的食品，这个时候的恩格尔系数在 0.6 以上。但是到了今天，中国人每个月赚的钱里面大概只有 30% 买食品，70% 用于提高生活质量，也就是说恩格尔系数已经下降到 0.3 左右。

还有一些东西也可以反映生活的变化。比如说 40 年前，中国的大楼没有超过 200 米的，摩天大楼都是在外国的电影中才能看到的景象，但是现在我们统计发现，全世界最高的 10 栋大楼中有 8 栋都是我们中国的。

尤其值得说一下高速公路、高速铁路。从 1988 年我国第一条高速公路沪嘉高速通车，到 1999 年高速公路里程达到 1 万公里，我们的高速公路总体上发展还是比较慢。但是 2002 年以后，高速公路建设速度加快，到 2003 年已经超过美国，成为公里数最多的国家。到 2016 年，我们高速公路的总里程已经突破 13 万公里。

2013 年我们高铁总里程突破 1 万公里，2016 年突破 2 万公里，到 2020 年我们将突破 3 万公里。最近，西成高铁的开通极大地改变了四川同外界的连接情况。我们原来到西安要十多个小时，现在只需要 3 个多小时；到北京的时间也缩短到了 7 小时 47 分钟。高铁正在改变着中国。美国前总统奥巴马在对中国的高铁技术进行研究以后，认为美国的高铁技术比中国至少落后 10 年以上。

更有意思的是，2017 年，"一带一路"沿线 20 多个国家的青年进行投票，评出了中国的"新四大发明"，有高铁、扫码支付、共享单车和网购。它们都深刻地影响着我们的生活。

我们生活当中还在热议中等收入群体的问题。很多人都有一个看法：一个好的社会结构最好是橄榄型，这样的社会稳定性比较好。橄榄型结构是什么？就是中等收入的群体要足够大。现在，我们的中等收入群体已经超过了 3 亿人，大致占全球中等收入人口的 30％以上。

中等收入群体的标志是什么？首先得有一辆汽车。在 40 年前，中国汽车的产销量是每年 10 万辆，那时候几乎没有私家车，很多县里面只有一辆公车，而且是县委书记和县长共用。但是今天，中国是全世界第一大汽车产销国，2017 年底，中国的汽车产销量达到 2940 万辆，汽车成为很多中产阶层家庭的基本配置。

中等收入群体的另一个标志是持有股票。1986 年，中国人民银行举办了一场高规格的金融研讨会，请了 20 多位美国证券界的大佬来到中国，向 200 多名身穿中山装的中国金融业官员讲解股市基础知识。1990 年，上海证券交易所和深圳证券交易所相继成立，两市共有 10 家上市公司，代表着中国迈出了资本市场的第一步。截至 2017 年 12 月 11 日，3470 家国内企业在 A 股上市，市值规模达 57 万亿元，股民人数达到 1.33 亿人，其中 97％为个人投资者。

第三个变化，是对外开放实现了历史性的飞跃。2001 年 12 月 11 日，中国正式加入世贸组织，这是中国对外开放最重要的里程碑引起了各国媒体的高度关注。英国《金融时报》评价，在全球经济处于衰退边缘的关键时刻，像中国这样经济增长潜力巨大的国家打开贸易市场，将会刺激世界经济的发展。新加坡《联合早报》说，中国入世为亚洲提供了绝佳的贸易和投资机会。美国《华盛顿邮报》说，中国入世将为美国提供出口和经济增长的机会。日本《经济新闻》说，世界企业将把投资转向中国，受影响最大的是生产大国日本，日本与中国之间的竞争将会更加激烈。

尽管有这些评价，我们仍然保持着清醒，因为我们过去长期处于计划经济当中，对于国际上很多东西还不是很熟悉，因此我们将会面临很多的挑战。实际上也确实如此，世贸争端当中最多的就是有关中国的贸易争端。尽管面对这么多挑战，但 16 年来，我们依靠世贸组织不断融入世界经济体系，在这个过程中不断发展壮大：同 1978 年相比，2016 年我国进出口总额增长了 178 倍，其中出口总额增长了 214 倍，进口总额增长了 146 倍。出口成为拉动中国经济增长的巨大力量。

第四个变化，是经济体制改革的加速推进。经济体制改革，首推政府和市场关系上的不断改革，我们把它划分成五个阶段：1978 年到 1982 年，我们的认识是以计划经济为主，市场调节为辅；1983 年到 1986 年，我们对政府和市场关系的理解主要体现为"有计划的商品经济"的提法；从 1987 年开始，我们提出了"国家调节市场，市场引导企业"；1992 年党的十四大后，我们明确提出了要建立社会主义市场经济体制；2003 年以来，我们提出了要完善社会主义市场经济体制，尤其是在党的十八届三中全会上，我们明确提出要使市场在资源配置中起

到决定性作用，更好地发挥政府调控作用。经济体制改革的效果是明显的，40年前，中国没有一家民营企业，如今，世界500强当中我们的企业数量不仅达到115家，其中还有25家是标准的民营企业。

说到改革，最不能忘记的是农村土地制度改革，因为我们的改革开放实际上是从实行家庭联产承包责任制开始的。从1978年到现在，我们探索形成了一套具有中国特色的农村土地制度体系，目前我们正在进行三权分置改革。党的十九大期间，习近平同志在参加贵州代表团讨论的时候，针对一些同志的担心，专门提到了十九大报告当中"土地承包再延长30年"的提法，还专门问了够不够。这就是要让农民安心，要让农业发展有良好的基础。

在农村改革推进的同时，国有企业改革也在不断推进。十八届三中全会特别强调国企改革的顶层设计问题。全国国有企业公司制改革改制面已经达到90%以上，中央各级企业公司制改制面达到了92%。2017年，混合所有制改革取得突破性进展。最近五年，国有企业利润达到了6.4万亿，增加了36%；上缴各种税费10.3万亿，增长了63.5%。

第五个变化，是生态环境明显好转。改革开放之初，我们就在讨论经济发展和环境保护的关系问题。党的十八大以来，习近平同志就两者关系做了很多讲话。从"既要金山银山，又要绿水青山"，到"绿水青山就是金山银山"，说明我们对两者关系的理解不断深化。中央为改善生态环境采取了许多举措，取得了明显的效果。2012年，沙化土地年均缩减1980平方公里的目标提前实现，联合国环境署盛赞中国是全球沙漠治理的典范。

典型的案例是北京的萧太后河。昔日是典型的牛奶河，今日是一道江南景。以前，周边化工厂、焦化厂、印染厂的各种工业废水排入萧太后河，上游村庄大量没有经过处理的生活污水也直接排入这条河，河水散发着臭味，很远都能闻到。经过治理以后变成了白鹭河，成为首都新增的一处别具特色的风景区。

近年来，中央采取了很多办法改善生态环境。2015年以来，累计立案和处罚2.9万家企业，立案侦查1518件，拘留1527人，约谈党政领导干部18448人，问责18199人。广东和陕西连续采取重大举措，关停整改污染严重的企业。环保成为各级政府的重要工作，各级政府对污染采取零容忍的态度。

40年值得骄傲的重要成绩

首先是我们的航天事业。1981年，"风暴一号"运载火箭成功实现一箭三星。1988年，"风云一号"气象卫星成功发射。1999年，无人实验飞船"神舟一号"成功起飞并着陆；2003 年，"神舟五号"载人飞船升空，环绕地球 14 圈。2007 年，第一颗"北斗"导航卫星升空。2013 年，月球车"玉兔号"踏上月球。2017 年 1 月，世界首颗量子科学实验卫星"墨子号"交付使用；随着首批 2 颗组网卫星进入太空，北斗卫星导航系统开始全球组网。

第二是"中国制造"。中国被称为世界工厂，但是这间工厂到底有多大？据统计，中国生产了全球 60％的水泥、45％的钢铁、50％的玻璃、25％的汽车、40％的船舶、70％的智能手机、90％的笔记本电脑、80％的空调、65％的冰箱、40％的鞋子。我有一次看到一个新闻：美国有学者讲，千万不能再买中国的东西了，如果你们再买下去就会把中国买成第一，但是另外的人就讲，如果不买中国的东西，我们买什么呢？2010 年，中国的制造业产值超过美国，跃居世界第一，至今，我们已经连续 7 年稳居世界第一。而在这之前，美国已经在这个位置上整整坐了 100 多年，从 1895 年坐到 2009 年。

在这 40 年当中，我们还经常听到一个术语，就是创新。今天，我们已经把创新作为引领发展的第一动力，习总书记在党的十九大报告当中 10 余次提到科技，50 余次强调创新。前两天，英国的《自然》杂志发表了一篇文章，说中国已经首次超过美国，成为世界发表科学论文数量最多的国家。同时他们还发现，虽然美国对研发的投入仍然比中国多，它是 5000 多亿，而中国只有 4000 多亿，但是研发支出在该国经济当中所占份额一直保持着不变，而中国的研发支出占比则在近几年大幅上升。所以他们认为中国的科技创新水平近年来已经在加速迈向国际第一方阵。我们过去主要是跟跑，跟着发达国家走，而现在是"三跑并存"，有跟跑，有并跑，也有领跑。

党的十九大报告总结五年来经济成就的时候，特别提到南海岛礁建设正在积极推进。为什么要专门在十九大报告当中讲这句话呢？我们不仅要发展陆地，还要发展海洋，不仅要向陆地要资源，还要向海洋要资源。我在 20 世纪 80 年代读大学的时候曾经看到过一个资料，讲当时日本的一个小岛即将沉没，日本花了大量的精力要保住这座小岛。当时不太明白，后面才逐步知道为什么日本要保住这座小岛。因为拥有了这座小岛，它就拥有了周围 200 海里的专属经济区，这是一个巨大的资源。因此我们在南海加强岛礁建设具有巨大的经济价值，同时还有战略价值。所以在 2012 年，国务院专门成立了三沙市。党的十八大以来，我们在南海先后进行了十几万平方公里的岛礁建设，使得南海岛礁面貌日新月异。

世界对中国的看法也在不断地变化。我们以《时代周刊》封面为窗口，来看一看世界是怎样看待中国的变化的。

1978 年，邓小平同志带领中国走出高度计划经济的时候，他被《时代周刊》评为这一年的年度人物，登上了《时代周刊》的封面被称为"这个小老头"。如

今这个小老头已经离开我们20年了，但是他作为改革开放的总设计师，我们会永远记住他。

1984年，《时代周刊》封面发表了一张图片，是一个同学拿着一杯可口可乐站在长城上，标题叫作"中国的新面孔"。为什么会拿可口可乐呢？因为1984年我们开始搞城市体制改革，当时马路上出现了很多广告牌，而可口可乐是非常重要的西方商品。这张图片表明了中国正在实行对外开放。

2010年，中国成为世界第二大经济体。2013年，《时代周刊》封面又发表了一张图片，是一个小孩在吹泡泡。《时代周刊》宣称，今天的中国十分危险，泡泡已经吹得很大了，马上就要吹破了。当时美国政界持这个观点的代表人物就是希拉里，她预言中国经济马上就会崩溃，这就是著名的"中国崩溃论"。这个封面反映了西方对当时中国的看法。

但是过了4年，他们发现中国没有崩溃，没有像他们预言的那样，中国还在继续发展。这一次，《时代周刊》的封面出现了这样的文字："中国赢了。"

这四个封面贴切地反映了改革开放40年的历程，那么，在刚刚过去的2017年，我们取得了什么样的成绩呢？

2017年，我国经济总量达到82.7万亿元人民币，相当于12万亿美元。经济增量超过8万亿元人民币，折合美元约1.2万亿，相当于2016年排在全球第14位的澳大利亚的GDP总量。据媒体报道，2017年中国GDP超万亿元的城市增至14个，北京、上海、广州、深圳、天津等城市的经济体量已超过世界上许多国家。中国的发展不仅让中国的人民受益，对世界经济增长的贡献率也在提升。根据测算，2017年中国对世界经济增长的贡献率超过30%，居世界第一位。

从百姓的视角来看，过去一年，民生保障仍在改善，人民获得感也不断提升。2017年全国居民人均可支配收入比上年名义增长9%，扣除物价因素也实际增长了7.3%，跑赢了GDP增速。恩格尔系数继续下降，从2016年的30.1%下降到2017年的29.3%。同时，环境质量明显提升，2017年全国单位GDP能耗下降3.7%，经济增长的质量和效益都在明显改善。

从发展的视角来看，我们的经济结构发生了历史性的变化。一是复兴号动车组、量子通信线路、深海探测等新技术成果涌现。二是服务业增加值占GDP增加值比重为51.6%，对经济增长贡献率为58.8%，服务业已经成为经济的主要拉动力，与工业一起共同支撑中国经济发展。三是"三去一降一补"扎实推进，转型升级取得了明显成效。

对新形势下我国经济发展的展望

刚才我们从多个维度对过去 40 年我国经济社会发展取得的成就做了一个全景式的描述。那么，有没有一些东西，是这 40 年当中没有发生变化，而且在今后的发展中需要坚持不变的呢？在这里我想重点说两个。第一，就是我们在改革开放之初做过的一个判断：我们处于一个重要的战略机遇期。这个判断到今天没有变化。第二，党的十九大报告尽管提出我们已经进入了新时代，但是同时也提出，社会主义初级阶段的基本国情没有变。

一方面，我们处于重要战略机遇期的判断没有变。改革开放之初邓小平同志就提出了重要战略机遇期的问题，在刚刚召开的党的十九大上，习近平同志专门讲到，当前国际国内形势正在发生深刻复杂的变化，但是我国发展仍处于重要的战略机遇期。

虽然我们处于重要战略机遇期的提法没有发生变化，但是它的内涵却变了。这就是：世界经济增长的动力正在衰弱，全球需求增长和贸易增长开始乏力，全球工业化进程明显加快，新的贸易规则急需制定，以及我国需要在更多领域承担更多的责任。

第一，世界经济增长动力衰弱。无论是欧元区还是美国和日本，都出现了GDP 增速减缓的情况，这就意味着我国要利用世界经济加快自身发展的条件已经发生了变化，所以我们现在必须更多地依靠内生动力来促进发展。

第二，全球需求增长和贸易增长乏力。从 2012 年到 2014 年，全球贸易增速连续三年低于 3%，远低于金融危机前 7% 左右的平均水平。2017 年上半年全球贸易同比增长 4.2%，而世贸组织认为 2018 年全球贸易增速又将放缓至 3% 左右。过去国际贸易主要关注贸易的自由度，现在更多关注互惠。刚才说到特朗普2017 年到中国来，最重要的目标是签下 2000 多亿美元的订单，为什么呢？他认为，要解决中国对美国的贸易顺差就必须要中国买他 2000 多亿美元的商品，这样两个国家就持平了。他签完这个订单以后，马上又要求韩国解决贸易顺差的问题。这背后实际上就是以美国为代表的西方发达国家，不再在国际贸易中强调自由化，不再以质量和价格作为标准，而是要求互惠。这就是贸易保护主义问题。这种情况下，想继续依靠大量出口拉动经济增长实际上是不大可能的，我们的经济增长要更多依靠内需拉动。

第三，全球工业化进程明显加快。我们正在进行第四次工业革命。第一次工业革命是通过蒸汽机实现的工程机械化。第二次工业革命是电力的广泛应用、内

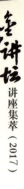

燃机和交通工具的创新、新通信手段的发明和化学工业的建立。第三次工业革命是基于可编程逻辑控制器生产物质文化，以原子、电子计算机和空间技术的广泛应用为主要标志的信息技术控制能力。我们现在正在进行的第四次工业革命，是通过充分利用信息通信技术和网络空间虚拟系统、信息物理系统相结合的手段将制造业向智能化转型，所以这次工业革命最大的特点就是智能化。我们会想到阿尔法围棋的横空出世。它在前年与韩国棋手李世石下了五盘棋，以四比一的成绩取得胜利。去年阿尔法围棋又和世界排名第一的中国棋手下了三盘棋，阿尔法围棋全胜。围棋代表着人类思维的很高水平，阿尔法的胜利说明了智能化的快速发展。这也成为现在中国和美国技术竞争的制高点，这个变化将深刻影响着我们的未来。

第四，新的贸易规则急需制定。今天，我们必须积极参与全球的经济治理。有一段时间西方搞TPP，当时的美国总统奥巴马非常积极，日本更积极。他们搞TPP空间协定的目标是要以更高标准把中国排除在外。所以中国当时在各种场合都讲我们要维护第二次世界大战以后形成的来之不易的政治经济秩序，而最大的经济秩序就是世贸组织制度。美国搞TPP，实际上就是要对抗中国。虽然特朗普上台以后推翻了TPP，但是可以肯定的是，美国还会想尽一切办法利用世贸规则来制约中国，因此我们必须加紧新的贸易规则的制定。

党的十八大以后，我国首先推出了"一带一路"的倡议。我们提出秉承丝绸之路精神，共同打造开放、包容、均衡、互惠的新型合作框架。随着我们的不断努力，"一带一路"被国际接受的程度越来越高，比如欧洲不少国家认为"一带一路"已经全面开启了国际公共产品供给新模式，已成为中国为世界提供的最受欢迎的全球公共产品。不仅如此，我们还倡议成立了亚洲基础设施投资银行（AIIB），极大地鼓舞了"一带一路"的全球项目，增强了人们对"一带一路"建设的信心。中国努力推动了巴黎气候协定的达成，体现了大国的担当。同时我们还高度重视与发展中国家合作，推动南南合作不断发展。我们承诺提供600亿美元支持中非十大合作计划，推进中非合作进入全面合作的新阶段。

第五，随着我国成为世界第二大经济体，我们必须在更多领域承担更多的责任。2017年，习总书记极为繁忙，他秉承一个理念，进行了两场主场演讲，三次会晤特朗普，四次发表相关主旨演讲，五次会见普京，六次发表署名文章，七次出席国际重要峰会论坛，八次出访。不仅如此，去年10月30日还在北京召开了全球政党大会，来自120多个国家近300个政党和政治组织的领导们共商大计。习近平同志在这次大会上集中介绍了党的十九大精神，深入阐释了习近平新时代中国特色社会主义思想，并提出通过对话交流共同探讨推动构建人类命运共同体，共同建设美好世界的有效途径。

另一方面，我们处于社会主义初级阶段的基本国情没有变。虽然社会主义初级阶段基本国情没有变，但是我国的发展进入了新的历史方位，中国特色社会主义进入了新的时代。中国日益走向世界舞台中央，国际地位和国际影响力大大提升。同时，新时代也需要我们充分解决新矛盾，尤其是要把握好从党的十九大到二十大这五年。十九大报告特别强调了新时代的三个方面，第一个是意味着近代以来久经磨难的中华民族迎来了从站起来、富起来到强起来的伟大飞跃，迎来了实现中华民族伟大复兴的光明前景。如果把 1949 年到 21 世纪中叶这 100 年划分成三个 30 年，那么从 1949 年到 1978 年是第一个 30 年，这 30 年我们实现了中华民族站起来的目标；从 1978 年到 2012 年这 30 年，我们实现了中华民族富起来的目标；从党的十八大以后到 21 世纪中叶这 30 年，我们要实现中华民族强起来的伟大目标。

◎张文杰

中国人民解放军的光辉历程与优良传统

张文杰，国防大学战略部教授，博士研究生导师。2011、2013年先后赴老挝、津巴布韦任军事专家，现为全国马克思恩格斯研究会理事。多年来，致力于军事思想和军事历史的教学和研究，主要讲授毛泽东军事思想和我军战史。参加中央马克思主义理论研究和建设工程，为国防大学课题组主创，编著或参与编著《军事辩证法论纲》《军事思想概论》《邓小平军事理论》《军事哲学思想史》《创建革命根据地纪实》《八路军抗战纪实》等著作，有关论著多次获奖。

人民军队的光辉历程

人民军队的光辉历程大概分为六个时期。

第一个是创建时期，从1921年到1927年。中国共产党是1921年7月创建的。1924年黄埔军校的创办，同时也是共产党从事军事工作、建立自己军队的开端。十大元帅里有几位都是黄埔军校毕业的，比如徐向前、林彪等。周恩来是当时黄埔军校的政治部主任，他在1924年11月提出共产党应该有自己领导的军队，当时就抽调了周士弟等三名黄埔一期生为军事指挥员，中共两广区委又派出了两名政工干部，招收了100多名出身工农的战士，建立起"建国陆海军大元帅府铁甲车队"，这是最早由中国共产党领导的军队。1925年11月，中共广东区委从粤军第四军军长李济深那里要到一个"第四军第十二师第三十四团"的番号，以铁甲车队为基础，组建了一个2100多人的正规团。这时，叶挺从苏联回国，担任了该团团长，不久，该团改称第四军独立团。

北伐战争中，叶挺独立团在攻克汀泗桥、武昌攻城战中勇猛冲杀，战功卓著，所在的第四军被誉为"铁军"。攻克武昌后不久，独立团扩编，一分为五，变成了第24师、第25师的五个团，共8000余人。叶挺任第24师少将副师长。此外，独立团还抽出一批骨干并招募新兵，建立了第二方面军警卫团，后来成为毛泽东领导秋收起义的骨干。

1927 年 4 月，蒋介石和桂系军阀联合发动"四·一二""四·一五"反共政变，大肆屠杀共产党人。5 月 21 日，湖南长沙发生"马日事变"。7 月 15 日，武汉汪精卫国民政府步蒋介石后尘"分共"。国共合作全面破裂。7 月中旬，中共中央实行改组，由张国焘、李维汉、周恩来、李立三、张太雷组成中央政治局临时常委会，准备武装起义。

南昌起义打响了武装反抗国民党反动派的第一枪。1927 年 8 月 1 日，在以周恩来为书记的中央前敌委员会的领导下，党所掌握和影响下的军队 2 万多人，在南昌城头打响了反抗国民党反动派的第一枪。紧接着是秋收起义，1927 年 8 月，毛泽东以中央特派员身份回湖南领导秋收起义。第三次大的起义就是广州起义，主力是第四军教导团，第四军教导团是由原国民党中央军事政治学校分校改编的，属于黄埔第六期，其骨干人称"赤子赤孙"，叶剑英曾兼任团长。该团共 1000 余人，装备较好，战斗力也较强，是广州起义的主要武装力量。广州起义坚持了三天，后来宣告失利。

第二个是奠基时期。1927 年 9 月 29 日，毛泽东率湘赣边界秋收起义余部到达永新县三湾村，在这里进行改编：将部队缩编为一个团；把党的支部建在连上；实行民主制度，从组织上确立了党对军队的绝对领导，成为建设新型人民军队的重要开端。接着，毛主席带领秋收起义的部队上了井冈山。1928 年 4 月中旬，朱德、陈毅率领由南昌起义部队余部和湘南农军组成的工农革命军，到达江西省宁冈县砻市，与毛泽东部会合，两支部队合编为工农革命军第四军（不久后改称中国工农红军第四军），1928 年 12 月，彭德怀、滕代远率领平江起义后组成的红五军主力转战到井冈山同红四军会合，进一步加强了井冈山地区工农武装的力量。

1928 年 12 月底，国民党军以 3 万人的兵力对井冈山进行第三次"会剿"。1929 年 1 月中旬，红四军主力由毛泽东、朱德率领离开井冈山，挺进赣南、闽西。2 月上旬，在大柏地取得下山以来的首次胜仗。3 月中旬，占领长汀城。3 月底，彭德怀率从井冈山突围出来的队伍在瑞金与红四军会师。根据于都会议决定，彭德怀又率红五军于 5 月初重返井冈山，后转至湘鄂赣边，与红军湘鄂赣边支队重新组成红五军。

红四军主力队伍不断扩大，同时也产生了一些问题。12 月 28 日至 29 日，红四军召开第九次党代表会议，就是著名的古田会议，总结了红四军建军以来的经验，批判了各种错误思想，解决了如何把以农民为主要成分的军队建设成为新型人民军队的根本问题，是人民军队建设史上的一个重要里程碑。

1929 年前后，还有很多起义，组建了各地红军。至 1930 年夏，全国红军已发展到 10 多个军 7 万余人，地方武装也发展到近 3 万人。1930 年 5 月中旬，中

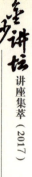
共中央在上海秘密召开全国红军代表会议，决定各地红军分别集中组成军团。6月以后，各地红军分别进行整编，并统称中国工农红军。

从1930年10月至1931年9月，蒋介石连续对中央苏区进行了三次大规模的"围剿"。红军实行积极防御的战略方针，大步进退、诱敌深入、集中兵力、各个击破，逐步形成了机动灵活的战略战术。赣南、闽西两块根据地也连成一片，成为一块完整的中央革命根据地。1931年1月，王明"左"倾教条主义开始统治中央。苏区中央局和中革军委成立，项英代任中央局书记、军委主席。11月的赣南会议，毛泽东的主张被说成"狭隘的经验论""富农路线"。1932年10月的宁都会议，毛泽东红一方面军总政委职务被撤销。

1933年5月，蒋介石调集50万大军，开始对中央苏区进行第五次"围剿"。鉴于前四次"围剿"失败的教训，蒋介石这次同德国顾问制定了"堡垒战术"。而博古和李德，却实行所谓"御敌于国门之外"，用"正规战术"同国民党军队打阵地战、堡垒战，同敌人拼消耗，结果根据地越打越小，人力物力几乎消耗殆尽。1934年10月，中央红军被迫放弃中央根据地，实行战略转移，留下项英、陈毅所率余部（半数为伤病员）坚持苏区斗争。

1934年10月，中央红军开始长征，连续突破敌人三道封锁线。可是在突破敌第四道封锁线时，却在广西北部的湘江边遭遇了一场恶战。从11月27日至12月1日，红军血战5昼夜，虽突破封锁却损失惨重，由8.6万余人锐减到3万余人。湘江一战后，全军对错误指挥的不满达到顶点，迫切希望结束错误军事路线的统治，恢复正确领导。1935年1月召开了著名的遵义会议，遵义会议主要通过了三条决议：第一，由张闻天取代博古，任党的总负责；第二，周恩来仍然担任红军总政委；第三，增选毛泽东为政治局常委。毛泽东回到了最高领导层。遵义会议后，红军恢复了灵活机动的战略战术，最著名的就是四渡赤水。之后，红军南渡乌江，兵临贵阳逼昆明，巧渡金沙江，摆脱了几十万国民党军队的围追堵截。

1935年5月下旬，红军强渡大渡河、飞夺泸定桥，进行了长征途中最惊心动魄的两场战斗。红军将士的英勇顽强和一往无前，使党和红军又一次转危为安！在长征中，翻雪山，过草地，突破腊子口，翻越六盘山，于1935年10月到达陕北，同刘志丹的陕北红军以及最先到达这里的徐海东的红25军（已合编为红十五军团）会合。11月，红军进行了到达陕北后的第一仗——直罗镇战役，歼灭东北军1个师又1个团。1936年10月，红四方面军、红二方面军同红一方面军胜利会师。

第三个是壮大时期。1937年7月7日，卢沟桥事变爆发，国共再度合作。8月25日，中共中央军委发布命令：主力红军改编为国民革命军第八路军（9月，根据战斗序列，改称第十八集团军），红军前敌总指挥部改为第八路军总指挥部，朱德为八路军总指挥、彭德怀为副总指挥，叶剑英任参谋长。下辖三个师，全军约4.6万人。1937年10月，江南八省的红军游击队改编为国民革命军陆军新编第四军，叶挺任军长，项英任副军长，张云逸任参谋长。下辖四个支队，陈毅、张鼎丞、张云逸、高敬亭分任一至四支队司令，全军共1.3万余人。红军改编为国民革命军后，迅速开赴抗日前线。9月25日，八路军115师主力在平型关伏击日军，歼敌1000余人，击毁敌汽车100多辆，但自身也付出重大伤亡。

1938年冬，中央决策开展平原游击战争，原在山西山区的八路军三大主力分别向河北、山东的平原地区挺进。第129师主力进入冀南，120师主力进入冀中，115师一部进入冀鲁边和山东。1940年5月，中央派八路军1.2万人南下，同新四军一起发展华中根据地。到1940年底，除东北抗日联军外，共产党领导的武装部队已发展到50万人，还有大量的地方武装和民兵。从1938年4月开始，新四军各支队相继挺进华中各个地区开展游击战，建立根据地。至1940年年底，新四军建立了皖中、皖东、皖东北、苏南、苏中、苏北、豫皖苏、皖南等根据地，军队由组建时的1万余人发展到10万余人。

1938年10月，日军侵占广州、武汉，抗日战争进入最难熬的相持阶段。1939年10月，日军调集2万余人，对晋察冀军区进行冬季大扫荡。11月3日至8日，八路军一部在雁宿崖、黄土岭地区进行了两场战斗，分别歼灭日军600余人和900余人，击毙日军精锐独立混成旅中将、"战术专家"阿部规秀。日本《朝日新闻》以通栏标题哀鸣："名将之花凋谢在太行山上。"日本华北方面军司令多田骏制订了"囚笼政策"：大修铁路、公路和据点、碉堡，在平原地区修筑封锁沟，在山区采取并村和制造无人区，对根据地构成网状分割包围，然后发挥其交通工具的优势，分区扫荡。1940年8～12月，八路军105个团，20余万人对华北的铁路、公路干线和沿线敌军据点、矿山车站等基础设施展开猛烈攻击。日军铁路、隧道、车站被严重破坏，相当一段时间不能恢复交通。"百团大战"沉重打击了日军的"囚笼政策"，有力地策应了正面战场。1941年1月，国民党顽固派包围和袭击奉命由皖南向长江以北转移的新四军军部及皖南部队，新四军除一部突围外，其余7000余人牺牲，军长叶挺被扣，副军长项英遇害。事变后，中共中央决定重建新四军军部，任命陈毅为代理军长，刘少奇为政治委员，将所属部队扩编为7个师另1个独立旅，全军共9万余人。

1941年7月，冈村宁次接任日军华北方面军总司令官，制订了《肃正作战实施纲要》，推行"强化治安运动"。8月中旬开始，冈村宁次调集华北日军5个师团和伪军共7万多人，对我晋察冀边区的北岳、平西两个军分区进行扫荡。为了报复八路军的"百团大战"，冈村宁次称此次扫荡为"百万大战"。1942年，

冈村宁次对冀中根据地发动"五一大扫荡"。在艰难的环境下，中国共产党领导的抗日主力部队遵循"分散性、地方性、群众性"的原则，划分为灵活机动的小股武工队，深入敌后游击区，坚持开展斗争。人民群众也发挥聪明智慧，发明了地道战、地雷战等坚持抗战的方法。

1943年至1944年，世界反法西斯战争形势发生根本性转折：1943年2月，苏联红军取得斯大林格勒保卫战的胜利，成为苏德战争的转折点；1943年2月，美军在太平洋战场取得瓜达尔卡纳尔岛战役的胜利，从此开始战略反攻，日军被迫转入防御；1943年5月，美英联军胜利结束在北非的军事行动，9月在意大利登陆，迫使意大利投降。1944年4月～12月，日军为了挽回败局，发起打通中国大陆交通线的"一号作战"。1945年1月，日军打通了武昌至广州的铁路，但这时日军已是强弩之末。1945年8月15日，日本宣布无条件投降。9月2日，在东京湾的美国军舰上，日本政府代表正式在投降书上签字。

全国抗战期间，共产党领导的敌后战场对日作战12.5万次，消灭日、伪军171.4万人，其中日军52.7万人。到抗战结束时，人民军队发展到120余万人，民兵发展到260余万人，解放区面积达到近100万平方公里，人口近1亿。

第四个是决战时期。抗战胜利后，全国人民热切希望和平，毛泽东等亲赴重庆进行和平谈判。在争取和平的同时，中共中央确定了"向北发展，向南防御"的战略方针。1945年9月，中共中央从关内各解放区抽调部队11万余人，干部2万余人进入东北，成立了"东北人民自治军""东北民主联军"。1946年6月，蒋介石公然撕毁停战协定，以重兵围攻中原部队，接着对各解放区发动全面进攻。中原军区部队胜利突围，各解放区部队奋起自卫，解放战争全面展开。解放战争的第一年，人民军队处于战略防御阶段，战争主要在解放区进行。1946年7月至8月，粟裕指挥华中野战军3万余人，在江苏中部地区同12万国民党军展开激战，连续取得7次战斗的胜利，歼敌5万余人。1947年3月，国民党军队在全面进攻受挫的情况下，改为对陕北、山东解放区进行重点进攻。1947年5月，华东野战军发起孟良崮战役，集中五个纵队围歼号称国民党军"五大主力"之一的整编74师，经三天激战，歼敌3.2万余人。在陕北，胡宗南有25万兵力，我军仅有2万人。我军采取"蘑菇"战术与敌周旋。3月25日至5月4日，西北野战军在延安东北青化砭、羊马河、蟠龙地区，连续进行了三次歼灭战，共歼敌1.4万余人。解放战争进入第二年，党中央做出战略决策，立刻转入全国性反攻，以主力打到外线去，将战争引向国民党区域。1947年6月30日夜，晋冀鲁豫野战军主力12万余人在刘邓率领下，一举突破国民党的黄河防线，揭开了全国性战略进攻的序幕，接着开始了千里跃进的艰苦行军，于8月末进入大别山区。与此同时，陈赓、谢富治兵团渡过黄河挺进豫西；陈毅、粟裕大军于9月越过陇海路南下，挺进豫皖苏地区。三路大军布成"品"字形阵势，完成了战略展开。

1948 年秋，解放战争进入夺取全国胜利的决定性阶段。这时，人民解放军已由战争开始时的 127 万发展到 280 万，其中野战军 149 万人，在装备上已有很大改善。经过新式整军运动，指战员的政治觉悟和军事技术进一步提高。而国民党军已由战争开始时的 430 万人下降为 365 万人，可用于一线的兵力仅 174 万人，且士气低落。其 5 大战略集团已被分割在西北、中原、华东、华北、东北 5 个战场上，已没有完整的战线。1948 年 9 月 12 日至 11 月 2 日，东北野战军在辽宁西部和沈阳、长春地区与国民党军进行了战略性决战，共歼灭国民党军 47 万余人，东北全境获得解放。这次战役之后，人民解放军的总兵力增加到 310 万，国民党军总兵力下降到 290 万，中国革命的军事形势达到新的转折点。11 月 6 日至 1949 年 1 月 10 日，华东野战军、中原野战军 60 万人，对国民党军发动了淮海战役。敌军先后出动 80 万人，被歼灭 55.5 万余人。此役基本上解放了长江以北的华东和中原广大地区，使南京处于人民解放军的直接威胁之下。11 月 29 日至 1949 年 1 月 31 日，东北野战军和华北军区部队共同发起平津战役，消灭及改编了国民党军 52.1 万人，解放了北平、天津在内的华北大片地区。三大战役后，国民党反动政府面临崩溃。1949 年 4 月 20 日夜至 21 日，第二、第三野战军及第四野战军先遣兵团发起渡江战役，国民党苦心经营 3 个月的长江防线顷刻瓦解。4 月 23 日，人民解放军占领南京，国民党延续了 22 年的反动统治宣告覆灭。

第五个是卫国时期。1950 年 6 月 25 日，朝鲜内战爆发。美国立即进行武装干涉，操纵联合国组成以美军为主、有英法等 15 个国家少量部队参加的"联合国军"，扩大朝鲜战争。9 月 15 日，美军在仁川登陆。10 月 1 日，美军无视中国政府的一再警告，悍然越过北纬 38°线（三八线），直逼中朝边境。10 月 19 日，中国人民志愿军跨过鸭绿江，开赴朝鲜战场，与朝鲜人民军并肩作战。10 月 25 日，志愿军第 40 军首战两水洞，发起了"遭遇与反突击战役"的第一次战役（此后这天被定为抗美援朝纪念日）。至 11 月 5 日，志愿军将"联合国军"从鸭绿江边驱逐到清川江以南，挫败了其企图在感恩节（11 月 23 日）前占领全朝鲜的计划，初步稳定了朝鲜战局。

1950 年 12 月 31 日，我军对依托三八线既设阵地进行防御的"联合国军"发起全线进攻，突破三八线，1951 年 1 月 4 日占领汉城，进抵三七线附近。志愿军立即由休整转入防御，展开第四次战役。后全线转入运动防御。3 月 14 日主动撤出汉城。4 月 21 日，将"联合国军"扼制在"三八线"南北附近地区。4 月 22 日，中朝人民军队发起第五次战役。至 6 月 10 日，将战线稳定在"三八

线"南北地区。第五次战役结束后，战场形成僵局。1951 年 7 月，朝鲜停战谈判开始。谈判地点先设在开城，后移至板门店。朝鲜战争进入边打边谈阶段。1952 年秋，我军依托坑道发起战术反击战，10 月至 11 月，15 军、12 军又在上甘岭与敌进行激烈的争夺战。其火力和兵力的密集程度，被称为"朝鲜战争中的凡尔登"。1953 年 6 月中旬，朝鲜停战谈判即将签订停战协定，李承晚却狂言反对任何妥协，要单独打下去。7 月 13～27 日，进行了抗美援朝战争的最后一役——金城反击战。此役志愿军第 20 兵团集中五个军，迅速突破南朝鲜军的坚固阵地，向南扩展阵地 140 多平方公里，将战线拉直，有力地促进了朝鲜停战的实现。1953 年 7 月 27 日，战争双方在朝鲜停战协定上签字。在这场战争中，美国将其陆军的三分之一、空军的五分之一、海军近半数的兵力投入到朝鲜战场，使用了除原子弹以外的所有的现代化武器，却没有赢得胜利。

第六个是现代化时期。中华人民共和国成立后，我军进入现代化建设时期。50 年代，特别是经历了抗美援朝战争，我军系统总结了同高度现代化美军作战的经验，加上全面学习苏军，军队和国防建设快速发展。陆军在步兵基础上，组建炮兵、装甲兵、工程兵、铁道兵、通信兵、防化兵等兵种领导机关。1954 年初，空军部队已发展到 28 个师，拥有各型飞机 3000 余架，成为一支初具规模的有一定战斗力的空中力量。1949 年 4 月 23 日，中国人民解放军第一支海军部队——华东军区海军成立。这一天被定为中国人民解放军海军成立日。1950 年 1 月，中央人民政府人民革命军事委员会决定，组成中国人民解放军海军领导机构，任命肖劲光为海军司令员。1955 年 10 月，华东军区海军、中南军区海军分别改称海军东海舰队、海军南海舰队。1960 年 8 月，在海军青岛基地的基础上成立海军北海舰队。至此，3 个舰队及海军航空兵部队构成中国人民解放军海军的主体。1966 年 6 月，中共中央军委决定，原中国人民解放军公安军领导机构和军委炮兵管理导弹部队的机构合并，组建中国人民解放军第二炮兵领导机关，直属中共中央军委领导。周恩来主持筹建工作，亲自定名"第二炮兵"。1951 年成立了以刘伯承为院长兼政委的军事学院。到 1957 年，全军陆续建立了各级各类军事院校 125 所。为了加强军事理论研究，还成立了以叶剑英为院长的军事科学院。

1955 年，朱德等 10 人被授予元帅军衔，粟裕等 1040 人被分别授予大将、上将、中将、少将军衔。1952 年 8 月，主管国防工业的第二机械工业部成立，归口管理兵器、坦克、航空、电信工业。1952 年开始筹建中国人民解放军军事工程学院（哈军工）。1953 年 4 月破土动工，9 月 1 日举行第一期开学典礼。陈赓大将首任院长兼政委。1955 年 1 月，党中央不失时机地做出发展国防尖端技术、研制原子弹的决定。1956 年 4 月，任命聂荣臻为主任组建领导导弹和航空事业发展的航空工业委员会。10月，中央决定成立导弹研究机构国防部第五研究院。11月，设立第三机械工业部，主管核工业建设和核武器研制工作。

进入六七十年代，由于"左"倾错误路线的影响尤其是"文化大革命"的冲击，军队建设也经历了曲折发展时期。科技工作者排除干扰，国防科技战线仍取得了不少成就。

改革开放新时期，邓小平解放思想、实事求是，国防和军队建设开创了新局面。1981年9月，邓小平在华北地区军事演习阅兵式上发表重要讲话，明确提出了建设强大的现代化正规化革命军队的总目标。1985年五六月间召开的中央军委扩大会议，提出军队建设指导思想实行战略性转变：从立足早打、大战、打核战争的临战状态转变到和平时期建设的轨道上来；并决定裁减军队100万。

1988年8月，永暑礁海洋观测站竣工。同时，我驻守赤瓜礁、东门礁、华阳礁、渚碧礁和南薰礁等礁堡上的永久性高脚屋，也在不长时间内先后建成并投入使用。这些岛礁的建成，改变了我军在南沙没有一兵一卒的状况，将我国海疆的实际控制范围向南延伸了近500公里，为今后的南海军事斗争奠定了基石。

进入20世纪90年代和新世纪新阶段，在党的军事创新理论指导下，国防和军队建设不断取得新进展。党的十八以来，习近平围绕实现"两个一百年"的奋斗目标和实现中华民族伟大复兴的中国梦，立足国家安全和发展的战略全局，围绕强军兴军做出了一系列重要论述，展开了意义深远的战略举措和布局，提出实现强军目标、建设世界一流军队。2015年11月，中央军委改革工作会议召开，习主席向全军发出深化国防和军队改革动员令。改革启动以来，人民军队领导指挥体制、规模结构和力量编成发生历史性变革：调整军委总部体制、实行军委多部门制，由四总部改为十五个职能部门，使军委机关成为军委的参谋机关、执行机关、服务机关。战略支援部队是维护国家安全的新型作战力量，是我军新质作战能力的重要增长点。着力构建军委—战区—部队的作战指挥体系和军委—军种—部队的领导管理体系。形成军委管总、战区主战、军种主建的新格局。优化军兵种比例，18个陆军集团军调整重组为13个，空军保持原有体量，海军和火箭军略有增加；大幅精简非战斗机构人员，充实作战部队；深化军队院校、科研机构、训练机构改革。

调整之后，我军规模更加精干，结构更加优化，编成更加科学，从根本上改变了长期以来陆战型的力量结构，改变了国土防御的兵力布势，改变了重兵集团、以量取胜的制胜模式。人民军队由数量规模型向质量效能型、由人力密集型向科技密集型转变，以精锐作战力量为主体的联合作战力量体系正在形成。科技是现代战争的核心战斗力。要赢得军事竞争主动，必须下更大气力推进科技兴军战略。近年来，中国自主研制的新一代隐身战斗机歼－20、大型运输机运－20公

开亮相，第二艘航空母舰、055 万吨级驱逐舰出坞下水，举国振奋。一大批信息化程度高、具备世界先进水平的武器装备列装部队，使人民军队如虎添翼。

人民军队的优良传统

优良传统是一支军队政治本色和本质要求的具象化、具体化。在长期的革命战争中，人民军队形成了一系列光荣传统和优良作风。如听党指挥的立军之魂、服务人民的根本宗旨、坚定不移的理想信念、开创新局的创新勇气、求真务实的工作作风、一往无前的战斗精神，等等。在强军兴军的新征程上，必须传承我军的红色基因，把红色传统发扬好，从中汲取强军兴军的精神力量。

听党指挥的立军之魂。红军是一个执行革命的政治任务的武装集团。它绝不只是单纯地打仗，除了打仗消灭敌人之外，还要担负宣传群众、组织群众、武装群众、帮助群众建立革命政权以至于建立共产党的组织等重大任务。红军执行无产阶级革命政治任务，争取中国人民大众获得解放的事业，必须坚定地置于中国共产党的绝对领导下，这是红军保持其无产阶级性质的根本条件。新形势下传承弘扬听党指挥的优良传统，必须坚持从思想上政治上建设和掌握部队，毫不动摇地坚持党对军队绝对领导的根本原则和制度，认真贯彻落实军委主席负责制，维护权威、听从指挥，确保部队绝对忠诚、绝对纯洁、绝对可靠。这个军队之所以有力量，是因为所有参加这个军队的人，不是为着少数人的或狭隘集团的私利，而是为着广大人民群众的利益，为着全民族的利益而结合、而战斗的。紧紧地和中国人民站在一起，全心全意地为人民服务，就是这个军队的唯一宗旨。

坚持党的群众路线，在军队建设上就是实行官兵一致和军民一致。实行政治民主、经济民主和军事民主三大民主制度。这就在军队内部造就了一种空前和谐、团结、友爱的新型关系，使它经得起战争环境的严酷考验。

一往无前的战斗精神。这个军队具有一往无前的精神，它要压倒一切敌人，而绝不被敌人所屈服。不论在任何艰难困苦的场合，只要还有一个人，就要继续战斗下去。长征途中，17 勇士强渡大渡河，22 勇士飞夺泸定桥。抗日战争中，东北抗联八女投江，狼牙山五壮士英勇跳崖。解放战争中，董存瑞舍身炸碉堡。抗美援朝战争中，黄继光飞身堵枪眼，邱少云浴火潜敌阵等。英雄身上体现就是一往无前的血性和精神。它是我军要传承的宝贵精神，同时也是我军战胜一切艰难困苦的精神力量。

新形势下，我军的光荣传统和优良作风能不能继续传承？一些人忘记了自己是人民的子弟兵，忘记了"全心全意为人民服务"的宗旨，他们的灵魂已经被金钱和美色所腐蚀。习主席指出，历史上多少战功卓著的军队最后都是被腐败搞垮的。要坚持有腐必反，有贪必肃。要做到零容忍的态度不变，猛药去疴的决心不减，刮骨疗毒的勇气不泄，严厉惩处的尺度不松，绝不让腐败分子在军队有藏身之地。"我军人民军队的性质永远不能变，老红军的传统永远不能丢，艰苦奋斗的政治本色永远不能改。"无数前辈铸就的血脉基因，连着我们的前途命运。强军兴军的路上，无论我们走了多远，都不能忘记走过的路，无论我们走到多么光辉的未来，都不能忘记为什么出发。

让我们不忘初心，继续砥砺前行。

解读人民军队的红色基因密码

◎ 李　涛

李涛，军事科学院军事历史和百科研究部军事术语与军事志研究室副主任，副研究员，大校军衔，军事学博士。担任中国人民解放军政治工作门类主任编辑。出版30余部800余万字的军事著作，其中独立完成17部，主要有《肝胆相照——毛泽东与国民党爱国将领》《峥嵘岁月——毛泽东与巾帼英豪》《大围追——国民党军围堵红军长征揭秘》《赤都风云——中央苏区第五次反"围剿"纪实》《湘江血泪——中央红军长征突破四道封锁线纪实》《胜道——人民军队历史上的100个经典战例》《抗日战争敌后战场经典战例》《战典1：红一方面军征战纪实》《碧血黄沙——中国工农红军征战西北纪实》《猛虎泰山英雄气——军人心理基本问题探析》《论中国特色军事文化软实力》等。

非常高兴做客金沙讲坛，和大家进行交流。党的十九大确立了习近平新时代中国特色社会主义思想，提出了党在新时代的强军目标，强调要走中国特色的强军之路，必须要全面推进国防和军队的现代化，必须要坚持政治建军、改革强军、科技兴军。政治建军是我军的立军之本，也是建设世界一流军队的根本法宝，就是要加强军队中党的建设，开展强调红色基因、担当强军重任的主题教育，构建起军人的荣誉体系，培养有灵魂，有本事，有血性，有品格的新时代革命军人，永葆人民军队的本色和宗旨。

对于基因大家并不陌生，基因是生物遗传的基本单位，存在于细胞的染色体上，是万物彼此区别的本质属性。红色是中国共产党人的本色，也是人民军队的本色，基因决定了生命的构造，当这两个词合在一起的时候，就构成了这支军队的精神内核和非凡物质。也正是因为拥有了红色基因，人民军队才展现出了与中国历朝历代的军队以及现代西方资本主义国家的军队不同的性质与风貌。他们用战争的胜利改变了中国的历史进程，他们用实践证明了发展道路的正确性，书写了一部气势恢宏的光辉历史。人民军队的红色基因到底有哪些？这些基因密码又是什么呢？习主席提出的新时代强军目标中用3句话12个字概括了这些红色基因，那就是：听党指挥、能打胜仗、作风优良。

党对军队绝对领导的军魂

军队归谁指挥是每一个军队建设的根本命题，中国共产党在领导武装革命的历史进程中创建了一支新型的人民军队，党和军队的关系成为这支军队建设的核心。人民军队发展的历史经验提示我们，党对军队的绝对领导是我军的鲜明特色和根本优势所在，是始终保持人民军队性质、本色和作风，始终保持强大的凝聚力和战斗力，不断取得胜利的根本保障。在人民军队的历史上有一个特殊的现象耐人寻味，就是从来没有一支营以上成建制的部队被敌人拉拢策反，所以很多人奇怪为什么当年张国焘叛逃的时候连自己的警卫员也没有带走，成为孤家寡人？为什么林彪在叛逃的时候也没有带走自己的士兵？外国很多学者研究后得出的结论就是人民军队的战士不可能叛变。

这个表象背后的奥秘是什么？曾有一位记者问我军著名的罗援将军，西方预言家多次预测中国将会发生军事政变，但是每次预测都落空了，这是什么原因呢？他回答说：你知道党对军队的绝对领导吗？换句话说就是党指挥枪。在组织上表现为党支部建在连队上，在形式上、制度上表现为少数服从多数，下级服从上级，全党服从中央，这确保了我们这支军队永远在党的指挥下，不可能产生哗变。

在人民军队出现之前，我国历朝历代的军队都体现出私有化的特质。封建军队是归统治阶级所有的皇帝的武装，近代大大小小的武装归地方各种势力掌握。所以，为什么当年弱小的红军在面对国民党军队发动的一次又一次围剿、清剿时能屡屡获胜？为什么全面内战爆发以后，400多万国民党军队在短短三年时间里就败北给了人民军队，蒋介石被赶出大陆逃到了台湾？其中一个很重要的原因就是，无论是蒋介石嫡系的中央军，还是各种实力派的地方军，他们首先把武装作为自己的私有财产，最大的任务是要保存自己的实力。

确立党在军队中的绝对领导，事关能否正确进行中国革命的重大问题。经历了大革命的失败后，中国共产党深刻地认识到掌握党对军队的领导权，就是掌握党和人民的生存权、发展权，即所谓枪杆子里面出政权。同时，党要完成自己的历史使命，就必须拥有和掌握军队，人民军队要保持自己的人民属性就必须要听从党的指挥。毛主席曾经说过两句很有名的话，一句话是党要指挥枪，绝不允许枪指挥党；另一句话是共产党要争党和军权，而不能争个人利益。但是，党领导军队这条道路该怎么走，对于共产党人来说是一个全新的课题，是一个前所未遇的课题，没有现成的答案。中国共产党在确立武装夺取政权的革命路线以后就开

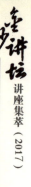

始了党领导军队的探索，最早在南昌起义时，中国共产党在起义部队中设立了前敌委员会，师、军等各级设立党支部、党代表。到了三湾改编的时候，毛主席在秋收起义部队中确立了在连队建立党支部，在班级设党代表，在营、团建立党委的原则，为党领导军队提供了坚强的组织保证。同时，朱德、陈毅率领的南昌起义余部也进行了整顿，统一了思想，先后进行了天心圩整顿，大庾整编，上堡整训，恢复了党支部建设，对如何建设一支新型人民军队进行了宝贵探索。但是探索注定是艰难的，在井冈山时期就开始存在分歧，1929年红四军下井冈山转战赣南的时候集中爆发出来，当时甚至在朱德和毛泽东之间也产生了争论和分歧。站在当时的历史背景下来分析判断，无论是朱德也好，毛泽东也罢，他们都坚持党领导军队这条原则，这是毋庸置疑的，但是对于如何领导，具体的方式方法上二人存在着不同的看法。到了古田会议时，决议中就明确了红军必须要完全地处于党的领导下，从而实现了军权由个人掌控向无产阶级政党领导的飞跃，从根本上保证了人民军队的信誉，听党指挥的军魂也由此确定。

坚决服从党的绝对领导既是历史的必然结果，也是时代发展的客观要求。当前，一些西方的敌对势力不断地在鼓吹军队非党化，军队非政治化，军队可量化，实际上他们就是想把我们长期形成的党对军队的绝对领导的原则模糊掉，通过一些虚无历史来动摇军心。习近平总书记在十九大报告中讲到，新时代坚持和发展中国特色社会主义14条基本方略中，第一条就是要坚持党对一切的领导，同时他在第11条中也提出坚持党对军队的绝对领导。所以说，保证党对军队绝对领导关系到我军的性质和宗旨，关系到社会主义的前途命运，同时也关系到党和国家的长治久安。

全心全意为人民服务的建军宗旨

军队的宗旨是指建设军队干什么？为谁服务？这是由军队的性质决定的。一支军队在人民心中拥有多大分量，取决于这支军队对待人民的立场和态度。一切从人民利益出发，全心全意为人民服务，是我党我军的根本宗旨，也是初心所在，更是我党我军的力量之源、生命所系。

人民军队的历史经验告诉我们，把人民利益摆在至高无上的地位，紧紧依靠人民才能赢得人民的拥护和支持，也是我们战胜困难和取得胜利的不二法则。在长期的革命历程中，人民军队始终坚守着这个宗旨，同人民群众一道推翻了反动统治，建立了新中国。在和平建设年代，人民军队和指战员们在完成作战战备训练任务的同时，还把抢险救灾作为和平时期的一项重要工作。每当发生自然灾害或者出现重大事故的时候，人民子弟兵总是冲在最前面，用鲜血甚至生命上演了一幕幕子弟兵爱人民的动人画面，向世界展示出了人民军队的形象。

中华人民共和国成立后，人民军队参加的主要抢险救灾包括唐山抗震救灾，河南驻马店地区抗洪救灾，长江中下游 1998 年抗洪，2008 年四川汶川抗震救灾。2008 年 5·12 汶川大地震，震区的形势很恶劣，道路被冲断了，救援部队进不去，灾区情况了解不到，后来军委决定实施空降，但是空降地面没有引导，而且震区地形非常复杂，空降危险系数非常大。特别是 14 日中午，来自空降 15 军的 15 名伞兵，他们从海拔近 5000 米的高空冒死空降茂县，创造了世界空降史的奇迹，随后 450 名伞兵留下遗书奔赴灾区。

2016 年 10 月，习近平总书记在纪念红军长征胜利 80 周年大会的时候曾经动情地讲了一个"半条被子"的故事。1934 年 10 月，中央红军长征以后到达了湖南，三名女红军借宿在一位老人家中，临走的时候发现老人没有被子，这三位女红军就把自己仅有的一条被子剪下一半留给了这位老人，这半条被子记录了真正的军民鱼水深情。子弟兵爱人民是天然的，我们子弟兵就来自于人民。因为我们的宗旨是要为人民服务，所以当年为了掩护人民群众安全转移，狼牙山五壮士可以选择跳崖，宁可自己丢掉性命，也要保护人民群众的安全，这就是人民军队的永恒的信仰和坚守。同时，在长期的革命战争中，战斗非常频繁，物资非常匮乏，环境非常恶劣，但是人民军队还能够坚持纪律严明，秋毫无犯，实行三大纪律、八项注意，向人民展示人民军队一以贯之的爱民、护民精神。76 年前刘伯承去大别山，亲自约法三章：以枪管打老百姓者枪毙，抢夺民财者枪毙，强奸妇女者枪毙。1949 年 5 月，人民解放军解放了上海，在入城之前陈毅制定了入城规则，强调所有的人进城以后一律不得入民宅，当人民解放军入城以后，就有了胜利之师露宿街头的场景。当时目睹这些场景的红色资本家荣毅仁后来成为我们国家的领导人，他在回忆录里写道：从这一刻起，我就知道国民党再也回不了上海了。

在十九大报告中，习总书记提出了坚持发展新时代中国特色社会主义的 14 条基本方略，第 2 条就提到，坚持以群众为中心，军队就是依靠人民，才可以无往而不胜。

革命理想高于天的坚定信念

理想指引人生方向，信念关乎事业成败，人的精神一旦被唤起来，就会迸发出无穷无尽的力量。崇高的理想、坚定的信念，是共产党人和革命军人的政治灵

魂。1948年6月，全国内战刚刚爆发，国民党损兵折将，从全面进攻、重点进攻转入了全面防御。8月，蒋介石在南京主持召开了一次军事检讨会，他痛心地说：现在我们大多数高级将领精神堕落、生活腐化，革命的信心根本动摇，责任观念完全消失，尤其使我痛心的是，这几年来有许多高级将领被捕受屈而不能慷慨成仁，许多下级官兵被共军俘虏，编入内部来残杀自己人，而不能相继反正，这真是我们革命军有史以来前所未有的奇耻大辱。国民党军在抗战时期为中华民族做出了贡献，他们有的也是能打仗的，也是誓死不屈的。但是到了解放战争时期，就发生了很大的变化，被俘国民党高级将领少将以上有260多人。时任国民党山东省政府主席，第二绥靖区中将司令官王耀武在1948年9月济南战役兵败以后被俘，11年后，他作为中国共产党首批特赦战犯走出了战犯管理所，开始了新的生活，不久便当了全国政协文史专员，开始撰写回忆录、回忆文章。他曾经写了一篇关于阻击北上抗日先遣队的文章，提到了他审问一位被捕的红军师长的故事，令人震撼。王耀武是这样写的：这位胡师长上身穿着三件补丁衣服，下身穿着两条破烂不堪的裤子，脚上穿着两只不同颜色的草鞋，背着一只旧的粮袋，袋子里只有一只空的洋瓷碗。审问后，王耀武就劝胡师长投诚，但胡师长说国民党卖国，绝对不与他们同流合污。王耀武又说，你们在中国实行共产主义，水土不服，根本不符合我们中国的国情，你们这样肯定会失败的。胡师长则说，我坚信共产主义，我愿意为共产主义而牺牲。最后他被杀害了。从中可以看到，当时共产党员的信念非常坚定。

理想信念犹如共产党人的精神钙，没有理想信念或理想信念不坚定，精神上就会缺钙，就会得软骨病，如果不信马列信鬼神，不信真理信金钱，就会给党和国家、给军队的事业造成严重的损失。十八大以来中央进行正风肃纪，反腐败、打老虎、拍苍蝇，取得了非常好的成效，老百姓从心里面拥护，部队的风气有了大大的好转。

毛泽东军事思想的精神武装

在指导中国人民革命战争的长期实践中，毛泽东把马克思主义的普遍原理同中国革命的实际相结合，逐步形成和确立了一整套具有中国特色的灵活机动的战略战术。毛泽东军事思想不是与生俱来，也不是一蹴而就的，是从革命战争实践中总结出来的，又经过了革命战争实践的反复检验。在创造井冈山根据地的时候，在创建苏区的时候，在粉碎国民党军队围剿的斗争中，毛泽东就总结提出了红军游击战争的16字诀：敌进我退、敌住我扰、敌疲我打、敌退我追。在中央苏区领导中央红军反围剿斗争中又提出了积极防御、诱敌深入、集中兵力打运动战，打速决战、歼灭战等一系列方针。在抗日战争中提出了持久战，敌后游击战。在解放战争中提出了以消灭敌人有生力量为主，不打无准备之战，不打无把握之战。在抗美援朝战争中，提出了蘑菇战术和冷枪冷炮战术。这些战略战术的经典要义就是一切从敌我双方的实际出发，你打你的，我打我的，有什么武器打什么仗，对什么敌人打什么仗，因时因地制定适宜的作战方针，最终达到保存自己、消灭敌人的目的。

比如，彰显毛泽东军事思想的四渡赤水之战。从 1935 年 11 月红军北上，到 5 月顺利渡过金沙江，3 万多红军在毛泽东的指挥下采取声东击西、调虎离山、各个击破的战术，把国民党军队从战略上的优势转化为红军对国民党军队战略战术上的优势，变被动为主动，化不利为有利，成功跳出了包围圈，粉碎了国民党蒋介石想在川黔滇消灭红军的阴谋。因为一直被毛泽东牵着鼻子走，蒋介石恼羞成怒，说我们有这么多军队，红军好像和我们的军队玩捉迷藏一样，这实在是我们最可耻的事情。就连在遵义会议上被迫交出指挥权的共产国际军事顾问李德后来也心悦诚服地表示，红军渡过金沙江以后，在战略上形成了一种新的、比较有利的局势。

关于当时截获敌人情报对四渡赤水之战获胜起到的作用，可以做如下分析。第一，在四渡赤水的战场上，国民党兵力有 30 万，兵力虽然很多，但很复杂，除了蒋介石嫡系部队，还有很多地方军阀的部队。这些部队各自为政，他们之间的指挥系统和配合作战存在着不匹配、不协调的问题，红军不可能把每一支部队的电文都截获，把不同派系之间军阀的密电都掌握。第二，即使情报是真实的，我们也都能截获破译，但是这些情报的真实可靠性到底有多大？四渡赤水之战不是阵地战，不是攻坚战，它是运动战，敌我双方的部队在不断变化和调动，几个小时前截获的情报在几个小时后未必还能派上用场。第三，再退一步，所有的情报都是真的，也都是可靠的，但是在这么多情报当中，如何判断和利用这些情报，在几十万国民党军队围追堵截的缝隙中成功突围，也是一大难题。所以说，四渡赤水之战是毛主席高明的军事指挥艺术的体现，是一个典范示例。现在，习主席的强军思想也是和毛泽东军事思想一脉相承的，不仅是指导我国国防和军队建设、遏制、打赢战争的强大科学指南，而且是我们筑牢军魂、凝聚军心、强化斗志的思想武器。

一不怕苦二不怕死的战斗精神

人无精神则不立，军无精神则不胜，国无精神则不强。军队的战斗精神是一种取之不竭、用之不尽的战斗力。在人员数量和武器装备相当的情况下，战斗精神对战争胜负起决定作用，在人员数量和武器装备处于劣势的情况下，旺盛的战斗精神在一定条件下能创造出以弱胜强的奇迹。

为什么人民军队能够取胜？这里面到底蕴含着什么原因？人民军队可能是古今中外军队中高级将领受伤最多的军队之一。1955 年国务院第一次授军衔，当时有十大元帅十位大将，上将 55 人，中将 175 人，少将 808 人。在这些将帅中，十大元帅除了朱德、彭德怀、聂荣臻外，其余 7 人都受过伤。十位大将的创伤加起来有 37 处，其中受伤最多的是徐海东大将，他先后 9 次受伤，身上有 20 多处战伤；位列十大大将之首的粟裕将军曾经 6 次受伤，最严重的一次是 1930 年被国民党军队炮弹击中了头部，整整休养了三个月才重新归队，但是他从此以后经常出现头痛的毛病，当时的医疗条件很差，只能吃止痛片，但止痛药又会影响大脑思维，因此他就尽量不吃，头痛时就做了一个铁箍套在头上，以减轻疼痛。粟裕将军指挥了很多战役，打了无数大仗、硬仗和恶战，歼敌无数，但是很多人不知道他当时是忍着剧烈的头疼指挥下来的。中华人民共和国成立后找到了导致他头疼的病因，遗憾的是时间太长了，弹片已经深深地嵌入到他的头颅里取不出来了，这个弹片跟了粟裕将军一生。在近 1000 名开国将帅中，还有一些因战伤导致断臂、断腿，包括红军时期的彭绍辉上将，担任过成都军区司令员的贺炳炎上将，还有当过总政治部主任的余秋里将军，一共是 9 位独臂将军，还有两位断腿的独腿将军。在古今中外的军队历史上，很少有大批高级将领上战场的情况，这说明人民军队当时打仗很拼命，有着不怕死的精神。

正因为有这样的高级将领，有这样的军队，才能在武器装备非常落后的情况下赢得战争的胜利，这种战斗精神非常的可贵。所以毛主席对人民军队的评价有两句名言：这个军队具有一往无前的精神，它要压倒一切敌人，而决不屈服于敌人；我赞成这样的口号，叫作"一不怕苦，二不怕死"。一支连死都不怕的军队，还有什么战胜不了的。

朝鲜战争是第二次世界大战结束初期爆发的一场大规模局部战争，为什么美国人很少提及？美国西点军校一位教官在谈到越南战争和朝鲜战争时回答了这个问题：对于美国军队而言，两场战争都失败了，越南战争是政治上的失败，不是军事上的失败。而朝鲜战争完全不一样，美国动用了当时世界上最先进的武器，而且是海陆空联合立体作战，它是世界上最大的军事强国，结果却败在一个刚刚成立新政权的落后亚洲国家，而且还是武器装备十分简陋的中国人民志愿军的手里，输得非常惨。对于美国军人来说，这是他们的一个耻辱，一个伤疤，所以他们不愿意提及。据美国的统计数据，第二次世界大战以后，美国对外用兵次数超过 240 次，其中规模最大的有三次：第一次是 1950 年至 1953 年的朝鲜战争，用兵 44 万，死亡、失踪 54246 人；第二次是 1961 年到 1975 年的越南战争，用兵 55 万，死亡、失踪 58209 人；第三次是 1991 年的海湾战争，用兵 44 万，仅用了 43 天就结束战争，阵亡 146 人。前两场没有取得胜利的战争都与中国有关系。尽管当时志愿军的武器装备非常落后，但是我们打胜了。当年美军去朝鲜参战的部队都是美军中鼎鼎有名的王牌师，常胜师，他们刚刚参加过第二次世界大战，部队中的老兵特别多，作战经验很丰富，而且美军的装备是当时世界上最先进的，又拥有绝对的制空权和制海权，所以美国人搞不清楚为什么会失败。但是他们也认为，当时在朝鲜战争中，中国军队更多地表现为坚忍顽强，奋勇冲杀，不畏牺牲的精神，他们称之为谜一样的东方精神。许多参加过朝鲜战争的美国兵在晚年的回忆中表示，志愿军发起的冲锋式吹号声，撕心裂肺的军号声和尖利刺耳的哨子声，这些声音一直伴随着他们一生。英国牛津大学战争学家罗伯特这样评价：英勇的志愿军可能在后人看来是不可思议的，中国从他们的胜利中一跃成为一个不能再被轻视的大国。所以，全世界认识新中国，就是在抗美援朝战争的过程中，正是由于抗美援朝战争的伟大胜利才奠定了新中国在世界上的地位，也才为我们打出了 60 多年的和平。

人民军队历来打的是精气神，当年我们钢少气多，如今钢多了气也要多，骨头更要硬。培养战斗精神是提高军队战斗力的一个重要因素，军队能打胜仗，固然要靠战略战术，要靠体制机制，要靠武器装备，要靠综合国力，但是没有战斗精神，光有好的作战条件，军队也是不能打胜仗的。

优良作风的保证

人民军队在长期的革命战争和建设实践中培育了诸多优良作风，比如，政治坚定的思想作风、求真务实的工作作风、英勇顽强的战斗作风、官兵一致的民主作风、令行禁止的纪律作风、艰苦奋斗的生活作风。这些作风早已内化为全军官兵的思想，外化为全体官兵的自觉行动，成为我们的宝贵财富。

毛主席在《井冈山的斗争》一书中曾经写过：中国不但人民需要民主主义，军队也需要民主主义，军队内的民主主义制度将是破坏封建制度的重要武器。古

田会议也制定了一系列革命政治工作制度，塑造了新型红军内部和外部关系，奠定了我军政治工作与官兵一致、军民一致、瓦解敌军三大原则的思想理论基础，发挥了团结自己，消灭敌人的强大威力。

解放战争中后期，许多国民党将士都开始怀疑，自己究竟为什么而战，为什么每场战斗打下来共产党军队伤亡很大，但却是越打越多，当时解放军部队有相当一部分连队 70% 都是由投诚的国民党士兵或者俘虏构成的，甚至很多连排干部也是由他们充当的。在淮海战役第三阶段的 20 天，被解放军包围在陈官庄国民党军杜聿明集团被毙伤、瓦解 10 万多人，其中整连整营投降的就有 14000 余人，约等于两个师的兵力，平均每天有 700 人投诚。

抗美援朝战争中，担当主力的第 50 军付出了巨大的牺牲。其中 149 师是解放战争成都战役后，在四川郫县起义的国民党 20 军团的部队和范绍增的袍哥武装组建的，他们进行整训后编入了 50 军序列，参加了抗美援朝战争。有一位姓王的营长是国民党起义部队的军官，他率部坚守阵地，与美军血战到底，最后身负重伤，阵地也失守了。另外一位姓杨的营长也是国民党起义部队的军官，他当时亲自带着一个连反击美军，冲上阵地，把王营长救了回来，把阵地也夺了回来。这些起义官兵，在一年之中发生了翻天覆地的变化，是共产党人的优良作风带动了他们。包括邱少云也是在成都起义过来的解放战士，他在朝鲜战场上成为一代楷模。

所以说，在人民军队的大熔炉里，成千上万的像邱少云这样的解放战士经受了磨炼，成为听党指挥、不怕牺牲的钢铁战士。习总书记强调，作风优良是保证，这关系到人民军队的性质、宗旨和本色。强军第一强作风，兴军必须兴作风，在强军兴军的征程上，人民军队的优良作风就是我们听党指挥的保证，也是我们永不变色的保证。

时光荏苒，岁月如歌，人民军队到如今已经走过了 91 年的辉煌历程，土地革命战争时期，我们粉碎了国民党围剿；解放战争时期，打败了美国支持的、美式武装的国民党军队；抗美援朝战争中，我们打出了血性，打出了国威，把美国人打到谈判桌上，取得了伟大的胜利。这支军队每一面战旗上都是弹孔累累，上面留下了无数无名烈士的鲜血，武器装备总是落后于对手的情况下，从未输过一场战争；这支军队信念为坚，只要在紧急关头，有人高喊共产党人跟我上，胜利的天平就向他倾斜，至今仍会令对手畏惧。蒙哥马利曾经告诫全世界的军队，只有傻瓜才会在地面上与中国军队交手。这就是在 21 世纪被世界各国军队知道的东方之魂，我们人民军队的红色基因。历史不能遗忘，历史英雄也不能被遗忘，因为那样会遗忘我们这个民族的基因，我们这支军队的基因。

谢谢大家！

◎叶海林

中国的安全与挑战

叶海林，中国社会科学院亚洲太平洋研究所南亚编辑部主任、中国社科院南亚研究中心秘书长，中国社科院国际问题专家。目前主要从事南亚地区政治与国际关系、反恐怖及非传统安全研究。央视特约评论员，作为嘉宾多次参与央视《环球关注》《防务新观察》《今日关注》和《央广时评》。学术代表著作有：专著《巴基斯坦——纯洁的国度》，译著《空间战争》等，发表学术论文 70 余篇。

中国面临的问题和挑战

判断一个国家的安全状况就是要看它的领土、政治制度和独立主权是不是足够的安全，换句话说，就是看你的领土有没有可能受到外人入侵，你的政治制度有没有可能被颠覆，你的主权能不能得到完整体现。当然，在 21 世纪的全球化时代，还要加上一条，民众在海外旅行的时候是不是能够得到足够的安全保证。

传统意义上的安全威胁主要是讨论大国关系，周边的安全态势这些硬的方面，比如哪个国家是中国主要安全威胁来源，我们和别的国家是不是存在着比较尖锐的地缘政治利益冲突和领土主权争端等问题，在冷战以后还需要多讨论政治制度安全，比如说我们国家是不是面临着颜色革命的威胁，这也是传统国家安全的组成部分。除此之外还要考虑到很多非传统意义上的威胁，比如说恐怖主义对我们海外设施、海外利益、海外人权利益的威胁，甚至是一些大规模的自然灾害发生时，我们海外撤侨的保护等这样一些不确定因素都应在考量范围当中。

考量所有因素后得出的结论是，当今中国整体国家安全问题变得非常严峻，从传统国家安全挑战到非传统安全挑战都有很多问题需要处理；同时，处理这些问题需要时间，需要政府的投入，也需要民众的参与，并不是一朝一夕就可以取得成效的。对于任何一

个大国来说，维护自身安全都是一个历史性任务。今天，影响我国总体国家安全环境的变化有着不同的成因，一方面有国际局势的变化，这里包括了大国的对外政策变化和国际关系基本格局的变化，也包括了一些非国家行为体的行为因素对我们国家整体安全战略造成的影响；当然，我们同时还要看到，也有我们自身政策和对外战略的变化。改革开放 40 年以来，我们早就不是一个国际秩序调整的被动的结果承受者。我们自身的政策，我们的做法可以对当前的国际关系局势产生非常重大的影响。我们一方面要看到这个世界本身依然蕴含着很多尖锐的安全挑战，这些挑战对中国来说同样都是需要面对的问题，而且世界主要大国的对外政策在不断变化，这种变化对中国安全环境也造成了很大的冲击；而另一方面，我们也是变量之一，我们自身的变化也在深刻影响着这个世界的发展和未来的走势。

世界上有 190 多个国家，但是真正能够独立制定自己外交政策的国家其实很少，因为制定自己独立的外交政策需要两个方面的条件：第一，有独立的外交政策和外交理念；第二，有能力执行外交政策并且产生效果。通常我们说，国家无论大小，主权一律平等，话是没有错的，但这指的是法律地位，并不是在国际关系体系中的实际地位。中国的外交政策很重要，它会影响到中国周边的很多国家；美国的外交政策也很重要，它会影响到全世界。像中国、美国、俄罗斯此类国家的外交政策关系到国际秩序的基本约束条件。这三个国家的政策在很大程度上决定着人类战争和和平的问题。能够达到这个级别，我们才能称之为世界级国家，它们对维护国际秩序和改造国际秩序负有着其他国家所无法比拟的责任和能力。目前，我国面临的主要问题和挑战很多：

第一，讨论中国的国家安全环境必须讨论两个因素，一个是客观环境变化，一个是主观政策变化。近几年影响中国国家安全的客观环境的确发生了非常大的变化：第一是当前国际主导国家也就是美国的战略调整，美国作为冷战后唯一的超级大国，其政策会影响到世界上任何一个国家的外部环境，这是毫无疑问的，而美国的外交政策从奥巴马时代到特朗普时代发生了非常大的变化，这个变化不可避免会成为中国将要面临的安全挑战；第二是非国家行为体对国际秩序影响能力的增加，主要指恐怖主义事件。当前的反恐斗争是非常尖锐的，目前为止，国际社会应对恐怖威胁还没有一个综合性的治理方案，恐怖主义威胁正日趋恶化。这两点需要我们注意。

第二，美国政策的变化。奥巴马时期美国政策整体上是收缩的。美国的外交政策非常强调所谓的政治正确原则，希拉里的国际观点就是这个世界黑白分明，是有对有错的，美国的利益是在对的一面，站在光明的一面，当然这个"对"和"光明"是由美国自己定的。在这一政策下，美国重视自身在全球中的领导地位，就是美国要维护自己的全球霸权，这种霸权体现为能够动员国际力量，孤立自己不喜欢的国家，甚至在很多形式上出现大规模的政治改造，比如说在中东试图推出民主化，这是奥巴马时期的外交政策。

这个外交政策存在非常大的结构问题。奥巴马时期美国整体实力下降得很快，特别是2008年金融危机以后，美国外交更多地强调美国道义感召力和全球领导性。从广义上来说我们都会同意，一个国家如果在国际秩序主导权方面占有很大优势，它就能够凭借优势为自己谋求很多别的国家得不到的利益。但是考察美国过去八年的外交政策我们会发现，美国很大程度上没有凭着自己在国际社会的主导地位去充实或者说巩固自身的国家利益。特朗普在2016年战胜希拉里成为新一轮的美国总统，提出所谓美国优先。特朗普对全球秩序不感兴趣，他说我是全球的领导者，任何政策都必须对我有利，必须有助于国家的利益。所以特朗普上台以后很多事情在发生变化，这让美国的联盟体系非常吃惊。首先是美国退出TPP。奥巴马非常得意的一件事情就是跨太平洋合作关系协定的签订，它不包括中国。在美国推行TPP的时候，中国很多学者和中央政府部门也感受到了压力，因为中国自改革开放以来，有一个非常重要的一个理念或者经验，只要让我们参与到全球化进程中去，我们就会在全球化进程中不断地学习提高，最后成为竞争的胜利者。TPP反其道而行之，它在美国的核心盟员中建立了一个小范围的经济联盟机制，也就自然不会邀请中国参加。特朗普废除了TPP，在美国国内引起了非常大的争议。特朗普说，不管我有没有TPP，我仍然是世界上最强大的国家，我可以凭借实力在双边的轨道上达成任何我想要的协定，我不需要占用多边机制和平等磋商。迫于国家力量，大多数国家在美国压力面前都会妥协。

这个变化将会对中国产生什么影响？一方面我们要看到在这个变化下，中国和美国过去争论的焦点问题重要性在下降。奥巴马时代，希拉里当国务卿的时候，美国非常重视价值观外交，动辄以美国的价值观给中国施加压力，对中国提出各种各样的指责，比如人权问题、民族问题和宗教问题等。这些事情在特朗普时代基本消失了。但是中美两国围绕着实际国家利益的斗争激化了，也就是说，美国更愿意通过双边途径直接向中国施压，比如在货币金融领域、进出口贸易领域和中国所面临的地缘政治问题，特别是朝鲜半岛问题上，美国不断向中国明确提出要求，要求中国配合美国。这种围绕着双边的具体国家利益的争夺是未来一段时间内，至少在特朗普时期中美关系所必须要正视的。这个状态跟以前是不一样的，以后我们跟美国在价值观方面矛盾可能会少，但是在具体事物层面的矛盾会日益加深。并且我们要注意到一点，特朗普时期美国在使用实力去压迫对手达到目的方面是更加肆无忌惮，更加没有顾忌的。

美国的太平洋政策是我们所共同关心的。中国的对外环境中，海上方向问题占据了非常突出的位置，在海上方向美国可以从四个点对中国发起安全挑战：一个是南海问题。现在围绕南海航行自由和南海的九段线岛礁的主权归属问题，中美双方观点差距极远，双方在这个方面的斗争将是一个长期的过程。另外一个就是台湾问题。特朗普在当选总统之初就与蔡英文进行了电话通话，引发了中美之间严重的外交问题。虽然经过我们的斗争，美国在台湾问题上不可能出现大的倒退，还是要坚守一个中国的立场，但是我们也要承认，特朗普上台以后打台湾牌的倾向有所上升，比如美国国防部长在前不久香格里拉论坛上明确谈到美国要继续对台售武。在台湾问题上，美国并不打算支持"台独"，美国的想法是通过对台湾的支持来要求中国在其他美国感兴趣的领域中做出交换。特朗普在推特上公开写到：如果中美两国不能达成贸易协定，我不知道为什么还要恪守一个中国原则。这是一个赤裸裸的威胁，这样的做法是突破底线的。

第三，钓鱼岛问题。特朗普刚刚赢得大选，日本首相安倍晋三就前去拜会。特朗普宣誓以后，安倍晋三又马不停蹄地作为主要经济体的领导人第一个去美国和当时已经就职的特朗普展开磋商，安倍强化日美同盟机制的意图非常清楚。国内很多人认为，在这个问题上，安倍是一个野心家，他不仅要颠覆第二次世界大战以后的国际秩序，最终还要挑战美国对日本所谓的控制能力，也就是说，美国一直纵容日本下去的话，最后可能会变成一个东郭先生和狼的故事或者农夫与蛇的故事。但是实际上，日美同盟对于日本来说是具有决定性意义的，日本现在没有，以后恐怕也很难有摆脱日美同盟的想法。日本的对外战略是在日美同盟的保护下，提升日本在太平洋地区的安全和政治影响力，也就是说，他并不想去造美国的反，但是他要做美国在这个地区力量和利益的代言人，让美国把太平洋地区交给日本来管。

当然，日本这样的地缘政治目标，中国是无论如何不能同意的，因为这意味着不但美国要强化军事霸权，日本也要成为军事霸权中一个关键的组成部分。在这个问题上，中日之间的安全问题存在着结构性矛盾，它不是通过政策协调就能够解决的，而是涉及双边关系中一些本质的东西。在这个问题上，特朗普在安倍晋三两次拜会自己的时候，便对日本做出了肯定；日美在特朗普时代关于钓鱼岛问题的意见也跟奥巴马时代稍有不同，美国开始明确表示日美安保同盟条约涉及钓鱼岛，中国当然不能接受，在这个问题上，中国与美日同盟之间也存在很大的分歧。

第四，朝鲜半岛问题。特朗普在最近几个月内不断就朝鲜所谓的核武和核导弹问题做出各种威胁，朝鲜半岛仍然处于紧张状态。

特朗普时代的外交政策更强调美国的国家利益，虽然避免了中美在意识形态方面较为空泛的争吵，实际上也使得中美关系和中国周边安全态势变得复杂。客观来说，我们要承认，中国周边地区的很多安全问题并不是美国制造出来的，而是被美国利用的。比如说南海问题，它是由于 20 世纪 70 年代以后东南亚一些国家抢占中国南海岛礁而产生的争议，在这个争议过程中，美国最多是一个矛盾利用者，而不是一个矛盾制造者。其实，中日钓鱼岛问题，包括台海问题和朝鲜半岛问题都要看到这一点，美国有能力利用中国周边地缘矛盾给中国制造障碍，这些矛盾不需要美国自己制造，它原本就存在。

这提醒我们，中国在处理周边地区安全秩序问题的时候，不能只思考美国因素，因为并不是我们解决了和美国的关系问题，理顺了中美关系问题，甚至建立了中美大国关系，中国在周边地区就没有问题了。实际上恰恰相反，中国面临的所有周边地区的安全挑战问题都需要立足于周边去解决，而不是通过中美框架去解决，如果中国仅仅是在中美框架下去解决中美矛盾是解决不了的。道理非常清楚，中国把美国关系搞好，或者说把矛盾理顺了，周边这些问题还依然存在，它们并不会自动消失。

中国的对策

中国周边战略中，美国是第一个客观存在的外部因素，但是不是唯一因素。中国国家安全挑战主要来自我们周边，因为我们还不是一个像美国那样在全世界都存在着广泛利益的一个全球性国家，我们仍然是主要立足亚太的新型经济体，我们必须从立足周边的角度去思考和处理中国所面临的安全挑战。当然并不是要忽略美国的存在，而是因为美国有足够能力在中国周边地区给中国制造麻烦，所以我们也必须考虑到美国因素。

美国的政策在安全方面对中国的影响主要是来自我们的海上方向，至于陆地方向，比如西南的印度次大陆、中亚这些地方，美国鞭长莫及。我们在这个地方所面临的安全挑战主要是地区性的，美国的因素相对来说要淡一些。比如说中印关系，中印之间存在着巨大的领土争议，这个领土争议的产生以及解决都跟美国关系不大，我们跟美国关系的好坏，与我们能否解决中印领土争议也没有关系。所以我们还是要立足自身，客观地看待中国周边地区出现的安全挑战。

第二个因素是非国家的行为和崛起。这个因素和前面谈到的全球政策变化有关，全球政策变化一方面与外交政策有关，另外一方面与国际态势也有一个基本格局和基本态势变化有关。冷战结束之前，尽管世界形势非常危险，但是却没有大的军事冲突，美苏两国和两大军事团体之间有着基本的战略平衡。冷战结束后

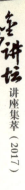

一段时间内，局部战争较为频繁，原因在于美苏两国间失去了基本的战略平衡，导致美国一家独大。但这并不意味着美国已经完全成了世界的霸主，也不意味着美国可以像当年罗马帝国一样实现罗马治下的和平。罗马帝国最强盛时期的欧洲，如果罗马帝国不同意，任何一个地方不可能发生战争，因为罗马帝国实现了全面的控制能力，美国从来没有达到过这个水平。冷战结束后，美国治下所谓的国际秩序也不稳定，比如科索沃问题、两次伊拉克战争和军事打击阿富汗问题。这种不稳定导致了一个严重的问题，就是它的衰变速度非常惊人。20 世纪 90 年代，美国刚刚在冷战中胜出，没有多长时间，它所主导的国际秩序就已经千疮百孔了。2008 年金融风暴以后，很多问题就不再是美国的庇护能解决的了，而且是美国想阻止也阻止不了的。当然这可能是由于美国错误的外交路线，同时也有美国能力下降的原因。21 世纪以后，全球政治的很多变化都是在逆美国意愿而动，或者说并不是美国所策动。这里面存在美国能力问题，也有判断问题。原本美国主导的国际秩序在处理全球问题上能力就在不断下降，到了特朗普上台的时候，就连解决全球问题的意愿都减弱了。最近美国退出巴黎协定，实际上对国际社会而言是一次重大的打击。当然从美国的自身利益来考虑，退出巴黎协定主要还是因为想维持美国国内的经济增长，维护特殊的国内利益，但是从结果上来看，说明美国对于全球性问题的关注度在下降，它开始更多地关注自己的利益。

在这个过程当中，我们还要经常性地考虑到非国家行为体，比如说伊斯兰国家的极端组织，它不是国家，但是它确实使全球安全面临非常突出的挑战，这种挑战是不对称的，以往的军事战略、国防战略都不能解决这一问题。

综合而言，我们既要看到当今国际社会的变化，比如说美国政策越来越向内，越来越倾向于更多关注自己国家利益而不是全球的基本秩序。另一方面我们也要看到，全球的秩序维护难度在不断增加，传统的国家间的行为框架无法解决现在出现的很多新问题，而超国家的或者说非国家主导的国际关系体系还没有建立起来。整体来讲，中国的外交环境也在面临不确定性的风险变化。

同时还要看到，我们自身也在发生变化。改革开放之初，中国外交的主要目的是要为经济建设服务。这就需要中国通过自身的外交活动来稳定中国的周边环境，使中国的改革开放能够顺利进行，外交的主要任务是防止中国周边出现地缘政治动荡或者安全冲突，免得去打扰或者干扰中国改革开放的进程。在这个任务中，中美外交占着非常大的比重。现在看来，中国自身的变化已经使得这样一些外交思路无法持续了。为什么？过去我们主要依靠国际贸易维持国内经济增长，经过 2008 年奥运会，特别是 2009 年中国经济总值超过日本以后，更多的是依靠中国经济全要素的全球化来维持经济的可持续性，我们不可能再像过去一样赚取外汇差使经济增长。现在，我们必须找到自身独立发展的办法，这个办法就是习主席提出的"一带一路"构想，通过"一带一路"实现中国经济全球化愿景；最终的目的是实现一个全球化的中国经济，而不是一个只是向全球提供产品的中国经济。

这种情况下，中国经济走出去就是必然趋势。我们更强调中国经济的海外布局，也意味着中国国家利益观已经不仅仅局限于国门以内了。当年我们可以说维持中国国家利益主要就是维护国境线以内的区域，现在维护中国国家利益，保卫中国安全则要遍及全球：我们在海外有大量投资，有大量人员，他们都需要我们去保护。而我们总体战略是进一步强化全球市场的介入和存在，海外安全保障工作在国家安全工作中越来越重要，这个变化不是环境的变化，而是我们自身造成的。一方面是客观的环境变化，另一方面则是中国的对外战略基本目标和基本诉求的变化。

时至今日，我们依然需要一个稳定的周边态势，但是我们如何去实现？我们所拥有的手段，我们的政策选项已经跟 20 世纪 80 年代以前有了非常大的变化，今天的中国更有能力在周边地区贯彻我们的意志，执行我们的政策，并且使之产生效果。在看待中国周边安全态势的时候，必须想清楚我们想要的是什么。而我们想要的这些东西是可以实现的，80 年代初我们要想一个环境，只能顺势而为，现在我们可以创造这种态势，这是我们自身实力发展的结果。所以，我们看到了两个大的因素变化：第一个是客观环境的变化；第二是主观意志和主观能力的提升。

在这种情况下，我们就要格外强调中国自身环境、自身的能力和我们的目的。中国安全环境变化中最大的变量是我们自身需要什么。我们需要重新去塑造周边的战略态势，让中国周边地区能够体现中国的国家利益，能够体现中国的外交思维。这与被动接受和通过自我调适来争取不同，过去我们的主要策略是，如果环境变了，首先要改变自身，通过改变我们自己去适应。而现在我们要强调，如何通过改变周边来使我们的利益得到更好地保护，这是完全不一样的。

鉴于中国今天的发展，我们整个大的对外战略构想也在发生变化，特别是"一带一路"已经推动了几年，我们希望其他国家能够跟我们携手并行。但是，对于"一带一路"的疑虑也是始终存在的。有的疑虑是心存恶意，但也有一些疑虑是心怀焦虑，一些国家对此感到无所适从。在这个过程当中我们必须非常谨慎。我们的根本目标是希望中国周边的发展和中国的发展保持同步，成为经济共同进步的区域，这一目标的最终实现与中国的长期的繁荣发展已经深刻改变了亚太地区的基本结构密不可分，现在我们的问题是这种改变能不能以一种和平的方式在更大范围内加以确立。这就是为什么中国一直强调要和平崛起的原因。我们国家安全利益外延在不断扩张，我们需要处理的问题在不断增加，这就对我们的

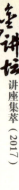
传统外交提出了更大的挑战。今天中国更积极地参与海外态势是不可避免的，真正的难题不在于我们要不要保护我们的海外利益，而是怎么保护我们的海外利益。

这个世界是很复杂的，不同的国家在思考自己对外政策的时候，出发点并不是只有一条。中国改革开放三四十年间我们形成一种思维定式，认为所有国家在制定外交政策时主要的出发点都是经济发展，实际上，超过一半国家在制定对外政策时，与他的自身经济利益是没有多大关系的，国家的外交政策服务于自身的经济利益对中国是成立的，但对很多国家来说不一定成立。因为我们现在需要创造一个对我们有利的外交环境维持经济增长，这是中国的一个具有方向性的目标，这个目标对我们来说有政治正确性，不能改也不会改，它符合我们的利益。但是对许多国家来说维持经济增长根本不是他们政府所关心的，因为这不是由他们自己决定的，即使制定了政策也不能保证执行。同样地，相当一批国家也无法独立制定自己的经济政策，因为他们国家的经济发展受全球和地区经济环境的影响，他们只是一个地区经济环境变化的承受者而已，这些国家的对外政策中的经济利益要素占比非常低。

今天的中国要发展，我们社会各个单元都要在这个大的背景下积极地向海外走出去，这其中一定是有风险的。但是我们不能因为有风险就裹足不前。这些风险不足以阻碍我们成为一个全球的公共产品的主动提供者和全球公共秩序的积极维护者、改革者以及成为全球发展主要动力源。

探寻科学 仰望星空

理想与现实——我的科研之路

◎ 翟明国

翟明国，中国科学院院士，第三世界科学院院士，前寒武纪与变质地质学家，岩石学家。现任中国科学院地质与地球物理研究所研究员，中国科学院大学首席教授、西北大学和浙江大学讲座教授。中国科学院矿产资源重点实验室学术委员会主任、内生金属矿床成矿机制国家重点实验室（南京大学）学术委员会主任，以及其他9个国家与部门重点实验室的学术委员会主任、副主任和委员。主要从事变质岩石学、前寒武纪地质和地球化学研究，以及火成岩岩石学的研究，是一位国内外有影响的科学家和学术带头人。承担过国家、中科院、基金委多个重大、重点（包括973项目）和重大国际合作项目。

从牧马人到科学家

每个人都有不同的生活环境，每个人都有不同的成长故事，谁都会走得很好。而且将来你的路走得好不好，不是看你最后的光环，而是看你自己对人生的理解，自己的感悟。每个人都应按自己的路往下走，别相信有什么天才，路都是自己走的，这是我想说的最简单的话。

其实我不是真正的牧马人，我从小在北京长大，先后就读于人大附小、附中，快上大学的时候正值"文化大革命"，在学校待了两年，之后就到新疆伊吾军马场去放马五年，所以就被叫作是牧马人。后来我在外地上大学，之后回到北京。

我的人生历程可以分为三个阶段。第一个阶段是在人大附中，人大附中50周年校庆的时候，采访我，问我在上学期间对学校最主要的理解和感悟是什么？最喜欢的课程是哪些？同窗好友有哪些？我当时跟他们讲：我读书的时间是很长的，初中三年、高中三年，"文化大革命"两年，我在中国人民大学附属中学总共待了八年时间。我当时入了团、高三的时候还入了党，是预备党员。人大附中赋予了我为国家效力的理想追求和道德素养。现在谈及对人大附中的回忆，印象最深的就是我们下乡劳动、到校办工厂干活，交接班时大家要在门口参加仪式，互相敬礼，刚开始工作，这些对人的锻炼是很大的，教育潜移默化

的影响令人终身受益。我在给人大附中的校友、朋友、我国登山英雄屈银华写的一封信中说："我在羡慕现在的学生们优越的教育条件的同时，也忧虑他们过重的书包、过多的奥数、过多的小汽车接送和过剩的营养、偏食。我觉得这其中存在一定的问题，但是我希望我们现在的学生能够自己改变自己。在北京、在我家门口有一些学校，我下班回去时看到，满街都是接孩子的汽车，也可以见到个别的学生背着书包自己走的，我曾经去问过，他们说自己是农民工的孩子。所以我跟我的同事讲，我说，我相信到了他们那一辈的时候，挑大梁的一定是这些农民工的孩子，天天小汽车接送的孩子不一定有出息，因为他们的生存能力很差，人是在社会里生活的。"

我对教育的一种思考，就是社会实践对人的教育很深刻，教育一定要脚踏实地。人大附中采访我的时候，我说希望人大附中脚踏实地，不希望让年轻人去飘。我的一个研究生跟我说，他在报纸上看到说雷锋的日记都是假的，说雷锋日记那么厚，天天都去做好事，编出好事来也写不够。我让他去查雷锋日记，只有4.5万字，很薄，其中只有一部分是讲他做好事，其他部分是他的一些感悟，我认为如果大家都这么看不起英雄，都觉得国外好，觉得知识越高、挣钱越多越好，是会出现问题的，所以我希望教育要脚踏实地。

有人问我人大附中毕业以后在哪儿上的大学？大学教育对我有什么影响？我就读的第一所大学是西北大学，但是我还是希望能把军马场当成我的第一所大学。高尔基著名的三部曲中有一部叫《我的大学》，讲他到喀山去求学，没有钱，一路上边走边打工，他在饭馆里看见的是一些下层的事情，包括一些妓女、小偷等，他从这里认识了社会，他认为这才是大学。所以我觉得对于我来说军马场也是一所大学。军马场的条件是非常艰苦的，我们当时十八九岁，拉练、背包、骑马，还要驯马，当时做的就是挑战不可能的事情。我在《军马场历史》这本书里写了这么几句话：我从一个北京长大的干部家庭的孩子，成长为能在冬季零下三十到四十度、还要在野外放马的牧马人，夏天不脱棉裤，没有蔬菜，吃的东西都是自己种，小麦都是不成熟的。我们穿的衣服是部队的旧军装，加上没有条件洗澡，满身都长满虱子，我回家探亲的时候，我妈要我把所有的衣服全部脱在屋外面，拿大锅烧一锅开水先烫一遍，然后才能进家，要不然家里也会有虱子了，我们就在这样艰苦的条件下工作。在下暴风雪的时候，人都不能呼吸，骑在马上，大雪会让我看不见马头，风可以把雪都刮过来。有一天傍晚，忽然下大雨了，我就躲在一座土块头建的屋子里，后来连长来找到了我，不然的话我都不知道会被刮到哪里去了。我曾说，那里给了我一个从来没有见识过的课堂，因为那些住在土块头屋子里的人，他们的精神非常好、非常地敬业，后来才了解到他们是一批解放军的精英，有在新疆剿匪的、有高原汽车兵、后来到了军马场，有近百万人，有人在那里工作了一辈子。艰苦的环境给人的锻炼是很深的，现在我得知北京有三位去世了的知青把他们的骨灰放在了新疆。

我始终认为，成功属于有道德素养和科学素养的人，我希望把道德素养提到议事日程上来，没有道德素养的人，培养来干什么？将来就会哪儿挣钱多就往哪儿跑，现在有高价买人的风气，这是一个值得思考的问题。

兴趣爱好和需求一致

我认为兴趣和爱好是需要培养的。年轻人的兴趣爱好是有导向的、是需要引导的；儿童的爱好是没定势的、是短暂的。例如，我小学升初中的全市统考作文题目是《我的志愿》，我们班的女生一半写当老师、一半写当护士，男生全部写当飞行员和飞行工程师。因为那一年苏联宇航飞行员加加林上天了，影响了全班的男同学。而当时有一部苏联电影很著名，叫《乡村女教师》，还有一部中国电影叫《护士日记》，这就使女生一半想当护士、一半想当老师。所以兴趣是靠培养的。人的天性，一是崇拜英雄，二是爱好自然，小孩的思想是没有定势的。我小时候不知道自己的爱好是什么，初中以前我说喜欢动物，但有一次养兔子，用馒头喂兔子把兔子噎死了。后来看见一匹大马，很漂亮，当时我就想，将来是不是应该去养马，后来我真的去放马了。冥冥之间是否有命运的安排？我的命运是什么呢？后来的发展却又有了反转，没想到我的命运是地质学。

我为什么学地质呢？是因为地质选择了我。那时我已经五年没有上学，也从来没有想到上大学，后来恢复了招生，是工农兵学员，不需要考试，但是要推荐与考试结合，这给了我机会。当时有几个专业可填报，一个是西北大学的岩石矿物专业，还有一个学校在新疆，另外有北京工业学院，就是现在的北京理工大学，它的专业是搞坦克的，我不敢报，因为当时我父亲还是走资派，我怕政审过不了，就白考了。所以我没有选择专业，是专业选择了我。当时还差一点没上成。因为张铁生交白卷事件，招生不能只招收成绩好的学生，而我当时在地区考了第一名，但是西北大学的招生老师坚持选择了我，我很感激他。我非常庆幸我学的是地质，因为我很喜欢融入自然界，也很喜欢这个专业。当时我被纽约州立大学的 Miyashiro 院士推荐，然而我父亲生病了，我就放弃了留学机会。后来记者问我放弃这个机会是福还是祸？我觉得，只要你脚踏实地、好好学习，一定会有所收获，福祸相依。

我想，个人需求与社会需求是统一的。比如，我上大学的时候，大家觉得石油专业不好，前一段时间又说石油专业是最好了，为什么？因为挣钱最多、就业

最好。其实，每个专业的人才国家都有需求、社会都有需求。我认为攀登科学高峰不是靠兴趣，而是靠努力。我对学生说：希望你们不要觉得做科研是兴趣，你要觉得非常有兴趣、很轻松才来做科研，你别做了，做不了。科学研究在很大程度上是很艰苦的、很枯燥的，在实验室要反复做实验，我们做地质工作的，除了在实验室，还需要到野外去，到很艰苦的地方去，去不了你就拿不到数据、找不到样品，这很艰苦，有时甚至可能丢掉性命才能拿到样品。所以我说：我不喜欢把科学调侃成仅凭兴趣，科学需要攀登和奉献。

新时代需要团结搞科研

有记者采访我，问我如何理解"大师之问"，我认为我们首先要搞清楚什么是大师。过去国家的老一辈科学家都是大师，因为过去中国自然科学很落后，特别是清末以后，当时所有的留学生回到国内都是大师，他们都开创、开设了一门科学，化学的、数学的、物理的，他们是开创者。现在每一个专业、每一个学科、每一个研究课题都需要一批人共同努力来做，是大科技时代，需要有团结精神、有责任、有实事求是的科学态度。

我提出，要警惕社会把人才商品化、市场化和作品化，把人降格成商品，我觉得这样是不能出大师的。现在"挖人才"的经验非常盛行，但是我希望年轻人有广阔的知识，有牺牲的精神，甘于奉献和敢于抛弃自我，我们的古训就有"吃得苦中苦、方为人上人"，也有"先天下之忧而忧，后天下之乐而乐"。人是要有精神的，不要整天牢骚满腹，毛主席说过："牢骚太盛防肠断，风物长宜放眼量。"现在我们说，未来中国是一群正知、正念、正能量人的天下，就是：成功是属于有道德素养和科学素养的人的。一个人如果既有很好的道德素养又有很好的科学素养，将来一定能成功。

谢谢大家！

说不完的北极故事

◎张文敬

我退休以前以科学研究为主，科学普及为辅，退休以后以科学研究为辅，以科学普及为主。

我是较早到过世界三极的人。我曾经作为中国登山队的队员，到过天山的最高峰托木尔峰，也到过喜马拉雅山的珠穆朗玛峰，但是我主要从事的是登山科学考察。1998 年人类首次徒步穿越雅鲁藏布大峡谷的时候，我是主力队员，也是队长，率先进入了雅鲁藏布大峡谷的无人区。20 世纪 80 年代，我是到南极比较早的一批人，在南极从事科学研究。第一次参加日本第 29 次南极科学考察的时候，代表中国政府先后访问和考察了日本飞鸟、昭和、瑞穗的三个南极科学站。

地球的极

无论作为科学研究工作者还是职业科学探险家或者科普作家，伟大祖国的山山水水、一草一木都是我的挚爱。这个地球上七大洲、四大洋，包括南极、北极的一切地貌景观、生态生物都是我所向往的。

站在地理学和传统地理学家的角度，我们说地球有两极，就是南极和北极。但是地貌学家则认为地球有三极，不仅有南极、北极，还有高极，就是我们的青藏高原。另外还有一极就是地球的深极，主要指的是陆地上的深极。对我来说地球还有一极，就是我的家，我住在顶楼，上面有一个小花园，所以我给那个地方命名为五极居。

张文敬，中国青藏高原研究会理事，中国科学探险协会常务理事，四川省科学探险协会副主席，中国科学院成都山地研究所研究员。

什么叫极？一般认为：极者，限也，端也，尖也，致也，似乎可以穷尽者也。虽然极是一个相对的概念，它是可以变化的，没有真正的极，但是还是存在着相对而言的极。世界上的一切事物处于变化之中。宇宙是没有极限的，可以无限大，地球之外有太阳系，太阳系之外有银河系，银河系又处于更大的星云之中。甚至有人提出宇宙之外还有宇宙，就是所谓的平行宇宙说。组成宇宙的物质可以无限小，小到分子、原子、电子、质子、中子、微子。在一定坐标和参照系统之内，宇宙中许多事物现象都是有极限概念的，比如地球的南北两极。地球在极点的地方，所有的经线交汇到一点，这一点就是地球的极点，就是南极北极。纬度线到了地球极点的时候就缩小为一个圆点，也是一个极限。

真正对北极和南极有所研究，是近几百年以来的事情，尽管有人类居住在北极地区，但是对北极北冰洋的了解是工业化以后的事情了。因为以前交通非常落后，土著人对于北极究竟是什么东西、有多大并不了解。16世纪著名的探险家巴伦支通过探险考察，发现北极里面有一个地方不是陆地，而是海洋，但这个海洋里都是冰，他就把这里命名为"极北的海洋"或者"寒冷的海洋"。一直到1845年，英国的世界国际地理学会才正式将所谓最北的海洋命名为北冰洋，从此，这片寒冷的海洋才正式跻身地球四大洋之列。

北冰洋并不是所有的地方一年四季都是冰封雪冻。即便是在冬天，北冰洋也不是全部冻结起来的。墨西哥湾有很多暖流，沿着大西洋、沿着北道线流入北极地区，导致北极、北冰洋很多地方冬天是不冻的，冬天很多海面是不结冰的。所以，北冰洋的冰冻面积和北冰洋的面积是两个概念。其常年冰冻的面积是1140万平方千米，平均冰冻面积大概是920万平方千米。

在人们心目中，南极、北极是很冷的地方，实际上南极很冷，北极没那么冷。为什么呢？因为有北冰洋。学过物理的人都知道，水和冰在一块儿的时候，它的温度总是接近于零度，至于气温是另外一回事，气温可能是非常低，南极和北极严格来说一年只有一天，半天是白昼、半天是晚上。整个北极的气候不像南极那么严酷。

中华民族与北极的关系

科学是没有国界的，但是科学家是有归属感、有国籍的。在中华民族的历史记忆里，对北极的了解可以追溯到将近5000年以前的帝尧时代。中国古代文献《尚书·尧典》和《史记·帝王本纪》中就有对北方"幽都"的记载：公元前2334年—公元前2233年，有一个叫申命和叔的人曾经率领部分中原人移居到

"太阳照不到的地方"，也就是所谓的"幽都"，就是极夜的地方，那就是北极。当时他们可能通过堪察加半岛以及白令海峡进入了北极地区。

从冰川学的研究角度来看，我们也可以为之提供佐证。距今 5000 年前，就是公元前两千多年，正值新冰期时候，我们叫 "A new ice age"。距今 12000 年前，地球的气温突然变暖，人类开始进入气候适应期。新冰期的冰川重新发育，白令海峡处于冰冻状态，所以人可以步行经由白令海峡、亚洲走到美洲去。从冰川学的角度我们可以证明，华夏民族有可能越过白令海峡到了美洲，到北极应该也是没有问题的，这是有科学依据的。

汉代大旅行家东方朔曾经写过《海内十洲记》，根据里面的描述，当时他见过极夜，也见过极昼。极昼就是"纯阳之夏"，极夜就是"冥夜之秋"。康有为曾在变法失败以后游历欧洲，从挪威坐船到了北冰洋的"那岌岛"，他说半夜十二点的时候，在岛上的小亭子里，一边喝酒，一边看太阳在头顶上转圈。这说明康有为到过北极。在之前康有为，清朝的谢清高曾经从厦门屿坐船，经过三个月到达了现在的白令海峡，就是阿拉斯加库克湾，然后又穿过白令海峡，进入北纬80 度。所以，中国人与北极有很多渊源。

北极的气候变化问题

北极是没有雷电冰雹的地方，要是哪天北极真的打雷、有闪电的话，马上就会成为沿北极所有国家的电视、报纸的头条新闻。我 2002 年到北极考察的时候，一不小心真碰到那么一点点一闪而过的闪电，但是没有听到雷声，第二天挪威的报纸头版头条就登了，这是一个了不起的大事件。

根据大陆漂移说，北极有的地方曾经是亚热带地区，是由火山喷发所形成的。冰岛就是这样，火山每喷发一次，冰岛的面积可能就扩大一点。北极有一个新奥尔森镇，是北极科学城研究的国际大本营，科学家经过研究发现，北极的斯瓦尔巴德群岛每年在以一到两毫米的速度继续向北飘动。

现在大家比较关心气候变化、温室效应。南极冰盖、北极冰盖在哪一天也许会很快溶化，溶化后海平面会上升 70 米，这是非常严峻的问题。但这个事情是不是真的有那么危险？一方面，我们确实要有忧患意识。另一方面，我们在南极、北极做了很多研究。比如在俄罗斯的东方站打了一个 3000 多米的深钻，在深钻里面提取气泡，气泡里面二氧化碳的含量比我们现在测出来的含量还多。那是距今 300 万年或者 260 万年前的间冰期，当时的气温比现在要高 6 到 10 度，在那种情况下，南极冰盖是存在的，没有化完，那么现在气候变暖了这么一点，

南极的冰盖就化完了吗？而且从另外一个角度来说，南极和北极的冰盖，尤其南极冰盖的冰温达到零下四十多度，平均厚度在 3000 米以上，南极冰盖的面积比中国的领土面积还大，要把那么大的冰盖溶化完，首先要把它的温度从零下 40 多度提高到零度，再把零下 40 多度提高到零度左右的冰再化成零度的水，需要耗费大量的热量。所以，要把南极冰盖、北极冰盖溶化完并非易事。而且地质历史证明，南极冰芯里气泡二氧化碳的含量说明，即使是在那种比较暖和的情况下，南极冰盖也依然是存在的。

那么过度排放二氧化碳会不会形成温室效应？温室效应类似于我们的塑料大棚，它呈拱形，里面可以种蔬菜，太阳光可以射进去但出不来，这就使得地球上的热量越来越多。但我认为二氧化碳的比重是 2，空气的平均比重是 1.2，二氧化碳更重，很难飞到空中形成一个圈层，使地球形成一个温室。

同时，冰川对气候具有调节功能。气候变暖的时候，冰川可以通过消融自己，缩小自己的规模，消耗大量的热量，从而调节气候。我们的海洋、湿地、森林、农田、湖泊、河流也是一样，气温升高后会大量蒸发，消耗大量的热量，随时随地产生调节作用。

北极的动植物

近半个世纪以来，地球升温变暖，导致不少地方环境产生了负面变化。人类工业化以来，人口急剧增加，环境污染愈演愈烈，资源消耗过度，许多动植物的生存空间和栖息地大量丧失或者日益碎片化。

北极熊原为棕熊，生活在亚北极也就是欧洲地区。因为大量的冰川覆盖，好多动物包括棕熊迁移到了北极，虽然是冰天雪地，但毕竟是海，可以在北冰洋寻找食物，有的动物比如说海豹、海狮跳出来晒太阳的时候就可以捕猎它们，所以棕熊就慢慢演化为现在的北极熊。由于气候变暖，北极的海冰越来越少，好多地方没有浮冰，有的北极熊就跟鸟儿争食，吃鸟蛋，但这对于体积庞大的北极熊来说，无异于杯水车薪。海冰溶化以后，北极熊只能跳到海中，而北极熊是靠肺呼吸的，它的游泳能力比较差，到海里以后几个小时就会被淹死。我们到北极考察，也经常见到北极熊的身影，确实为其生存环境担忧。

北极驯鹿的身影在考察中经常可见。在北极，有些地方是允许食用驯鹿的，当其超过一定的种群数量，通过报批，可以适当地涉猎，包括海豹。但这些在南极是被严令禁止的，包括企鹅。

北极的海面跟南极不一样，南极有一个风暴带，很多人经过南极的时候水米不进，碰到海浪时还会晕船；北极则风平浪静，给人绸缎一样的感觉。北极圈里有很多森林，还有很多美丽的花草、蘑菇、海带、海菜，苔藓，地衣，雪绒花，还有菊科的东西，非常丰富。奇怪的是，北极冰川上还发现了很多化石，其中在北纬78度的地方还有很多树叶化石，这个树叶化石不是一般的化石，它是阔叶化石，北极还有很多煤，而且非常优质。

于是，有人怀疑，北极是不是原来就非常温暖且孕育生灵？实际上不是的，地球最早是一个火球，两极地区不会出现大片的、阔叶的原始森林，对于这种现象唯一的解释就是大陆漂移了。

下面我讲一下北极种子库的事情。2002年我在北极考察的时候，观察到北极冰川上有一种雪藻，是红颜色的藻类。我当时就想，能不能在北极建立一个很多作物的种子库？当时挪威和丹麦正在筹划这件事情。

十年以后当我第二次去的时候，就发现这个地方真的建了一个种子库。位于北纬78度，海拔130米的地方。考虑到假如有一天南极冰盖、北极冰盖溶化了，海平面要上升70米，于是在海拔130米的地方挖了一个斜洞进去，这个斜洞长120米，可以保存世界上各类作物共450万份、22亿多粒种子。目前他们已经搜集到世界名地包括中国在内的地区的各类作物种子4000多种、150万个样品。这个地方叫斯瓦尔巴德群岛，位于北纬34度到北纬81度，之所以建在这里，是因为这个群岛有一个特点，它没有雷电、没有地震、属沉积岩，是火山爆发形成的，以砂岩为主。尽管这个群岛现在还在飘动，但是是整体飘动。山洞里面可以常年保持零下18度的温度。把世界上现有的作物种子储存起来。

中国的北极研究

中国在北极修建了黄河站，但中国人首次在北极建站比黄河站早两年。我们当时建站的水平是比较高端的，当时的中国科学考察站连续工作了三年。科学家们做出了大量的贡献，设计出了大量的研究题目。两年以后，政府在北纬近79度处建立了黄河站，科学考察站就自动停止了工作。现在的黄河站为中国的科学家在北极提供了一个永久性的家园，通过北极黄河站的研究，中华民族将会在地球最北端的科学研究中做出更大的贡献。在这一过程中，我们要感谢北极研究的很多科学先驱。

有这么一个历史事实。1925年，北洋政府签订了一个条约《斯瓦尔巴条约》，斯瓦尔巴群岛现在属于挪威托管。长期以来，我们的外交部都不知道有这个条约。我的一个朋友在北极考察时无意发现了挪威的一份材料，里面提到了这

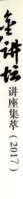
个条约。条约中规定，参加签字的国家在这里可以享受包括采矿、船舶的停靠、包括旅游、开酒店和免签等诸多权利。他回来以后向中科院做了汇报，科学院予以了高度重视。后来政府才知道了这个条约的存在。

我们首次在北极建站租用了一个煤炭招待所，连续工作了三年。当时，中国人还不能自己建北极建站的房子，只能由挪威政府建。现在，我们可以组织一些考察，从中国出发到白令海峡、到康有为去的地方，到中国人第一次在北极建站的地方，通过某种方式，建一些中国式的建筑。黄河站附近有一个码头，我们当年去的时候还没有，现在则发生了天翻地覆的变化。

我多年在冰川考察，很孤寂，很寂寞，一待就是几个月，有的时候是一个人，最多的时候也难超过三个人。最早我们有一个收音机，后来有砖头式录音机，可以放磁带。最后我们想办法搞了一个《雪绒花》的歌：

雪绒花，雪绒花，

每天清晨乐意见我笑哈哈；

娇小的身姿，白净的面容，

清新纯洁容光焕发。

见到我总是那么幸福，

雪一样的花朵多美啊！

愿你伴随鲜艳而成长，

永永远远吐芳华，

雪绒花，雪绒花

永永远远吐芳华。

人都喜欢美丽，喜欢花卉，除了雪绒花，我还喜欢天山的雪莲花，也喜欢杜鹃花，杜鹃花在西藏叫格桑花、索玛花。我们搞冰川的人往往去的是冰天雪地，人迹罕至，见了那么一点花，我们就觉得心情非常愉悦。我对雪绒花有一种特殊的偏爱，每当到冰天雪地，到无人区科学探险考察的时候，一旦听到雪绒花的歌声，就会把所有的辛苦劳累忘得一干二净。记者采访我时我从不说辛苦和困难，但实际上的的确确非常辛苦。除了上述这些美丽的花卉以外，我真正喜欢并且愿意为之奋斗一生的，就是冰花和雪花，如果有人问我有没有人生格言，我就说有，那就是"阅尽冰清玉洁世界，写好科学求实人生"。

我想说的是，我们的地球是目前人类所感知的和离不开的最好的一个空间。我有一个朋友在书中说道：糟糕的宇宙，美丽的地球，我同意他这个说法。尽管在地球上包括人类出现了这样那样的问题，但是我们千万不能忘记："春风杨柳万千条，风景这边独好。"地球风景真的很好：飞起玉龙三百万，江山如此多娇。

谢谢大家。

外星人在哪里

◎ 富 坚

成千上万年以来，每当我们仰望星空的时候，时常会想到一个问题：天空中这么多星星，是不是存在类似于地球人一样的外星人？其他星球上是不是存在和我们地球上一样的生命？今天我的报告分为三个方面：第一，介绍地球上的生命以及特点。如果外星人也和我们有着类似的情况，他们会出现什么样的情况或者有怎样的特点？第二，结合目前天文观测以及人类的技术，谈谈如果真的存在外星生命或者外星人，我们能看到什么？或者是我们能从天文观测当中看到一些什么样的信号来推断外星生命或者外星人的存在？第三，如果我们无法找到外星人或者外星生命，这又说明了什么？或者为什么我们现在找不到这些外星人或者外星生命？

富坚，中科院上海天文台副研究员，中科院研究生院天体物理博士，德国马普天体物理所博士后。主要研究领域为星系形成半解析模型、星际气体成分与恒星演化的模型、星系化学演化等。曾获中科院院长优秀奖，教育部学术新人奖，2016年入选中科院青年创新促进会。

何为生命？

地球上的生命非常复杂，各式各样。地球生命所具有的特点有：一是化学反应，二是新陈代谢，三是存在生老病死，四是繁殖与复制，五是生命体与进化。

化学反应。地球上的生命都是由有机化合物产生的，所有有机化合物都有一个碳的长链，碳元素在地球上很少见，但在人类或者生命当中的比例却是非常高的，而地壳当中的含量也非常少，但是生命就是选择了碳元素。

新陈代谢。化学反应是生命和周围环境进行物质和能量交换的一种体现，这个体现又表现在生命的新陈代谢，最常经历的新陈代谢包括动物的呼吸、植物的光合作用等，而对于人类来说就是要进食、消化。我们细胞当中的每一个分子、每一个原子都在不停地与周围环境进行交换，这就是新陈代谢。

生老病死。任何生命都有出生、成长、衰老到死亡的一个过程，这就是生老病死。对于我们探索太空来说，生老病死是一个很重要的因素。我们知道，根据相对论原理，所有物体的运动速度都没有超过光速。人类的寿命只有 100 多年，基于有限的时间、有限的速度，人类即使真的能进行星际旅行，一辈子能探索的空间也是十分有限的。

繁殖与复制。有限的生命限制了我们探索空间的范围，如果我们要进行更宽广、更深入的探测，就要延续自身的基因，其中非常重要的一个步骤就是繁殖以及自我复制。低等生命，比如单细胞生命，它的自我复制或者繁殖手段是通过细胞分裂来进行的，而高等生命则是通过有性繁殖来繁殖后代。当然，现在也有所谓的克隆，但那只是一个单系的繁殖阶段。所有的生命要延续自身或者延续自我的基因，都要通过繁殖和复制来进行，所以，无法使寿命无限延长。即使是外星生命，我们也可以预计他不会有无限长的生命，否则他自我修复细胞的代价会远远大于自我繁殖的代价。

生命体与进化。地球上的生命从出现到现在大约经过了 40 多亿年的时间，所有的生命通过低等的生命到高等生命的过程就是进化的过程。我们可以设想，如果外星上也存在着高等生命，就意味着他也要从最低等的形式慢慢地进化而来。很多科幻小说或者科幻电影中都会提到机器人，如果我们的文明发展到一定程度，可以制造出一种机器人，他们能利用周围环境和物质进行自我复制或者利用周围的自己来复制，那么，这种机器人是不是算生命呢？人们在这一点上是有争议的。目前，人类制造的机器人还没有达到这个层次。但是我们可以想象，如果以后发现了比较高级的智慧生命，如果他们要探索外太空，除了通过一代一代繁殖，还可以通过制造一些太空探索的机器人来进行太空中的殖民。那么这种形式是不是生命呢？我们说生命可能都是碳基的强烈有机物，而机器人的生命体肯定不基于碳，这是一个比较有趣的问题。

外星存在生命会有哪些特点？

如果外星存在着生命，会出现哪些特点呢？1960 年，美国天文学家德雷克在探讨这个问题时提出了一个非常有名的方程式——德雷克方程。这个方程讲的是：如果我们观测银河系，有多少能看见外星智慧文明的信号？这个方程有七个参数，前三个参数是关于银河系中的恒星和行星的，第一个 ng 就是指银河系当中的恒星的数，第二个 fp 是指能看到这些恒星当中存在的行星的比例，第三个 ne 是指这些恒星的行星当中类似于地球那样的行星的比例。第一，银河系中存在着几千亿颗恒星，远比地球上的人多；第二，按照目前我们对外行星的探测，恒星中有行星的比例能达到百分之五十左右；第三，银河系中至少有几百亿颗类似地球的行星，也远比地球上的人多。这样说来，类似地球的行星数在我们观测的宇宙中有 10 的 21 次方之多，在其中我们是不是能看到生命呢？著名美国天文学家、科普学家卡尔·萨根曾经在 20 世纪 80 年代写的一本科幻小说《接触》中提道："如果宇宙是这么大一个地方，又有这么多的行星，假如宇宙只有我们自己，那就是太浪费了。"

何为智慧生命？人类自认为是智慧生命。对其智慧和文明有如下认识：十几万年前人类学会了用火，从那时开始就有了智慧，有了文明；人类社会进入阶级社会，开始能够运用石头等制造大型的建筑，开始进入了文明社会；19 世纪末20 世纪初人类有了工业文明，这时才进入了智慧文明；科幻小说认为，生命只有进入了星际航行阶段才算是进入了文明，目前还是处于落后的生命阶段，还不是文明。我们认为，就目前进行太空探测来说，人类目前处于文明阶段更为合适，标准就是几十年前人类开始了太空探测，同时又发明、制造了很多大型望远镜，有能力开始寻找其他生命的存在，寻找外星文明。

外星文明需要从低级发展到高级吗？通过人类社会的发展，我们总结出：地球上生命的文明程度和我们所能运用的能量的高低最为相关。古代人只能用木棍烧火，运用一些牲畜的力量生活，这是低层次的能量；进入工业时代后，人类可以大量运用石油、天然气、煤等进行燃烧，进行了大规模的化学利用，我们运用能量的能力提高了很多，同时也能利用水能、风能等；20 世纪开始，人类运用了原子能、核能。运用的能量越来越高，生命的文明程度也越来越高。由此推论，就外星文明而言，所能运用的能量越高，其生命的文明本质就越高。20 世纪 60 年代，苏联的天体物理学家卡尔达肖夫探讨了我们用一般方法来量度文明的指标，即"卡尔达肖夫指数"，其大致分为三个等级：一型文明，大概是 10 的16 次方 W 的能量，二型文明是 10 的 26 次方 W 的能量，三型文明是 10 的 36 次方 W 的能量。

一型文明是人类目前尚未达到的一个层次。目前，人类所能运用的能量的功率大概是 1.5×10 的 13 次方 W，人类能运用的能量再增加 1000 倍才能达到这一标准，这是太阳每秒钟发射给地球的所有能量。太阳每秒对太空所发射的能量是 4×10 的 26 次方 W，地球如果能用到这个层次的能量，就可以进入二型文明。

目前很难想象要利用这么多能量所能采取的技术手段。很多科幻小说中提到戴森球，这是1960年代美国物理学家弗里曼·戴森提出的一个想象。三型文明比运用整个恒星的能量又高了10的10次方倍，也就是100亿倍的能量，这个能量是运用到10的36次方W，它对应的是整个星系包括整个银河系中的能量，如果人类生命能够操控星系中所有的恒星，文明就达到了三型文明。如何把这些能量转化成生命运用的能量？目前已经远远超过了人类的想象。

如果外星存在生命，那么凭人类现有的观测手段能看出些什么呢？

第一，太阳系内的探测。太阳系是目前人类能直接探测的唯一行星体系，我们可以直接在太阳系内发射人造卫星探测天体。

一是火星，人们可以经常在天空中看到这颗闪亮的红星。300多年前，人类制造了望远镜，看到了火星上有很多明暗的条文，这是由于当时的望远镜过于粗糙而产生的错觉。20世纪五六十年代之后，人类有能力直接向火星发射探测器，到目前为止，已经发射了几十个。火星上很荒凉，目前也没有找到任何生命存在的证据。火星离地球很近，而且也是类似地球的固态行星之一。

二是木星，也叫木卫二，它的表面有冰的条文，里面则和地球一样是岩石结构。冰和下面的岩石之间存在一层很厚的冰下海洋，可能比地球上的海洋深几十倍，我们认为其中可能存在生命结构。我们发现，海底的一个火山口周围存在着很多的生命结构。一般而言，冰是非常厚的，原始生命几乎不会在表面留下痕迹。现在又发现，冰层下面的水或者火山活动非常剧烈，能把部分的水喷到上面。美国有一个远期的规划，即欧罗巴探测规划，就是准备在冰上面发射一个探测器，发到木星上面，然后慢慢钻到下面，到海洋当中去找生命，要完成这个项目其实是很难的。

三是土卫六，我们叫泰坦，这是土星最大的卫星，比月球更大。这颗卫星表面存在大量的碳氢化合物，我们接触到的石油、天然气、甲烷是碳氢化合物，在地球上这些几乎都是以气体存在的；而土星离太阳比较远，温度接近零下200度，气体就变成了液态。土星表面的液体非常多，形成了湖泊和海洋，成为碳氢化合物的海洋，人类一直在想象，这些海洋当中是否会存在一些奇怪的生命？

第二，对太阳系外一些行星上面文明或者生命的探测。太阳系外有几千亿颗恒星，这些恒星应该像太阳一样，周围存在着大量的行星，这些系外行星大部分是通过两种方法来观测的。

我们知道，地球绕着太阳转的原因是太阳万有引力的吸引，其实太阳也受到了地球的引力。如果一颗恒星对着我们，受到行星的吸引，一会儿远、一会儿近，就可以看到他的光辉上存在一个弧线的移动，这个移动是周期性的，由此可以推断出这颗恒星周围存在行星，也就可以看出大致行星的质量。这是一个方法。

还有就是凌星法，是一种根据凌星现象分析恒星的亮度变化，从而推算行星轨道及质量参数的一种观测方法。凌就是遮挡，遮挡住一个恒星表面。如果远处的恒星表面有一颗行星和我们是同一视线方向，就会遮挡住很小的一部分光，如果光电是周期性的，说明有一个天体在绕着恒星进行周期性转动，这样就可以推断出行星的存在。凌星法现在有一个比较著名的望远镜叫开普勒望远镜，它在太空中避免地球大气扰动，观测恒星的光电，目前开普勒大概看了15万颗恒星的光电，看见超过1000颗恒星的光电是由于它周围的行星所导致。

第三，如何识得外星文明的信号，以我们目前的手段能看到些什么？目前有一种探测手段叫Seti@Home，就是搜寻外星智慧生命的信号，寻找无线电波段、外星生命发出的信号。就人类目前的文明阶段来说，我们对太空播送的信号主要就是无线电波，在天文上，无线电波也就是射电波，大概在一百多年前人类开始向太空发射广播信号，广播自己的存在。

在地球上，望远镜主要有两种：一种是光学望远镜，另一种是射电望远镜，当然，射电波段就是无线电波段，对观测更为合适，因为无线电波在星际当中的衰减较小，并且容易监控。Seti@Home运用的望远镜主要有：欧洲的LOFAR，澳大利亚的MWA，英国的Lovell，这几种都是射电望远镜。我国去年在贵州完成的500米口径球面射电望远镜FAST，是目前单口径最大的射电望远镜。探测外星是否有文明信号，也是FAST的目标之一。

非常著名的中国拉木斯特望远镜，现在在进行一个重要的研究，就是观测银河系内恒星的光，看光谱上是否会有一定的特征，其主要目的还是研究恒星，而非研究外星人或者外星生命。但是如果我们能看到一些恒星存在一些奇怪的特征或许能够有突破，当然，目前还没有探测到可以称之为外星生命的信号。

第四，探讨一些未知的天体物理事件，判断他们是否和外星智慧文明相关。1967年发现了著名的脉冲星，当时在射电波段看到很多周期性的、非常规律的光电脉冲的信号时，人们认为它可能是一个外星信号，后来随着我们对天体物理研究的课入，知道了它不是外星人导致的，而是由中子星产生的。

伽马暴也是1960年发现的，它来自天上，遥远且能量巨大，人们认为它可能是外星人造的武器，是两个智慧文明或者几个智慧文明在发生战争。经过几十年的观测，我们发现全宇宙在不同时间、不同空域，都能看到好多伽马暴，既然在宇宙中比较均匀地分布，那么它很可能是一种自然现象。现在我们已经基本确认了两种伽马暴：短周期伽玛爆，是由中子星或者黑洞并合产生的；长周期伽马暴，是大质量的行星生命演化末期爆发而产生的，当光柱对着地球的时候，我们就能看到长周期的伽马暴。

快速射电爆首次出现于 2007 年。射电波中出现了一个几十毫秒的脉冲，但它的能量却达到了太阳几天内发出能量的总和，功率非常的高。开始我们认为这一现象是不是与外星人有关或者与外星智慧生命有关，但是经过十多年的观测，我们又发现几十颗，所以它可能也像伽玛爆一样，是一种自然现象。

第五，UFO，不明飞行物。这是很多天文爱好者和科幻爱好者非常喜欢的一个主题。目前的解释认为，它们大部分为人类已知的现象：天文现象或者是恒星行星的一些东西，还有一些大气现象，比如闪电、奇怪的云；错觉；人类自己的飞行器，比如飞机、秘密实验的飞行器、武器等。目前没有任何直接的证据能够表明，这些未知的 UFO 现象与地外文明相关。科学，尤其是天文学最注重的是观测而不是想象。

为什么我们找不到外星人？

美国物理学家费米在 20 世纪 90 年代提到一个问题，叫费米悖论，就是问为什么我们找不到外星人？如果按我们目前想象的文明发展程度，我们认为银河系中应该有智慧生命，但是，我们到现在还是没有看到任何相关的文明迹象。我们认为银河系的历史已经有 100 多亿年了，然而根据这个推算肯定是不对的，要么智慧生命不存在，要么他们没有对外发展。还有一个可能性，就是外星高等智慧文明已经达到了二型文明，能够利用整个恒星的文明，或者是达到了星际旅行的文明。另外的可能是，虽然外星高等文明存在，但是我们却无法识别。

德雷克方程前三个参数主要和恒星相关，后四个参数则和智慧文明、生命的产生相关。第四个是 fl，就是有生命进化可居住行星比例；第五个是 fi，就是这些生命当中出现高等生命的概率；第六个是 fc，是高等生命当中能发展或者任意发展出可探测文明的比例；第七个是 fL，是这些文明所持续的时间。这七个参数联合在一起就是银河系中我们所能观测的文明的比例。虽然前面提到的三个数据是几百亿，但是它实际是零，因为后面的四个参数中至少有一个参数是非常小的，接近于零的，就是人类的稀有和生命进化的困难。外星智慧文明分别对应这四种可能：地球的稀有性、生命进化的困难性和文明发展的困难性、文明存在时间太短。

首先，地球的稀有性。虽然类似地球行星的数目可能非常多，但是真要维持生命的发展首先需要行星本身不能过于活跃，否则会导致它周围的行星来回碰撞，而恒星本身也要在星系比较合适的位置。其次对恒星的约束也比较大，一个高质量的恒星，如果可持续的有序时间太短，就无法维持生命长时间的发展，而小质量的恒星如果光过于弱，就无法维持周围的生命产生或者维持他的光和热。因此才有可宜居带的说法，就是只有在比较合适的位置出现，恒星才可能产生类似于地球的生命。以地球为例，地球有一个卫星——月球，它保持着潮汐地势使地球更为稳定，同时也扫清了一些小行星撞击地球的概率；地球不大不小、存在大气活动，没有停止运动、也不太过于剧烈，正好适合生命的发展和产生。地球上的生命可能是整个宇宙中相当稀有的东西，有可能探测不到第二个存在生命的星球。

第二，生命进化的困难性。地球上的生命从出现到现在经过了40多亿年的时间，5亿年前产生了寒武纪生命大爆发，在很短的时间内，几乎所有现在的物种都产生了。生命进化还会遇到一个困难，就是大灭绝，比如恐龙的灭绝。大部分生命是从低等生命进化而来的，这个大过滤器可能在人类文明之前就已经产生了，而人类文明又非常幸运地逾越过了这么一个大过滤器，之后可能就可以更为顺利地发展下去。就是说，人类虽然是一种罕见的智慧文明，但是我们可能已经越过了不可逾越的坎，或者说我们就是一种早期的高等文明。

第三，技术发展的困难性。纵观人类技术文明的发展，是伴随着技术革命的，而不是缓慢发展的。地球类似于太阳系当中的孤岛，就算真的存在其他文明，要和这些文明沟通也是非常困难的，这需要用到地球上的很多资源，而这些资源可能恰恰是地球所缺乏的。星际距离是阻碍交流发展的一个障碍，站在人类的角度，目前最重要的、需要过的技术坎就是如何去做核聚变。

第四，智慧文明的持续时间过短。生命可能会消失和灭绝，人类在掌握核武器的过程中发现，人类很容易自我灭绝。但是，如果生命发展到一定等级，即使灭绝了，也能通过一些观测找到文明的遗迹，如果我们能观测到一些比人类更高等的文明遗迹的话，说明人类自身今后的发展会遇到很大的麻烦，即人类在发展到高级文明的过程中可能会面临灭绝。

一个有趣的探讨是：宇宙其实到处存在智慧的文明，我们却找不到，有三种可能。一是我们太原始了；二是外星文明故意隐藏；三是阴谋论。

首先是第一种可能。一个比较形象的比喻是人类文明不会去与蚂蚁交流，那么或许外星文明和人类之间的差异太大，类似于人类与蚂蚁的关系。更形象的例子是，西班牙人在16世纪到达美洲，他们可能与比他们低等一些的美洲文明的代表印第安人进行交流，但是不可能与美国的羊驼交流。这就是文明差距太大，根本不能构建交流的意愿。

二是外星文明故意隐藏的可能。设想外星文明虽然存在，但是他们用非常高级的手段发射信号，而我们根本没有达到可以探测那些信号的层次。比如，目前我们用射电望远镜、光电望远镜来探测外星和外星文明，但是如果外星文明用更

高级的手段，如中微子来通信，它几乎无衰减，我们目前所掌握的手段几乎就探测不到这些信号；如他们早就掌握了引力波通讯的能力，也是我们目前的手段无法探测到的。

很多科幻小说中提到，外星文明虽然存在，但是为了保护自己而故意隐藏起来。文明的发展往往是伴随着高等文明与低等文明的接触，很多情况下，都是低等文明被高等文明毁灭了。如果自己对整个宇宙的认识还没有达到某个层次，或者对其他生命的好坏没有认识的话，最好的自我保护就是自我隐藏，使得其他生命几乎无法探测到自己的存在。世界著名的理论物理学家斯蒂芬·霍金近两年也多次警告人类：最好不要向太空宣扬自己的存在，这样是非常危险的。

三是阴谋论的可能。其实地球上很多国家的政府早就找到了外星人的证据，他们故意向大众隐瞒了事件。这种思想是无稽之谈，但它却备受科幻爱好者和UFO爱好者喜欢。

最后来讨论一下，如果外星人被我们发现了，或许能促进人类文明与外星文明的交流，使人类获得突破性的发展；当然，这也有可能导致人类的灾难。如果我们始终无法发现他们，类似于奥伯斯佯谬、费米悖论的解决方案，或许能够改变人类对宇宙生命、文明以及行星、恒星的各个方面的认识，或许这对于寻找外星人和智慧文明来说都是一个很重要的课题。

谢谢大家！

仰望星空

◎ 钟　靖

当我们提到天文尺度的时候，可能很多人想到的第一个概念就是大和远，但是天文尺度到底有多大，又有多远呢？我今天就带领大家去探索一下我们的宇宙，看一下宇宙到底有多大。

德国著名思想家、哲学家康德的墓志铭上有一句话，"有两样东西，人们越是经常持久地对之凝神思索，它们就越是使内心充满常新而日增的惊奇和敬畏：我头顶的星空和我心中的道德法则。"康德面对头顶的星空感到了深深的惊奇和敬畏。我相信，我们很多人都曾仰望过星空，面对着星空，我们可能会产生这样的问题：我们在哪里？星星有多远？宇宙有多大？我们孤独吗？

地月系

了解地月系可以从我们最熟悉的地球开始。地球是我们的家园，它主要由陆地和海洋构成，直径为12000公里，地球的内部结构首先是一层薄薄的地壳层，然后是地幔，最里面一层是地核。我们可以把地球比作鸡蛋，地壳就是一层薄的鸡蛋壳，半径大概是30公里，鸡蛋壳的下面是蛋清，是一种比较黏稠的物质，即地幔，直径大概是2800公里，最里面的蛋黄就是地核，地核是密度比较高的物质。人类就生活在这层薄薄的鸡蛋壳上面。那么，人类在地球上处于什么样的地位呢？地球上最高的珠穆朗玛峰海拔是

钟靖，中国科学院上海天文台副研究员，上海天文学会会员，四川省天文科普学会荣誉会员。获国家自然科学基金（青年基金、联合基金），上海市自然科学基金资助，开展基于 LAMOST 望远镜巡天数据的晚型恒星研究工作，目前已发表 SCI 研究论文十余篇。2016 年受聘为中国科学院天文大科学研究中心 LAMOST 优秀骨干。

仰望星空

8848 米，如果地球是一个鸡蛋的话，珠穆朗玛峰只是这个鸡蛋上非常小的一个凸起，小到要用放大镜才能看得到。目前，世界上最高的建筑物哈利法塔高约828 米，相当于珠穆朗玛峰的十分之一，这意味着如果地球是一个鸡蛋的话，哈利法塔要用显微镜才能看得到。往下看，目前世界上钻探最深的柯拉钻井的深度是 12262 米，如果地球是一个鸡蛋的话，其深度连鸡蛋壳的一半都还没有到。所以相对于地球来说，人类非常的渺小，如果地球是一个鸡蛋的话，人类只不过是生活在上面的一个细菌而已。

地月系，也就是月球。月球的直径是 3500 公里，地球的直径大概是它的 3.6 倍，把月球放在地球上的话，大概就是整个中国的面积。月球距离地球 38 万公里，飞机需要以 1000 公里的时速飞 20 天，新视野号飞船需要飞 5 小时到达月球，目前世界上最快的光速的话则只需要 1.2 秒。

太阳系

太阳系主要由八大行星构成，还有矮行星、小行星、自然卫星、彗星等。以前我们曾说太阳系有九大行星，现在冥王星被驱逐出去，变成了八大行星。冥王星是 1930 年被发现的，2006 年，国际天文学峰会通过了决议，正式将冥王星定义为矮行星，从此它就不在太阳系大行星的行列。因为 2005 年发现了阋神星，导致人们对整个太阳系行星定位产生争议，阋神星与冥王星尺度差不多，如果冥王星能够被定义为行星的话，那么阋神星也可以定位为行星，还有很多这种尺度的星都可定位为行星，于是最终把冥王星剔除出了行星的行列。阋神星的发现直接导致了冥王星被降级，它的名字也很有意思，"阋"这个字在汉语里是争吵的意思，因为这颗星的发现，与他差不多的小行星都统一被命名为矮行星，从另一个角度说，他们都是柯伊伯带的星，柯伊伯带是太阳系在海王星轨道（距离太阳约 30 天文单位）外黄道面附近、天体密集的中空圆盘状区域，它距离太阳 45 亿公里，大概光速要跑 4 小时，它主要由围绕太阳的圆形星层和碎片构成，包括一些矮行星，如冥王星、阋神星等，还有一些小行星和微型星，这个地方被认为是短周期彗星的主要来源。彗星是一个带着长长尾巴的星，民间又叫扫把星，主要成分是冰块和岩石，可以形象地称之为脏雪球。一些天体靠近太阳时表面的气体被蒸发掉，就形成了长长的尾巴，主要是一些水蒸气，这些天体有自己的周期，也会围绕着太阳转，如果转的时间比较短，比如 200 年以内，我们就叫它短周期的彗星，当然也有长周期彗星。

天文学家更喜欢用的太阳系边界叫奥尔特云边界，指的是整个太阳系的临界，距离太阳大概十万亿公里，也就是一光年。在奥尔特云团中，主要是 50 亿年前太阳形成的时候，一些星云的残留物质包围着太阳系，它的范围非常大，包括一些小行星、微行星和小的岩石的碎块。这里被认为是长周期彗星的主要来源地。这些天体绕太阳转的时间非常长，大约在 200 年左右。所以，相对于被认为是传统太阳系边界的柯伊伯带，奥尔特云这个太阳系的边界是非常巨大的。

从地球和太阳系的几大岩石行星的比较来看，金星和它差不多，火星要小一点，水星最小，冥王星比月球还稍微小一点。但是木星一出现在地图上，地球就只有一点点大了，冥王星几乎看不见，水星只有一个小点。如果太阳出现在地图上，木星就只有一点点大，而地球就小得几乎看不见了，水星就更看不见了。所以，相对于太阳来说，地球非常小，就像一粒尘埃，太阳占据了太阳系总质量的 99.86%，集中了大部分的能量，太阳一秒钟辐射的能量相当于人类 20 万年的能量需求。

把我们的视野扩展到更大的太阳系。如果我们把太阳做成一个直径 1.5 米的球，就是人两个手臂撑开的最大尺度，那么水星大概在 68 米外的地方，只相当于一颗豌豆大小；金星就相当于玻璃球这么大，它在距太阳 120 米的地方；地球在距太阳 576 米的地方，也相当于一个玻璃球这么大；火星则在离地球大概 269 米的地方；木星的距离大概是太阳到火星距离的 3 倍，差不多是一个排球大小，它距离太阳 920 米；土星比排球稍微小一点，在距离我们 1700 米的地方；天王星的轨道距离 3400 米，相当于一个大一点的网球；海王星在 5600 米的地方，比网球大不了多少。太阳系传统的边界在柯伊伯带，大概在 11 公里的地方；实际上，天文学家研究的太阳系边界是奥尔特云，在一万公里以外。

1990 年旅行者一号在距离地球 64 亿公里的地方拍摄了一张照片，在这张照片中，我们看到的一个若隐若现的小点就是地球。基于这张照片，著名的天文学家卡尔·萨根写了一本书叫作《暗淡蓝点：探寻人类的太空家园》，其中说：我们成功地（从外太空）拍到这张照片，细心再看，你会看见一个小点。就是这里，就是我们的家，就是我们。在这点上有你爱的人、你认识的人、你听过的人、曾经存在过的人在活着他们各自的生命。集合了一切的欢喜与苦难、上千种被确信的宗教、意识形态以及经济学说，所有猎人和抢劫者、英雄和懦夫、各种文化的创造者与毁灭者、皇帝与侍臣、相恋中的年轻爱侣、有前途的儿童、父母、发明家和探险家、教授道德的老师、贪污的政客、大明星、至高无上的领袖、人类历史上的圣人与罪人，通通都住在这里——一粒悬浮在阳光下的微尘。

旅行者号探测器是目前人类发射的最远的探测器，它于 1977 年发射升空，1980 年越过了土星，2014 年，美国航天局（NASA）宣布旅行者号离开了太阳系，它是历史上飞得最远的探测器。但是事实上，如果以奥尔特云为太阳系边界

仰望星空

的话它还远远没有达到，它只飞行了 119 个天文单位。新视野号是目前人类发射的最快的飞行器，它在 2006 年发射，2007 年到达了木星，其速度达到了 21 公里/秒，2015 年飞越了冥王星。

离我们最近的恒星系其实是一颗三合星，它在天空中的命名是半人马座 α 星，它由三颗星构成：半人马座 αA 和 αB 构成了一个相互环绕的轨道，组成了一颗双星系统，是一颗非常亮的星；它们的外面还有一颗非常小的星，就是半人马座 C，这颗星叫作比邻星，大概距离我们 4.2 光年，如果旅行者一号现在开始飞行的话，大概需要七万年才能到。2006 年 8 月欧洲天文台宣布：在离地球最近的行星比邻星上发现了一个位于宜居带的行星。它里面很有可能会有水，很可能成为人类以后的第二家园。如果地球被称为暗淡的蓝点的话，比邻星有着一个同样的名字，叫暗淡的红点。

我们在夜空中能够看到最亮的一颗星叫作天狼星，它距离我们大概 8.6 光年；夏夜的星空中最有名的三颗星就是夏季大三角：织女星、牛郎星和天津四星，牛郎星距离我们 16 光年，织女星距离我们 26.5 光年，天津四星距离我们 1400 光年，非常地远。

其实太阳并不是最大的恒星，太阳虽然比天狼星大很多，但是比太阳大的恒星有毕宿五，参宿四就更大了，还有更大的比如造父四、大犬座 VY。太阳与大犬座 VY 的尺度比，就像地球与太阳的尺度比一样。

比恒星更大的是星云，星云被认为是恒星的诞生地，星云其实是一团云，由气体构成，气体里面有很多的恒星。目前哈勃空间望远镜拍到的最清晰的一张猎户座星云的图距离我们 1000 多光年，它的直径是 24 光年，相当于我们到织女星的距离，它的质量大概是太阳的 2000 倍，就是说这个气体里面有很多的太阳正在形成。

比星云更大的尺度是星团，星团是恒星的集合，这是一张金牛座的星河图，其中有非常著名昴星团，民间也称七姊妹星，仔细看可以数出七颗星，其实不只有七颗。它是有名的疏散星团，可以看到它的周围较为疏散，密度不是很高。这个星团里有超过 1000 颗的成员星，距离太阳 400 光年，直径为 8 光年。

我们会发现宇宙中其实还有一类更大的星，就是球状星。目前，最大的一颗球状星团包含了 15 万颗星，距离我们 37000 光年，它的直径是 175 光年。

所有的恒星都是从星云中来的，星云就是一团恒星和气体混合的云，这里面的气体不断地被消耗，气体上有很多的恒星，恒星再去消耗气体，慢慢恒星也会老死，把气体吹走，最终的结果就是这团星云的气体被消化掉，成为星团。星团在银河系里面转，转了几圈以后，它会受到各种引力的作用，相互作用后星团就会被瓦解掉，变成单颗的星，就像太阳一样。这就是一个组合的恒星的过程，现在的理论认为，所有恒星都是来自星团，也就是说，太阳以前也是在某一个星团里面，和很多兄弟姐妹在一起，只不过转了几圈以后，大家分散到了各个地方，现在只有太阳固定在这个地方。

银河系和本星系群

太阳是处在银河系之中的，银河系是由气体、恒星包括行星组成的，它包括了上千亿颗恒星，直径大概是十万光年。太阳距离银河系的中心约 2.7 万光年，目前在整个银河系里我们能看到的恒星是 6000 颗。

银河系处在一个本星系群里。银河系周边最近的星系叫作仙女座大星系，这个星系和银河系组成了一个大的星系家族，即本星系群。仙女座大星系距离银河系 254 万光年，直径是 22 万光年，它是距离银河系最大、最近的一个星系。另外，银河系周边还有很多的小星系，如大小麦哲伦云，人马座星系等，仙女座星系周边也有很多的小星系，如三角星系，还有 M110 星系等，它们共同组成了本星系群。目前，仙女座星系和银河系正在相互靠近，相互拉扯，也许两个星系相互绕转，最后会变成一个星系。那么，30 亿年以后银河系和仙女系星系会相遇，太阳会不会被仙女系的行星撞倒而毁灭呢？答案是不会。因为和整个空间相比，不管多大的恒星都是非常渺小的。

超星系团和宇宙

比本星系群更大的叫作室女座超星系团。它是一个包括本星系群在内的超星系团，直径大概是一亿光年。室女座超星系团上还有更大的空间，它周围有更多的星系团，直径大概是十亿光年。

如果再进一步放大，就到了宇宙。它的直径大概是 940 亿光年，半径约 470 亿光年，超星系团只是其中非常不起眼的一个点。可观测的宇宙有一个非常大的特征，就是均匀且各向同性，这就是宇宙学原理，它是一个非常深刻的原理，是我们认识上的一种飞跃，就像我们认识到地球不处于太阳的中心，太阳不处于银河系的中心一样，这同时也是研究和认识整个宇宙的前提和基础。

宇宙指的是我们可观测的宇宙，即我们的电磁波能观测到的宇宙。宇宙学认为，宇宙起源于 137 亿年前的大爆炸，之前整个宇宙只是一个非常小的字典，但是密度无限大，所有的时间、空间、物质都是从爆炸的那一刻开始产生。宇宙爆

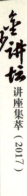
后会膨胀，物质的密度就会不断地降低，大概到 38 万年前，光开始在宇宙空间中自由传播，这个时候对应的尺度大概是 4200 万光年，从这一刻开始，光能够传播，宇宙不断地膨胀，光经过了 137 亿年，空间经过了 137 亿年的膨胀，空间增长了 470 亿光年的程度，这就是我们现在的宇宙。通过视频我们可以看到，每一个点都是一个星系，我们的尺度不断地放大，放大到整个宇宙的尺度上，就是一些纤维状的结构，这就是宇宙本身的结构类型，最远的星系距离我们大概 320 亿光年。我们看到的宇宙能够发出的最远的光是 38 万年前发出的，它对应的尺度是 470 亿光年。

宇宙从最小到最大分为 39 个量级，如果从地球开始，就是：地球、太阳、太阳系、星云、星团、星系、星系团、超星系团、宇宙，依次对应：光年、百光年、十万光年、百万光年，亿光年以及百亿光年。这就是我们说的 39 个台阶。宇宙是最大的一个尺度，然后是超星系团，星系，银河系，太阳，地球，和整个宇宙比起来，人可以说是"寄蜉蝣于天地，渺沧海之一粟。"这时，当仰望星空的时候，我们是否能够像康德一样感受到惊奇和敬畏？对此，我有两点感想和大家分享。

首先，宇宙很大，我们任何的自以为是都是那样的苍白，我们只是一颗微尘。第二，即使我们只有蜉蝣一样的生命，但是我们仍然没有虚度，我们仰望着星空，在努力地探索着这个世界，这也是人类的伟大之处，是我们作为智慧生命的尊严所在。最后将屈子的名言送给大家：路漫漫其修远兮，吾将上下而求索。

谢谢大家！

九寨沟地质与地貌

◎ 谢 洪

谢洪，中国科学院水利部成都山地灾害与环境研究所研究员。参与编写出版专著6部、泥石流等专题地图3幅，参加编辑出版多本泥石流滑坡论文集。作为第一作者在《中国地质灾害与防治学报》《山地学报》《灾害学》《自然灾害学报》《水土保持学报》等刊物和国内外学术会议上发表论文50余篇。获中国科学院科技进步二等奖（1991）、辽宁省科技进步三等奖（1999）、北京水务科学技术三等奖（2006）等奖项。多次到中小学、街道社区举办山地灾害（地质灾害）、地震防灾减灾科普讲座。

我今天要讲的内容是以九寨沟地震为例谈山地灾害。2017年8月8日地震以后，我两次到过九寨沟，实际上，九寨沟的景色恢复得还是不错的。

2017年8月8日的地震和2008年5·12汶川地震不同，5·12汶川地震位于龙门山断裂带，九寨沟地震位于塔藏断裂带，下面是虎牙断裂带，根据国家地震局报告是7.0级，山区的强烈地震必然会引发山体崩塌、滑坡这一类的山地灾害。因此，山区地震和山地灾害像一对孪生兄弟，通常都是相伴而生的。

常见的山地灾害及其特征

山地灾害是指发生在山区的自然灾害，山地灾害是山区自然环境演化发展与人类经济活动共同作用的产物。如果人类不在山区活动，那么山体崩塌也好，泥石流也罢，就只是一种自然现象，而非自然灾害；但只要和人类联系在一起，就会对人类的生产生活产生影响。

常见的山地灾害包括崩塌、滚石、落石、山洪、堰塞湖等。山体发生崩塌，堵塞河道，积蓄了大量的水就形成了堰塞湖。山区河道涨大水，就形成了山洪。山上泥巴和石头一起流出来的现象就称为泥石流。如果是一个山坡整体坐落下去，就称为滑坡。地质灾害种类很多，其中崩塌、滑坡、泥石流、不稳定斜坡属于山地灾害，其他灾害一般不列为山地灾害。

所以崩塌、滑坡、泥石流、不稳定斜坡也可称为斜坡地质灾害。这样大家就把地质灾害和山地灾害的关系理清楚了。山地灾害包括山洪和堰塞湖，这两种灾害不包括在地质灾害中，所以地质灾害和山地灾害是有区别的。

我国地势高度差很大，加上我国属于东南季风气候区，尤其到了七八月份，暴雨很多。山坡很高，地质破碎有很多松散物质，再加上暴雨，因此我国山洪、暴雨、泥石流等灾害常常发生。根据 2010 年国家资源部的统计数据，当年共有近 3 万起崩塌、滑坡、泥石流等灾害事件，死伤 3000 多人。到了 2013 年，灾害有所减少，但是仍有 14700 多起，死伤 930 多人。2015 年，灾害减少到 8000 多起，但是还是死伤了 200 多人。2010 年灾害比较多，可能是因为汶川地震以后，四川灾区仍然受到地震的影响，山坡和沟道不稳定，还在继续发生滑坡、泥石流等灾害。

从自然因素上来说，山地灾害是地质等各种环境自然因素综合在一起而形成的灾害。同时，人类活动对于山地灾害的形成作用也是不容忽视的。总体来说，在山地灾害中，成因以自然因素为主，但是人类对山区的过度开发也会造成灾害。

崩塌是指陡坡上的岩石和土体在重力的作用下脱离山体往下崩落、滚动，堆积在坡下的现象。在震动的情况下，比如地震和下雨更容易掉下来，规模大的叫作崩塌，规模比较小，零零星星有石头掉下来就叫作滚石或者落石。崩塌一般发生在陡坡，比较缓的坡面上很少发生崩塌。根据统计，山坡坡度在 55 度以上比较容易发生崩塌。山坡岩石比较坚硬时，其抗风化能力也比较强，但是如果山坡上存在规模比较大且间隔也比较大的裂隙或裂缝，也比较容易发生崩塌或者滚石。另外，山坡较软的岩石比较容易风化，形成凹槽，这样比较坚硬的岩石下面失去支撑，这种情况下也容易发生崩塌或者滚石。另外松散的堆积物，比如河边上的沙滩，山坡上松散的泥土、碎石，这些地方也比较容易发生崩塌，但是规模都不大。这一类崩塌因为规模不大，所以造成的灾害也相对较轻。

2017 年 6 月 24 日，茂县松平沟沟口的新磨村发生了一次滑坡，也可以叫崩塌。这里的岩石比较坚硬，岩石受到裂缝和沉面的切割，把山体切割成豆腐块的形状。这个地方离 1933 年叠溪地震震中只有一两公里，离 5·12 汶川地震震中也比较近，受到多次地震影响的叠加，山坡上的裂缝越来越大，它本身是斜坡，再加上大量降雨，灾难就发生了。这场灾难造成 10 人死亡，73 人失踪。整个滑坡下来，把全村的人都埋了，情况非常严重，像这种裂缝到现在都还有，后来救援人员也是冒着危险在抢险。

人类工程活动也会引起山体崩塌。例如，宝兴是国家大熊猫自然保护区，因为要兴修水电，自然也要修建公路，修公路时经常引起人为的崩塌。崩塌具有突然性。2014 年 7 月 17 日，茂县石大关在修棚洞时发生崩塌，过路的五辆汽车被砸，10 人遇难，19 人受伤，状况极其惨烈。汶川地震引起 213 国道崩塌，伤害情况到现在也无法估算清楚。九寨沟以前就常发生山地灾害，因此九寨沟里面修有防止滚石危害公路的挡墙，上面是钢轨做的护栏，地震时石头把这些都打烂了，棚子上也兜了一些。幸好九寨沟地震是发生在晚上，游客都出来了，如果是发生在白天，可能伤亡会更大。

雅西高速沿途景色非常优美，但也存在一定的灾害隐患。崩塌有什么特征？首先就是突发性强，摧毁性大，分布范围广，只要是山区都有可能发生崩塌。崩塌还有多发性的特征，如果某个山坡上发生过崩塌，岩石土体就会比较松软，下一次下雨还有可能继续发生崩塌，这样坡下居民就有危险。

滑坡是指山坡上的岩石或者土体顺着斜坡往下滑动。滑动的这一部分叫作滑体，没有滑动的部分叫作滑床。滑坡时，土体沿着滑动面产生滑动。一般滑坡是块体，但是如果很快的话也有可能会解体，称为滑坡的碎片化。在岷江上游茂县境内，有大家都很熟悉的龙门山主峰九顶山，海拔 4900 多米，茂县这一段曾出现过著名的滑坡，对汶川到茂县的公路是一个很大的威胁。宣汉县天台 2004 年发生过一次滑坡，形成了长达 20 公里的堰塞湖，堵断了河道，使两万多人受灾。1933 年叠溪地震引起滑坡，形成了上海子和下海子，垮了以后形成溃决性洪水，也是一个滑坡堰塞湖。

甚至有些本不该发生滑坡的地方也滑坡了。深圳位于海边，地形以丘陵为主，大部分都是平地，但是由于人为的作用，洪涝采石场，大量砌渣，堆得太高了，下面的人口很密集，企业很多，最后发生了滑坡，造成了 77 人失踪，17 人受伤。这件事情是责任事故，最后受处分的有 100 多人，因为这是完全可以避免的。要想躲避滑坡，不能顺着滑坡运动的方向去躲，要往两边跑，往与滑坡方向垂直的方向走，这是最安全的办法。

泥石流是指发生在山区，由水和石块等相互作用而形成一种特殊流体，它含有大量的泥沙石块。泥石流停下来以后，堆积的物质非常黏稠。这种黏性泥石流能量巨大，摧毁力极强。2010 年 8 月，舟曲县城因为处于泥石流沟口，一场突发的泥石流埋掉了县城的 1/3，造成 1000 人死亡或者失踪，这也是一场很大的灾难。在映秀发生的泥石流大家也知道，刚刚灾后援建好的新城市，因为泥石流把岷江水逼向了对岸，直接流到映秀城里面去了，结果造成映秀城被洪水淹没，危害非常大。

在山区，只要建筑位置修得不好就会造成危害。夏天在山区公路上跑，必须时时小心。在行车过程中，可能会突然遭遇泥石流等灾害，所以出行前必须对天气及环境有一个预判。1995 年，成昆铁路线上发生了一次泥石流，掩埋了整个铁路站，这是自 1971 年通车以来从来没有发生过的。所以我们在山区调查的时

候常常劝老乡，要防灾减灾，不要认为十年二十年没有发生过泥石流就安全了。

泥石流具有毁灭性、群发性、夜发性、直进性等特征。四川地区爆发泥石流的主要原因还是暴雨，而暴雨的覆盖范围往往不是一两处，有的时候范围比较大，群发性，到处都下暴雨，这样很可能会引发泥石流。它还有一个特征，即直进性。泥石流一般是直走的，不会拐弯。了解了泥石流的特征，我们在修建筑时就要避开泥石流的锋芒，不能迎着泥石流流向进行建设。

山洪是指发生在山区河道及沟道中的快速、强大的地表水流。山洪的特点，是发生在山区的小流域，时间比较短，从几个小时到十几个小时，很少有一天的，流速急，很快，流体中泥沙含量高，冲击性很强。山洪会冲毁道路，如果在河边遇到涨大水也是非常危险的。关于山洪灾害有一个非常惨痛的教训，黑龙江的沙兰中心小学位于山下，上游涨洪水冲过来淹没了小学，最大水深超过 2 米，大家可以想象，这是什么概念。所以预防山地灾害非常重要。

平原地区，特别是离山体比较近的平原地区，也要考虑山区灾害会不会转移，对减灾和防灾也不能降低警惕性。我们在山区旅游，尤其是漂流时要特别注意，遇到涨山洪的时候要躲远一点。灾害是可以转移的，北京 2012 年发生的洪灾造成了100 多亿的经济损失。这场洪水主要来自位于郊区的房山区。两个区域的暴雨叠加造成水量暴涨，房山区的水大量通入北京市区，城里的立交桥下面因为地势低洼导致排水困难，有些人在立交桥下没有来得及撤离。所以我们在实际生活中碰到下暴雨的紧急情况时要赶快撤，一定不要认为汽车淹了可惜，生命最重要。

成都市有没有山地灾害？

成都市的山地灾害由来已久。当年陆游在成都为官时，专门写了一首《龙挂》，其中"山摧江溢路不通，连根拨出千尺松"，描述的就是成都六月天的大风摧屋动地的声势。诗中的状况发生在阳历七八月，那是每年防洪最紧张的时候，和我们现在的气象观测相吻合。

我们先分析一下成都的地质地貌和气象条件。成都由西向东有 6 条断裂分布，汶川地震的时候，前山断裂、中央断裂、后山断裂大家都很清楚了，在龙门山前面还有一个隐伏断裂，这个断裂就是地质历史上的第四极。成都平原沙卵泥石层最厚的地方有 200 多米。为什么成都平原可以形成这么厚的沙卵泥石层呢？因为这个地方相对龙门山在下沉，龙门山在抬高，这样上游来的泥沙石块才能堆积得这么厚。还有一条断层是浦江和新津断裂带，成都市下面也有一条断裂带，而且是一条活断裂带，在西边龙泉山还有一条断裂带。所以成都的地质条件还是很复杂的，因为有断裂带就会造成岩体岩层的破坏，破坏以后会加快其风化作用，这样更容易出现山体灾害。

从地貌来看，成都市区西边是龙门山，东边是龙泉山，再往南边是周公山（音），这个地区地势相对比较低洼，所以如果发大水成都还是比较容易被淹的。那么，为什么这么多年成都没有被淹呢？因为防洪工作做得好，如果岷江上游发大水，可以通过引流把水引到其他地方去，这样就保证了成都市的安全。成都毕竟是拥有上千万人口的大城市，如果被水淹了，后果不堪设想。从地形条件来看，成都市最高峰海拔5353米，最低点海拔只有359米，地势高度差比较大，尤其是沿着龙门山这一代，彭州、都江堰、彭山、大邑等都是山地灾害的多发区。成都市的降水也很丰富，整个成都市区的年降水量是800到1300毫米，七八月降水最多，所以防汛重点是七月上旬到八月下旬。

根据成都市国土资源局给出的地质灾害防治方案，成都全市范围内有3456处地质灾害隐患点，其中滑坡隐患点最多，达2007处，其他还有崩塌、泥石流和不稳定斜坡，分布在龙门山区、龙泉山区、高新区和天府新区。因此，成都市的山地灾害还是有的，而且分布点还不少。2013年7月10日，灌县中心镇三溪镇发生了大滑坡，滑坡之后又转化为泥石流，导致这个地方的避暑游客伤亡很大。所以夏天到山区避暑的时候，大家一定要绷紧安全这根弦，首先要选择安全的地方。

8月份天气比较热，山里面很容易下雨，当山地灾害发生后，必须对人员进行紧急转移。邛崃曾经发生过一次泥石流，因为事先做了预报，人员都提前进行了转移，最后虽然房屋被摧毁了16间，没有造成人员伤亡。因此，对灾害进行监测和预报是很有必要的。都江堰的虹口是泥石流的重灾区。当地修建房屋的时候没有对灾害进行危险性评估，把房子修在了危险区，花150万元灾后重建的农家乐全被泥石流冲毁了。

山地灾害也会给成都市的供水系统带来影响。都江堰白沙河是成都市的主要水源地，2009年7月，泥石流把这里的水污染了，自来水厂没有办法处理，只好临时关闭，结果成都市中心城区的供水量骤减，虽然没有完全停止供水，但是出现了大面积的水压不足，市民都是排队接水，几百万人的城市一旦停水，其影响是非常恶劣的。因此，成都市准备在崇州建第二个水源地。一旦都江堰的水源地出了问题，可以立即启动崇州这边的备用水源地。

5·12汶川地震以后，龙门山区出现了大量因滑坡、崩塌而形成的堰塞湖，当时公布的危险性很大的堰塞湖就有34个，这34个堰塞湖都必须进行处理。加上一些危害不是很大的堰塞湖，其总数达208个之多。这些堰塞湖积水以后有可能会溃决，大家应该对唐家山堰塞湖还记忆犹新，当时唐家山堰塞湖积水太多，一直担心会形成超级洪水，危及下游绵阳市的安全。这些堰塞湖让我们联想到，

历史上我们巴蜀文明的重要阶段——金沙文明、三星堆文明在一夜间毁灭，很有可能就是地震在河道上游形成了大的堰塞湖后突然一下溃决，全部淹没导致的，因此也没有任何的文字记载。

山地灾害是可以预防的。我们再回到九寨沟，实际上九寨沟对地质灾害或者山地灾害是进行过预防的，包括滑坡和泥石流的治理工程。山地灾害与环境研究所专门负责这方面的研究和治理，从20世纪80年代末期开始，我们就一直和九寨沟合作治理山地灾害，以保证游客的安全。另外，九寨沟过去还有九个村寨，后来合并到一起，现在还剩四个寨子，这些寨子都处于比较平缓的沟口，因此常常受到泥石流和滑坡威胁。实际上，历史上九寨沟的寨子是曾经被泥石流毁灭过的。美景与灾害同在，我们在欣赏美景的同时也不要忘记防治灾害，我们做防治工程的目的就是保证游客的安全。其实防治灾害最安全的措施就是避开灾害，不要在危险区域建房子。如果房子就修在泥石流沟口上，那么一旦发生泥石流，人们的生命及财产损失就不可估量了。

如何预防山地灾害

从我们自身来讲，不管是去山区旅游还是在山区工作，都必然要和山地灾害打交道。我们去山区考察的时候偶尔也会碰到各种山地灾害。所以要预防山地灾害，首先要观察周围山体稳不稳定，有没有危险存在。如果发现有这种情况，必须快速通过危险区域，但是不能盲目地往前冲。2015年西南交大有几个学生在峨眉山上实习，遇上下大雨，山沟上有石头滚下来，有一个学生硬要冲过去，结果他的脚被石头砸断了。所以遇到危险情况，切记不要慌乱。首先要确保周边环境的安全，同时也要听从景区管理人员的劝告。

如果在山区遇到山地灾害时有人发生了意外，我们要在保证自身安全的情况下再去救别人。这里有一个教训，曾经有一辆车遭遇山体崩塌，车上20几名乘客中有7人死亡，救援人员在救援过程中没有注意观察山坡上的情况，结果自己被滚石砸伤了。所以实在危险就不要实施救援，应该等到山坡比较稳定以后再去救，这样可以避免新的伤亡。

遇到滑坡的时候，我们应该怎么办？前面讲到这个问题时强调应该往两边跑，不要顺着滑坡的方向跑。同时，也要保持冷静，如果脚软跑不动那就没救了。20世纪80年代，甘肃曾经发生过一次滑坡，有一个人在滑坡体上没有办法跑，他刚好抱着一棵大树，滑坡恰好向他所在的位置滑下去，但这一块土体没有散开，因此他没有受到什么伤害。

遇到泥石流的时候怎么办？我们不能顺着泥石流的方向跑，如果在沟里的话，要往沟两岸的高处跑，这样就能保证安全。保持冷静，判断周边环境，尽快向河沟两侧跑。千万不要涉水过河，不要在桥上或河岸逗留，因为洪水一来，很容易把桥冲垮，河岸边也一样危险。如果不幸被卷入洪水当中，尽量抓住稳定固定的能够漂浮在水面的东西，寻找逃生的机会。遭遇山洪时，应该待在相对比较安全的地方，万一被困，应耐心等待外界的救援，在等待救援时，尽量减少身体能量的消耗以保存体力。切记：遇到灾害时千万不要拖延，也不要贪恋财富。

我们在北京做泥石流调查时，当地老百姓就讲，有一对夫妇遇到泥石流，本来已经逃出来了，突然想起家里的存折还没有拿出来，回去拿存折的时候泥石流刚好冲了过来，整个房子都没有了。所以遇到灾害时一定要赶紧逃命，千万不要再返回去。还有一点，山地灾害有可能在雨停以后发生，我们在北京山区调查时还有一个例子，当时天气预报有大暴雨，全村人都撤离出去了。雨停了，灾害没有发生，大家回到村子里面，后过了一段时间，泥石流就冲了下来，回村的人全部被埋了。所以雨停之后我们应该再等一段时间，不能马上回去。

我给大家讲一个小故事，这是我一个老师讲的。1981年四川发大水，我的老师去调查的时候了解到一个情况，有一辆小汽车载着几个人，车子在陡崖下面坏了，驾驶员下来修车，其他人到一边休息。一会儿车子修好了，驾驶员叫大家上车出发，结果正在发动车的时候，可能就是因为汽车振动的原因，山上的一块大头掉下来把车子砸扁了。所以在陡崖下最好不要停车，应该开到地势开阔的地方再停车，一定要保证安全。还有如果出去搭帐篷，不能在河滩、河床、沟边这些地方搭帐篷，也不要搭在陡崖下，以避免不必要的危险。

我再给大家讲一个故事。汶川5·12地震的时候，北川县擂鼓镇有一个叫魏十全的，地震发生时他正在地里做农活，地面突然裂开了一个缝，他掉到了缝里，地面就在他胸部的位置。他急中生智，用双手撑出了地缝，他才出来，这个裂缝就合拢了。所以如果遇到灾害，心理素质一定要好，要沉着，不能慌乱。

九寨沟这个地方历史上地震非常多，经历了这么多次地震，经历了这么多灾难，才形成了今天这么美好的景色。我们人类要开发利用它，就必须把灾难带来的破坏减少到最低的程度，让美景延续更长的时间。九寨沟地震后，虽然个别景点被毁了，但是九寨沟的整体没有受到影响。同时，又形成了新的景点，比如受到损害的火花海下面有一个双龙海，双龙海原来只是一个河岸，但在火花海溃决后形成了一个新的瀑布，所以有毁有灭，自然界的演化就是这样的。

另外我相信，大自然有自我修复的能力。九寨沟现在正在进行灾后重建，相信通过灾后重建，各种防灾减灾措施会更到位，大家去旅游的话也会更安全。九寨沟会以新的面貌来迎接八方来客，更好地为大家服务。

金沙讲坛

讲座集萃（2017）

认识雾霾，看清PM2.5

◎ 孙 扬

孙扬，中国科学院大气物理研究所研究员，研究员级高级工程师，博士生导师。研究方向：大气环境，细颗粒物（PM2.5）与臭氧，温室气体，反应性气体与气溶胶等的观测方法研究；基于观测的大气光化学反应，大气化学活性气体与气溶胶理化特性等的时空变化规律研究。发表学术论文 65 篇，其中SCI 论文 30 余篇，获得专利授权 8 项。

关于"雾霾"

"雾霾"这个词包含"雾"和"霾"两个字。从气象角度来讲，雾和霾是不一样的。雾的成分主要是水气，湿度大于 90%，我们看到的雾通常是白色的。从气象观测的角度来讲，霾的成分有很多种，在未出现空气质量污染之前，霾主要来源于自然，比如沙尘天气，它的主要成分是尘埃；现在有了人为污染的排放，霾的成分就更为复杂，包括有机物、硫酸盐、硝酸盐、自然界的尘埃等。霾的湿度小于 90%，颜色一般有偏黄色的、棕色的、偏蓝的和灰的，所以也叫作灰霾。雾和霾出现时，能见度会下降。城市出现雾时会有霾，出现霾时不一定有雾，有时，老百姓也分不清是雾还是霾，所以把它们叫作雾霾。气象部门对霾有严格的判定标准：一是能见度，一是湿度。比如，判定黄色霾的能见度等级为小于 3000 米，相对湿度小于 80%。现在又把 PM2.5 的浓度加进去了，所以一般可以根据能见度、湿度、PM2.5 的浓度这三个条件来判定是不是霾。

气象部门经常发布霾的预报预警，环保部门也在发布空气污染指数，气象和环保部门在发布霾信息时口径经常不一致，老百姓也混为一谈。但是环保部门一般不讲雾霾，只讲灰霾。人类活动排放以及在空气中二次生成的颗粒物使能见度水平明显降低的空气污染现象叫作灰霾。环保部门对灰霾的判定标准是

PM2.5的质量浓度大于75微克/每立方米。环保部门发布的空气质量预警或者空气质量报告，一般是说空气优良、优秀、良好、轻度污染、中度污染、重度污染和严重污染，这指的就是PM2.5的浓度范围。

我国环保空气质量分为不同的层级，目前也是针对PM2.5质量浓度的变化做出的响应。所以我们要认清，判断空气污染或者空气质量最主要的依据就是PM2.5的浓度。PM2.5到底是什么？"PM"是英文"particulate matter"（可吸入颗粒物，下面简称颗粒物）的缩写，"2.5"是空气动力学等效路径小于2.5微米，PM2.5指的是可吸入颗粒物在空气中飞行的空气动力学的特性，它不一定是球形的，直径小于2.5微米。人的头发横断面直径一般在60到100微米，相当于PM2.5的几十倍；花粉的直径一般在20微米，相当于PM2.5的十倍，但是肉眼基本上看不到，所以PM2.5肉眼是完全看不到的。我们在电子显微镜上放大PM2.5，可以发现它的物理形态很小、很复杂，具有不定性；它的化学组成则更加复杂多样，按照采样结果看主要包括有机物（几千种）、硫酸盐、硝酸盐、钠离子、钾离子，甚至还有一些水分和重金属等有害的物质。

PM2.5有什么危害？首先，它会让气候产生变化，导致极端天气越来越多，促使全球变暖和海平面上升；影响大气辐射的平衡，影响区域和全球的气候变化。其次，影响环境，造成大气能见度下降，阻碍空中、水面、路面交通。第三，影响人体健康，引发人体呼吸道、心血管方面的疾病，甚至引发癌症。2013年，PM2.5被世界卫生组织下属的一个癌症研究机构定义为一级致癌物。

PM2.5为什么对人体健康有这么大的危害？春季会出现沙尘天气，影响能见度的颗粒物就是大于PM10的扬尘。PM10到达人体的鼻腔后，被鼻毛、黏膜这些人体天生的保护系统阻隔，进入不了我们的身体。PM2.5则能进入人体的支气管、肺部，并能穿透肺泡，进入人体的血液循环。现已有数据确切显示PM2.5对人体有危害。比如，PM2.5能在人体的肺泡区沉着并融入血液，造成血液黏稠度增高，导致心血管异常；不能融入血液的部分就沉积在肺部，诱发或者加重肺部的炎症。肺部神经受到PM2.5的刺激，造成痉挛，从而波及心脏，引发心肌梗死。PM2.5还会影响胎儿，特别是早期的胎儿。

2010年，英国著名杂志刊登了有关2010年全球污染现状的文章。文章指出，空气污染尤其是颗粒物污染每年会导致全球320万人过劳死亡和7400多万人失去健康生活，空气污染已成为全球主要的健康负担。2010年，中国大气PM2.5污染导致120万人过早死亡。全球污染中，大气颗粒物的污染排名第八位，也是导致死亡的十大危险因素之一。在中国，这个顺序有一个变化，大气颗粒物的污染排名第四位。不管怎样，它都给人们带来很大的健康风险，需要我们认真面对。英国的最新研究数据显示，2016年中国大气PM2.5污染评估的是

110万人过劳死。我们国家也做过相应的研究，得出来的死亡人数为每年三四十万人。所以，无论是政府还是老百姓，都已经认识到 PM2.5 污染的严重性，大家的关注度在不断提高，也开始做各种各样的治理工作。

世界卫生组织在 2016 年发布了全球各种环境暴露对健康的影响。报告里有 PM2.5 在全球的分布，这是基于全球 2014 年到 2016 年的监测数据。中国大部分地区处在污染比较高的区域，印度的空气污染也比较严重，非洲有一大片污染比较高的区域，主要是沙漠，属于自然因素。2017 年，我国的空气质量已经有了很大的好转，北京 PM2.5 年均值是 57 微克/立方米。但是我们的差距还是很大，世界卫生组织推荐的健康指数是年均值不高于 10 微克/立方米，目前我们短期的目标是 60 微克/立方米。美国在 2006 年开始执行年均值不高于 15 微克/立方米的标准，美国基本上是达标的。欧盟年均值是 25 微克/立方米，澳大利亚年均值是 8 微克/立方米，比世界卫生组织推荐的标准还要低。世界卫生组织也给发展中国家或者欠发达地区推出了三个目标，其中最低一级过渡期目标是 35 微克/立方米。中国作为发展中国家从 2016 年开始将目标定为年均值 35 微克/立方米。中国 338 个地级以上的城市在 2016 年达标的不足 20％，也就是说还有 80％ 的城市不达标，我国面临的空气质量状况还是比较严峻的。

为什么我们国家 PM2.5 污染如此严重？

我们通过卫星图来分析。卫星每天绕地球一圈，每天 10 点到 12 点经过北京上空。2013 年，有一次空气质量重污染天气，造成的污染面积达 160 多万平方公里。为什么会出现这么大范围的污染？我们做了气流传输分析。PM2.5 从浓度很低的状况突然一下子升高，这是因为气流的变化。PM2.5 浓度低的时候，风向是西北风，慢慢风向转为西南风，气流到了河北石家庄开始打转，风速变慢，形成一个小尺度的涡旋，然后进入北京，PM2.5 浓度一下子升高了。我们可以看到气流的路径上有很多密密麻麻的排放源、污染源，这些小的烟雾团对应的就是郊区或者是平原地区的农村。在这条路径上几乎每一个村落都有数个烟雾云团的点。这次事件让我们想到，区域性的空气污染不仅仅是某一个厂、某一个大的污染源，而是每一个污染源都有"贡献"。我们现在的工业、产业分布状况对咱们整个区域来讲，每一个点位都是有污染的。

我们还做了更细致的工作，专门安装了采样装置。我们把重污染时期在城区采集的样品送至国家重点实验室进行化学成分分析。我们可以通过化学指纹性计算采集到的颗粒物分配在不同来源里。京津冀地区的 PM2.5，燃煤 34％、扬尘

7％、工业 10％、机动车 16％（主要是大型柴油车），甚至还有来自餐饮的污染源（取决于采样点）。现在全国不同的地方 PM2.5 的比例可能会有所变化，因为我国工业布局、能源的使用是差不多的，主要的污染分配成分，就是行业的担当是差不多的。

我们再细分一下 PM2.5 是怎么来的？首先，是工业排放。我国的能源结构中煤炭是主要能源，但是煤炭不是清洁能源，煤炭燃烧后直接排放颗粒物、二氧化硫，还有颗粒物前景物，就是气态污染物。这些气态污染物在大气当中产生反应变化，最后还是会形成颗粒物。这就是所谓的 PM2.5 二次来源。在工业生产过程中，尤其是钢铁、水泥、化工，这些产业的每一个生产过程都直接排放 PM2.5 和 PM2.5 前景物，所以工业排放是 PM2.5 最主要的来源。其次，是机动车排放。大型城市汽车排放执行国 III、国 IV、国 V 标准，私家车直接排放的 PM2.5 很少，但是它会排放一些颗粒物前景物等，这些东西排放在大气中会反应生成 PM2.5 颗粒物。车辆在行驶中，道路扬尘也不容忽视。第三，是农业排放。农业最直接的就是焚烧秸秆。焚烧秸秆产生的颗粒物，在空气扩散条件特别差的情况下会造成很大的环境污染。使用化肥尤其是氮肥会挥发出很多氮氧化物，它主要是 PM2.5 的颗粒前景物。

下面是国家统计局统计的我国每年煤炭用量的增长数据。北京的燃煤总量是 2500 万吨（北京市正在实施煤改气、煤改电，2017 年估计这个数据要大幅度下降，应该不到 1000 万吨），天津的燃煤总量是 5000 万吨。我国的工业产业如钢铁、玻璃、水泥等高排放的产业分布在京津冀地区，2013 年北京周边四个省的钢铁产量占到全国的一半。2013 年，环保部调查报告显示，在受访的京津冀地区近 300 家钢铁企业中有超过七成的钢厂环保设施不达标，违规排污现象严重。2013 年，公布的数据排名，74 座城市，空气质量最差的前十位城市京津冀占了八个。所以，我们得出一个结论，我国尤其是京津冀地区、东部地区或者说全国地区雾霾 PM2.5 的污染根本问题就是能源结构和产业结构带来的问题。2013 年，煤炭占我国的能源结构组成的 67.4％，到 2030 年煤炭还要占一半，所以空气质量问题是一场持久战。

PM2.5 的防护

污染在发达国家也有。比如包括伦敦烟雾事件、洛杉矶光化学烟雾事件在内的世界知名的八大环境灾难。1952 年 12 月，伦敦城区每家每户都烧煤，周边很多工厂也在烧煤，那时没有脱硫脱硝装置，污染源直接排放到空气中。伦敦市区

到处充满烟雾，大白天也看不清道路，警察要拿火把来指挥交通。12月的某一周因气象条件扩散不好，气候寒冷，用煤量上升，整个城里因呼吸系统疾病住院医治无效而死去的就有8000人，随后住院的患者又陆陆续续死去4000人。这就是著名的伦敦烟雾事件。

洛杉矶光化学烟雾事件。1955年9月，洛杉矶处在蓝色的烟雾（主要是机动车尾气）中，在太阳照射下产生光化学烟雾。那时候的机动车尾气是直排的，（不像现在的机动车排气管有一个大的装置，排出来的尾气要经过三轮的催化，最后废气的排放量很小），200多万辆没有任何减排装置的机动车排放出的尾气在气象条件不好的条件下经太阳照射形成了PM2.5混合污染，一个月内造成了800余人死亡。

第二次世界大战以后，日本优先发展重化工业，以价格便宜的煤炭为主要能源。那时候日本的减排设施不足，也带来了很严重的污染问题。

现在英国、美国、日本这些国家城市的空气质量基本上达到世界卫生组织的标准。伦敦分三个阶段治理了50年。英国的能源结构已经发生了很大的变化，1948年的煤炭使用率为90%，1998年已经下降到17%，现在更低。同时，英国还推出了低污染排放区。洛杉矶也是治理了50年，现在采取了发放排放许可证等在内的措施。日本也有两个污染源，固定源就是工业，移动源就是汽车，它也是花了50年。前20年治理工业污染，后20年治理汽车污染。

我们与成都信息工程大学合作对成渝地区做了一些针对性研究，也发现了一些特点。四川的污染主要来自本地，原因有三：一是地形因素，二是气候因素，三是人口等因素。四川地处盆地，相对湿度大，季风频率高，但秋冬季少有，比较容易形成逆温。四川人口多，机动车保有量比较大，工业比较发达，生产生活方面的排放量比较大。冬季污染发生时，污染的气流75%以上都是在盆地内打转，无法排出盆地，不断累积加重，再加上湿度较大更利于用反应生成，PM2.5越积越浓，主要在东偏北和西南区域内部来回振荡，工业布局一定要考虑这个因素。

要解决污染问题，确实要进行结构性改变，但需要一个过程。发达国家基本上都是经过了50年才解决的，我们因为有后发优势，解决这个问题的时间应该更短，不过也不可能一蹴而就。在这个过程当中，老百姓还是要注意个人防护。下面我介绍一下如何在日常生活中防护PM2.5。

一旦发生空气污染或者是即将发生空气污染，人们就应该减少外出，尽量待在室内。如果一定要外出，须佩戴口罩，进行防护。幼儿园的老师和小朋友都会戴口罩，这是正确的做法。不要戴着口罩做运动，因为在运动过程中呼吸量会增加，这时的人体已然成为一个活体吸收器。尽量在室内放置空气净化器。目前，空气净化器的技术已经相当成熟，可以选择设计构造相对较为简单的，在尽可能封闭的状态下，打开空气净化器半小时，整个室内空气中的 PM2.5 就会降到符合人体健康的范围内。使用不用更换过滤网的空气净化器时，要注意滤网的清洁，如有损坏应全部更换。

口罩的种类有很多。3M 是一个美国的品牌，它最早用于对工业颗粒物的防护，是最早达到美国 N95 标准、比较高标准的口罩。什么叫作 N95？"N" 就是非流性颗粒物，大气环境中的 PM2.5 就是非流性颗粒物，"95" 指非流性颗粒物的过滤效率在 95％以上。有研究者做过对比（每一种口罩的检测数量为 50 个）：外科口罩有将近 20％的过滤效果，呼吸阻力小，为 1.8 毫米水柱，在轻度污染的时候，可以戴这种舒适型的。N95 标准口罩过滤效果高于传统口罩，但是呼吸阻力很大，戴上比较憋气。但是在污染比较重的情况下，建议大家佩戴这种过滤效果比较好的口罩。

各个职能部门现在都在为改善空气质量而努力，我们个人能做的事情就是绿色出行，理性消费，节能减排，植树造林等。

金沙讲坛

讲座集萃（2017）

人际沟通心理学

◎ 常 军

常军，中科院心理研究所硕士、清华大学 MBA 课程研修班客座老师，中国人民大学社会心理研究所研究员，中科院心理研究所硕士。多家大学 MBA 课程研修班客座老师、中国社会心理研究所研究员，心理咨询师，NLP 导师，对销售心理学、团队心态及信念调整、心理学、行为组织学、心理治疗、沟通学具有丰富的理论素养和实战经验。是一名成功的训练师及潜能开发导师。数家企业总裁的私人教练。

各位朋友下午好！

心理学离我们不遥远，我们每天都在处理很多的问题，公司的问题、教育孩子的问题、婚姻的问题、创造未来的问题等等。所有的问题都是围绕人的关系而产生的，这就是心理学对此的定位。

解决问题的钥匙是什么？

人的一生只需要处理三段关系：自己和自己的关系；人与人的关系；人与环境的关系，这就是我们每天要面对的问题。

心理学中有一句非常重要的话叫重要性的排序，这是人的一种智慧，我们总是想着去处理人与人的关系，人与环境之间的关系，事实上我们首先要面对的是自己与自己的关系，如果这个关系没有处理好，你就会带着愤怒、焦虑、抱怨、指责、委屈去处理人与人之间的关系，问题就会变得更加复杂。

解决这些问题的钥匙就是沟通。事实上我们每天都在与自己沟通，与别人沟通，与这个世界沟通，但很多时候我们的沟通不能产生很好的结果。为什么呢？这就要求我们先把心静下来，走进心理学的世界。

我们一生会得到很多的礼物，心理学认为，人生中最大的礼物就是给自己的耐心，这是现代人较为缺乏的。如果你没有耐心，哪怕目前你处在最好的环境里面，生活在最温馨的家庭里面，依偎在最重要的人旁边，也仍然会有遗憾，因为人会抱怨。沟通要有一个契机，就是共同创造。

人本主义心理学的原点只有两个字：需求。它认为人的所有问题都是需求出了问题，亚伯拉罕·马斯洛说人有五个方面的需求：生存、安全、归属感、尊重和自我实现。人本主义心理学有一个非常坚定的理论，就是认为经营所有的事业、行业或者产品都是在经营人，这其中唯一不会消失的就是人的需求。经营人有哪些需求呢？三个词：第一个叫实，就是物质。第二个叫影响力，人一生最大的经营就是生命的扩张，看你到底能够影响多少人。影响一个人，那个人就会跟你过日子；影响一帮人，这帮人就会跟你打天下；影响一个国家的人，就可以带领整个国家走向未来。第三个叫爱。了解了心理学，你就不会再因为你所做的事情、所做的产品而感到困扰了，你的事业、行业、产品都是为了解决人的需求的。要管理好自己、管理好人，就要具备很多的知识和技能。

什么是能力呢？心理学认为，即使是在未知的领域中，你仍然可以去创造未来，这就是你的能力。人除了需要两条腿走路，还需要信念和态度。在人本主义心理学中同样也有一个排序，就是意愿大于能力。在与别人沟通、交流时，很多时候要先建立一个通路，即先要让对方有意愿度，然后再与对方沟通内容，通路没有建立好就把内容抛出来，很可能就会被对方给切断了、停滞了。人的能力越强，意愿度越弱，他对关系的破坏就越大。

沟通是艺术，相处是技术

我们首先引出一个心理学的专业词——身份。人生活的品质在很多时候是与自己的身份相匹配的，人生活在三维世界里面：时间、空间、物体。如果你是一个学员，你就会很快乐，那么，跟着老师回答问题、朗读、举手会让你很快乐。但是，如果此时让你做一个研究者，老师说的每一句话你都要去研究、调查，你就不会快乐。连接是一个人生活的品质，要尽可能地与现在的三维世界连接。一旦连接成功，你的生活就饱满了，这个"饱满"用一个专业的词来形容，叫"当下的力量"。身份是要与当下连接的，人的身份一共有47种，今天我们来看其中的2种。

第一个身份叫作参与者。我们在跟别人沟通的时候，有时会发现自己是一个局外人，现在的人很大程度上是在创造物质世界，赚更多的钱、买更好的房子、买更好的车，但是当他离开这个世界的时候，到底能带走什么呢？实际上，他什么也带不走。所以要想想到底什么是真正属于我们的。我们走过的路、受过的

伤、爱过的人，这些东西才属于自己，这就是体验。所以在人生过程中，很多东西你都无法去占有，而只能去体验它。生命的品质不在于拥有多少，而在于体验到了什么；一个人是否产生了价值，不在于你想了多少，而在于你表现出来了什么。

既然是体验，是不是只有好的才是体验？不是。有白天有黑夜才叫体验，有快乐有痛苦才叫体验，有冷有热才叫体验。为什么要不断地去拒绝生命中的不如意呢？为什么当不如意、痛苦来的时候，要强力地要推开它、砸碎它，不接纳它、跟它纠缠呢？现代人很大的一个痛苦是因为要追求没有痛苦，现代人教育孩子一个很大的问题是在追求孩子的完美，这怎么可能呢？不是说你创造了很多的物质，你的幸福感就会增强，现代人的物质世界越来越丰富了，而我们内在的压力却越来越大，焦虑越来越强。所以我们要体验生活，成为参与者。

第二个身份叫作局外人。在跟别人沟通的过程中，要清楚一件事情，就是你是什么身份，到底是参与者还是局外人。20 世纪有三位伟大的心理学导师，第一位是弗洛伊德，他是精神分析心理学的导师和创始人；第二位是荣格；还有一位是阿德勒。阿德勒说：人一生当中没有任何一个改变是发生在概念里的，他一定要表现出来。

共同创造是最好的沟通方式。人与人之间的沟通，从心理学的角度解释，不是一味地赞美和讨好，真正高价值的沟通是能量之间的影响。我以前一直以为爱是包容、接纳、陪伴、允许、付出，但阿德勒说：爱只有两个字，合作。你爱自己的孩子吗？和他合作。你爱自己的老公吗？和他合作；你爱你的同事吗？和他合作，爱就是共同创造价值。如果两个人停止创造价值，开始互相抱怨、互相指责，这段关系就崩盘了。我们要创造价值和对方交换，一个微笑就是价值、一个问候就是价值、一个关怀就是价值，而不要老说一个词：应该。阿德勒说：当你说应该的时候其实你已经下地狱了。应该，如果是一个指令那没有问题，但是如果是一个心态，很有可能会让你的生活变得糟糕。

创造价值后要和对方交换，没有人要为你的快乐和成长负责，除非你自己去成长。过去的 30 年，我们的国家走完了很多国家要用 100 年走的路程，经济得到了大发展，但当我们大力发展经济时，我们很多人的内在是塌陷的，而且这种塌陷已经开始一点一点地遗传给我们的孩子，我们现在不缺房子、衣服，到底缺什么？是"做自己的能力"，心理学上叫完整的人格。我们很多人做不了自己，不断要去满足别人对自己的要求，做自己的能力越来越差，所以我们虽然创造了很多的物质，但实际内在是塌陷的。

沟通为了什么？

人为什么要沟通？是为了调理共同价值、达成一致；是为了了解对方、理解对方。沟通都会出现一个结果，但是这个结果有可能会让你的生活变得更卓越，也有可能让你的生活走下坡路。所以我们沟通的第一要务就是产生成果，"焦点放在成果上，行为放在创造上"。但是通常，我们往往把焦点放在了感觉上，行为放在对错上。试想，如果大家都以"我不舒服，我不喜欢，我不愿意"为标准，沟通就可能出现巨大的阻碍。只有放下对错、放下感觉，才能进入到一个创造价值的境界。如果每天都去强调对错，你的内在装着一把尺子，你的生活就会被你毁了。心理学里有六个我，我今天让大家学一个"高我"，就是"出高我，带动对方慢慢放下小人"。"高我"就是那个长大了的我，当对方抱怨的时候，你不是向他抱怨，而是跟对方道歉。例如，孩子考试考得不好，夫妻间就容易互相埋怨，这时你如果说：是我的责任，我没有关注到，我太忙了，下一步我要去支持他考得更好。这样，对方就会慢慢地放下自己的小人了，也会检讨自己。"高我"中有一个非常好的状态叫示弱，示弱不等于软弱，是为了更好地沟通，要记住，人的沟通第一就是为了成果，第二是为了三赢。

沟通的步骤和表达的要求

沟通的第一步要做什么？是要先摆平自己。很多人与对方沟通的时候带着一大堆的委屈和愤怒，这会产生好的绩效吗？不会的。我的一位儿童心理学方面的专家朋友告诉我：当你有情绪的时候，一定不能跟孩子沟通，要学会离场。因为你如果带着情绪跟孩子沟通，一定是先宣泄自己的情绪。一个人真正的强大是自己内在的强大，一个人真正的改变是自己的改变，不要试图让对方去拯救你。调整好自己以后再跟对方去沟通，对自己的情绪负责，沟通的品质才能有所提高。

在沟通中，我们要"表达我要的"，并且要精细地去表达。例如，一对夫妻在一起生活了很多年，丈夫不断地抱怨妻子从来没有做过晚饭，但妻子说给他买过苹果，这就是晚饭。这说明丈夫的表达需要更清晰，说明晚饭需要有米饭、馒头和蔬菜。懂得沟通的人，一定要把客观事实说得非常的清楚。并且要表达我要的，而不是我不要的，表达自己的需求而不是情绪。在沟通中可以表达自己的愤怒，而不是愤怒地去表达；要表达需求而不是抱怨，有效的表达方式对沟通结果

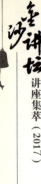

非常的重要。

因此我们"期待不如要求"，一个能把期待讲出来的人收获更大；"要求不如检查"，你跟对方说再多的话都没用，你必须要去检查对方到底做到没有。当你把期待转换成要求的时候，对方要么说 yes 要么说 No，是不是各占 50％，对方万一说了 Yes 呢？50％是不是已经拿到手了。有一句民俗语叫"会哭的孩子有奶吃"，就是懂得提要求。自我价值不足的人不会提要求，他觉得不配要求对方，要求别人会让自己不好意思、会尴尬，会不好面对，这是不利于沟通的。同时"检查不如奖罚"，教育孩子是要有一点惩罚的，但是不是来自情绪的棍棒教育和宣泄，惩罚是让他知道什么是边界，奖罚是与一个人沟通的推动器。在沟通过程中，我们要看目标，而不是陷在事件里。

现代人沟通最匮乏的是什么？

耐心。现代人出现了一种非常糟糕的心理疾病——注意力涣散。一个人的注意力一旦涣散就没有办法做到聚焦，就没有办法在一个地方深入下去，就没有办法深入事实，就没有办法在那个领域拿到自己想要的成果。注意力涣散的人会出现两个非常糟糕的状态，第一个叫好高骛远，第二叫急功近利。很多人老想着在一夜之间把一辈子的事全干完，那他就会变得焦虑、会变得没耐心。

耐心是钻石，耐心地和一个人沟通所需要的时间，有时是一个下午，有时更长。孩子有了网瘾，需要沟通解决，让孩子的父母拿出三年的时间使他戒掉网瘾，他们会嫌长，拿出三个月的时间他们也没有。其实孩子出现的问题就是积累起来的，解决它，三年都是短的。但是现代人最匮乏的就是耐心，有了耐心才能给我们更饱满的体验。

理解。如果是一位心理学的工作者，他是能理解一个人为何去杀害了另一个人。但是理解不等于认可，如果要和他沟通，不理解就不能与对方建立通路，哪怕很痛苦你也要理解他。你对他有沟通的需求，就要理解他。

接纳。现在的生活有好的，有不好的；有健康的，有不健康的；有 OK 的，有 NO 的，这些都是我们的生活。要记住一件事情——接纳。不好的、或不如意的、或成绩不好、或个子低、或皮肤黑，或亏了钱、或婚姻出了问题、或身体出了问题，这些就是你的现状，不要去抱怨，人要有接纳的能力。我们经常说要面对，但是不接纳的话，是很难面对的，必须先接纳才能面对。英语中的我爱你是"I Love You"，在心理学上也有一个我爱你，叫"I am here"，即我在这儿、陪伴，哪怕你很糟糕，哪怕你不是一个好孩子，哪怕你现在很沮丧，哪怕你没有力量，哪怕你……但是我在这儿。这在佛学里叫观照，没有批评、没有建议、没有帮助，我在这儿。在这种状态中，沟通的品质又会上一个更高的台阶。请记住一件事情，你的内在越完善，人格越完整，世界才越会给你礼物。

最后大家要注意一件事情，关注。女人内在一般是寻求被关注，这与年龄无关，男人需要的是被认可。希望通过学习沟通心理学，使你的沟通品质有一个质的飞跃。

谢谢大家！

生活中的管理心理学

◎ 祝小宁

祝小宁，国家"万人计划"教学名师，电子科技大学教授，原电子科技大学政治与公共管理学院院长。《中国行政管理》杂志常务理事，四川省党政研修班特聘教授。长期从事政治学和公共管理领域的教学和研究，是电子科技大学行政管理等学科的学术带头人。获得"四川省有突出贡献"专家称号，享受国务院特殊津贴的专家。

泰戈尔曾经说过，"一朵鲜花打扮不出美丽的春天"，一个人的力量总是有些单薄的，只有协作才能够移山填海，所以要学会合作，扬长避短，懂得形成合力，这就是管理心理学带给我们的启迪。

管理是社会中最普遍的现象，是人类最重要的行为活动，对人类社会的存在和发展极具价值。其实我们的一生都是在管理中度过的，有时我们是管理者，有时我们是被管理者，我们只有在管理和被管理的状态中取得平衡，才能充分发挥主观能动性。人的一生都在管理着自己，比如管理自己与别人之间的关系，也是人与人之间的心理关系。当人与人之间产生吸引时，就相互接近，相互支持，相互友善。心理学认为，人与人之间的相互吸引是心理吸引。人与人的心理吸引可分为需要吸引、时空吸引、仪表吸引、回报吸引、人格吸引、互补吸引、异性吸引等。有人说"有效的人际沟通离不开高效的管理"，管理是一门科学，也是一门艺术，管理需要遵循管理之道。

管理之道

管理之道讲的是原理，按什么来管理，这是管理的灵魂。韩愈在《师说》中提出传道授业解惑，管理要以传道为先。

我在大学的管理学院工作，每天主要面对的就是学生。他们是来学习现代管理技术的，读完四年本科后，他们有的会继续读硕士乃至博士，获取丰厚的技术理论知识。这些学生毕业后，有的到政府、企业从事第一线的管理工作，没过多久就惨败而归。反观那些把实际工作做得井井有条的人，并不一定拥有高学历。这就说明，学到的技术理论知识再多，如果没有从中领悟到相关的道理，搞本本主义、教条主义，也是注定要失败的。反之，如果悟出其中的道理，就可以按道理去处理实际工作，从而实现高效的管理。

怎么才能实现高效管理呢？其实道理就蕴含在"管理"二字之中。汉字是象形文字，望文便能生义。现在我们使用的"管"字就是甲骨文之中的"安"字，"管"的本意就是"安"。"安"字讲的是一个单位、一个家，"安"字上面的一点就是用一个办法把一个单位、一个家安排好。"安排"用我们现代管理学最高的标准来说就是配置，就是把拥有的资源配置好，让它发挥作用，就能实现有效的管理。

"管理"中的"理"字，简单地说就是理顺。中国自古就把"治"和"理"连在一起。"治"讲的是滔天洪水，以石筑台修岸，便可将水疏导。因此我们讲的治理，就是理顺资源。资源理顺了，就可以产生"1+1>2"的效果。

四川大学校长李言荣院士经常讲，做人做事要记住三个公式：第一个公式是"怎么把'0'变成'1'"。学生在学校享有各种各样的资源，图书、信息、教室、教材、老师、课堂等。学生把这些资源配置好，这些资源就可以变成自己的智慧，于是无知的"0"就变成了有知的"1"。第二个公式是"怎么把'1'变成'∞'"。如果一个人每做一件事情都少做0.1，那么乘以0.1，无穷乘下去就是无穷小；如果一个人每做一件事多出一点力，只是多做了0.1，那么乘以0.1，无穷乘下去就是无穷大。因此古人讲"勿以恶小而为之，勿以善小而不为"。第三个公式是"1+1>1亿"。这也是管理学经常讲的"1+1>2"。如何做到呢？我经常告诉学生可以通过管理的五个动作来实现：第一，要有计划，即在行动之前先考虑清楚，"预则立，不预则废"；第二，就是要治，即按照计划把各种因素连在一起；第三，协调，即把各种关系理顺；第四，理顺关系后，实现目标；第五，在实现目标的过程中，不断修正目标。传统管理学认为：第一，先把钱理好，这是财富之母；第二，钱不可能自己生财，要进行投资、经营，因此要把人安排好；第三，对生产资料进行加工、生产，形成可以出售的商品。因此要把生产资料配置好。这就是传统管理意义上的安排好财、人、物。

现在人们发现，仅仅安排好人、财、物是不够的，还要安排好其他资源。比如，第一，要安排好时间资源。现代社会发展日新月异，瞬息万变，时间的价值越来越得以突显。50年前硅谷是美国最穷的地方，现在的硅谷则是世界财富的聚集地，是最有活力的地方。现代社会也是信息社会，硅谷成了世界信息的主源、主流，因此，信息也是社会最主要的资源之一。第二，要安排好关系资源。

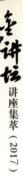

现代社会的运行机制是市场机制，市场交易涉及诸多交易关系，良好的关系也是最重要的资源之一。第三，要利用好政策资源。政府是社会最强有力的推动力，政府的政策也是最重要的资源之一。有人说现在要把一个地方管好，起码需要39种资源，只有把这39种资源安排得最好、最妥帖，那个地方才能得到最好的发展。要把这几十种资源安排得好，就要找到管理入门的诀窍。管理入门的诀窍有三种。第一种，管理不是目的而是一种手段。这里的手段是指管理者为了实现组织目的，而创造出的一种行动。手段服从目的，怎么能够保证目的的实现就怎么去管，这就是管理的硬道理。比如，我们自古就讲"为官一任，造福一方"，"当官不为民做主，不如回家卖红薯"，现在的人民政府执政的根本目的就是为民。第二种，所有的资源都是重要的，缺一不可。我们经常提到"木桶效应"（又称"短板效应"），一只木桶能装多少水，取决于最短的那块木板。管理者要时时审视自己所拥有的资源，及时发现哪种资源处于短缺状态，这往往就是短板出现的地方，应该马上进行调整。管理者提升短板也就是提升整体水平。第三种，善于发现和解决主要矛盾。管理者面临众多矛盾时，不能"眉毛胡子一把抓"，要分析矛盾，抓住主要矛盾，主要矛盾解决了，其他的矛盾就能顺利解决，这就是"竹竿效应"。

管理的核心

管理的核心是人，也就是以人为本，以人为核心。通俗一点说，就是把人管理好，然后用人去推动一切的变化。前面讲过，"管"字就是甲骨文中的"安"字，"管"的本意就是"安"。安，就是安人心。如何安人心，我们的圣贤先哲们早就总结出了安人治人的真理。

一位管理者问老子该怎么进行管理，一口气问了老子六个问题，老子给他六个方面的回答，老子的学生一听老子回答得太精彩了，就把老子的话记下来，就形成了著名的《道德经》。"是以欲上民，必以言下之；欲先民，必以身后之。是以圣人处上而民不重，处前而民不害，是以天下乐推而不厌。"意思就是说，上面的人想把下面的人管理好，必须用你的言语去攻克下面的人心，这样你才能够管得下来，如果你不能攻克人心，你在上面人家就会感觉到是一种压迫，哪里有压迫哪里就有反抗，压迫越深反抗就越激烈。当领导的要走在最前面，百姓是跟在你后面的。你在前面如何率领后面的人呢？就是"必以身后之"。面对利益，走在前面的领导占有先机，但是领导要让后面的百姓先得，百姓得到利益就不觉得领导是危害，也就信服了。领导必须用自己的言行去攻后面人的心，攻后其他就好办了。

管仲写的《心术篇》也讲得很清楚。他说："心安则国安，心治则国治；安也者心也，治也者心也。"人们心里安宁了，这个国家也就安定了；人们心里顺畅了这个国家也就容易治理了。自古就有"天下未乱蜀先乱""天下已治蜀未治"的说法。成都武侯祠诸葛亮殿前有一副对联："能攻心则反侧自消，从古知兵非好战；不审视即宽严皆误，后来治蜀要深思。"

那么，怎样攻心呢？20世纪美国政府为了把美国的价值观变成世界的价值观，采用了著名的两手，一手是将好莱坞的电影推向全世界，久而久之，观众在不知不觉中就接受了美国的价值观。另一手是系统的，美国把国内最著名的100名教授召集到哈佛大学，开设了"哈佛讲坛"，将讲坛的内容放在互联网上，向全世界灌输他们的价值观。

攻心的方法很多，但道理只有一个，这就是孔子讲的"欲政之速行也，莫若以身先之；欲民之速服也，莫若以道御之也"。就是说如果想把管理迅速推进，最重要、最关键的是先把自己安好，先把自己治好，治不好自己很难去治别人，很难有效地操作。想要大家都迅速地追随你，重要的是"以道御之"。道是什么？就是"安"，就是安资源，安资源的核心是安人，安人的关键是安心，要想安心，须先安己。

淮南子在《主术训》中讲："非淡泊无以明德，非宁静无以致远，非宽大无以兼覆，非慈厚无以怀众，非平正无以判断。"中国的管理就是想要道德昌明，"明明德"就是大学之道。怎么能够做到社会明德呢？只有管理者淡泊名利，才能使社会有道德。"致远"在于"宁静"，管理者不为眼前的苟且之利而心动，不为眼前的一点政绩而冲动，保持心中的宁静，才可以致远。而要实现这种和谐，管理者一定要心胸宽阔，能容天、容地、容人，有容乃大。

中国人治世讲究天青地白、一清二楚，是非自有公道，有判断。怎么能使一个地方是非分明、有判断呢？这就要求当领导、搞管理的要有一个公平的尺度，举的是正义的旗帜，如果当领导的只是搞裙带关系就成了小团伙了，工作一定搞不好。能不能取得管理的效果，能不能有效进行治理，安排好各种各样的事，直接来源于管理者自身的素质和他的专业程度。这才有了治世最著名的道理：修身，不断提高自己的水平，自己的素养、自己的专业程度；养性，养成良好的性格、良好的人性。只有修身养性，才能齐家，把家、把单位搞好，才能治国，一屋不扫何以扫天下？只有国治好了，天下才能太平。因此，修身养性是齐家治国平天下的前提。只有修身养性，才能实现"穷则独善其身，达则兼济天下"。

黄金周与中国旅游新形态

◎ 刘思敏

刘思敏，著名旅游专家，中央人民广播电台经济之声特约评论员，中国未来研究会旅游分会副会长，北京交通大学兼职教授、硕士生导师。曾任中国旅游报经济编辑部主任、首席评论员。长期做客中央电视台、中央人民广播电台、旅游卫视、辽宁卫视、天津电视台担任旅游专家评论员。

　　未来，旅游会在城市进程中扮演非常重要的角色。有的城市在工业文明发展时期占据了一定的优势，比如地理位置在沿海的城市，比如有煤炭资源或者钢铁资源的城市。但是我们知道，欧美国家已经进入后工业文明或者工业化的后期，我国东部地区大部分也进入了后工业化甚至后工业文明时代。有些地区在工业文明时期非常辉煌，比如山西省，因为工业文明的血液之一就是煤炭，山西省靠着煤炭成了我国的一个能源大省、经济大省。但是，现在煤炭对于环境的污染众所周知，而且煤炭本身的效率也很低，再加上储量的变化，我们有很多的资源枯竭型城市主要就是煤炭城市，所以山西省现在的情况非常糟糕，它的下一步发展也就变成了一个亟待解决的问题。

　　四川省虽然地处内陆，但西南地区以成都和重庆代表的城市群依靠长江，加上历史上的特殊地位，却有了东部的概念。重庆是新一线城市的第一名，成都市曾被定位为中国的第四城，即北上广之外的第四城，这主要是从区位的战略意义来定位的。实际上，如果从某些理念、趋势的角度来讲，这是比较准确的。所以成渝地区虽然在地理位置上是西部，在文化经济上则应该是东部的概念，至少可以超过大部分的中部地区。而如果一个城市没有旅游资源，在下一轮竞争中肯定就会处于劣势。

旅游是一种人生体验

旅游资源影响着一个城市的发展，也彻底改变了我的人生，旅游也会因为改变大部分人的人生，从而改变这个世界。

2015年，一个河南省的中学女教师写了一封十个字的辞职信：世界那么大，我想去看看。这是最具中国情怀的辞职信，她说出了大家的心声，也说出了我的心声。去年我在写辞职信的时候，也将思绪做了一个梳理，写道："我与世界有一个约定，我不想让她等得那么久。"我自嘲说很像女教师辞职信的升级版，她直观地说世界在那儿，她有好奇心。好奇心促使她想去看看，我觉得这个比较本能。对我来说，我一直认为我与世界本身就有约定。

我大学刚刚毕业的时候，出境旅游还没有开放，甚至港澳的探亲游都还没有开放。我经常在办公室看着中华人民共和国地图发呆，想沿着国境线去流浪。那个时候流行女作家三毛写的书，还有橄榄树的歌。那时候我就想，最美好的事情不是跟谁慢慢变老，而是有谁能陪我沿着边境线流浪一圈。

戏剧性的是这位女教师辞职以后到了云南，然后遇到了成都郊区崇州市的一个小伙子，然后就坠入了爱河，两个人结婚了，现在在街子古镇开了一家客栈。那么大家很容易问一句话：说好的世界呢？但是这位女教师还是挺有智慧的，她这样回答记者：找到了爱情我就找到了我的世界。所以她辞职去看世界可能就是去寻找爱情，她觉得跟最爱的人落户成都街子古镇就是她的世界。另一方面来讲，她也许爱上了世界，对我和绝大部分的人来说，光有爱情的世界是不够的。有人说，人生必须经历两件事，一次奋不顾身的爱情和一次说走就走的旅行。高晓松的母亲说，生活中除了眼前的苟且还有诗和远方。柴米油盐是我们的日常生活，它就是我们眼前的苟且，但是我们的生活还有诗和远方，爱情就是诗，每一个坠入爱河的人都是诗人，旅游就是远方。

有时候，我们需要做一点哲学的追问。我试图对这两句话做一个哲学解释，探究为什么必须要经历。人生就是一次旅行，不可逆转的旅行。旅行造就的是人生的独特经历，是属于自己独一无二的感受。

所以人生的经历才是最重要的。我们所追求的，一个是经历的丰富程度，一个是经历的深度，其独特性和高峰体验。爱情和旅行构成人生的两大高峰和核心体验，因为爱情和旅行是人和动物的两大根本区别。人的爱情千变万化，是一切艺术的永恒主题，每一个品尝过爱情的人都会觉得他的人生从此与众不同。

旅行为什么是高峰体验和核心体验？鸟瞰是看风景的最好角度。马克思说

黄金周与中国旅游新形态

过，当饥肠辘辘的工人看到橱窗里面的金子时，他首先想到是能换多少面包，这个时候他最多是生物学意义上的人，只有他不再想到面包，他去欣赏金子的美的时候才成为了社会意义上的人，也就是具了有审美的意识。雄鹰在天上翱翔的时候没有看风景，它看的是兔子在哪里。人在鸟瞰的时候看的是风景，也感受到大地是如此的壮美，当你产生这样的感叹的时候，用什么样的语言形式去表达就已经不再重要了。

黄金周，还是带薪休假？

这其实是一个伪命题。如果谈及二者之间的选择，一般人会不加思索地选择带薪休假，但是只要冷静下来便会发现，最终比较可行、现实的选择只有黄金周。关于这个问题，我写了很多文章，也发表过很多演讲，其中还包括在中央电视台的直播辩论。

黄金周的源起是什么？1999年9月，国务院发出通知，修改了全国年节和纪念日放假办法，决定从1999年的10月1日开始，把国庆节的两天假期变成三天，从第二年开始五一节的一天也变成三天，然后通过前挪后借双休日的方法，做了一个技术性的安排，形成了两个七天长假。这一宣布，使得当年的"十一"形成了一个旅游的高潮。之后国家旅游局在总结这个高潮时，使用了国庆长假这个概念。到了第二年"五一"，旅游业呈现井喷态势，这种词汇开始出现在所有媒体，包括电视、广播、杂志上。国家文件里也由此出现"五一黄金周"的概念。黄金周的名称由此而固定下来。

后来，很多研究者认为，由于亚洲金融危机导致了经济下滑，中央政府为了刺激经济发展而出台了此项政策。前两年，国家发改委的一个副主任退休后写了一篇文章，终于让我们知道了真相。1999年，这位副主任跟随朱镕基总理去湖北省调研。朱镕基总理非常亲切，他们在吃饭的时候聊到，改革开放日见成效，是不是应该采取措施惠及百姓，适当地增加人民收入。基于政策的实施难度和背景，这位副主任就提出了小长假的建议。朱总理同意后，国家发改委社会司立刻就展开调研，拟定文件。调研时间是在七八月份，八月底九月初文件就出台了。所以，黄金周不是为了挽救经济危机的刺激政策，而是一种福利，是不能立即大规模涨工资的前提下一种补偿，只不过在客观上让我们本来到了临界点的旅游消费的需求爆发了。

旅游消费必须具备三个条件，有钱、有闲、有冲动。旅游动机一方面是天生的，另外一方面则与消费能力有关，它取决于人们的文化层次和发展阶段。现在的人普遍具备了旅游的动机，所以才有了引起轰动的"世界那么大，我想去看看"的辞职信。

我们知道古巴人去佛罗里达，欧洲人也去佛罗里达。虽然二者表面看上去很相似，但是古巴人去佛罗里达是冒着被鲨鱼吃掉的危险，而欧洲人去佛罗里达则是到世界顶级的海滨胜地度假。一个是海底鲨鱼，危险万分；一个是蓝天白云，悠闲自在。这两种状态无论是从社会发展程度，还是个人生存状态来看都有着天壤之别。仅仅是在40年前，我国大多数人都是"古巴人"，现在我国的游客似乎依然被国内国外的一些媒体表述为不文明游客，被说成是走路的钱包，听起来很讽刺。我们不否认，中国一些游客的文明程度确实需要提高，但是凡事都要有个过程。日本游客70年代走向世界的时候跟我们一样，被全世界藐视，但是现在他们获得的国际评价是很高的。这是一个过程，必须要走出去才能够找到与世界对话的路径和方式。

我给大家分享一组数据。从1949年到1978年近30年的时间，我们中国人的出国人数包括周总理等领导出访在内一共只有28万人次，平均一年不到一万人次。但是2016年，中国人的出国人数是1.22亿人次，可见，改革开放的成就是举世瞩目的，最直观的标志就是每年有1.22亿中国人走向世界。黄金周的出现使中国人旅游的需求以井喷的方式爆发。同时，黄金周旅游也出现了一些问题：交通堵塞到看车流、看脑袋，游客体验较差，坑人宰人的现象出现。那么该如何去解决这个问题呢？除了制度建设、加强教育培训以外，未来也可以用带薪休假来替代黄金周。但是在目前，带薪休假仍然无法落实，黄金周已经有三个了，还是不够用。既然无法替代，又无法改变别的约束条件，就可以采取增长需求的办法，通过长假供给的方式增加长假，摊薄需求，让更多人需求得到满足，同时又能促进经济发展，特别是让西部地区发展旅游经济。

带薪休假为什么落实不了？曾有一位法学教授说可以强制带薪休假。但是法律的强制性是不言而喻的。就算要强制落实，也应该是强制落实劳动法本身，而不仅仅是里面的一个条款。而且，较为有效的强制方法有两个，一个是剥夺声明，一个是剥夺财产。法学有两个最基本原理，第一叫作罪名法定，第二是罪行相当，要想用刑法制约落实带薪休假，必须同时面对这二条原理。对没有落实带薪休假的人判重刑、死刑，整个社会的价值观会遭到颠覆了，进而威胁社会稳定。

我们国家的旅游现状是供过于求，生产过剩。所以，要通过改革来进行产能调节。度假旅游更是严重的供过于求。我认为，最大的旅游供给侧核心是要增加长假供给，长假短缺才是旅游业发展的最大瓶颈和天花板。旅游必须要身临其境。具备旅游动机、旅游消费能力的人大量存在，与之相对的则是长假短缺。现

在有三种人对长假的需求较大。第一，我们每年有至少两三亿人的异地就业者，其中大部分是农民工，也包括至少几千万人士的异地就业，他们都存在探亲的需求。选择异地就业是为了提高家庭生活水平。如果春节不能回家，那提高生活水平也就失去了原初的意义。第二，白领群体。对于农民工来说，回家过年是刚需；对于白领群体来说，外出旅游是刚需。旅游的很多目的地在远方，需要长假。第三，西部地区是中华民族的战略空间，西部地区跟东部地区相比，最大的优势就是旅游优势。所以要促进旅游业发展和民族幸福感的产生都要靠长假。从理论上来说，分散长假最好，但是基于现实，就只设置了一个集中的长假，集中的长假就是黄金周。所以我主张增加三到七个法定节假日，这样春夏秋冬可以各有一个黄金周长假，来满足公众对旅游的需求。

带薪休假是社会文明发展到一定阶段的必然产物，是一个结果，是表征，不是因果，不是因为落实带薪休假，把带薪休假写进法律了，社会就进步了。美国是没有带薪休假的法律的，但是美国人普遍享受带薪休假。就是社会到这个阶段了。我们有了带薪休假法律，但是没有落实，因为社会没有发展到那个阶段，在劳动力严重过剩等情况下，带薪休假作为劳动者最不重要的权利之一难以超越其他权利率先被落实。

更何况带薪休假即使落实了，也不是想象中那么美好。只有黄金周是不用请假的，可以满足大家共同出游需求，而带薪休假只能满足个性化需求。我们所看到的黄金周的乱象实际是有规律的，只是时间尺度周期不一样。有一句话大家都熟悉，叫作有计划按比例发展。国民经济拥挤化，有计划按比例发展多美呀，请问全世界哪个国家是实现了的，证明是不可能做到的。

钱塘潮在每个月的农历十五就有，周期是一个月，每年的农历八月十六钱塘潮最大。所以你把周期一拉长都是有规律的。我们的公交、地铁需要按照每天上下班高峰期而不是晚上或每天平均的客流量去配置。谁敢说取消春运。春运取消不了的话，为春运配制的交通资源是一年使用一次好还是使用三次四次好。边际成本固定的情况下，使用次数越高边际收入越大。所以我坚信黄金周会回来，而且不但会回来，可能避暑黄金周也可以期待，特别是今年、明年是一个很好的机遇。

旅游颠覆世界

移动文明，移动社会理论，移动生活，旅游创造人类新文明。首先，旅游是人与自然的对话。我们去看大海和草原，看瀑布，登珠峰，就是跟自然对话，在这种场合中，我们与自然融为一体。其次，旅游可以跟古人对话。陈子昂是唐初的著名诗人，他的《登幽州台歌》写道："前不见古人，后不见来者。念天地之悠悠，独怆然而涕下。"他通过这首诗实现了与古人的对话。我们看长城，我们看金沙遗址其实也是一样的。第三，实现与异乡人的对话。旅游在逐渐成为一种生活方式，而且生活方式本身也成为一种旅游，所以人生是一种旅行，也是一场戏剧，是你自编自演，不可彩排，也不可逆转的戏剧。不同的生活方式，不同的文化，活生生的当下文化通过旅游实现了彼此间对话，这对我们的人生大有帮助。我去巴黎旅游的时候，游览了巴黎市中心主要的地方，包括巴黎歌剧院、卢浮宫、香榭丽舍大街等。这也是一种对话。我用步行的方式将这些地方串起来，就获得了一个关于巴黎中心的名胜古迹，包括这里的人的生活方式的完整印象。这就是生活方式的对话。最后是与自己、与自己的心灵对话。除了埋头拉车干活，还得仰望星空，那就是跟自己心灵的对话。

古今中外的思想家、哲学家都在思考人类社会到底有没有规律，以及人类社会向何处去。其中，我们最熟悉的是马克思的观点，他从生产关系的角度把人类社会分为原始社会、奴隶社会到共产主义社会。面对未来的社会发展趋势，我们需要进一步的探索，特别是在有 3D 打印技术的情况下，机器人已经超出了我们的想象，比如打败世界围棋冠军的阿尔法狗和快速浏览医学文献写出治疗方案的机器人。这意味着机器人很快会替代多数人，并且，技术含量越高的职业越可能被机器人替代，同时，面对面、有温度的服务也可能会变成永恒。这就引出了一个问题，无用阶级怎么办？旅游是破解这一难题的渠道。世界那么大，我想去看看，你到我这里看看，我给你提供旅游，我赚你的钱，我再去旅游，你为我服务。简单来说就是以后旅游会成为最大的服务贸易。我们来到这个世界以后，把这个世界好好看一遍行不行？

以生活方式的选择作为切入视角是具有终极意义的，我们可以从生活方式的角度来重新梳理人类文明。我们所说的农耕文明和工业文明实际上是同一种文明，跟游牧民族文明的共同点都是从游牧民族走向定居状态，无非是一个定居在乡村，一个定居在城市。这样，农耕文明就开始进入定居生活，形成定居社会。这种文明本质是不是具有终极意义，我认为要进一步探索。私有制有它的优势，但是它不是终极的，不是人类的终极形态，因为私有制是通过发挥每个人的积极性来发挥效率的最大优势，所以它的生产力极大地超越了原始的公有制，整个社会的总财富增加，每一个人的平均财富也增加，每一个人的生活品质也得到了提高。但是，它虽然解决了效率的公平问题，却不能解决天赋的不公平问题。所以它是有瑕疵的，只不过在这个发展阶段，它有着明显的优势。所以，在相当长的时间内，私有制肯定还会存在，但是在未来，3D 打印会让物质财富唾手可得，物质财富的占有和分配方式会发生革命性的变化，那个时候共产主义或许将通过

人类进步来实现。

人类从游牧走向了定居。定居跟私有制一样，相较于原始游牧来说是进步的。定居文明带来了人口的极大增长，但是定居文明并不是终极形态。我认为，定居文明的本质说得好听一点就是植物文明，人类从动物变成了植物，活动半径也更为局限了，更为贴切的是圈养文明，如同各种宠物植物的驯化。人在驯化植物和动物的同时也驯化了自己。

从生活方式角度来讲，人类作为一种动物怎么移动，对于文明和社会的影响极大，是一个螺旋式上升的过程，所以在游牧期，人类就是动物食物链上的一环。在乡村社会，绝大部分人属于植物的生活方式，以炕头到田头为活动半径，理想是老婆孩子热炕头，一亩地，两头牛，一辈子如果不服兵役，去县城的时间和机会屈指可数。这就是绝大多数农耕文明，乡村社会农民的主流生活方式。

到了工业文明城市社会，人类的活动半径开始变大。半径从一公里变成十几公里，本质上仍然是一样的。但是因为生活水平的提高，交通状况的改善和教育水平的提高，会想要开始了解外面的世界，所以旅游逐渐成为一种生活方式，国家也会把旅游业作为一个战略性支柱产业来培育，早在20世纪五六十年代，欧美国家就爆发了大规模的跨国旅游潮。现在居于全球第一大产业的不是石油和汽车，而是旅游业，这就是国际社会发展的趋势。

随着工业文明的发展，社会开始进入后工业文明。人们的物质消费需求得到满足，便出现了更多的精神消费需求。旅游消费是以物质消费为载体，以精神消费为诉求的特殊消费，这也非常符合马斯洛的层次需求理念。现阶段旅游消费占总消费比重变化，更能反映家庭的经济情况和文明程度，因为富裕的下一个目标不是更加富裕，而是走向文明，而文明则一定不是以物质为需求，而是追求精神层面的东西。所以，旅游消费成为我们消费的重要载体和路径，它就是看世界、走世界，自我实现为一种更高阶段的旅游消费。

这样的消费越来越多，我们就可以看到地球表面未来的移动方式。商贸是我们现在全球移动的重要组成部分，但是在以后，商贸或会被物流业和互联网代替。社会的发展使衣食住行越来越便捷，足不出户就可以生活。旅游也突破了以往所有的束缚，大规模地涌现出来。世界城市有两个共性：一是每年到访的外地人、外国人大大超过本地居民人口；二是第三产业的比重都超过了70％以上，而仅凭生产性服务业很难达到这个高度，旅游业在其中占有重要比重。要实现这两点，需要这个城市有自己的文脉和地脉，有区别于别的城市的特质，然后通过旅游的产品开发方式为旅游的消费者营造一种情景。这样，当地的旅游经济就会发展起来，城市的品位也能提高，从而在各大城市的竞争中占据优势地位，由此来带动第三产业的发展。

我还提出了一个概念叫旅游云计算。文化的移动不再是出于谋生的需求，而是基于旅游的目的。从这个角度来看，如果要提高自己的生活品质就需要旅游；如果一个城市要在未来的城市竞争、社会竞争、区域竞争中占据优势地位，就一定要重视旅游产业的发展。

30年前，美国著名的未来学家托夫勒写了一本书叫《第三次浪潮》，预言人类社会要进入信息社会，十多年以后互联网登录中国。我们现在离开互联网和智能手机无法生存，所以我们距离移动社会也就是旅游社会也不会太远。人类移动变化到固定变化的过程会慢慢转变为移动生活替代地域生活。过去人们对旅居生活和第二居室的概念比较陌生，而现在则熟悉很多，世界正在发生着巨大的变化。亚里士多德曾经说过，唯有休闲者是幸福的，罗素则认为，能否聪明地休闲是对文明的最终考验。因此，随着社会的发展，人们对幸福的追求，以旅游为载体的移动生活作为一种智慧的休闲，将成为最高级的生活方式和品质的象征，并且成为一种国际潮流。关于未来生活我们可以想见的是，你的幸福与旅游有关！

弘扬历史

传承文化

道不远人——南怀瑾和他的著述

◎南国熙

南国熙,著名国学大师南怀瑾先生之子,毕业于西点军校。1988年创办香港南亚投资管理有限公司,担任香港沪光国际投资管理公司总经理。

南老师与成都很有渊源,老师和恩师袁焕仙先生就是在成都认识的,老师的人生、一生的定位可能都是在成都的这段时间内形成的。东方出版社在2016年7月就开始安排"道不远人——南怀瑾和他的著述"的主题讲座,我们从包头开始,每个月在不同的城市进行一场讲座,其中成都是我一直最为期盼的。

"道不远人"这个题目,我的理解是道属于天下,对于道德学问,南老师历来认为要深入浅出,讲得越平凡、越简单越好,让天下人、即使是最没文化的人也能听得懂。对于别人的问题:"你一定有道?"南老师的标准回答是"我是有道,我上有食道、下有尿道"。我更喜欢的题目是"禅门内外",这是一位曾经跟随南老师多年的学生写过的书名。我今天就用禅门内外,借老师生活中的点点滴滴,与大家分享南老师的一些故事。

家人与家教

在我们家的一张全家福上有一位外国人,我11岁的时候,南老师把我交给他收养并带去了美国。薛乐如先生很特别,他是美国二星级的少将,第二次世界大战时候他在航空母舰上驾驶战斗机,被日本人打下来做了三年的战俘。当时他的头上被缝了37针,所以他一向留短发。我的左上边是我的大姐,南可孟,1950年出生,今年68岁了,是台湾师范大学毕

业的，毕业以后教了两年的初中才去美国，她现在在美国生活，生活经验丰富。她的旁边是我的干姐。右上二是我的二姐南圣茵，她继承了南老师幽默的一面，她和大姐属于佛教净土派，她们可以背诵任何一本佛经，这可能是南家的特色。二姐回我的微信，最后四个字往往都是"感恩、忏悔"。右上是我的三哥南一鹏，他继承了爸爸全部的优秀基因，天生口才好，他最近出了一本书《父亲南怀瑾》，现在常常在国内演讲。1969年南老师在我出国前给我写了一首诗词：《诫勉幼子国熙赴美留学》：一生志业在天心，欲为人间平不平。愧我老来仍落拓，望渠年少早成名。功勋富贵原于事，济世利他重实行。怜汝稚龄任远道，强抛涕泪暗伤情。我答应南老师的事我做到了，我在1976年上了美国西点军校，我们军校的校规是：不得撒谎、欺骗、行骗、行窃，也容不得他人有这种行为（We do not lie, steal or cheat nor tolerate anyone who does）。41年后的今天，美国现在的12位四星级将军，有4位都是我的同班同学。美国的兵里面70％是黑人，另外20％是墨西哥人的后代，另外10％是没有高中毕业的白人；军官里面99％是白人，1％是黑人；到了将军级的时候，10个将军里面7个是西点军校毕业的，这就是美国军人的素质。我当了5年的军官，觉得自己骨子里还是一个标准的温州商人，喜欢做生意，就离开了部队，到香港从事金融行业。

南老师对我，就像周星驰的功夫片里斧头帮的老大用手势召唤下面的人一样，我进门到餐桌之前，老师就用斧头帮的手势把我叫过去给大家介绍说："这是我儿子，西点军校毕业的。"我开始以为老师要以我为荣，但他接着说：我这个儿子"有学位、没学问"，我听了很伤心，特别因为在美国长大，觉得老师很不尊重我，我很生气。可是老了我才知道，原来一切都是事实，我是真的没有学问。

老师曾对我说：长福，你祖父当年教我，大丈夫不可一日无钱，大丈夫不可一日无权，一钱逼死英雄汉，富贵如龙，游进五湖四海，贫穷如虎，惊散九族六亲。我听了这话，就立志要赚钱、想发财。我的生活财务笔记写道：1985年2月1日到28日，这是我离开美国部队前一个月的薪水，一个月两千多美金，但是我就是为了钱而进军校的。1989年，我每个月的薪水是六万美金，我做了投资银行，也做了基金管理，当时我的鼻子朝天了。进家门时老师看我的第一眼就很不顺，他问我赚了多少钱，我回答了。他说你这么一点点钱，在矮人中间做高人，在我的眼里你没什么了不起的，在我的眼里你快起不来了，这就是南老师给我的家教。老师当时还接问我说：儿子，你做什么？我说：我做基金管理。他说：你做了基金管理又怎么样？我说：我可以认识很多有钱的人。他说：你认识了很多有钱人以后又怎么样？我说：我可以赚很多钱。他说：你赚了很多钱以后又怎么样？我就不知道怎么回答了。老师说："儿子，你是一个没有人生观的人，你还不如去讨饭算了，你讨饭也会活一辈子。"

《禅门内外》的作者刘雨虹老师今年 97 岁，是南老师现在还活着的、年纪最大的学生。她听了南老师这样说我、骂我，她也凑热闹。2008 年过年时，她说：国熙，你看起来不错啊。我说：托您的福啊。刘老师说："你不要托我的福，我告诉你，我这一生看过很多有钱人，一夜当中就没钱。"我说"真的"？接着她问了我一句最禅宗的话："国熙，你需要钱才能心安吗？"我需要钱才能心安，这是我的程度？这句话里面含有很多意义。

我称呼南老师为老师，因为我在温州的二哥南小舜有一句名言："学生们是一日为师，终身为父，而我们子女是一日为父，终生为师。"我觉得他讲得很对，所以我习惯、也很自在地称南老师。

南老师与成都

老师有很多头衔：一带宗师、国学大师，甚至于学者。老师精通儒、释、道、诸子百家、古人诗词、天文历法、医学武术，但他自称学人，多次说自己"一无所长、一无是处"，说他就是一个平凡的人。南老师和老一辈的学者都有一个共同点，就是他们不仅有学问，而且都非常爱国。

老师有很多话一次聆听，可终身受用。例如："立地如钉，无事不成。""大病小养，小病大治。"一般人听到得了癌症了，马上就恐慌，其实不用，大病来了就来吧，可平常的小病则要马上治，避免成了大病。"人生有三个基本错误不能犯，第一，德薄而位尊，第二，智小而谋大，第三，力小而任重。"这是在说站在台上的人，现在演讲的人，我就犯了这三个大错。"心是根，法是尘，两者犹如境上痕，痕垢尽除光始现，心法双忘性即真。""恰恰用心时，恰恰无心用。无心恰恰用，常用恰恰无。""惺惺寂寂是，散乱惺惺非。寂寂惺惺是，昏沉寂寂非。"老师指责人时，会用"永嘉禅"诗词里面的六个字"你昏沉、你散乱"。

老师三十而立，他 19 到 29 岁的这十年光阴是在四川成都度过的，个别的因缘成就了南老师的一生。老师是 6 岁开蒙上私塾，10 岁就会做对联与诗词，13 岁读完私塾后到井虹寺的玉溪书院继续学习，17 岁到杭州浙江国术馆学了 2 年的武术，以第一名的成绩毕业。在那里，他认识了管理闲地庵的师傅，闲地庵是当年史量才的家庙，南老师在那里读了很多史量才搜集的道家秘本。他很感慨，觉得那些道家秘本都是为他而准备的。19 岁毕业后，正逢日本侵华，南老师就从杭州通过九江、汉口、重庆一路来了成都。老师在讲课、生活当中常常会用到很多四川的方言土语，例如："黄狗自犬你莫咬，你我前生命不好。"还有关于棺

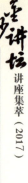

材的"活人进去跑不脱，死人进去活不成，小病医不死，大病医不好"。

老师也常讲一个四川的故事：一个老和尚那天要准备下山办事，他多年收藏了一坛美酒，吩咐他三个徒弟，看好那一坛酒，结果晚上办完事回到寺庙，发现他那一坛酒滴酒不剩，然后三个徒弟满身酒气，却又毫不慌张，师傅就一个一个地问徒弟他的酒去了哪里。大师兄的回答："我没偷喝，阿弥陀佛。"二师兄回答："我喝十杯，我佛慈悲。"三师兄说："醉过醉过，罪过罪过。"这就是老师常常提到的四川方言对他的影响。

老师刚到成都，认识了钱吉母子，与他们成了莫逆之交，钱吉写给南老师一首诗："侠骨柔情天付予，临风玉树立中衢。知君两件关心事，世上苍生架上书。"这首诗也代表了老师少年的侠气。后来老师去川康成立了大小凉山垦殖公司，就是一个自卫队，之后老师也在出版行业做了一段时间的副总编。南老师的第一个头衔不是南老师，而叫南教官，他生平的第一个公职是在中央军校当教官，地点就在文殊院的南面，他周末常常去文殊院跟师傅们切磋，谈经、说法。就是这一段时间，他常在周末去拜访名人、求仙访道，一路到了青城山的灵岩寺，认识了他这一生的恩师袁焕仙老师。袁太老师主持了一期灵岩禅七，灵岩禅七的旁边有一块石头，上面写着"愿天长生好人，愿人长生好事"，这是老师常用的一个句子。老师大概因为禅七后对佛学有一些慧心之处，所以辞掉了教官的职务，跟随袁太老师，在提督街的三义庙成立了维摩精舍，袁焕仙太老师担任主持，南老师算是首席弟子。袁太老师只有一个儿子叫袁淑平，他曾写了一篇文章《师门之胤，同门之尊》纪念南怀瑾老师，袁太老师当年在维摩精舍讲的课程被南老师和其他的门人记录了下来，于1988年在台湾出版《维摩精舍丛书》。

袁太老师曾用八个字指出南老师的缺点："律己过严，责人如己。"要是被南老师骂过，"地下土地有多深都不够深，都不知道往那里钻，粉身碎骨的。"后袁太老师在峨眉山中锋大坪寺闭关修行三年，此后的一段时间，南怀瑾以修行的姿态到处寻师，中途不断吸取各家知识，逐渐形成对儒、释、道的见解。袁太老师闭关下来抗战已经胜利了，当时抢官的抢官、发财的发财，而南老师默默地在闭关当中。老师为什么没有继续出家呢？他写了一首诗，叫作《自题照影》，其中四句是："不二门中有发僧，聪明绝顶是无能。此身不上如来座，收拾河山亦要人。"

老师在最终、身后回到了文殊院。老师火化五天以后，留了一个完整的头颅和完整的舍利，现在安葬在文殊院的玄奘法师舍利塔的房间。

南老师在台湾、香港的岁月

南老师在台湾的 36 年，可以用这几句话形容：谋道不谋食，谋道不谋禄，谋道不谋利，谋道不谋名，谋道不求人知，数十年如一日。他在台湾出的第一本书是《孔学新语》，后来刘雨虹老师把书名改成了《孔子和他的弟子们》，使其更能接近年轻人。

老师自己亲手写的一本书叫《禅海蠡测》，最重要的是书背的一句话，"为保卫民族文化而战"。老师常讲：一个国家亡了不可怕，是可以复兴的，最怕是自己国家民族文化整个亡掉，那就翻不了身了。什么是文化？我认为细到一个人的表情、一个人的态度、一个人的言语，大到一个国家、一个城市的规范，文化是很广泛的。老师谈教育离不开文化两个字，常常会引用《礼记》的内容，他认为《礼记》中的《学记》是东方文化里面最古老、最原始的教案。《儒行》是讲一个知识分子受了教育以后，如何进行自我管理，而不是一味地管理别人。

老师在台湾进行了大量的讲座，每讲完一个课题，学生们都会跟老师一起拍合影。另外每隔一年的正月初二到初八都会办禅七，20 世纪 50 年代在基隆开始，一直持续到 60 年代。老师在台湾办过杂志、也办过月刊、办过东西精华协会，最后也办了一个出版社——老古出版社，出版的最有名的一本书叫《论语别裁》，老师在其中常用的话题有："做天难做四月天，蚕要温和麦要寒。行人望晴农望雨，采桑娘子望阴天。"又如："功名看器宇，事业看精神，穷通看指甲，寿夭看足踵。"

南老师在美国生活了 3 年，又到香港生活了 14 年。这期间有一些故事：一是老师为了报答家乡，发动学生修建了从浙江金华到浙江温州的经温铁路，全长300 多公里、还有很多的山洞；南老师也是"九二共识"的催生者，他也写过一些对于当年的回忆；老师在香港亲手写了《原本大学微言》这本书；90 年代老师对到内地做生意的港、澳、台学生们说过四句话："共产主义的理想，社会主义的福利，资本主义的管理，中国文化的精神。"

南老师思想点滴

老师为什么要离开香港回到内地？我引用《达摩经》的一句话："东土震旦，有大乘气象。"老师预言：未来国家从 1978 年算起有两百年的好运，两百年后大

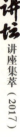

概地球上的资源也就全部用光了，所以你投胎回来要小心一点。

老师晚年长期做讲座，在苏州盖了一个太湖大学堂，可是他形容自己在那里只是一个挂单的人。他说祖父曾经给他一副对联："得一日斋粮且过一日；有几天缘分便住几天。"其实我们每一个人在世都在挂单，不要太注重外在的财富，我们迟早都要走的。我用老师讲课的时候经常提到的"一天和尚一天钟，和尚走了庙也空"来形容现在的太湖大学堂。

老师写过四个字"天下为公"，这代表他一生的立场。有人形容老师是以出世的精神做入世的事业，有人形容他是一个苦行僧，也有人说他是一条龙，龙行一步，百草沾恩。

老师讲到如来，说为什么不叫如去？这就是中国文化、中国文字的奥妙，如去不好听，如来好听，好像来过又好像没来过。讲到南无，说南无是用广东话发音的，广东话当年是唐朝的国语，所以南无就要用广东话发音，如果用普通话发音，味道就不一样了。讲到佛法，老师简单地用了六个字解释：一切事、一切理。

佛法上常有："人生难得，中土难生，名师难遇，佛法难闻。""生是偶然的因缘，死是必然的归宿。""久视伤神，久卧伤气，久坐伤肉，久立伤骨，久行伤筋。""慈不掌兵，义不掌财。""不遂意事常八九，可与人言无二三。""富贵发心难，贫穷布施难。"

另外，老师给了每人一个建议："行如风，立如松，坐如钟，卧如弓。"这是基本功，中华儿女的形象都应如此。

"不遭人嫉是庸才，能受天魔是铁汉。"这是给男士们的。

"老老实实地读书，规规矩矩地做人。"这是南老师写给我的孙子的。"一德二命三风水，四积阴功五读书"，这是老师讲读书。他常常把读书排在最后，认为读书是为了下辈子念。一个人为什么要读书？读书是明白做人的道理，而不是为了生活。

"无论阅读经典或者读书读诗词，每每读到精彩处就进入经中或诗词的境界"，这是老师谈到的一个景象。

谢谢大家！

梁漱溟和他的民国朋友圈

◎梁钦宁

梁钦宁，中国孔子基金会梁漱溟研究中心副主任，西南大学中国乡村建设学院高级研究员，梁漱溟先生的幼孙；梁漱溟相关文字、图片和口述历史资料的搜集、整理和推广者，《这个世界会好的——梁漱溟先生生平图片展》策展人。

今年是我祖父执教北京大学一百周年，今天做这个讲座是为纪念他。梁漱溟，本名梁焕鼎，1893年农历九月初九出生在北京，其家族有蒙古族血统，是成吉思汗之孙忽必烈第五子之后。

对梁漱溟影响很深的人

梁漱溟生在官宦人家、书香门第，他父亲对他早年的教育在当时而言是非常特殊的，没有让他去读私塾学四书五经，而是请家庭教师办了一个家塾，给家里的子女和邻居的孩子教一些三字经、百家姓，读一些知识性的读物。之后送他上了北京第一家新式小学堂，那里在清末就开始教英文。梁漱溟的小学生涯非常曲折，由于义和团运动，一共换了四所小学。他中学就读于北京第一家新式学堂，跟张申府等是同学。学校有教英文的老师，有的课程甚至用英文教。对自己早年的教育，梁漱溟总结了两个字：宽放。并且说父亲是被动的，他是主动的，父亲对他的行为很少干涉，让他"主动瞎撞"。他说：记忆中父亲对他的教育一是带他看戏、给他讲戏里的故事；二是带他上街购买日用品，学会人情世故；三是给他讲一些日常生活的知识，包括穿衣、吃饭。在家中，父亲跟朋友谈论一些国家社会问题时，也允许孩子在旁边听，也允许孩子发表自己的意见。所以父亲的教育对梁漱溟影响很深。清朝末年民国初年，社会动荡，统治者的轮

替，民不聊生，梁漱溟的父亲希望以死来唤醒大家，当时他的自杀引起了陈独秀、李大钊、胡适、徐志摩、梁启超、陶孟和、傅斯年等人的关注，他们纷纷对此表达自己的观点。当然，他的死影响最深的就是儿子梁漱溟，梁漱溟说："父子最末一次说话，还说的是社会问题。自从先父见背之日起，因他给我的印象太深，事实上不容许我放松社会问题，非替社会问题拼命到底不可。" 1986 年，93岁的梁漱溟做了他人生的最后一次演讲，那篇演讲他是站着说的，他拍案讲到，"我是一个拼命干的人，一生拼命干。"干什么？就干的是中国的社会问题。

梁漱溟早年受的影响不仅来自父亲，还有父亲的朋友兼盟兄弟彭翼仲，彭翼仲出生于官宦人家，家道中落，他认为要开启民智就要办报纸，于是办了《京话日报》《中华报》《启蒙画报》，采用白话文形式，就是为了让社会中下层人能看得懂、读得明白。当时有官报和洋报，彭翼仲先生办的是民报，具有相对独立的态度和观点，对官府、权贵、洋人的一些不法行径都予以揭露，经常要跟权贵、洋人打官司。最后，因为揭露了袁世凯秘密暗杀保皇党人的行为，报馆遭到查封，彭翼仲先生本人也被发配新疆。他离开北京的时候，送行者竟达千人之多，甚至有一个读者愿意背着行囊陪同彭先生一起去新疆。彭先生说"报馆争得的是公理，报纸是天下人说话的地方。刀放在脖子上也还是要说"。彭先生这些勇于担当的行为都对梁漱溟产生了深刻的影响。

梁漱溟和父亲有一个共同的偶像就是梁启超，维新变法的代表人物，主张实行君主立宪。当时梁启超在海外流亡，但是他的《新民丛报》《新小说月刊》的合订本都辗转来到国内。父亲买来后，梁漱溟爱不释手，甚至于要枕着这个书刊睡觉，可见梁启超对梁漱溟早年的思想影响是非常巨大的。

梁漱溟与前辈大家

梁漱溟在上中学期间，14 岁就从书局买来佛经佛典，自己钻研、学习。他说那时就在思考两个问题，一个是人生问题，一个是社会问题。在梁漱溟读中学的最末一年，他们班来了一个叫甄元熙的插班生，此人是革命党人，赞成共和制，与梁漱溟成了好朋友，两人经常私下交流、争论。甄元熙把梁漱溟争取到了同盟会京津支部，参加了一些地下活动。当时，他们把手枪和炸弹藏在东四一个小卖部的据点里，准备对清廷动手，可是还没容他们动手，辛亥革命就胜利了。梁漱溟中学毕业后没有投考任何一所大学，而是跟着甄元熙来到了当时革命党办的《民国报》工作，甄元熙出任社长，孙炳文先生出任总编辑，梁漱溟担任记者兼编辑。孙炳文先生后来加入了中国共产党，其入党介绍人是周恩来、朱德。

1927 年，他牺牲在上海的监狱里，他的女儿孙维世由周恩来总理收养。在做记者期间，梁漱溟经常需要使用笔名，一次请孙炳文先生为他题写扇面，孙先生就给他起了漱溟这两个字，梁漱溟越用越习惯，从此以漱溟行事，本名焕鼎反而被大家淡忘了。

报社改组后，梁漱溟回到了家中，又一头钻进了佛经、佛典里，并且有了出家的念头，但是顾及父母不好行动，于是就开始吃素了。1915 年，梁漱溟母亲的堂弟张耀曾出任段祺瑞政府的司法总长，他早年留学日本学习法律，是中华民国天坛宪草的起草人之一，也是著名的法学家。他邀请梁漱溟做他的机要秘书，负责翻译往来密电。在司法部任职期间，梁漱溟写下了对他人生影响至深的《究元决疑论》一文，1916 年《东方杂志》连载三期，此文评议古今中外诸子百家，独崇佛法。写这篇文章是因为黄远生先生，他是中国第一个真正现代意义上的记者，也是中国第一个死于暗杀的记者。梁漱溟做记者时非常欣赏黄远生的文笔，但他是小记者，黄远生是名记者，两人没什么来往。后来梁漱溟送妹妹去西安工作，在西安的卧龙寺得知庙里珍藏的佛经佛典被康有为借去不还，他们奈何不得。梁漱溟当时年少气盛想替和尚出头，回来就找到黄远生，黄远生回答了他的问题，二人开始有了来往。后来梁漱溟编了一本古文小册子，想请名人写一个序，就想到了黄远生，黄远生也欣然命笔，但是这本书没有被商务印书馆出版，后来被编到了《远生遗著》里。1915 年 12 月 25 日，黄远生在旧金山一家华人餐馆吃饭的时候，被人从背后连开两枪毙命。1916 年，梁漱溟有感黄远生之死，写下了《究元决疑论》，这让他得到蔡元培先生的青睐，并受邀执教北大。

梁漱溟是司法部部长的秘书，可以出入国会，得以结识了当时的教育次长范源濂先生，经范源濂引见后，蔡元培先生邀请他出任哲学讲师，梁漱溟以自己是中学学历和正在担任司法部秘书进行了推脱，但在蔡先生的恳请下答应了下来。他没有立刻执教北大，而是请人代课，仍然当他的部长秘书。

因为《究元决疑论》，黄远生的好朋友、留学日本学习法律的前辈学者林宰平先生专程到家拜访了梁漱溟，后来宰平先生又带领梁启超主动登门拜访，更是让梁漱溟大为惊讶。梁漱溟的父亲曾经四次投书、两次登门拜访梁启超而不得，这让梁漱溟没有勇气再去亲近梁启超。梁启超先生长梁漱溟 20 岁，所以梁漱溟说"以前辈而枉顾后学"。蒋百里先生是中国著名的军事理论家，他的《国防论》影响巨大，他预言"中日必有一战"，并且中国一定要经过旷日持久的努力才能最后夺取胜利，他长梁漱溟 8 岁，梁思成同样年长于梁漱溟。通过这篇文章，梁漱溟结识了很多前辈大家。

梁漱溟还通过这篇文章跟后来著名的哲学家熊十力成为终生的好友。梁漱溟在《究元决疑论》中指名道姓，斥责熊先生"此土凡夫熊升恒，愚昧无知"。熊

先生曾在梁启超的庸言杂志上发表"佛法让人流荡失守"等怪议论，梁漱溟深不以为然，因为他心向佛法，所以在文中对熊先生的行为加以痛斥。但是他没有想到，1910年的夏天，他收到一张明信片，上面写道：此文看过，骂我的话不错，暑假我想北来，到北京可否一晤？升恒（熊先生的字）。梁漱溟就写信同意了，这样两人在北京西四的广济寺见了面，从此一见如故，成为终身好友。梁漱溟一见面就说，熊先生你的佛教知识不够，得去学习。熊先生也听从了梁先生的建议，到了南京支那内学院欧阳竟无那儿去学习。后来，梁漱溟推荐熊先生到北大教书，熊先生另辟一路讲了《新唯识》。熊先生与梁漱溟都是自学成才的大家，但是他们的性格迥异。熊先生的性格非常豪放、外向，梁漱溟则内向、理性。两个人的饮食习惯也不一样，梁漱溟从19岁就开始吃素，而熊先生每天吃肉不能少于半斤。熊先生喜欢站着跟人讨论问题，争论不过的时候要打对方两拳，扭身就走，还骂人，但是第二天就仿佛这个事儿没有发生，大家又开始讨论问题了。熊先生与梁漱溟关系很好，梁漱溟说，"先生与我，等均相从不离"，而且"每出一书，必先以赠我"。但是，梁漱溟对熊先生的哲学观点是不大认同的，梁漱溟专门写了《读熊著各书书后》，对熊先生书中的观点一一加以评论，他觉得只有这样才对得起朋友，终生之交亦由此而来。

《究元决疑论》还让梁漱溟认识了一些军政要人，如伍庸伯、李济深先生，伍先生还把自己的亲妹妹介绍给梁漱溟，两人结成了连襟。

梁漱溟与北大的朋友

1917年张勋复辟时，北京政府解散，梁漱溟回到家中，他没有去北大教书，而是到湖南准备出家。可是沿途看到军阀混战、民不聊生，又让他暂时放弃了出家的想法，写下了《吾曹不出如苍生何》这篇文章，他自费将文章印成小册子，在社会上散发，其中写道："余以为若不办，安得有办法。若要办即刻有办法。今但决于大家之办不办，大家之中自吾曹始，吾曹之中必自我始。个个之人各有其我，即必各自其我始。我今不为，而望谁为之乎？嗟乎！吾曹不出如苍生何？"强调每个人要勇于担当。梁漱溟在北大散发文章时，被辜鸿铭看到，说了一句"有心人哉"，后来又被胡适先生看到，胡适说梁先生这个人是要革命的。

这时蔡元培先生再次来信，于是梁漱溟来到了北大。他去蔡先生的办公室拜访，恰巧陈独秀先生也在，寒暄过后，梁漱溟向蔡先生问了一个问题：你们对孔子什么态度？当时新文化运动已经在北大形成一个势头，批孔已经形成了一个潮流。蔡先生答道："我们不反对孔子。"梁漱溟说："我不但不反对孔子，我此来就是要替释家和孔子说个明白、不做旁的事情。"梁漱溟就这样在 1917 年 12 月 5 日登上了北大讲坛。1924 年梁漱溟离开北大，他对这七年的总结是："北京大学培养了我。"他在北大最重要的就是在 1920 年发布了《东西文化及其哲学》的演讲，其成书在社会上产生了极大的影响。1924 年，他还应徐志摩的邀请为泰戈尔讲儒家道理。梁漱溟在北大的口号是"愿与青年为友"，所以他与学生既是师生又是挚友。如，他曾与三个学生叶麟、朱谦之、黄艮庸合过影，叶麟后来回到了成都；而黄艮庸是一生追随梁漱溟的学生。梁漱溟在他的《东西文化及其哲学》第一版中留下了这段话："这是我同我三个顶好的朋友叶麟、朱谦之、黄庆（艮庸）的照相，他们都是北大的学生，却四人年皆在二十几岁，差不许多。我们相与并无所谓先生和学生，只是朋友，而且是小孩般的朋友。"四人性格思想见解并不相同，所以议论每多不合，但是总觉得相对是第一乐事。每一个人都有每一个人自己的思想，他们在思想碰撞中非常的愉快。梁漱溟在北大还有几个比较著名的学生：冯友兰、顾颉刚、朱自清等。

梁漱溟在北大期间和离开北大之后，还在清华大学出任过兼职讲师，在那里他结识了吴宓先生还有贺麟先生，他是我们成都金堂人。贺麟向他请教儒学，他指导贺麟学习王阳明。后来，贺麟先生成为研究泰戈尔的专家，贺麟先生的故居所在镇成了中国哲学小镇。梁漱溟在北大最好的朋友是李大钊，他在给胡适的信中写道：我在北大前后七年，独与守常相好。但是梁漱溟又检讨道：今天回首思索起来，奇妙的是守常他们各位朋友，全不曾介绍我入党，一连半点意向亦不见。于此，显然我这个人条件不合。守常为中国共产党发起人的领袖，终且为党捐躯，而我则根本不在党。那么尽管友好相熟，究不便冒昧的自居于交谊深挚之列了，此点应当先自己坦白的。不光是李大钊，中共的很多创始人都是梁漱溟的朋友。李大钊被捕之后，梁漱溟、章士钊等想方设法营救，却始终没有成功。得知李大钊被张作霖杀害的消息，梁漱溟立刻赶到李家探望，当时梁漱溟留下十元钱，安慰了李夫人赵纫兰女士后，径直去了安放李大钊灵柩的庙宇。他看到棺材菲薄不堪，立刻联系了章士钊，让大家捐款给李大钊买一个好的棺材。当时委托卢先生发动 13 个教授，每人出 20 个大洋登报，社会各界还有北大、李大钊同志的亲朋好友纷纷集资，其中汪精卫捐了 1000 大洋，陈公博捐了 300 大洋，戴季陶捐了 100 大洋，梁漱溟捐了 50 大洋，将李大钊安葬在北京的万安公墓。北大对李大钊的夫人也非常关照。每个月给她 50 大洋，一直到赵纫兰女士去世。

梁漱溟在北大还有另外一个好友张申府，他们是同学、同校、同班，张申府是中国共产党的创始人之一，是中国研究罗素的第一人。张申府和刘清扬介绍周恩来加入中国共产党，又和周恩来一起介绍朱德加入了共产党，朱德和周恩来又介绍孙炳文加入了中国共产党。张申府也是中国共产党最早在黄埔军校担任最高

职务的，他写信让周恩来去接替他担任政治部主任，因此他与周恩来有师生之谊。中华人民共和国成立后，周恩来对张申府关照有加，还安排他在北京图书馆工作。

梁漱溟与新文化运动中的朋友

梁漱溟在北大期间，发生了著名的新文化运动，新文化运动的代表人就是陈独秀先生。梁漱溟对陈先生非常认可，他说："陈先生是反封建的一位闯将，是新文化运动的急先锋。陈独秀头脑明晰，笔锋锐利，批判旧派观点，如摧枯拉朽。陈先生之精辟廉悍，每发一论，辟易千人。实在只有他才能掀起思想界的大波澜。"陈先生的文章、语言非常有冲击力，梁漱溟对这点是非常认可的。

新文化运动的代表人物还有胡适先生，梁漱溟说："胡先生头脑明爽，凡所发挥，人人易晓。胡先生的白话文运动是当时新文化运动的主干。然未若新人生思想之更属新文化运动的灵魂。"他非常认可胡先生的白话文运动。

梁漱溟认为新文化运动中最重要的人是蔡元培先生。"蔡先生一生的成就，不在学问，不在事功，而只在开出一种风气，酿成一大潮流，影响到全国，收果于后世。这当然非他一人之力，而是运会来临，许多人都参与期间的。然而数起来，却必要以蔡先生居首。所有陈、胡以及各位先生任何一人的工作，蔡先生皆未必能作；然他们诸位若没有蔡先生却不能聚拢在北大，更不得机会发抒。聚拢起来而且使其各得发抒，这毕竟是蔡先生独有的伟大。甭管新派、旧派，形形色色的这些当时中国最顶尖的学者，基本上都在蔡先生的号召下聚拢在了北大。"蔡先生对梁漱溟也是非常关照的，梁漱溟说："他对于我讲的印度哲学、中国文化等等亦颇感兴味，不存成见。这就是一种气度。这一气度完全由他富于哲学兴趣相应而俱来。换言之，若胸怀意识太偏于实用，或有独断固执脾气的人，便不会如此了。这气度为大学校长所必要的；老实说，这于一个为政于国的人有时亦同属必要吧！"梁漱溟在95岁时写下值得感念的岁月，纪念他在北大的时光，他在最后感恩蔡元培先生对他的培养："而今我已九十有五，追忆往事，真可谓培育之恩没齿难忘！"

新文化运动中，梁漱溟没有参与新派与旧派之争，新派有时甚至把他纳入对立面，而旧派被陈独秀打得不堪一击，他也羞与之为伍。梁漱溟后来说，"诸君或不相信，《东西文化及其哲学》这本书是逼出来的"，是在新派、旧派的论战中逼出来的新文化运动的创变。这是梁漱溟当时写第一版的书引，他先是演讲，后来出书。梁漱溟在《东西文化及其哲学》一书中对西洋文化、印度文化、中国文化加以比较得出了结论，梁漱溟说："《东西文化及其哲学》一书，在人生思想上归结到中国儒家的人生，并指出世界最近未来将是中国文化的复兴。这是我青年以来的一大思想转变。当初归心佛法，由于认定人生唯是苦，一旦发现儒书《论语》开头便是'学而时习之不亦乐乎'，一直看下去，全书不见一苦字，而乐字却出现了好多好多，不能不引起我极大注意。在《论语》书中与乐字相对的是一个忧字。然而说'仁者不忧'，孔子自言'乐以忘忧'，其充满乐观气氛极其明白；是何为而然？经过细心思考反省，就修正了自己一向的片面看法。此即写出《东西文化及其哲学》的由来，亦就伏下了自己放弃出家之念，而又回到世间来的动念。"这是梁漱溟对《东西文化及其哲学》一书来由的阐述，这本书在当时引起了很大的反响，直到 30 年代仍有这样的说法，西洋人以梁漱溟为中国唯一哲学家。因为李大钊、陈独秀高举马克思、列宁大旗，胡适拿的是杜威，张申府用的是罗素，他们都希望用外来文化替代中国的传统文化，而梁漱溟则用自己独特创见引起了西方的注意。

当然，此书一发表，梁漱溟与陈独秀先生和胡适先生难免有一些砥砺交锋，但梁漱溟是什么样的态度呢？君子和而不同，梁漱溟说："我们是不同的；的确根本不同。我知道我有我的精神，你们有你们的价值；凡成为一派思想的，均有其特殊面目、特殊精神。……却是各人抱各自那一点去发挥，其对于社会的尽力，在最后的成功上还是相成的——正是相需的。我并不要打倒陈独秀、胡适之而后我才得成功。更进而言，不管他同不同，天下人自己都会找对的路。只怕不求，求则得之。不对也好，总会对的。"他又说："我不认为我反对他们的运动，我不觉得我是他们的敌人，他们是我的敌人，我是没有敌人的。"他又说道："在这个时候，天下肯干的人都是好朋友！我们都是一伙子！"因为每个人看待问题、看待世界都是从各自的角度，你们能看到那块屏幕，我看得到的是这块屏幕，我们看问题就像盲人摸象，每个人可能都摸了一个象，我们大家把各自的思想共享出来，可能就是这只大象。所以，君子和而不同在当下也是非常需要的。梁漱溟的思想在当时也引起了一些政要的关注，山东议长王鸿一邀请他去山东演讲 40 天，并且每场必到，还为梁漱溟引见了冯玉祥、阎锡山等当时的大军阀。这些人对梁漱溟也非常敬重和仰慕，请梁漱溟做顾问，也为梁漱溟后来能够在冯玉祥的部下韩复榘掌管的山东进行乡村治理的改革实验——乡村建设运动埋下了伏笔。

梁漱溟在《东西文化及其哲学》补遗中的这段话，我每每读起来都热血沸腾，"我相信凡是人都是会自己去走对的路的，所有的不对都在'我一定要怎么样怎么样'。这就是说，有些人想借某种权利去压下别的意思，推行自己的意见；只信任自己，不信任大家。我以为我们有什么意思尽管可以陈述；但不应该强众从我。因为大家本来都是自己能走对的路，如果真要靠我一个人去纠正大家，即

是已足表明此事之无甚希望。不信任人，是最不对的；人在直觉上都自然会找到对上去。所以知识上人格上的错处坏处，都是一时的，结果是终究要对的。用强力干涉，固然错误，忧愁这世界要愈弄愈坏，也是错误。我信人都是好的，没有坏的；最好是任听大家自己去走，自然走对。因此我全无悲观，总觉得无论如何都对。我从来未曾反对过谁的说话。同我极不对的话，都任凭去说，说了有好处的，因为经过了这一步，便可以顺次去走下一步。人都是要求善求真的，并且他都有求得到善和真的可能。这话看似平常，实甚重要。"

梁漱溟一进北大就言明他就是替释家和孔子说一个明白，不做旁的事情，他一生对孔子的爱从来没有改变。1974年批林批孔运动中，他的学生冯友兰发表了批孔文章，梁漱溟看了上去就打了一个大叉子，还说"不数年而扬冯，举被唾弃"。梁漱溟是著名的尊孔派，也被江青开大会点名，"梁漱溟何许人也"，于是各方都要梁漱溟来表态。在政协会上，梁漱溟只好发出自己的声音，他精心准备，做了连续三天的演讲，题目为"今天我们如何评价孔子"，后来写成了文章，依然不改对孔子的态度，于是受到大会小会的批判。在1974年9月24日的一次批判会后，主持人问梁漱溟，经过这几个月，你有什么感想？梁漱溟脱口而出："三军可夺帅印，匹夫不可夺志。"他在给香港友人的信中也写道："我以拒不批孔，政治上受到孤立，但我的态度是独立思考和表里如一，无所畏惧，一切顺其自然的发展。"独立思考、表里如一，这就是梁漱溟的人生格言。

梁漱溟的生活小故事

最后，我还愿意跟大家分享我和祖父生活中的一些小故事。我上学的时候非常喜欢来自西方的迪斯科音乐和舞蹈，喜欢它们那激烈的节奏，活泼的舞姿。为此，我还专门报了一个迪斯科舞班来学习。有一天在家中客厅练习时，看到祖父蹀步而来，我突然就萌发了一个念头，想问问我祖父对此种音乐舞蹈是什么态度，因为当时很多年龄大的人都不认可它，认为是资产阶级的生活方式。我说：爷爷，您看过我跳吗？他点点头，然后我又问：你喜欢吗？他扶着眼镜莞尔一笑说："你喜欢就好。"这句话对我影响很大，一个92岁的老人，有着如此宽容和包容的胸怀。

爷爷吃东西吃得非常的清淡，我那时候老觉得不够咸，经常往饭菜里面倒酱油，他看在眼里也没有说什么。一次我在客厅里做俯卧撑，他拿着上海科学出版社出版的一本书走过来，让我看用红笔勾勒出来的内容，题目是：吃盐过多等于慢性自杀。他经常用这种君子行不言之教的方式来教育我们。这是一本《青春期卫生》，他亲自买的书，亲自包的书皮，给他的两个孙子：钦元、钦东存读。他在书中夹了一个小纸条，写了几行字："此书可先粗看一遍，再细读之，粗看和细读均不妨从自己注意选择的看或读，不必依秩序，随遍数的增加自然会慢慢地全部通看，收到此书后钦东先送交钦元看，因为年制上钦元最需要看此书，钦东可以后看。"那时梁钦元 17 岁，梁钦东 14 岁。

我祖父给我写过一封信："钦宁来信阅悉，甚好，古训云过而能改，善莫大焉。为人要堂堂正正、顶天立地，俯仰无愧，此意应由你父母给你讲明。最近，给钦东讲不贪，不贪是根本，一切贪皆从身体来，有心有自觉即有主宰，为身体之主，自然不贪，余无多嘱，祖父手字。"钦东贪什么呢？我祖父起夜看钦东熬夜看小说，第二天就他的事讲不贪。因为我们以前觉得贪财贪色才叫贪，其实有很多好的事情你做过了就是贪，大家可以好好品味一下其中的道理。

梁漱溟在 1988 年 5 月告别人生的前一个月接受了一位台湾记者的采访。当时他卧病在床。记者问了他两个问题：一是"你对台湾青年、大陆青年有什么嘱托"？我祖父说："要注意中国的传统文化，要看我的《中国文化要义》。"二是"你对中国的社会发展有什么期许"？我祖父答到："要顺应潮流。"

谢谢大家！

苏轼与巴蜀文化

◎ 潘殊闲

潘殊闲，西华大学人文学院副院长、教授、图书馆馆长，四川省学术和技术带头人，四川省社会科学重点研究基地"地方文化资源保护与开发研究中心"主任，西华大学四川省人民政府文史研究馆"蜀学研究中心"主任，兼任中国苏轼研究会副会长、中华孔子学会·蜀学研究会副会长、四川省扬雄研究会会长、四川省巴蜀文化研究会副会长。主要从事中国古代文学、中国文学批评史、中国传统文化和巴蜀文化的教学与研究。出版《叶梦得研究》《叶梦得与苏轼》《唐宋文学论稿》《宋代文学批评的象喻特色研究》等专著5部。

今天非常高兴和大家一起分享巴蜀文化名人苏轼与巴蜀文化之间的关系。巴蜀文化是我们的本土文化，巴和蜀本来是有区别的，但更多的是它们的联系和统一性。对苏轼，有很多非常经典的评论。著名文学评论家林语堂先生在他的英文版《苏东坡传》里面说了这样一句话："像苏东坡这样的人物，是人间不可无一难能有二的。"南京大学的莫砺锋教授说：在漫长的中国历史上，生前做出重大建树、身后受到广泛爱戴的杰出的文化人物不在少数，但是如果把雅俗共赏、妇孺皆知作为衡量标准的话，东坡堪称古今第一人。中国过去的一些历史名人，哪一个能像苏东坡这样，雅得极致，俗也俗到我们的心坎上。苏东坡是我了解到的、目前唯一一位，在他所走过的每一个地方都建了苏轼研究会的中国名人。复旦大学的王水照先生说，苏东坡是说不全、说不完、说不透，永远的苏东坡。正如苏轼自己的诗句："横看成岭侧成峰，远近高低各不同。"苏轼就是这样的，但凡伟大的人物都是这样的。在西方有所谓的一千个读者就有一千个哈姆雷特，苏东坡也是这样，每个人对他的解读都是不一样的。

2000年法国的《世界报》曾经组织评选了几位公元1001年到2000年之间的世界千年英雄，中国唯一入选的就是苏东坡。这样一位从巴蜀大地走出来的世界文化名人，他早已经不仅仅属于眉山，不仅仅属于四川，也不仅仅属于中国，他是世界的千年英雄。我们很想了解，这片土地上为什么能够诞生这样一位了不起的人物？哪一些自然和人文的基因孕育了这位伟大的人物？我们现在还生活在苏轼曾经生活的这片土地上，今天我们就来探讨一下，巴蜀文化是怎样培育和造就了这样一位千年英雄。

天府之国的毓秀

成都平原成为膏腴之地的天府之国得益于三个伟大的人物：第一个是大禹，第二个是古蜀开明帝，第三个是李冰。真正使成都平原变成了宜居福地的是秦统一巴蜀以后的第三任蜀郡太守李冰。他领导蜀郡人民在大禹、开明这些前人已有的治水基础上，对川西的水利及其设施进行了大规模综合治理，包括都江堰的渠首鱼嘴工程，也包括渠首下面的水系，还制定和总结了一套长期维护和保养的科学方法，都江堰是世界上唯一历经两千多年还在使用的水利工程，它让成都平原世世代代得到滋养。川西平原沟渠纵横，良田肥美，翠竹掩映，处处是景，熏陶出这个地区的人们悠闲的性格和诙谐享乐的情趣。从古至今，川西平原的百姓就热爱生活、享受生活，现在成都号称国际知名品牌的第三城，成都平原被称为黑土地，我们的茶馆文化、美食文化、美酒文化、歌舞文化成为这个地方的标志。

苏轼生活在成都平原南麓眉山，生活在这样的环境和氛围当中，他自然染上了浓郁的川西情调和天府神韵。苏东坡热爱生活，兴趣爱好非常广泛，他对烹饪的热衷，对酿酒的痴情，对茶道的娴熟，对自己的自嘲，正如今天的四川人和川西平原人的幽默感。他所生长的地区对他有着潜移默化的影响。包括：第一，自然条件非常优越，大家吃穿不愁，相对于丘陵地区，川西平原更为富裕。第二，人文教育的高度发达，古巴蜀融入中原的起点是公元前316年，秦惠文王派他的大将司马错和张仪先后攻克巴蜀，从此，巴蜀地区纳入秦国版图之中，而转折点则是西汉时期著名的文翁化蜀。西汉的蜀郡太守文翁在成都兴办学校，今天的石室中学就是它的原址，这所官学选派优秀青年赴京学习，给这些学子若干优厚的条件及待遇，让他们学成以后教育蜀中弟子，这些优秀人才成为蜀中乡亲羡慕、仿效、景仰的对象。所以，蜀中学风为之大变，有文献记载说："学徒鳞萃，蜀学比于齐鲁。"齐鲁是孔孟之乡，是儒文化和中原文化孕育地，蜀学比于齐鲁至少有两种理解：第一种是说蜀中的学人跟齐鲁大地的学人一样多；第二种是说蜀中学识文化达到的高度可以跟齐鲁相媲美。在汉代，成都郫都区的扬雄被称为西道孔子，可以看出当时巴蜀文化所达到的高度。

文翁化蜀带来了很多联动效应。一是涌现了一批教育学家；二是催生了各级健全的教育体系，唐宋时期四川形成了官学、私学和书院三级发展格局；三是社

会风气积极向上，知书达礼之人不断增多，人们崇尚知识，崇尚进步，崇尚读书仕进。苏轼在一篇文章中说到他的家乡的时候，说西蜀在仁宗的时代，"释耒耜而执笔砚者，十室而九"。就是说青年人都放下了锄头，放下了生产工具，而拿起了笔来读书，追求进步。一个地区文化要发达，经济要发达，取决于很多条件。第一个是自然条件，当时此地是水旱从人，不知饥馑；第二个条件是教育教化，它是改变这个地方的文化生态，改变落后局面的重要手段。第三个是文化出版事业的昌隆。随着读书人的增多，对图书文献的需求自然会不断增长。随着雕版印刷术的发明，活字印刷带来了图书文献发展的高潮。地处成都平原的西蜀因为竹木资源丰富，造纸工业得到很大发展。所以两宋的时候，地处西蜀的成都和眉州成为全国三大出版中心之一。特别是眉山，雕版印刷最早就是宋版书，很多蜀刻本都是产自眉州。所以晁公溯当时在《今岁试士竟置酒起文堂延主司且作诗送之》中有"佣贩皆诗书"的诗句，就是说贩书的书商很多，本地市场很大，可见，川西社会有着浓郁的诗书情韵。第四个是社会稳定。巴蜀在历史上远离政治中心，加之自然条件优越，人文荟萃，所以社会状况总的来说比较稳定，中唐五代，再到两宋中原大乱，杜甫在安史之乱以后都逃到四川来。所以从秦并巴蜀以后，四川就有很多移民，成了一个移民的地方，但凡北方有灾难、有战火的时候人们都迁移至此，包括祖籍是河北的整个苏东坡家族。由于四川偏安一隅，不仅经济文化未受到冲击，发展也更加繁荣，当时文化世家与经济世家是相拥而生的，因为自然条件较好，很容易富足，所以文化家族与家族文化蔚为壮观，形成了一派盛景。

两河流域的滋养

第一，蜀道难与巴蜀文化的守旧。一是巴蜀这个地方是盆地，《隋书·地理志》说其地四塞、山川重阻。东边是巫山，南边是大娄山、大凉山且紧邻云贵高原，西边是龙门山、邛崃山以及横断山脉，北边是米仓山和大巴山。这种地形带来的直接影响就是蜀中之人与外界的交流相对困难。东西南北都得翻山越岭或者是冲出夔门（长江水道），长江天险水道也不容易走。二是蜀中之地受外界干扰相对较少。战争、瘟疫、寒潮等不易入侵为害，蜀中成为一方净土与静土，也自然是乐土。从秦并巴蜀开始，魏晋六朝、唐宋、元明清直至近现代，蜀中都有大量的移民。移民与当地的土著民从思想观念到血脉流传，从文化基因到生产劳作都曾进行深度的交融与兴变。三是蜀中之地容易保留古风遗韵。因为与外界交流较少，所以相对较为保守。苏东坡本人就是如此，北宋初年流行太学体，三苏在四川学的还是西汉以来的古文，但是他们基础扎实，成为京城官员的接班人。所以蜀中学者与海派和京派不同，他们保留了较多的基础学问，功底扎实，所以一旦生存适应了土壤，发展空间非常大。蜀中的才人一旦冲出夔门，来到当时的政治中心，很快就会崭露头角。

第二，蜀道通与巴蜀文化兴变。李白的《蜀道难》说："蜀道之难，难于上青天。"中唐陆畅的《蜀道易》则说："蜀道易，易於履平地。"这个话是与李白对着讲的，其实有道理。因为身处盆地的人们与盆地外的人们都对身外的世界有许多的好奇，不可否认的是，蜀道难的背后是蜀道通。四川盆地分布着各种各样的蜀道，今天陕西和四川要联合进行蜀道申遗，四川还有比北方丝绸之路更早的南方丝绸之路，叫作"蜀身毒道"。"蜀身毒"就是印度，通往印度的道路很早就有。秦并巴蜀以后，有一个古蜀王子率众三万南走，最后到达今越南北部，建立瓯雒国，称安阳王，越南称这段时期叫蜀朝，是越南建立国家政权的开始。在四川盆地的西北方，通过岷江峡谷，蜀人很早就与西北各民族有着深入的交流，今天居住在四川西部边缘的羌族，就与历史上古老的北方氐羌族有直接的渊源关系。岷江上游的茶马古道是先秦至汉唐时期由成都平原北上中原、西北至河西走廊的主要通道，俗称"岷山道""西山道"。丝绸、漆器、金银器、茶盐，甚至佛教等文化传播皆赖此道进出。

蜀地有两个很有趣的现象，一是自古诗人例到蜀，二是自古文宗出巴蜀，入蜀与出蜀正好构成一种文化上的互补关系。我们常说蜀出相，巴出将，蜀地的名人有：汉代司马相如、扬雄，唐代陈子昂、李白，宋代三苏、魏了翁、李焘，明代杨慎，清代彭端淑、李调元、张问陶，直至近现代的郭沫若、巴金。另外入蜀的名人有：杜甫、岑参、白居易、刘禹锡、李商隐、玄奘、韦庄、李珣、黄庭坚、陆游、范成大等。成都的杜甫草堂是所有杜甫基地中保存最为完好的，杜甫研究会虽然属于四川省，但是它的影响早已经辐射全国乃至世界。

第三，两河流域下的巴蜀文化特质。黄河和长江是中华民族的两条母亲河，黄河文明与长江文明各有特色，相互交融。四川的地理位置非常特殊，刚好位于中国的几何中心，处在黄河文明与长江文明的交叉点上。《尚书·禹贡》首言大禹治水"岷山导江"。江就是指岷江，岷江的源头在古人看来就是长江的源头。岷山是长江水系的岷江、涪江、白水河与黄河水系黑水河的分水岭。四川位于黄河流域与长江流域的交汇处，是连接黄河流域与云贵高原的过渡地带。四川又是汉民族与藏、羌、彝少数民族的交汇点，是连接江汉平原和青藏高原的桥梁。正因为有着这样的地理位置，才使历史上的四川成为连接南北，沟通东西的门户与要冲，所以今天四川是"一带一路"的节点。这种区位特点就注定了以巴蜀文化为主体的四川文化兼具东西南北：四川属于南方省份，但是四川方言属于北方方

苏轼与巴蜀文化

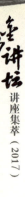

言区。许多带川字号的文化品牌都是这种海纳与包容的结果，这是四川文化的特点。比如，川菜吸收了全国的各大菜系，不断推陈出新；川剧，川派的盆景，四川派的武术，四川派民居都是这样。我们的文人也有这样的特点，司马迁说蜀是"栈道千里，无所不通过"，四周都是大山，但是我们修栈道，我们用河谷，身处两河流域的巴蜀地区，先天具有勾连东西南北的区位优势和文化传统。所以，地处盆地的人们普遍具有一种开拓与开放，兼蓄与兼容的集体文化性格。成都现在要打造天府文化，天府文化就有开放包容的因素，例如，面对北方的客人，我们卖菜的人都会马上用普通话与其对话，这个在全国其他地方很少有，主动放弃自己的方言，表明四川人的好客，对客人的尊重和接纳。

巴蜀学派的晕染

第一，古蜀仙道与蜀人的仙化思维。"古蜀仙道"传承已有三千年的历史，《华阳国志·蜀志》载："周失纲纪，蜀先称王。有蜀侯蚕丛，其目纵，始称王……次王曰柏灌，次王曰鱼凫。鱼凫王田于湔山，忽得仙道。蜀人思之，为立祠于湔……后有王曰杜宇，教民务农。一号杜主……其相开明，决玉垒山以除水害。帝遂委以政事，法尧舜禅授之义，遂禅位于开明。帝升西山隐焉。时适二月，子鹃鸟鸣，故蜀人悲子鹃鸟鸣也。巴亦化其教而力农务。迄今巴蜀民，农时先祀杜主君。"

这段话告诉我们，古蜀先帝如鱼凫、杜宇、开明王（上天成为天门兽）都有仙化故事，皆羽化而成仙。巧妙的是，三星堆众多的青铜鸟形象、鹰头杜鹃形象、人身鸟足像、人面鸟身像以及有龙有鸟（龙凤）的青铜神树形象，金沙玉琮上线刻羽人像、金沙金箔太阳神鸟的形象等，都深刻地体现了古蜀先帝羽化登仙的历史传说，印证了"古蜀仙道"的信仰。道教就是在古蜀仙道的基础上创立的，道教被称为仙教，道教要飞升，羽化而飞升，怎么羽化？人要轻，古人讲我们人刚生下来是纯阳的，慢慢地，我们身上开始有阴有阳，人死了以后就变成了纯阴。道教认为，要想变神仙，就尽量去掉身上的阴气，培育壮大自己身上的阳气。一个人阴气、湿气重就会全身不舒服，阳气很足的时候则一身轻巧。所以巴蜀是仙源的故乡。

古蜀仙人的羽化信仰对蜀地的后人影响是非常深远的。这些影响表现在蜀人多浪漫的气质上。我们的文学也是浪漫的，从司马相如到李白、苏轼和郭沫若，都具有典型的浪漫色彩。蜀人的想象力也非常丰富，喜欢标新立异，喜欢仰望星空，对明月有着独特的情怀。一个民族必须仰望星空又脚踏实地才有希望。蜀人一方面很踏实，很能干，吃得苦；同时又能仰望星空，赋予想象浪漫的色彩，有幽默的品质。还有一些蜀人有"谪仙"的情结，比如司马相如被称为"赋圣"；李白一生都跟星月结下了不解之缘，有明显的仙化的情结。他自觉不自觉地滋生了一种不可名状的宇宙情怀，才能写出"倚剑天外，挂弓扶桑。浮四海，横八荒，出宇宙之寥廓，登云天之渺茫"这样的句子。苏轼对明月也有独特的情怀，他的《水调歌头·明月几时有》感动了无数的读者。

在宋代，苏轼被人们称为"坡仙"。这种仙化心理来源有三：一是苏轼喜欢炼养，其有关养生、道引等的思想，散见于诸多文献；二是苏轼的不少作品飘逸神妙，有如天籁之音；三是苏轼为人豪爽不羁，异于凡夫俗子；同时，命运大起大落，不是常人所能承受的。三种因素混合在一起，使苏轼的作品与人生充满了仙气。苏轼出生在眉山，位于长江上游；他死在长三角的常州，被称为龙尾。所以，他出生在龙头，过世在龙尾。苏轼的贬谪人生是从黄州开始的，黄州在长江的中游，正是生命的一条横线。从黄州开始一次比一次贬谪得远，从黄州到海南的儋州，又构成了一条生命的贬谪纵线，生命的这条横线跟贬谪纵线在黄州交汇，苏轼在这里开垦一块过去废弃的营地，给自己取名为东坡，黄州的贬谪彻底改变了苏轼的人生观、世界观和价值观，他看透了人生的真谛，从此文风大变，他的文学造诣和创作思想境界步入了一个新的台阶。"小舟从此逝，江海寄余生"，"我欲乘风归去"，古蜀仙道的羽化思维影响何其明显。羽化的思维，换一种角度说，就是一种创新的思维，一种不落俗套、敢于标新立异的思维，这在蜀中走出的诸多文人身上可以找到鲜明的答案。从司马相如的大赋，到扬雄建构的"法言"与"太玄"，从李白飘逸不群的仙诗，到苏轼让天下"目骇耳回而披靡于下风"的文采，莫不毕现。苏轼的诗文辞赋和绘画都堪称一绝，他的创新思维功不可没。

第二，蜀学的风格与浸染。首先，易学在蜀。《宋史·谯定传》有云："初，程颐之父珦，尝守广汉，颐与兄颢皆随侍，游成都，见治篾箍桶者挟册，就视之，则《易》也。欲拟议致诘，而篾者先曰：'若尝学此乎？'因指'未济男之穷'以发问。二程逊而问之，则曰'三阳皆失位。'兄弟涣然有所省，翌日再过之，则去矣。其后袁滋入洛，问《易》于颐。颐曰：'易学在蜀耳，盍往求之？'滋入蜀访问，久无所遇。已而见卖酱薛翁于眉、邛间，与语，大有所得，不知所得何语也。"未济是《周易》的第64卦，第63卦是济济，济济与未济合在一起，被称为101，济济是一件事情的结束，未济就是一个新的开始。这段话告诉我们，蜀中易学有很深的渊源，蜀中之人自古长于历法、卜算、阴阳。严君平、扬雄、唐代的李鼎祚、李淳风、袁天罡，明代的来知德等都是蜀中的易学名家。易是儒道共同的源头，易学在蜀的民间和文人中非常发达。

　　其次，儒源在蜀。大禹兴于西羌，创作"洪范九畴"，他根据自己的治水经验，提出五行以水为首，从此，水被视为文明之母。孔子对大禹非常尊崇。大禹是儒学之祖，孔子的儒家学派就是在大禹兴起儒的基础上又对殷礼和周礼加以发展的而创立起来的，所以，孔子说"郁郁乎文哉，吾从周"。汉武帝采纳了董仲舒的建议，"罢黜百家，独尊儒术"之后，儒学就从先秦时期诸子百家之学升格为官方的意识形态，两千多年从未中断。儒学自身也在发展演变，在吸收佛道之学的过程中不断地探索自新，这就是我们在魏晋玄学、宋明理学和近现代新儒学中看到的儒学自我更新、自我发展的轨迹。在这些发展过程中，巴蜀学者有着自己的作为和贡献。汉代扬雄，"以为经莫大于《易》，故作《太玄》，传莫大于《论语》，作《法言》"；被称为醉圣的李白也要"奋其智能，愿为辅弼"。儒家讲入世，知其不可为而为之，要忠君爱国，在这个世界建功立业，蜀中文人哪一个不是有着这样宏伟的抱负？三苏更是如此。苏轼十分推崇大禹，认为无论是他的儒学思想，还是他治国理政的思想和实践，都堪称典范。苏轼之所以受到如此拥戴，就在于他不仅为官时为老百姓做实事，失意时依然做出了很多贡献，这就是儒家思想对他的深刻影响。

　　再有，佛学在蜀。佛学虽是外来之学，但佛学在日益中国化，变成了中国式的佛教，叫作禅宗，然后又从中国传到东南亚。无论是传统的佛教，还是后来的禅宗，巴蜀都在其中占有重要地位。佛教的南北传播途径中有两个点，一个是西北的吐谷浑，另一个就是以成都为中心的蜀地。蜀地历史上的高僧大德非常多，隋唐时期仅益州的高僧就有 28 人，仅次于长安、洛阳。禅宗在唐代是巴蜀佛教当中影响最大，流行最广的宗派。我们现在有一句话，"言蜀者不可不知禅，而言禅者尤不可不知蜀"。到印度取经的唐三藏玄奘，18～22 岁期间曾到成都大慈寺求学受戒，唐宋时期的大慈寺是东亚的佛学中心，规模很大，大慈寺周边有各种各样的集市，奠定了今天的东大街春熙路的商业基础。当时大慈寺聚集了四方的高僧大德，是各宗派佛学、南北文化交融的大都会，为玄奘"转益多师"，融汇各种文化资料提供了优越的条件。佛教文化在以成都为代表的巴蜀地区繁荣发展，以至于唐末僖宗时出现了"菩萨在蜀"的说法。

　　苏轼对佛禅非常感兴趣，他的父母都信佛，仁慈宽厚，对佛教的"三宝"崇信不疑，他家里藏有十六罗汉像，经常设茶供养，以祈福佑。苏轼在父母去世后，将他们生平喜好的赏玩之物都施与寺庙，并令人摹画佛像，以求父母之冥福。苏轼的出生还笼罩着一种神秘氛围。据说苏轼母亲在怀孕时，曾梦见五祖戒禅师求宿。且他稍大（七八岁）时，还经常梦见自己是五祖戒禅师，言外之意，五祖戒禅师就是他自己的前身。无独有偶，苏轼去世前两天所做的绝笔信，就是写给五祖戒禅师的隔世弟子怀琏的弟子径山维琳的。且苏轼去世时，维琳一直陪伴在其身旁。苏轼与佛的渊源持续了一生。这种渊源，决定了苏轼对佛教的浓厚兴趣，可以从苏轼自号东坡居士、戒和尚、眉阳居士，以及人们称东坡道人、海上道人看出其追求和影响。据现有文献记载，苏轼游历过的寺庙有近百处，而与苏轼交往过的僧人也有数十位。由于与禅宗的密切联系，苏轼还被纳入禅宗临济宗黄龙派东林常总的法嗣。由于与佛禅有如此多的缘分和交往，苏轼的佛学素养相当深厚，深得佛教义理的精髓，这种佛禅意趣渗透在苏轼生活的方方面面，如他的文学创作、他对佛禅义理的阐释、他的行为处世等，都有着浓郁的佛禅痕迹。苏轼一生受到很多打击，他能够笑看人生，活着从海岛回到大陆，与他的内心修养有很深的关系。

第三，巴蜀前辈名家的濡染。首先，慕循乡党遗风。秦定巴蜀，走出的第一个伟大人物就是司马相如，此后大家都以西汉的蜀中乡贤为榜样。苏轼《眉州远景楼记》："始朝廷以声律取士，而天圣以前，学者犹袭五代之弊，独吾州之士，通经学古，以西汉文词为宗师。方是时，四方指以为迂阔。至于郡县胥史，皆挟经载笔，应对进退，有足观者。""西汉文辞"既包括《史记》《汉书》，也包括贾谊、司马相如、扬雄等文人。三苏到京城之后惊艳世人，成为欧阳修麾下矫正宋初绮靡文风和新近流行的奇险怪癖的"太学体"的生力军。

杂家风范。巴蜀偏于一隅，远离中原，远离全国的政治中心、文化中心，这种区位特点，加上古蜀文化留下的深刻印痕，导致人们自有一套生存方式和发展之道。他们精通易老庄，杂糅儒佛道，其他如纵横之学、炼养击剑等，亦多有喜爱。司马相如生于董仲舒"罢黜百家、独尊儒术"之时，但却未受影响，他好读书击剑，博学多才，与章句之儒各行其道。扬雄生于西汉末年经学炽盛、谶纬弥漫之际，却"不为章句，训诂通而已，博览无所不见"。唐代的陈子昂"少好三皇五帝霸王之经，历观《丘》《坟》，旁览代史"。李白也是"五岁诵六甲，十岁观百家。轩辕以来，颇得闻矣"。三苏的学术特点则可以用"杂家"来概述。他们融儒道佛三家于一体，表现为一种杂家特色。王安石将苏氏蜀学视为战国纵横之学，而朱熹则视之为"杂学"，朱熹还专拟"杂学辨"来评述《苏氏易解》。

张扬个性。巴蜀偏处西南，被称为"西南夷"。苏轼《眉州远景楼记》曾这样描述当地的百姓："故其民皆聪明才智，务本而力作，易治而难服。守令始至，视其言语动作，辄引其为人。其明且能者，不复以事试，终日寂然。苟不以其道，则陈义秉法以讥切之，故不知者以为难治。"意思是说蜀中的老百姓遵纪守法，但做长官的要以道服人，否则他们是不怕事的，说明四川人很有个性。司马相如就是一个极度张扬个性的人，他被另一位魏晋名士嵇康所赞佩。至于相如琴挑文君，夤夜私奔的放纵，更是令诸多文人拍案惊奇，自叹弗如。扬雄"简易佚荡""不修廉隅以徼名当世"，以至秉心任性，敢赋《剧秦美新》。陈子昂刚到京

师的时候，即以千缗买胡琴，当着大家的面摔碎，又把他的文百轴遍赠观者，所以一月之内，轰动京城，更不要说其在中国诗歌史上的"横制颓波"了。再看李白，力士脱靴的霸气以及"仰天大笑出门去，我辈岂是蓬蒿人""焉能与群鸡，刺蹙争一餐""君看我才能，何似鲁仲尼"等，这样的狂傲，亦是无人能比。苏轼也是一个性格很张扬的人。他形容自己"如食中有蝇，吐之乃已"。乌台诗案与苏轼的这种性格有很大的关系，《石林诗话》曾记载文同对苏轼的劝告："熙宁初，时论既不一，士大夫好恶纷然，……时子瞻数上书论天下事，退而与宾客言，亦多以时事为讥诮，同极以为不然，每苦口力戒之，子瞻不能听也。出为杭州通判，同送行诗有'北客若来休问事，西湖虽好莫吟诗'之句。及黄州之谪，正坐杭州诗语，人以为知言。"

林语堂先生由衷感叹道："苏东坡主要的魔力，是熠熠闪烁的天才所具有的魔力，这等天才常常会引起妻子或极其厚爱他的人为他忧心焦虑，令人不知应当因其大无畏的精神而敬爱他，抑或为了使他免于旁人的加害而劝阻他、保护他。"苏东坡就是这样，性格张扬，出口成章，喜欢戏谑，他的弟弟、妻子和朋友常常为他捏一把汗。苏轼遭受了各种各样的打击，但是他依然笑看人生，所以即使一次又一次地被贬到海南，他的性格仍能让他融入当地，"我本海南民，寄生西蜀州"。他走到哪个地方就说自己是哪个地方的人，他善于化解自己身上那些负面的东西，让自己活得轻松。他这几次贬谪，每到一处都会做好事，比如在贬谪海南期间，培养了海南的第一个状元。所以海南人现在都非常感念苏轼，感谢他对当地的教化，让海南从此融入了中原文化，给海南带来了文明。苏轼的这种性格，就是巴蜀学派的特点和代表。

谢谢大家！

天府文化的现代思考——谁是后卓文君

◎任洪渊

任洪渊，著名诗人、诗歌评论家、作家。北京师范大学文学院教授。曾在首都师大、北京师大任教。北京作家协会第四届理事，中国作家协会成员。著有长篇小说《白衣少女传奇》《人怨》，诗集《帆》《新歌谣》《心声》《童声集》《抗美援朝四字经》《任彦芳歌诗剧集》等被选入国内外多种选集、年鉴、鉴赏词典。先后出版《大陆当代诗选·任洪渊诗选》《女娲的语言》《墨写的黄河》《汉语红移》等。刘再复、童庆炳、李元洛、张颐武、王一川、李怡、黄伟林、周晓风等文艺理论家、评论家都有长篇论文评论任洪渊的诗作。

巴蜀文化的氛围

四川人多数都是移民的后裔，我也是清末移民的后裔，我 1937 年出生在邛崃，我是邛崃人，也是成都人。秦代在兵燹乱世后有一次大迁徙，中原、塞外和江南的人移民到了四川；之后的每一次战乱都有移民来到四川。移民的前驱们来到邛崃大巴山下，和当时新石器时代的先民羌人、獠人相遇，相聚，相宜，相合。于是，我们巴蜀的后裔拥有了共同的文化血缘。

传说最初来到成都平原的先辈是从江西转道入川的，他们来到邛崃平乐，也就是白沫江两岸，看到了如此丰富的沃土，假称他们三个姓任、杨、郭。这三人开拓了白沫江岸大片的良田沃土，并且把他们姓氏永远种植在了这块土地上，这就是平乐古镇白沫江边的任湾、杨湾和郭家村。这是永远不会被风雨改写的地名。

我给大家介绍一个与移民有关的客家人的故事。在江南各省都有客家人，台湾也有客家人，客家人是移民中一个特殊的族群。南北朝分裂进入六朝后，中原的贵族衣冠南渡长江来到了江南。他们称自己为客家人，而且永远是客家人。虽然他们所到的任何地方都是他们新的家园，但是他们认为自己是客居在这里的，他们的家园在北方，他们永远在北望。同时，客家人在六朝后仍然说着地道的客家话，乡音不改，这

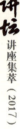
就成了我们汉语国音的一个活标本。

我们的先辈一代代来到这里，这里有他们可以倚肩的险山，坦荡的大平原，还有九曲回肠的三江源流。在成都平原，我们的先辈伸手可取岩石里的铁，田间遍地的粮食、棉花、糖，井中的盐和地下自燃的长明火。他们叫它天府，意为上天赐给他们的地上天堂。这里和他们土生土长的文化家园不一样，他们在这里终止了无尽的漂泊。

此外，成都有锦江，有峨眉，还有被一场又一场雨水净化了的太阳、天空和阳光。这种透明的氤氲和江浙的水墨、烟雨、寒瘦，岭南热风热雨间的欲动、欲放、欲燃的嫣、妍相比是多么的不同。于是我们的先人了停下来，他们突然放下了已经开拓中的一切，有了那种实现和完成了生命内容的安逸和潇洒。

我的童年也受周围文化氛围的影响。最早接触到的是关于仙、佛、儒和百家的词语，这些甚至可以说是我的启蒙词汇。

我是 1937 年出生在白沫江边，出生时父亲被关在国民党设在成都的监狱里。还不满周岁，父亲就又去了太行山根据地，所以我的童年父亲不在身边。我的母亲是二三十年代的知识女性，我 6 岁时她有了第二个家庭。我选择了跟随祖母生活，所以我的童年是没有父母陪伴的。

正是由于这样的孤独，我的童年充斥着感觉与幻想，而我也自由的真实的沉醉在这些幻想和感觉之中。

先来谈谈仙。因为邛崃有仙人、仙山、仙乡的传说，人们不断在口语中提到仙人这个词。邛崃有白鹤山，那里有仙人乘白鹤升仙的传说，城北就是道家严君平的家乡，这里有他的墓地和他得道成仙的传说。还有《长恨歌》中的"临邛道士鸿都客，能以精诚致魂魄"。

邛崃人口中的"仙人"指的是一种虽然生长于尘世之中，但是却超出红尘；具有出入自身天地万象的灵气，始终处于一种无羁的、自由的、飘逸的状态中。道在老百姓词语中就是仙，是在民间的人而不是神。

下面我们说说佛。平乐的群山当中，摩崖石刻的佛像较多，金华山的佛像是笑着的，仿佛人间的笑容。

邛崃的文昌阁，也是我小时候的经常听到的一个词，现在的文昌阁处于一片新建的楼群之中，作为古迹被保留下来了。它原来是东郊文昌庙中的一个藏经阁，后来成了敬亭中学的藏书楼。

寻找卓文君

卓文君也是我童年时候频繁出现的词条。童年时春游或者秋游，多数是去文君公园，我在朦朦胧胧中认识了她。

卓文君在司马相如的剑和诗的后面，在我们的道、侠、儒和百家的后面，在所有文化的后面，更具有生命意义和原始意义。一个从豪门逃亡到井边的女子，向人间公开了生命的绝对命令：爱。这就是我对卓文君的定义。她自己就是自己的原因和目的，召唤和回答。她声明的动力和动向都指向自身。

由此卓文君成为一代人又一代人追问与思考的对象。

我们先来看一下所谓的李约瑟难题。李约瑟是一个伟大的汉学家，他研究了中华科学文明的辉煌成果，提出了"尽管中国古代对人类科技发展做出了很多重要贡献，但为什么科学和工业革命没有在近代的中国发生"这样一个问题，这就是李约瑟难题。

为了让朋友们进一步了解这个难题，我举三个跟文化相近的案例。

第一，20世纪20年代，电影是大众最主要的文化载体。有一种电影语言叫作蒙太奇。蒙太奇是说一个单平面的镜头，拍出的画面是平面的，但它可以利用叠影、复影、叠加三会和时间切割等技术，让好几个镜头同时出现。它是电影技术的伟大发现，发明者是俄国人，但他不是在俄语文化中而是在汉语中得到的灵感，他说：汉字结构就是偏旁、部首的音、形象这几个方面同时出现，这给了他灵感。我们不禁要追问，为什么如此伟大、如此好的发明没有出现在我们国家，而是被一个外国人发现了？

第二，20世纪30年代欧美有一场文学大运动——诗歌的意向运动，这一运动是受东方诗和日本诗，主要是中国诗歌的影响而开始的；而与此恰恰相反，我们在五四新诗运动时期反而走的是一条学西方诗歌的路。这也值得引起我们的思考。

第三，与我们四川文化、成都文化有关系。40年代，德国戏剧家贝尔托·布莱希特有一场革命叫"间离方法"，他打破了戏剧家斯坦尼斯拉夫斯基一个人物一个性格的体系，认为人的命运、一个人自身是多种性格的复合体，他的内在有冲突、矛盾和斗争，是多面的、有多重性格的人，于是他的人物在戏剧中有分离，有内在的冲突和张力。他曾公开表示，这种戏剧理论是受川剧的影响，就是我们川剧中体现的人物的多重性。这也值得我们去追问。

文化具有多元性，不同的文化相遇会产生新的文化。不同文明之间的关系，

不是谁侵略谁，谁消灭谁，而是互相聆听、互相回答、互相丰富；不同文化之间要互动，要相生，而且互相发力。只有这样，这个世界才会丰富多彩，世界文化才会多种多样。

中华文化的生命力体现在哪里？我认为可以从三个方面展开。

第一个方面是在西方语言转向中重新发现汉语。100多年来西方的全部哲学基础就是语言再发现，就是说语言要重新回到逻辑和理性之前，回复到原始的语言状态中去；而我们汉语则天生就是逻辑之前的语言。

第二个方面就是在西方的实践再发现中，回到中国实践。爱因斯坦是物理学的实践再发现，海德格尔的《存在与时间》作为一部伟大的哲学著作属于实践再发现；而他们所谈到的这些命题早在中国古典文献中就已经有了非常好的表达。

第三个方面就是在奥林匹斯众神前回望我们自己的龙飞凤舞。西方现代哲学和现代文化从尼采开始，尼采第一个越过苏格拉底的理性，但他没有否定苏格拉底。而是越过苏格拉底的理性，回到希腊神话中去，从希腊再一次出发。

在这种背景下，我们要重新回到我们的神话起点，回到中华文明的原始符号这才是不同于西方神话的真正的中国文化。

在《易》的第一卦，乾：龙，长无首尾，由"潜"而"见"，在"田"、在"渊"、在"天"，它就是追着太阳的天地、四季和大运行本身。一切都通过自身实现、完成与超越，这就是中国智慧的生命。

谢谢大家！

◎ 郝 勤

在历史中奔跑——文物见证下的中国古代体育

郝勤，成都体育学院博物馆馆长，教授，博士生导师，四川大学宗教研究所特聘教授，成都市道教协会理事。

大家好，今天给大家讲四件文物，从这四件文物中引出四个故事，从这四个故事中见证中国古代体育是一个什么样的形态。

第一个故事：一块画像石

这块画像石，出土于徐州市铜山区洪楼西汉墓，现在藏于徐州市博物馆。前国际奥委会主席萨马兰奇先生曾在它跟前久久驻足观望，说：这就是中国古代的奥运会。为什么萨马兰奇会这么说呢？

画像石上有七个人物，这七个人的穿着非常奇特：虎皮裙，短衫，裸着双腿。汉代是一个讲究礼仪的时代，服装不同，身份也不同。而这七个人穿的是两千年前的运动服，他们是七位力士，正准备进行一场惊心动魄的比赛。

右边的两个力士一个抱着一头鹿，另一个抱着一个坛子，坛子里面是酒。酒和肉则作为赢得比赛的奖品。

那么，这四位力士呈现了自己怎样的技艺？最边上那位运动员手拿一把大刀，另外一只手拿着盾牌，他表演了一套刀和盾的套路，虎虎生风。他表演完以后，大王们都积极称叹。但是这边这位运动员不服气，于是他走到一个鼎的旁边，把一口鼎用一只手举了起来，相当于今天的举重运动员。春秋战国时期，秦武王力大无穷，喜欢跟别人比赛，最后他在比赛当

中举起一口大鼎，但因为鼎过于沉重，他的体力不支倒下了，鼎砸断了他的腿导致大动脉破裂出血，秦武王当场死亡。第三位运动员牵出一只大老虎，进行人虎搏斗，制伏了这头虎。第四位运动员干脆在场中间拨起了一棵大树，把鸟都吓飞了。从这幅画的构图来看，冠军非第五位莫属，这个人牵了一头水牛出来，一下子把水牛扛在背上绕场奔跑，全场掌声雷动。

这是一场发生在两千年前的比赛。画像石上没有文字，我们只能从画面得知这个故事。什么是画像石？汉代人的观念与现代人不同，他们视死如生，认为人死了以后会在另外一个世界生活，享受当世的一切，于是他们就把当时的社会全景全部刻画在石头上，或者烧在砖上，就给我们留下了一个个的故事。我们把目光投向欧亚大陆彼端时，就会发现古希腊也是一个英雄辈出的时代。古希腊奥运史上最伟大的英雄是米隆。米隆是古希腊著名的摔跤选手，也是空前绝后的古希腊四大赛事大满贯获得者，他共获得六次奥运会冠军、七次皮松运动会冠军，十次地峡运动会冠军，九次尼米亚运动会冠军，被称为"古希腊第一英雄"。米隆最令人震惊的表现是，他牵着一头大水牛走在场地当中，把牛扛在背上绕场奔跑了一圈，这件事情被记录下来成为经久不息的传说。于是我们看到了一个有趣的巧合。但从这块画像石文物上，我们知道了古代东方的这一个故事，我们知道了中国古代和古希腊一样，也有激烈紧张的竞技比赛，他们有着相同的传说。不过，中国古代和希腊的历史环境和制度不同，所以这类表演没有向竞技发展，而是走向表演，并且一直延续到唐宋时期，演变成相扑、搏击、杂技这种运动。

第二个故事：标枪与弓箭

这是一件收藏于成都体育博物馆的文物：一位武士单腿跪地，手里拿着盾牌，右手高高扬起。这件文物和其他汉代陶俑不同，他的面目特征非常明显，应该是来自中亚甚至更远的欧洲，高颧骨，有浓密的胡须，由此可以推断，他不是汉人而是胡人。他带着一个和中国军队不同的头盔，右手握着像标枪一样的武器。我们可以知道：这是一个来自西晋时代的武士，但令人奇怪的是，那个时代的中国军队根本不用标枪。

荷兰博物馆有一件藏品与这件文物比较相似：一个人一只手拿着相同的盾牌，也是右手高高举起。这似乎可以说明：一支"深眼、多胡须"，身着锁子甲，手执标枪与长型板盾，拥有类似罗马军队武器配制的胡人部队，深入中原腹地参加了西晋时期的"五胡乱晋"战争。罗马军队到底是否来过中国吗，东西方两个超级大国究竟有没有相遇，是学者们多少年来都非常感兴趣的事情。1947年，汉学家德效谦在《古代中国之骊靬城》中提出，当年罗马帝国和安息国大打了一仗。有学者查阅了中国的史书，说汉代中国在河西走廊突然出现了一个城市叫骊靬，而骊靬就是中国汉代对罗马军队的称呼，于是他们认为这支罗马帝国军队曾经来到了中国。1989年，澳大利亚学者戴维·哈里斯经研究指出，今甘肃省永昌县焦家庄乡楼庄子村六队的者来寨即是古骊靬城的遗址。

这两件文物中，两个武士都手持标枪。标枪现在是田径运动的比赛项目，1792年，瑞典举行了世界上第一次现代标枪比赛。1908年和1932年，男子标枪和女子标枪分别被列为现代奥运会比赛项目。那么，标枪来源于古希腊武器，也是古希腊奥运会的正式比赛项目。中国古代军队为什么不使用标枪呢？标枪作为远程打击武器，在中国有比它更厉害的武器，就是弓箭。弓箭是人类演进史上最伟大的发明，弓箭射箭到今天也是一个体育运动项目，同时也作为奥运会的正式项目。古希腊，古罗马也有弓箭，但是为什么他们宁可使用标枪，不使用弓箭呢？原因在于中国有特殊的制造弓的方法。中国在先秦时期就发明了一种弓箭，是用不同材料制作弓，里面是木胎或者竹胎，在另外一面贴上牛筋，然后反曲过来。这样做出的弓射程远，打击力很大。我们今天根据实证方法对古代复合弓进行测试，发现这种复合弓的最大有效射程是300~400米，相当于一个自动步枪的有效射程。如果古罗马的军队和汉代的军队相遇，就这两件兵器来说，当古罗马军队的标枪还没有进入有效射程的时候，汉军的弓箭就已经把他们射成刺猬了。

这两位武士手持标枪进入中国作战，显然不是中国的军队。他们深受古希腊、古罗马军队的影响，或者就是古罗马的军队，他们把标枪带进了中国，但是因为中国有更强大的弓箭，所以标枪没有在中国流行。古希腊罗马军队始终没有掌握中国反曲复合弓的制作方法，他们用的是单体弓，材料较差，这种箭打猎可以，但是用在战争上，在一定距离里射长盾，就几乎没有什么渗透力。所以罗马军队宁可训练用标枪，15米以内，标枪的射击力度相当大，可以轻松穿透板盾。这种情况一直持续到中世纪英格兰长弓出现，因为它的材质和制作工艺发生了很大变化，欧洲人使用弓箭的历史才发生了变化。

在中国有没有标枪呢？史书记载也有，宋代在跟南方少数民族（就是今天的壮族、瑶族和苗族的前身）交战时发现他们的标枪非常厉害，而且山地作战，山高林深，打的是遭遇战和伏击战，还没有把箭弓拉开，对方的标枪就过来了。所以在山地战中，标枪非常实用。于是宋太宗就命令他的部队装备标枪和盾牌。

这个故事见证了：第一，一支古罗马军队曾经赴欧亚大陆来到中国腹地作战；第二，这支军队使用的是希腊、罗马军队的刺式武器标枪和板盾；第三，由于亚洲大陆弓箭制作工艺水平很高，因而标枪没有在中国古代军队中普及；第

四，标枪未能成为古代中国的体育项目，但弓箭作为生产工具和战争武器，在宋代转化为体育项目，同时还出现了锦标社和弓弩社一类的体育组织；第五，古代东亚与欧洲虽然隔着西亚与中亚文化带和地理的障碍，但人们通过迁徙、商旅、战争等行为最终在历史上形成了欧亚通道。

第三个故事：鞠的秘密

鞠就是今天的球。普通话称之为足球、篮球。现在，江浙一带很多地方还是发鞠的音。这是一千多年前宋代的一件文物，现藏于成都体育学院博物馆：一个小孩坐在那里，手里抱着一个球。小孩抱的是什么球呢？在一千年前，他只能抱一种球，那就是足球。我们古代有一种说法叫蹴鞠，就是踢球的意思。我们发现，小孩子抱球的时候，右手的虎口卡着一个物件，他的腿上也有一个类似的物件，这到底是什么呢？下面我们通过研究来解释。

首先从足球的历史说起。中国是现代足球的发源地。《战国策·齐策》中提到淄博这个地方物产丰富，经济发达，人们的娱乐形式也多种多样，比如斗鸡、遛狗，还有一个就是蹴鞠。由此，蹴鞠出现在汉代的史籍里，之后三国、魏晋时期和唐代也都有记载。

那么汉代人踢的是什么球呢？前几年在敦煌一个西汉墓中出土了一件文物，就是蹴鞠之物。唐代徐坚的《初学记》中说：今蹴鞠曰球戏，古用毛纤结为之，今用皮，以胞为里嘘气闭而蹴之。就是说外面用皮革，里面填上动物毛发和植物，变成了一个可以踢的实心球。西汉名将霍去病让士兵训练踢足球，这个足球就应该是皮革做的实心球。东汉时，一个名叫李尤的成都文豪写了一篇《鞠城铭》，说："圆鞠方墙、仿象阴阳。法月衡对、二六相当。"就是说球是圆的，场地是方的，一边六个人进行比赛，这类似于今天的足球。中国什么时候出现了充气球呢？根据史料记载是在唐代。晚唐归氏子弟曾写诗嘲讽皮日休：八片尖皮砌作球，火中弹了水中揉，一包闲气如常在，惹踢招拳卒未休。充气球与实心球比，重量轻，弹性好，结实耐用。于是，宋代的蹴鞠形式就变得非常丰富，技术性很强，趣味性也很强。在唐代以后出现的很多关于蹴鞠的文字记载就和汉代两晋南北朝完全不同。比如王维的《寒食城东即事》：蹴鞠屡过飞鸟上，秋千竞出垂杨里。杜甫的《清明二首》：十年蹴鞠将雏远，万里秋千习俗同。李隆基的《初入秦川路逢寒食》：公子途中妨蹴鞠，佳人马上废秋千。唐宋时期的足球外面用皮革，呈6瓣、8瓣或12瓣，里面用动物的膀胱做成一个球胆，打上气，然后把口扎起来。

在宋代，由于足球的出现，首都开封甚至有专门的足球制造作坊，各种足球还有名号，就像今天的品牌一样，可见足球在宋代的普及较为广泛。据明代《蹴鞠谱》记载，宋代的鞠应该在 640 克左右，而现在的的足球大概是 450 克。宋代的足球玩法有很多种：一种是有球门的，中间立一个球门，一边六个人，把球踢进中间的风流眼就得分；另外一种是花式足球，有点像掂球表演，让球在身上滚来滚去，有裁判，也有观众。当时还没有国家俱乐部和全国性的比赛。充气球的发明导致了宋代蹴鞠的大普及和大繁荣。当时有诗云："天下风流事，齐云第一家。"齐云社就是当时的足球国家俱乐部。"不入圆社会，到老不风流。"圆社就是齐云社，世间圆社尽英豪，"若论风流，无过圆社"。那时宋代从文豪到皇帝宋徽宗，人人都踢足球，所以中国在一千多年前就已经成为世界的足球王国。

最后来揭开最初的谜底，孩子坐在那里是在换足球的内胆。当时的内胆是用动物的膀胱做的，很容易破，所以踢球的时候都要准备内胆。他把球抱在手里面，腿上放的是备胆，把踢破的内胆换下来，吹上气，就可以继续玩了。这件文物非常珍贵，它的艺术价值、文物价值、观赏价值、科研价值都实属一流，由此可见，宋代高超的工艺技术水平。

第四个故事：一块疯狂的石头

这个石头叫礌，根据资料得知这是一件非常珍贵的体育用品、体育器械。为什么说它疯狂？因为这个石头有 150 公斤，一般人很难把它提起来。根据清末的一张照片，一个人正在举这个礌石，他不仅要举起这块石头，而且要左右摇摆，要让这个石头亮起来才算合格。举礌石是清代武举科考的考试项目之一。

什么是武举？中华民族对人类文明最伟大的贡献之一就是科举制度，连欧洲人、西方人也为之赞叹不已。而欧洲直到 19 世纪，很多国家包括英国、德国、法国都还是贵族世袭制。中国隋朝建立了科举制，慢慢形成了中国特有的一种公平竞争的选拔制度，即使是穷人的孩子，依然可以通过读书考试为官。当然它的弊端也很明显，考试内容局限于四书五经，盲目地死记硬背禁锢了很多人的思想和发展空间。到了唐代武则天时，开始用科举制度的办法来选拔军官。于是公元702 年设置了武举考试，有射箭，包括靶射、骑射、步射，还有马枪，翘关，负重，身材之选。明代和清代都继承了这种考试制度，尤其是清代武举要分四个等级。第一是童试，在县府进行，考中者为武秀才。第二是乡试，在省城进行，考中者为武举人。第三是会试，在京城进行，考中者为武进士。第四是殿试，会试后已取得武进士资格者，再通过殿试分出等次，分为三等：第一名是武状元，第

二名是武榜眼，第三名是武探花。这样一种激励制度，使很多有志于翻身解放的穷人去勤学苦练，借此实现自己的人生理想。

清代的武举考三个大项目：第一，考弓马，骑马射箭。弓马是骑着马来回射六箭，六箭当中有三箭射中即为合格。步射九箭中五箭算合格。第二，考技勇，就是体能。体育最基本的素质叫作体能素质，体能素质不行，做运动项目就很难。如果骑马射箭是可以通过训练提高的技能，那么体能大概算是先天的素质。体能考试分为三个项目：开硬弓、舞大刀和举礩石。它主要靠上肢力量，不考验弹跳。开硬弓，弓为三号，弓号为应试者自选，试拉三次，每次以拉满为准。传说清代第一勇士也仅仅用 200 磅弓射 3 箭。舞大刀是用于力量测试的，分为 120 斤，100 斤和 80 斤。举礩石，礩石是专门为武举准备的石头，分别为 300 斤、250 斤、200 斤，还专门准备了特殊的礩石。考试时要求把这块石提在胸前，然后左右摇摆。所以这块疯狂的石头告诉我们，古代人是如何进行力量训练的。打仗对士兵和军队要求非常高，力量大、体能好、技术好，在战场上的生存能力就强。因此，清代非常重视士兵和军官的选拔，这就决定了清代武举考试重在弓马骑射和腰腹上肢的力量。这件体育器材使我们形象直观地了解到，在古代，技勇要经过长期的训练，要考上武举非常困难。第三，考程文，就像今天体育学院的学生一样，不仅要考体育项目，还要文化考试。

文物和故事的启示

我们根据这四件文物、四个故事得出了以下结论：

第一，什么是体育？经常有人问我们：中国古代有体育吗？体育不就是田径、体操、篮球、排球，都是从西方传来的吗？不是的，我们的回答是：只要有人类，就有体育。体育是人类的基因，最原始的体育就是玩耍，玩出规则来了就成为游戏，制度化的游戏就是竞技。因此，不管是什么时候的人，不管是哪个地方的人，只要是人都从事过体育运动，都会有体育的基因。

第二，自有军队、有国家、有阶级以来，只要出现了军队就有对士兵的训练要求，这是一种有组织的国家行为。训练士兵的体能、技能、战术，和今天的体育训练是一样的。所以，体育不是欧洲人、西方人的专利，而是人类的共有文化，中国古代有体育，其他国家古代也有体育，只是不同的历史背景、历史环境和文化习俗表现出的形态不一样而已。

因此，体育史就是人类的历史，它和人类的历史一样久长；受到不同环境和文化背景的影响，不同的国家、民族和地域，在不同时代会呈现出不同的特征。

今天有一种说法叫作民族传统体育，指的就是这个民族或者这个区域的人群自古形成的一种独特的运动传统。

文物是历史的见证者。通过这些文物，我们证明了、见证了中国悠久灿烂的体育文化，它是我们中华民族优秀文化瑰宝的有机组成部分，是珍贵的文化遗产。体育文物见证了体育的历史，它不仅具有重要的科研价值、观赏价值和艺术价值，还使古代的体育活动重新焕发生命，为今天人们的健康娱乐服务。

文物和体育史的研究非常重要。成都体育学院、体育史研究所和成都体育学院博物馆有一个非常重要的职责和功能，也是我们的历史使命，就是通过研究，不仅让中国人知道我们有灿烂悠久的体育文化历史，还要把这种文化带到全世界。我们现在正在推动这个事业，我们联合了国内的各大博物馆，在国家体育总局、中国奥委会和国家文物局的支持下举办中国古代体育文物展，集中全国的优秀体育文物精品，我们的目标是：奥运会办到哪里，我们中国古代体育文物展就做到哪里。同时，我们还需要进行很多研究，比如文献典籍研究，考古研究，田野调查和实证性研究等。

考古文物的价值是什么？我刚才通过几件文物说明了这个问题。由于中国的史书记载的主要是政治人物参与的历史大事件，很少记载体育、社会生活，普通人的生活，所以文物见证了中国古代体育的历史的事实。

体育考古和体育文物的另外一个价值是什么？德国考古学家历经30年对古希腊奥运会原址的发掘，震撼了奥林匹克的前驱顾拜旦。中国的体育考古也在计划当中。比如，2015年第一届全国青年运动会时，在福州博物馆发现了一块唐代马球场石碑，它是在唐代一个马球场的原址上发现的，现在我们有计划地对原址进行考察，了解当时的马球场究竟有多大？是一个什么样的形态？由此可以帮助我们更加深入地了解唐代的马球运动。

我们现在通过体育文物和体育博物馆，把一个小众的学术型研究转化为一个面对公众的公共产品。目前，我们已经做了四站这样的巡回展，我们的下一个目标是东京奥运会。我们一定要努力整合各方面资源，把中国古代体育文物展打造成一个对外文化传播、对外文化交流的品牌，让它成为提升中国文化软实力的一个平台。

最后我要说，成都体育学院博物馆欢迎你们，那里有非常珍贵的文物，希望大家前来参观、指导。

谢谢大家！

金沙讲坛

讲座集萃（2017）

中华传统礼仪——鞠躬、磕头、作揖的起源

◎帅培业

帅培业，教授、文史专家、四川省马术协会副主席，曾任成都市政协民族宗教委员会副主任，市民族宗教事务局巡视员。在体育、宗教、茶、美食文化研究方面造诣深厚，著有《中国马术运动史》《成都寺观与教堂》等著作。

今天我要与大家交流的是中华传统礼仪——磕头、鞠躬、作揖。为了将这一内容简易、平实地传达给大家，我提出了以下三个原则：复杂问题简单化，学术问题通俗化，高雅问题故事化。

作揖与握手的比较

新文化运动到现在已经有100多年了，我们学习西方文化，学习西方科技取得了很大的成绩，但是我们在对待自己的传统文化方面却出现了一些失误。比如一说到作揖，我们可能就想到封建、江湖、袍哥等落后的字眼，而说到握手，由于是西方文明的礼节，就会觉得很现代、很时髦和先进。今天我们把作揖和握手进行比较，从科学角度来判断，相对而言，哪个好一点，哪个差一点。

抱拳拱手叫作揖，作揖有四个好处：

第一，卫生、健康、平等。而握手就有忌讳。社会上的人形形色色，因此，人们在握手的时候有一定的忌讳，与之相比，作揖只要自己完成即可，避免了很多身体接触，也减少了不必要的尴尬。

第二，快捷、高效、省事。握手是双方行为，至少需要两个人进行接触，人越多，耗费的时间、精力越多；而作揖则不然，它是个人行为，自然更为便捷、高效。

第三，避免程序错位与失礼。西方的握手礼传入

中国，它并不是简单地两手一握，有很多的程序、仪式和规矩，但是有一些中国人并没有把这些全部学到，显得很失礼。例如：第一，握手要拿捏轻重，握手时间的长短，摇摆幅度都有规矩，不能乱来，不能握住不放。第二，长辈和晚辈，男士和女士，主人和客人，上级和下级之间握手也有规矩。凡是男女相见，女士有优先握手权。同样，上级与下级间，握手优先权在上级；长辈与晚辈间，握手优先权在长辈；主人与客人间，握手优先权在主人。有握手优先权的一方不伸手，没有握手优先权的一方不能伸手。但是，作揖没有这些规矩，见人抱拳，表示自己的礼仪即可。

磕头、鞠躬、作揖的起源

中国人发明了磕头、鞠躬、作揖。现在全世界 70 亿人都要鞠躬，外国人也鞠躬，但是外国人不会解释，因为这是中国人传出来的礼节，该由中国人解释。那么，磕头、鞠躬、作揖究竟是什么意思呢？

远古时代的中国要祭天、祭地、祭祖宗，这种祭祀礼仪叫鞠祭。鞠躬、磕头、作揖由此而来。要了解什么是鞠祭，我们就需要对甲骨文中一个字有正确的认识。在讲这个字之前，我先给大家说一个故事：甲骨文是怎么发现的？

中国最古老的文字体系距今已有三千多年，甲骨文是刻在龟甲兽骨上的文字，也是最古老的文字。它的发现很偶然：1899 年，北京的国子监祭酒王懿荣病了，在仆人买回来的药中，他发现一味叫龙骨的中药上刻有印记，因为这个龙骨是埋在地下的，显然是有人有意刻上去的，于是他把中药铺的龙骨都买回家，经过仔细研究，发现这种符号有一定的规律，他认为这可能是中国现存最古老的文字，这套文字系统一旦确立，将对中国远古史研究起到不可估量的作用。之后他通过商人从河南安阳找了大量甲骨文片，并按字数买下。这以后，王懿荣和朋友刘鹗一起开始研究。八国联军入侵中国时，王懿荣在北京组织民团抵抗，后以身殉国，1903 年，刘鹗从王懿荣儿子手中买下了王懿荣收藏的全部甲骨片。刘鹗把王懿荣收集的和自己收藏的一共五千多片甲骨，自己出钱印成一本《铁云藏龟》的书，这就是中华民族第一本甲骨文专著。从此以后，甲骨文由中国走向世界，世界上开始知道中国有甲骨文，这是中华民族在全世界创造的最古老、体系最完备的文字。

再回来说甲骨文的这个字，有专家认为是燎字，就是烧火、烧柴来祭天，叫作燎祭。甲骨文认字有三个程序：第一叫作破译，第二叫作递进，就是从甲骨文一步一步演变成今天的字。他们的理由和根据是《尚书·舜典》："岁二月，东巡

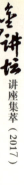

守，至于岱宗，柴。"岱宗就是泰山，烧了一大堆柴，柴的烟冒起来以后，大如苍天，就把他们的敬意、礼貌和心中的祝祷传到天上去了，这个就叫作柴祭。"五月南巡守，至于南岳，如岱礼"，这与泰山的礼节一模一样，既然它在甲骨文里面和祭祀有关，那么这个字可能就是燎，烧柴。如果猜成烧柴，就要走第三个程序，把它放回甲骨文中，看能不能读得通。按照古代人卜卦祭天的方式，把烧柴放进甲骨文来解读：问了卜，就说要烧猪40天，烧猪烧不起圭；第二是烧100头猪，远古时候生产力极其低下，所以这一说法也不成立；最后是烧百人。但是我们考古学和文献史料学里都没有烧人祭天的记载，所以在甲骨文卜辞中说是烧字，解不起圭，它肯定不是烧字。

这个字应该认作匊，如果认成匊，怎么递进？第一步认定它就是甲骨文，第二步是匊，这个字就是撰文当中的匊字。甲骨文里面一定有一个程序。第三步匊就是这个鞠。所有从匊的匊字，不管是菊花，还是笑容可掬，还是鞠躬，都含有匊，都是从匊字演变过来的，所以读音相同，含义相同，意思也相同。《尔雅·释文》："鞠本作菊。"而菊字之本，实起于匊。这个匊就是一切匊字的起源。所以它就是鞠躬的鞠。

古代祭祀与祭品

一、古代的祭品

牲，猪、牛、羊、鸡、鸭、鹅，一切飞禽走兽拿来祭天地、祭神灵、祭祖宗的反禽走兽都叫作牲。牲有很多，第一是畜生，就是拿来祭神灵的东西，用一个大的木栅栏在草坪上圈起来，它可以又跑又跳，它可以很自由。所以，畜起来用于祭天就叫畜生。第二是牺牲，它是古代最漂亮的祭品。无论牛、羊还是猪，毛色统一，光鲜漂亮。第三是人牲，用于祭天地。

牲，如果是一头猪，这头猪必须要长得健壮，四肢健全，所以祭天地、神灵、祖宗的祭品一定是好的。

关在屋里面的牲就叫作牢，不准跑闹。牛为太牢；猪为大牢；羊为少牢。猪、牛、羊、鸡、鸭、鹅叫作六牺，加上人做祭品叫作人牺，主要以这七种祭品来祭天、地、神灵、祖宗。

二、甲骨卜辞中的鞠祭技术

古代有专门的匊关。匊关就是把猪卷成一个匊形，摆在祭坛上，祭40天。

一定要头尾相连才是标准的刍形，这个技术有一定的难度，只有刍官才能操作，但是当时刍官很少，于是民间举行刍祭的时候，只要头尾相连即可。后来发展为取其意，捡其形，有头有尾就行。

刍祭的意义是什么？古人认为，唯有刍祭才是最隆重、最虔诚的礼仪，所以，这种祭祀也是最盛大、最复杂的。

祭祀的礼仪变礼节

中国古代有人祭，史料当中没有关于人祭的具体记载，甲骨卜辞给大家的解答就是刍祭，把人处理成刍形。随着社会文明程度的提高，物质文化的发展，不再把人作为牲来祭。但是这个礼仪又不废，于是人们想了一个办法，祭祀的人就模仿鸡鸭鹅卷成一团，五体投地，把自己模拟成人牲，奉献给天、地、神灵、祖宗。这样，一方面人的生命得以保全，另一方面，人的礼仪、礼节和敬意也得到了充分地表达。我们把祭祀的礼仪变成一种礼节，慢慢地下跪、磕头就和祭祀一样，也变成通行的社会礼节。

跪下来磕头是一件很麻烦的事情，随着社会生活节奏加快，文化文明程度的提高和物质发展，就需要对下跪磕头的鞠祭礼仪进行改革，于是一种简化了的下跪磕头就出现了，那就是鞠躬。它是象征性的鞠祭，以站立式来表达鞠祭。今天的人们，见到长辈、老师，就可以用鞠躬表达自己的尊敬和礼节。这样鞠躬就从鞠祭中产生出来了。

随着社会的发展，人际交往面逐步扩大，人们的礼节形式也开始多元化，于是作揖作为表达礼仪的形式就产生了。作揖来源于磕头、鞠躬，同样产生于鞠祭，但是表现方式更加简洁，更加容易。古时候把人牲牵去杀了做鞠祭，就要把捆起他们的手。因此，今天的"作揖"就脱胎于远古时期的鞠祭，是一种比磕头、鞠躬更为简洁的表达敬意的方式——作揖。作揖不受时间、地点、地位、年龄的限制，从此流行于整个世界，成为更加简洁的礼仪。

我们今天研究鞠躬、磕头、作揖，表面上是对礼仪的研究，实际上是对人类文化的研究，礼仪的发展为人类起源，为种族迁徙，为文化交流，为社会发展都创造了一个很大的平台，起到了很好的辅助作用。所以，我们研究历史、把握历史，是为了更好地把握未来；我们研究中国优秀传统文化，是为了使我们在未来步入更加高雅的文明殿堂。

谢谢大家！

金沙讲坛

讲座集萃（2017）

中国传统文化中的『马』情结

◎帅培业

帅培业，教授、文史专家、四川省马术协会副主席，曾任成都市政协民族宗教委员会副主任，市民族宗教事务局巡视员。在体育、宗教、茶、美食文化研究方面造诣深厚，著有《中国马术运动史》《成都寺观与教堂》等著作。

今天我来跟大家做一个关于马文化的知识普及和相关故事的分享交流。在人类社会漫长的历史中，马与人类的关系非常特殊。中华民族跟马的关系更是非同一般，在中国文化中，马是自强不息的象征，马是吃苦耐劳、勇往直前的代表。还有很多关于马的格言警句，如：万马奔腾、一马当先、马到成功等，可见，中国的马文化源远流长。

马与人类关系的三个特点

第一，马是速度的代表。闪电和光是现代人类已知速度最快的，但是光没有马快，为什么呢？问：人都到齐了，你好久来哦？答：马上马上；问：这个事情你好久做得完呢？答：马上马上；问：我们啥子都准备好了，你究竟好久出门哦？答：马上马上。没人说闪电闪电。所以最快的只有马上。

第二，马是力量的代表。马是全世界力气最大的。我们造了一个加长的巨型装甲车，问它有多大，回答是一千马力；造了一个虎式坦克，它有三千马力。不管装甲车、万吨远洋轮，都是以马力来做代表。

第三，全世界所有的少女，在她们的花季时代，内心深处都有一个让她们肝肠寸断、魂牵梦绕的白马王子。白马王子实实在在是让人一生中念念不忘的。

这三个特点说明马与现代人类，与我们当下的生活息息相关，如影随形，无处不在，所以它不是一个遥远的梦幻，而是与我们的现实生活密切相关。有了这个前提，我们再来谈马，马就一点不陌生了。

人类与马——文学艺术的角度

先从文学艺术上来看一下人类关于马的记载，中华民族关于马的描述。第一，诗歌与马。我们以杜甫为代表。杜甫一生写了大概130多首关于马的诗，占他的诗歌总量的十分之一，杜甫第一首写马的诗叫《房兵曹胡马》，兵曹类似于今天的团长，这个团长姓房，从西域过来的则叫胡，这首诗写的就是房团长得到了一匹西域来的马。

杜甫的朋友约他去看马，于是看到了"胡马大宛名"，即马是大宛国的马，一定是汗血宝马。"锋棱瘦骨成"，唐代人以肥为美，唯有杜甫以瘦为美。"竹批双耳峻"，这匹马长着像竹子削出来的两只耳朵，凡是好马、名马，最漂亮的、最珍贵的马，良种马，耳朵一定是挺立的。"风入四蹄轻"，这马跑起来四蹄生风，好像蹄不着地一样。"所向无空阔，真勘托死生"两句是全诗的核心，杜甫这里引用了刘皇叔赴鸿门宴的典故。刘备当年得了一匹宝马，叫的卢，马的头颅上长了一个圆圈，像圆形的剑把，遂因此名而得。一个相马师说，此马主凶，妨主。刘备却说：我自有上苍护佑，不得遭难，就坚持要了它。但刘备与曹操打仗，兵败兴野，被刘表收留。刘表心地慈善，但蔡夫人的哥哥蔡瑁却认为他是祸患，于是假借刘表的名义设宴招待他，并埋伏人准备杀了刘备，刘备发现了这一阴谋，借口上厕所骑马逃跑，慌不择路，陷于河中，刘备正仰天长叹，的卢突然长鸣，一跃而起，跳到河对岸。这里杜甫借此称赞房团长得到了这匹汗血宝马。最后是"骁腾有如此，万里可横行"，这就是全诗了。

第二，书法与马。我们以成都的王建安先生为代表。王建安先生集四艺于一身，他不仅精通绘画、书法，而且会篆刻、会微雕。他的作品中有篆字的马，草书的马。中国道教协会副会长、青城山天师洞当家、四川省道教协会会长唐宗全写过一幅书法作品"马"，随心所欲，道法自然。道教与马息息相关，全国各地都有马王庙，供的就是马王神，因为中国古代马是人类第一生产力，没有马就没有一切，包括一个人势力强不强、军力强不强，都要靠马，因此马的健康至关重要。地上修建马王庙，就是希望保佑健康。中国人希望人丁兴旺，生意发财，高考中榜，也都是靠马王爷来保佑。佛教与马的关系更是非同一般。中国第一座寺庙就是建于河南洛阳的白马寺，当时僧人用白马驮着42章经来到洛阳，因此这匹白马对于佛教的传入功不可没。

第三，雕塑与马。1969年甘肃出土了39匹青铜马，其中最漂亮、最美的一匹马45厘米长，高35厘米，国家旅游总局把这匹马作为中国国家旅游城市的标志。我们到都江堰去，高速公路一走完，就可以看到都江堰城边的柱子上立了这匹马。

第四，绘画与马。自古以来，以马为素材的画家不计其数。唐代第一画马大师韩干的马画得肥，而曹大的马则画得瘦。唐太宗李世民一生中骑了一百多匹战马，最喜欢的只有六匹，就是昭陵六骏，本来是佛雕雕塑，请石工刻成浮雕，立到坟墓前面，终身陪伴他，是画家阎立本做的画稿，我们现在看到的是按照浮雕画出来的。

另外有中国式的西洋画，西洋式的中国画，这种马是郎世宁画的。郎世宁作为传教士到了中国，就在宫廷中为皇帝作画，最后成为著名的画家。

再有中国第一画马人徐悲鸿他用了西洋技术，把明暗的光线、层次、块面融入中国画里面，这样画出来的马自然与众不同。

世界名马

下面给大家介绍两种世界名马。

第一，汗血宝马。中国最早关于汗血宝马的记载是在《史记·大宛列传》中，大宛"多善马，马汗血，其先天马子也"。说这种马是天马的后代。此后，历代的文艺作品里就有了汗血马的提法，为什么又叫汗血宝马呢？汉武帝极其喜欢马，张骞出使西域时，在大宛国发现了一种无可比拟的好马，汉武帝知道后志在必得。他打了一具金子做的马，招募了三百人的队伍到大宛国去换汗血马，但大宛国的国王不肯。汉使归国。途中，金马在大宛国境内被劫，汉使被杀害。汉武帝勃然大怒，做出武力夺取汗血宝马的决定，于是发动了人类历史上古往今来从来没有过的战争，汉武帝派给李广利六千精兵，李广利意气风发地出了玉门关，过戈壁，走沙漠，再翻越雪山。但李广利走到大宛国的边境城市郁城时，初战不利，只好退到敦煌，只剩下五百人。于是汉武帝重新谋划，派六万精锐骑兵，十万头牛，三万匹备用马，一万多头骡子、骆驼、毛驴和无数志愿者出征。

李广利大获全胜，汉武帝把汗血宝马拿过来送到霍去病的军马场。他把汗血宝马与河曲马杂交育种，培养出当时世界上最好的战马——山丹马。山丹马场是全世界单一社会组织机构中寿命最长、历史最长、规模最大的，至今依然在养马。汉武帝凭借山丹军马，组建了世界上最强大的骑兵队伍，在东方版图上创建了经济最发达、疆域最广阔，文明程度最高，实力最强的大汉王朝，从而建立了稳定的北丝绸之路，沟通世界。从此以后，我们在世界交往中，自称汉人，说的话称为汉话，民族称为汉族，这一切都源自马，如果没有马，这一切都几乎不能成立。所以马与我们今天的生活密不可分。

第二，英纯血马。英国国王查尔斯二世是十七世纪中叶的一个超级马迷国王，他想培养一种世界上最好的马，跑得最快，跳得最高。他就倾举国之力，在全世界选了100多匹种马，同时选了3匹最好的公马，这3匹马与100多匹母马配种，育种出来的马就叫英纯血马。它们创造了世界上最新的世界纪录，跳高二米四七，跳远八米三，没有任何马能够超越，英纯血马的爆发力和冲刺力都是世界第一，跑得最快。

英纯血马种群特殊，非常稀有。

世界马种起源

古代的马不是今天的高头大马，六千万年前的马只有狐狸那么大，称为三指马，始马经过发展变化，变成中马，中马发展成原马，原马发展成上新马，上新马变成真马，真马就是今天的野马，在距今一百多万年前就消失了。英国设特兰群岛就有一种矮马，极其原始，因此英国可以很豪迈地向世界宣称自己是世界马种发源国。金庸武侠小说《鹿鼎记》第38回就写了我们滇川之地的矮马，其中说：如果论跑得快、跳得高，你的汗血宝马当然凶。但是如果论吃苦耐劳走得远，翻山越岭，我这个矮马凶，吃苦耐劳翻山越岭它第一。1983年，西南民大马学专家黄教授就带人普查过，顺着安宁河谷走到大凉山深处彝族聚居区，就会发现有很矮的马，当时黄先生大吃一惊，赶快拍照，解剖、登记、造册，通过解剖，发现这种马只有五个腰椎。世界所有的马都是六个腰椎，设特兰矮马是五个半腰椎，这个五个腰椎的马，基因不是更古老？通过科学考证，1983年黄教授等人在世界上发表了严谨的报告：五腰椎矮马，命名为安宁五腰椎矮马，它只有五个腰椎，说明它的基因比设特兰矮马还要古老原始。黄先生发现的安宁五腰椎矮马震惊世界，它证明了中国也是马种发源国，而且现在还拥有更古老的矮马。1969年金庸先生将矮马写得活灵活现，他既没有到过四川，也没有去过云南，更没有去过彝族地区大凉山，怎么写出来的呢？这一段关于矮马的描述，留下了令人震惊的旷世之谜。

谢谢大家！

金沙讲坛
讲座集萃（2017）

古典文化中的传统信仰

◎卓新平

卓新平，中国社会科学院世界宗教研究所所长，研究员，国家社科基金宗教学评审组组长，中国社会科学院学部委员，中国宗教学会会长，全国人大常委会委员，民族委员会委员，国务院学位办哲学组成员。享受国务院政府特殊津贴专家。国家级有突出贡献的中青年专家，新世纪百千万人才工程国家级人选，入选欧洲科学艺术研究院院士，中宣部首批"四个一批"人才。

非常高兴来到成都，我刚才在会场外看到同学们跳舞，那种气势、那种浪漫、那种潇洒，使我非常受感染，这就是成都人。这种精神气质实际上折射出我们悠久的文化圈层，它和我们今天谈的古典文化中的传统信仰有着千丝万缕的联系。

对中国古典文化的理解

中国古典文化源远流长，其基本精神的重建及其核心价值的提炼可以使中国人对其文化核心精神及其基本要素有清楚的认识。这种古今关联从"克己复礼"之"仁"与"敬天法祖"之"信"，从太极共融之"和"与"美美与共"之"统"，再到今天的核心价值的重提，预示着中国社会及文化发展的一次新的机遇。

从中国古典文化价值的提出到今天社会核心价值体系的构建，中国知识分子的作用至关重要。因此，了解中国古典文化必须与认识其传承者——中国知识分子密不可分。从孔子周游列国到今天寻求知识分子的"思想库""智囊团"作用，其远古"帝王师"的理想抱负并不是很成功，也有一些怀才不遇的悲剧在延续，但是知识分子并没有放弃匹夫有责的努力，这是中国文化命运及精神发展的一大特色。所以，中国古典文化的确立及其信仰，这种传统的发展与"士"文化的精神是一种不解之缘。

第一，中国知识分子的传统与古典文化的精神。儒家思想铸就了以"士"为标识的中国知识分子，成为中国文化精神的重要代表。儒学文化有着浓厚的现实关切情怀，以天下大事为己任，从而使儒家本有的"敬天"这一超越精神落在实处、接上地气。所谓儒家的这种"内在超越"如果没有一种"超越自我""洞观天地"的"天地境界"和博大情怀，很难真正做到"内在超越"，所以说它是内在超越与外在超越相辅相成的。在经历复杂历史变迁的现实社会中，由中国知识分子以其精神、抱负、责任、使命而展示出来的精神顽强地被传承了下来。当然，儒家文化也有历史的局限性，但是从整个中华文化的历史进程来看，儒家文化在约两千多年的中国历史中起到了承前启后的关键作用，它作为古典文化的主流，发挥着显著的精神力量，使中华文明屹立于世界文明之林，而且使中国历史尤其是思想史，能够没有中断地延续至今的作用，所以今天儒家思想仍是世界认识中国最典型的代表符号之一。在中华文化及中国社会持久而坚忍的保持和延续中，中国知识分子的忍辱负重、自我牺牲发挥了重要的作用。一方面，强调"内圣外王"的儒家精神，要求知识分子应有人格修养的工夫，所以在自己的德行、涵养和其他表现形式，像琴棋书画、诗文赋词技能等都应出色。另一方面，中国社会对政治忠诚的号召则要求知识分子为国家利益挺身而出，为国分忧，在治国安邦上有所作为，这就铸就了以"士"为称谓的中国知识分子群体及其人格特性："士"乃以"天下"为己任，将坚持真理视为"替天行道"，有"士为知己者死"的气魄。在儒家对社会阶层的理解当中，对人是有要求的：人不是以物质分等级，而是以精神境界分等级，分为"庸人""士""君子""贤""圣"五等人。其中"士"有一个适中的定位，要避免"庸人"的堕落，要守其君子之位，要力争圣贤。在中国，对"士"的追求是一种最高境界，所以中国知识分子对自己的定位是有自知之明的。

"士"在中国文化语境中有较广的涵括。为政方面，有"谋士""策士""察士"；用武方面，有"勇士""战士""壮士"；学术方面，有"儒士""学士""博士"；宗教方面，有"术士""方士""教士"；四途之外，则有"游士""侠士""隐士"等。总之，中国的"士人""士大夫"阶层有一个基本的特点，多指读书人或有一定学识及专长的知识分子，通常受过相关训练或有着一定的修养及某种技艺。"士"在中国文化传统中已成为社会精英的代表及思想精神发展的中坚力量，所以我们说中国古典文学与中国士文化有着不解之缘。

中国古代的知识分子"士"，起初多为"士无定主"的"游士"，但是中国文化中的"天下"观和使命感往往会使他们找寻一种政治的依附，所以这种"士"通常会依附于"政"。中国的政治家自古以来都有"养士"的传统，"士"依附于政、为政所用，从而有了"皮之不存、毛将焉附"的命运。所以要了解中国的

"士"，一定要从政治角度出发，"士"一方面有政治意义上的担当，另一方面也有社会责任上的需求，这是它的使命。我个人认为，如果这种"士文化"不再是依附于表皮之"毛"，而体现出中华文化躯体的"魂"，其精神引领的作用则是其文化上更大的升华。"士"的命运应该说在中国是非常复杂的，中国的"士"保持了"可杀而不可辱"的气节，尤其是在中国的政治发生大变革的时候。我们可以看到，无论是入世还是归隐，"士"在中国社会中的政治性、思想性和文化性都是非常明显的。

"士"的社会努力乃循序而为，应注意其阶段性和逐渐发展、提升，既有着"格物、致知、诚意、正心、修身、齐家、治国、平天下"的先后次序和循序渐进的步骤，亦有着"先天下之忧而忧，后天下之乐而乐"的境界。不过，在错综复杂的中国政治氛围中，"士"在现实方面也会表现出一种中庸、稳健、淡定的气质，强调"淡泊以明志，宁静以致远""不以物喜，不以己悲"，而且对审时度势有着"穷则独善其身，达则兼济天下"的冷静，尤其是在其吸纳了佛道思想以后，在进退中表达出一种"水穷云起""退一步海阔天空"的自我解脱。从这个方面来讲，恰如孟子所言，"士"是强调内在功夫和外在功夫的有机结合，只有"存其心，养其性"，才能"事天也"。把天下太平作为政治追求，需要"士"对自身有严格要求，不仅有着政治上的"克己复礼"，在生活层面也要"洁身自好"，注重修行养性。这种境界实际上就是"士"与道这种天下境界相关联。

在我们的社会中，追求的是天下为公，实现社会大同，当然这种向往和追求是要付出极大努力的，而且在没有实现的时候，人们往往是要么以怀旧的方式来表达，要么以前瞻的向往性的方式来表达。我们今天谈得比较多的是要达到小康社会，这主要是基于家的观念，虽然殷实但还是留有私欲，尚未完善，也体现了我们政治家的冷静和睿智。就是说发展要一步一步地走，不可能一下子就走到天下为公的大同境界，所以要基于小康再往前迈进，才能达到大同的境界。对于大同，中国的政治家，包括中国的知识分子有很多的理论阐述，而且在对社会秩序的维系当中也有相应的基础，这种基础应该说就是在礼、仁两维之间。礼是客观性的，在社会中，就是让人们必须遵循相关的社会规范，用法律来保障；而仁则是主观性的，主要指个人教育训练和道德修养，所以中国社会强调的是社会高于个人，集体重于私己的这种原则，这种仁爱、仁政是要为社会秩序服务，这就是中国古代说"克己复礼为仁"的核心奥秘所在，这也是使中国人具有政治文化的一个重要原则。

第二，中国古典文化的基本表述。中国古典文化的核心观念实际上已经在《周易》中形成了基本构架，太极阴阳图所表达的"圆融统一"的整体观，和谐、共构、统一、美美与共的思想，就是中国文化对人类的贡献。今天我们要文化复兴，要把中国很多原来的思想发掘出来，就包括有整体哲学思维的观念，包括国家的意志，一种团结的理念，这涉及人际关系，民族和民众和谐的共享，宇宙的结构，社会的共构等。所以我们今天谈得最多的就是共同体意识，包括生命共同体、社会共同体、文化共同体，这些古典精神已经化为了信仰，有了传承和传颂。西方思维强调的是二元分殊，与我们的基本结构形成了鲜明对照，它强调的是迥异、对立，是通过扬弃达到对立的统一，追求一种真、善、美、圣，对人的要求是信望爱，西方的政治原则又强调自由、平等、博爱，所以它的个性比较凸显，但是整体的观念明显是比较弱的。

中华文化以"仁、义、礼、智、信"作为核心之道，体现了中国文化一些相应的核心观念，比如，我们强调忠，这主要是指对于国家的政治态度；我们强调孝，这是对于家庭的一种伦理的态度；我们强调诚，这是对于社会的一个基本态度，也就是维系公共关系；仁则是一种社会的关爱，体现的是博爱、仁慈、宽恕、利他的思维，对己要有所克制；义的观点就是强调维护社会的正义、公义、公平、公正，这就带出了复礼，就是我们说的法治。另外我们还需要一种信，包括对宗教的敬畏感，也包括对超越的向往和追求，它表达的是一种自我升华的精神，在中国文化中是非常重要的。所以，超越与现实的结合就在诚信精神中得到体现，这就要求我们回到真诚、实在、纯洁，返璞归真。从中国宗教的底蕴来看，它也是以一种信仰的精神，将这种文化核心观念作为绝对命令来自觉践行，以达到诚信的自由。这就形成了中华文化传统中的道统，作为一以贯之的道。我们今天讲的文化革新和文化创新，实际上还是要回归文化核心，要深化本土信仰，不能搞历史虚无主义，在我们深厚的文化土壤上重建中华文化道统。

我们今天的核心价值观必须要与中华民族历史传承的、社会共同认可的文化核心相结合，必须从中吸取丰富养分，并赋予其新的时代蕴涵和现代表现形式，这样才可能真正产生生命力和影响力，起到对国家和民族的"重要稳定器"的作用，发挥其众心所向的效果。如果我们离开这种历史悠久、代代相传的中国文化核心，那今天的核心价值就会成为无本之木、无源之水。所以说，一旦古典成为经典，它就会超越时代之限而体现出永恒的意义。

文化与信仰的意义

第一，信仰的意义。信仰好像看不见摸不着，被认为有"唯心"之嫌，但如果没了精神追求，在现实中又是很危险的，社会会成为一盘散沙，对文明的延续也非常不利。信仰中的敬畏感是一种宗教情怀，体现出信仰的超越性，指引、支

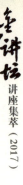

配着人们心中的道德律，从而达到一种内在自觉。这是法治、秩序等社会规范的重要补充，"法"作为社会表层规范、被动及强制要求受到了心的深层考量，人之主动、能动的呼应或支撑都是从容而不迫的。所以，一个没有信仰的民族、政党和国家是非常危险的，也很难在思想精神上凝聚在一起、共同发声。我们知道康德有一句名言："世界上有两件东西能够深深地震撼人们的心灵，一件是我们心中崇高的道德准则，另一件是头顶上灿烂的星空。"我们谈信仰，要了解它的二维，一是内在的自我升华，一是外在超越定义的激励。从外在来讲，这种信仰的境界往往同宗教相关联，但是信仰有着更大的涵括，宗教信仰只是信仰中的一个部分。实际上我们可以看到，信仰是不断形成、发展、变化的，信仰作为人类精神文化的重要现象有一个特点，就是反映人类在认知和实践上的超前把握及决定，体现出人追求超越性和神圣性的境界。其中"信"为认知上的超前性和超理性，"仰"则是行动上的超越性和敬畏性，"信仰"指一种往上的、超然的、折服的心态及相应的行动选择。信仰虽然可能有神秘感，但更多的是体现其敬佩、推崇和神圣的境界。

人追求信仰，就成为人与其他动物的重要区别。从中国汉字来看，"信仰"从人，是人的言论问题，是人心所向的问题。从这个意义上来讲，信仰属于一种未来学的范畴，对今天的现实是一种审视、一种警醒。但是由于是对未来的追求，信仰的这种确定性和肯定性也是相对而言的，它具有自我精神上的确定性，但是在理性认证上就不好说。信仰暗含有未知的因素，具有猜测和神秘的因素，但是作为人们把握世界之独特方式的基本观念却被相关人群视为确信或坚定的理想。根据这种理解，信仰及其核心构成的信念应是指"未然"但被相关人群强调为"必然"的向往和追求目标。从这个意义上看，信仰是一种选择。西方思想家帕斯卡尔曾经把信仰称为赌，即"信仰之赌"；而基尔凯郭尔强调的是"信仰的跳跃"，他认为信仰的目标是冰水中间的一颗明珠，但是否能得到那颗明珠是不知道的，也是不重要的，关键在于你信仰跳跃的那一瞬间，你的人生的意义得以体现。这种信仰的体悟让我们能够望穿时空，洞观宇宙，体悟人生，而且在看透世界与看破红尘之间有恰当的定位，可以超越自我，达到一种升华性的精神回归。所以，在民族、社团和政党中，信仰的存在使它的群体能够安身立命、团结凝聚，形成一种"集体意识"和"公共能量"，在复杂的环境中实现共存和发展。

第二，信仰的层面。人类的信仰是综合性的，不是单一的层面，我们可以把信仰分为政治、民族、文化、宗教这四个层面。

政治信仰。是人类各个组织团体在身处政治活动中所持有的信仰。它坚信所追求的政治目的，含有一种对社会理想的追求。政治信仰在目的上是简单明快、清楚鲜明的，但是反映在发展的进程中却复杂多变、要经历不断地调试。不同的政治信仰形成了不同的板块、不同的主义。十月革命一声炮响给中国送来了马克思列宁主义，但是这一百年间，国际共产主义的发展跌宕起伏、曲折复杂；在今天，是中国为整个世界的社会主义运动扛着大旗，这是以前根本没有想到过的。所以政治信仰因为他的此岸性而彼此关联密切，多有交融互渗。政治信仰的排他性也是非常典型的，不同的政治理念、不同的政治信仰之间有着非此即彼的尖锐斗争，而且往往不容易调和或妥协。尽管如此，我们看到政治信仰中也还是有对话空间，一种政治信仰并不是孤立形成的，而往往是综合、继承的结果。

就中国近现代政治史而言，共产主义、社会主义、三民主义等都具有政治信仰的性质，但是如何来实现，不同的信仰者则有不同的把握和理解。在实现共产主义的过程中，我们走过弯路，但这种弯路让我们认识到其"路漫漫之修远"，所以我们今天强调中国还处在社会主义初级阶段。实际上，我们追求的共产主义信仰也包含诸多欧亚文明的因素。从宗教研究的角度来看，我们所认识的马克思，从历史发展来讲他是犹太人，同时他又是 19 世纪的德国人，他的思想精神中有着明显的犹太教、基督教文明传统积淀，也反映出德国源自古希腊罗马文化的理性、思辨和批判性传统。所以列宁讲："只有用人类创造的一切财富丰富自己才能成为一个真正的共产主义者"。此外，马克思主义理论的三大组成部分都有西方文明思想的渊源，中国接受共产主义信仰，同时也代表了我们对包括西方文明在内的先进文化持开放姿态。

民族信仰。是民族之魂，是其民族赖以生存的精神支撑。民族信仰与民族生存的关系在犹太教与犹太民族的关系中得到了最经典的表述和见证。民族信仰与民族精神有密切关联，民族信仰是一个民族最核心的文化要素，它成为这个民族得以生息繁衍并发展繁荣的强大动力，是文明得以延续传承的精神硬核。从这方面讲，一旦民族精神成为信仰，就会永久性地在民族成员中留下深深的烙印，给相关的民族带来历史的反思、未来的崇敬和发展的动力。民族信仰是因为民族精神继承性、延续性和永恒性而成为信仰，信仰本民族的精神就意味着守护它的精神家园，传承它的民族文明。

中华民族的信仰特点是什么？它以向心凝聚、整体共构的"大一统"思想作为其核心精神理念。国家的统一、民族的团结是我们一直秉承的观念，是中华民族的智慧，也是我们的利国利民之本。这是中华民族信仰的原则和生存底线，是我们的一种民族信仰。这种统一观念应该说是自远古以来，通过我们的祖先崇拜和民族图腾的形式固定并流传下来的，比如说我们最早的表达有炎黄子孙、有龙的传人，这就折射了民族图腾的凝聚观念，这种发展进一步扩展，形成了汉民族渊源共生、同根同源的信仰观念，再加上海纳百川、和谐共融的中华一家大民族信仰，中国统一的民族意识，它就是这样通过我们长期的发展而成为最重要的民

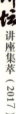

族信仰的。

中华民族的信仰传统主要体现出一种内涵式、内蕴式、自强式、自我完善式的精神模式。相对封闭的地理格局使它的民族信仰内陆特色较浓、海洋风格颇逊，侧重于"黄土""黄河"情调，草原"游牧"之风仅昙花一现，而无"蓝海""蓝色"经典。古代中国在政治考量上，"西守"要远远重于"东扩"，对"土"的眷恋可以让中国政治家发出"宁失千军，不丢寸土"的豪言。这是中华民族信仰体现出的重集体、重"大我"、重整体的秉性，突出的是"天行健，君子以自强不息；地势坤，君子以厚德载物"。这种内涵式民族信仰在中华民族的发展上保持了其民族文化上下五千年的连绵不绝，但是也有它的相对保守性，比如在近代面对外强冲击的时候也往往危机四伏、险象环生。这就是为什么我们要走出以前的局限，这是全球化社会发展对我们提出的要求。

文化信仰。文化是人类发展的精、气、神，是各民族及各社群的灵魂所在，所以文化信仰非常重要。文化这个词在西方传统中与农耕文明有关，它的原意是"开垦""耕作"，后来引申为"教化、崇拜"，涉及宗教。社会的公民应该有道德风尚、良好的习俗或者是生活方式，这是西方对文化文明的理解。而中国对文化的理解原是指"文治和教化"，文明则由"文德""文采"涵扩为"经天纬地曰文，照临四方曰明"，并有"濬哲文明"这种表达方式，这可以看到它具有一种知识的积淀，具有思想性，相关人群在文化中的安身立命就形成了相应的文化信仰。

对相关文化的崇敬和敬仰在文化信仰中是非常重要的，这就是钱穆先生曾经说的，对于本国以往的历史文化要有"一种温情与敬意"，只有这样，"国家才再有向前发展的希望"。许多国家对文化都非常重视，像英国政治家丘吉尔在谈到这种文化信守时强调，英国可以"失去印度"，但是不能"忘掉莎士比亚"。而且，我们还应看到，政治信仰即使在各异的处境中，仍然具有文化信仰的共通性。在现代国家的发展中，政治的多元使许多国家很难跨越政治信仰的障碍形成真正的凝聚力，在这些国家的内涵式发展中，弘扬或塑造一种文化信仰遂成为其文化战略的重中之重。为此，我国有人提出以"文化中国"的理念来构建"中华文化共同体"。这种共同体的意识实际上表明我们在文化信仰上达成了共识，实现了文化的同情共感，同体共爱，达到"情深而文明"的境界。从这个方面来讲，今天的文化重建对中国来讲也是非常重要的，这种文化信仰在团结海内外华夏民族文化方面起到了非常重要的作用。

对文化信仰我们要有冷静的分析，比如对中国的文化信仰，要有基本的定位，有学者将中华文化定义为"德性伦理"的文化："遵道厚德、义利兼顾、乐群和贵、和而不同、勤俭自强、诚信敬业、经世致用、天下为公。"这种精神在世界民族之中是独树一帜的。我们今天谈中国的社会主义核心价值观，是有很多层面的，它对中国的传统文化精神乃至于对世界的开放性的文化精神都有吸纳，充分地体现出我们文化的自知、自觉、自明、自强，这是我们对中国文化信仰一个基本的评价。但是我们的文化信仰也有它的不足之处，需要我们进行必要的文化反省。中华文化信仰关涉到中国梦的实现，从中华传统来讲，我们的文化信仰涵括社会文明和个人气质两个方面；从社会文明发展上看，我们的农耕文明传统留下的是国民安居乐业、稳定和谐、温馨之梦。今天讲中国梦，实际就要体现出中华民族的文化信仰。

宗教信仰。西方文化在宗教信仰层面更多会强调一种超越的维度，而中国文化的宗教信仰更多地强调要实现一种自我的超越。宗教信仰一般有三种类型：一种是绝对的一神论宗教信仰，在西方宗教传统里面比较典型；第二种是两种神灵以上的多神论宗教信仰，这在东方包括中国比较典型；第三种为强烈的抽象、升华看似"无神"的宗教信仰。

从人类历史发展来看，宗教信仰主要体现在世界版图格局的三大板块，其中以西亚板块的绝对一神论影响为最大，也就是我们所谈的"亚伯拉罕传统宗教"，它形成了犹太教、基督教或者伊斯兰教。这种"绝对一神论"的思想高度主权化，在社会实践上具有绝对的排他性，就导致这三大宗教彼此矛盾冲突甚至于卷入世界的战争。还有两大板块也在亚洲，一个是南亚版块，一个是东亚版块。南亚主要体现在印度，东亚主要体现在中国，它的宗教信仰体现了"多神"的特点，更多地关注神人之间的发展。比如佛教创始之初，重点强调的是人的觉悟，并不是神灵的存在，所以基本上"多神论"发展中也在强调绝对意识或者抽象整体的思维。但是他的表达的形式是多神论的表现形式，所以多元主义是东方宗教信仰的一个基本特点。同时，他面世的方式更体现的是神性的尖锐，与之相对的则是他的包容性和他达到更宽容的一面，所以在这个方面"转宗"的现象非常多。在人类文明尤其是其精神思想的发展中，宗教信仰是占有很大比例的，宗教信仰作为人类文化的宝贵遗产和重要的象征，已经影响到了世界的方方面面。如何协调不同宗教信仰之间的关系，在人类社会的稳定、不同文明之间的和谐中，都起到了举足轻重的作用。

中国人的信仰精神和宗教情怀，在中华文化史上留下了深深的印痕，也有着历久弥新的回响。中国亦称"神州"或"神州大地"，这种神州的表述本身就有宗教意义上的解释，比如说"昔在神州，以神仙之道教化天下"，神州被比作神仙居住之地。中国的宗教信仰，一方面有自创的神州大地，另一方面有着我们的祖先崇拜。谈到中国的宗教，往往就宗教这两个字来进行探讨：宗和教最早是分开的：宗，宝盖就是偏旁，表达的是居所，下边的"示"表示天上的三光，日月

星，体现的是宗教崇拜的场所；教，是一种学说、思想、理论、义理的表达，在中国的远古被用来表示人们对神道的信仰。

中国信仰传统与文化的持守

第一，对传统信仰的态度。代表着中华民族精神追求、精神标识和思想道德资源的中华优秀传统文化，包含着中国人的宗教文化。传统信仰中最主要的还是宗教信仰，精神气质突出、精神境界高深的宗教文化是中华古典文化的有机构成，其在悠久的历史传统中影响很大，举足轻重，乃中华传统文化最典型的特质之一，也是保存至今的中华文化体系中最为久远的元素之一，无论是从社会意义还是文化意义上来看，都必须看到宗教在其发展中所起到的精神动力作用，都必须注意到宗教对我们社会共构及民众信仰的广泛影响。我们对中国传统的宗教文化的了解与学习，可以增强我们的向心力和凝聚力。

第二，中国信仰传统面临什么样的困境呢？中国古代实际上是一个多宗教的时代，这是中国传统信仰的实质，在今天的中国，这种多宗教性质依然是存在的。

首先我们看儒教。儒这个表述的提出早于孔子，它最早就蕴含了宗教成分。儒是到了春秋末期才有教师的意义，所以《周礼》提到"儒，以道教民""儒，以道德民"。儒教不仅强调敬天而且还有相应的敬拜，还进而探究"天道本体"，从这个意义上讲，传统儒家本身就具有宗教元素。

对于儒家，我们可以看成一个曲折发展和形成的过程。先秦的儒是所谓的孔儒，这时还是哲学；到了汉儒阶段，董仲舒就把儒家创立成了一种宗教；到了宋儒阶段，就形成了体态完备的纲领，朱熹提出了儒家的道德学说，形成了中国古典文化核心发展的一个线索。儒家的道统是三个方面：一是认同意识，二是正统意识，三是弘道意识。这三大意识在今天的中国文化中仍然是有保留的，中国社会从骨子里仍然是一个有儒家传统影响的社会。

其次是道教。鲁迅曾经谈道："中国根柢全在道教。"揭示了道教对中国的社会的意义，在中国现存的五大宗教中，道教是中国唯一土生土长的宗教，道的观念是中国宗教文化最核心的观念。"道"意蕴主体的言述、客体的路径，又具有超越之意的秩序、法则、规律、理念，从而表达了"道可道，非常道"的终极意义，故此才有对形而上之"道"模糊、抽象、神秘的理解和感悟。道的境界至少涵括宇宙大道、生命道教、太极文化这几个层面，同时，它们也是中华文化对世界做出的最独特的贡献。

道，实际体现在天道、地道和人道之中，所以《易经》说"有天道焉，有人道焉，有地道焉"；有"立天之道，立地之道，立人之道"的具体表述。老子以"道"在"象帝之先""似万物之宗"的思想而提出"道"的先在性和创生性，从这个方面来讲，道是天地之始的"无名""不可道"之"常道"，我们讲"天道自然""天道赏善而罚淫""天道福善祸淫"等都处于这种形而上的层面。除此之外，还有一种天人之际，"所谓道，忠于民而信于神也"，它不像西方的天、人、神之间是绝对不能在一起的。中国的文化奥妙就在于强调天人之际，而我们的哲学、我们的宗教就是在"究天人之际"，所以就出现了人道，人道就应该经纬万端，规矩无所不贯，这样就有了"亲亲、尊尊、长长、男女之有别，人道之大者也"等。道教在现存的宗教里面是最能体现和代表中国古典宗教精神的，中国思想传统就是天、地、人，这三大观念实际上就是由道来关注。"道"在中国思想文化中既有"形而上"的绝对本体意义，也有万物中的内在规律之解，乃最为核心的宗教观念。所以说，儒、佛、道本身就可在"道"中"三教合一"，这样就构成了中国本土宗教的基本特色和象征符号。

我们今天弘扬中华文化，应该从道开始，从道的哲学形态、宗教形态中找到中国文化发展的深邃脉络。道教发展于黄老思想，黄帝是华夏民族的一位始祖，老子是中国精神的思想先驱，连孔子都曾经向老子求学，反映出中华文明的源远流长和炎黄子孙的一脉相承。与其他宗教不同，道教的发展道路是汇聚涓涓细流而成江河，从多元走向统一，从分散达到聚合。今天弘扬道家文化有两个层面，一是形而上的层面，就是宇宙大道的这种理念；二是形而下的层面，我们说的生活道教或者是僧侣道教，是可以实实在在在鲜活地在社会中生存的。

再有就是佛教。佛教来自印度，它强调一种觉悟。南传佛教在中国的傣族地区有传播，当然在缅甸、泰国、老挝、柬埔寨、斯里兰卡等其他国家也有发展。藏传佛教传入了西藏地区，佛教在欧美地区也有传播，形成了西方的佛教。真正得到发扬光大的是传入中华本土的佛教，它在南北朝时期得到了发展，在唐朝形成了有中国特色的天台宗、三论宗、律宗、净土宗、法相宗、华严宗、禅宗和密宗等。中国化的佛教深得中国心性之学的奥妙，同样佛教在中国化的进程中也融合了中国智慧，所以它的佛法禅机也成为中国人的智慧之所。佛法的根是外来的，但是在中国进行了华丽的转身，成为中国文化的有机构成。它经过中国社会这个大熔炉，重新构筑了一个全新的体系，因此我们说，佛教是中国优秀传统文化重要的组成部分。

我们看到：禅意诗画与道家的飘逸、逍遥非常的接近，唐朝的李白、王维、杜甫等人，创造了诗中有画、画中有诗这种空间艺术与时间艺术紧密结合的作品，这就是在中国传统文化儒释道思想影响下的中国知识分子内化传统文化思想

后形成的一种文化共构。

在当今世界，宗教仍然非常活跃，影响力也很大，从全世界范围来看，很多人都有宗教信仰，中国要面向世界，必须把中国宗教文化在古典文化中间的定位或者作用彰显出去，对此我有以下几个简单的结论：

第一，中国古典文化含有传统宗教信仰的因素。

第二，要正确地面对宗教，发挥宗教的积极作用。

第三，文化的重建及复兴是需要顶层设计的。

第四，要强调知识分子的作用，也就是发扬"士"的精神。

第五，我们需要一种自上而下与自下而上的双向呼应，从而达成一种沟通。

第六，我们需要文化的培育和熏陶，也就是需要唤起民众对我们文化的关注。

第七，中国传统文化要进行现代革新与适应。

第八，世界给了我们一个很好的机会，我们要有紧迫感，把握好这个机遇，弘扬中华古典文化，使我们的传统信仰在今天这个社会中重放光彩。

谢谢大家！

天府文化的传播使者
——蜀葵丝绸之路

◎周小林

周小林，央视《朗读者》嘉宾，成都鲜花山谷创始人。曾参与策划红叶温泉风景区——米亚罗及"把《康定情歌》带回家"系列旅游纪念品，获 2004 年四川优秀旅游纪念品奖。2004 年获四川省"青年旅游工作标兵"称号。出版《九寨沟》《黄龙》《美人谷·丹巴》等画册，出版《绝色丹巴初体验》《在丹巴发呆的日子》《中国蜀葵品种图志》等著作。2013 年 5 月，中国西南启动鲜花山谷项目建设至今，已建成世界面积最大、品种最多的中国蜀葵花种植、观赏基地。成立了中国蜀葵研究中心，完成世界上第一本详细介绍中国蜀葵《中国蜀葵品种图志》的编撰工作。

今天我主要给大家讲讲蜀葵，丝路之花，向世界传递中国美丽的使者。

与蜀葵相遇

对我而言，与花结缘完全是一个偶然。2002 年，我发现四川有一个很美丽的地方叫丹巴，我就有一个小小的心愿，想把它介绍给世界，后来我带着我太太在那儿待了四年的时间，当然也成功地把丹巴介绍给了世界，让更多的人了解了那个地方。丹巴有世界上最美丽的乡村、最杰出的建筑，那里有一种很独特的建筑叫碉楼，我当时对碉楼产生了无比的兴趣，因为我知道它是中国古代足以和万里长城比肩的最伟大的建筑之一，也是中华民族贡献给世界最珍贵的一种建筑文化遗产，所以我们就做了一个中国碉楼数据库。做完以后我一直想弄清楚一个事情，到底是谁第一个用图片把它介绍给世界的人？我们发现了一个叫威尔逊的外国人，一百多年前，他拿着相机来到了中国、来到了四川，在丹巴这个地方拍了很多碉楼的照片，而且成像质量极好。后来我才发现，他不是拍碉楼，不是研究建筑学或民族学，他是来中国采集植物的。兴趣使然，我就想看看这个人，以及在那个年代来到中国的植物猎人，到底从中国、从四川带走了多少美丽，于是我悄然推开了植物这扇门。后来我就带着我太太对整个中国西南的高山野生花卉进行了一次

考察。

我们想看看在这片土地上有哪些美丽的花儿，它开花的时候是什么样子。结果我们发现这个区域是全中国乃至全世界生物多样性最丰富的一个区域。当我们看见这些美丽花卉植物的时候就在想，我们为什么不可以用它们来美化我们的国土，建设我们美丽的中国呢？

2006年我们离开丹巴的时候，我太太跟我说：要是有一个小花园就好了。我就对她说：给我一点时间，我送你一个中国最美的花园。后来，我们就萌发了做一个鲜花山谷的念头。有了这种想法之后，面临的第一个问题就是把这个项目放在哪儿。我们就在全中国选地，广东、广西、湖北、湖南、云南、贵州、江苏、江西到处找。后来我就跟我太太说还是回四川吧，因为我的故乡就在四川。当然我们还有一个理由，就是四川虽拥有全国三分之一的野生植物，但是却没有省花，没有省树，也没有一个正式的省立植物园。我希望未来我们所做的鲜花山谷能为我的故乡四川争回一点光荣。

在全世界人口超过一千万的特大城市里，成都的海拔高差最大，地形地貌最复杂，野生植物资源最丰富。成都最高的海拔是西岭雪山，5364米，而成都最低的海拔高度就在现在四川沱江出简阳的地段，359米，海拔高差达5005米；成都是三分之一的平原、三分之一的丘陵、三分之一的极高山，地形异常复杂；成都有3392种野生植物，也就是占全球的百分之一、全中国十分之一的野生植物集中在面积为14605平方公里的成都，所以，成都应该是世界上最美丽的花卉城市。地址确定后，我们启动了鲜花山谷这个项目。

那么，要种什么花呢？蜀葵。目前为止，我们栽培有世界上面积最大、品种最多的一片蜀葵花海。面积达400亩，品种有390个。蜀葵几乎囊括了色彩盘上的所有色彩；它的花型有单瓣、复瓣、重瓣；花的颜色有白色系、黄色系、红色系、橙色系、紫色系、黑色系。黑色的蜀葵异常珍贵，全世界几十万种花里面只有十几种是黑色的，而黑色蜀葵是黑色系中颜色最深的，并且蜀葵黑色系的花都有四种，我们分别给它们取了不同的名字。

蜀葵，从名字上就能看出它的产地。蜀葵是栽培历史最为悠久的传统民族花卉，距今已经有2200年以上的历史了，它是中国栽培最为广泛、俗名别称最多的花卉之一。早在两千多年前，它就走出了四川盆地，现在无论是低海拔的海南岛，还是高海拔的青藏高原；无论是我国最东边的黑龙江，还是最西边的新疆，处处都有它的身影。它遍布全中国，成为中国各民族都喜爱的一种百姓花。蜀葵还是中国人的端午花，大家都知道端午节要吃粽子，划龙舟，喝雄黄酒，实际上我们还要赏端午花，蜀葵在端午节期间是开得最盛的，所以有很多地方又叫它龙船花、端午花、甚至端午锦等。

圆明园被毁之前，每年的五月都会举办竞舟活动，圆明园里面就栽有大量的蜀葵。在清朝，中国古代有月令花，蜀葵是中国七月的月令花，花神是汉武帝的妃子李夫人。中国历史上，李白、杜甫、苏轼、陆游都写过大量的、有关蜀葵的诗词；画家笔下也发现了很多蜀葵的身影，从南宋的毛益一直到近现代的吴昌硕、齐白石、张大千、徐悲鸿等都画过蜀葵；在敦煌壁画里，不仅有蜀葵的身影，而且还发现了黑色的蜀葵。

美丽的礼物

我们贡献给世界很多的礼物，其中具有国际意义和世界影响力的代表有两个：一个是以大熊猫为载体的快乐，另一个就是以蜀葵、珙桐和百合为代表的美丽。从 8 世纪开始，蜀葵通过北方丝绸之路、南方丝绸之路以及海上丝绸之路，传播到了世界的每一个角落。所以，蜀葵不仅仅是四川人的故乡花，也是丝路之花，也是"一带一路"的见证者。从最寒冷的冰岛、西伯利亚、格陵兰岛，到最炎热的印度尼西亚的马来半岛，处处都有它的身影。蜀葵天然、超强的适应性使得它可以绽放在世界各地。

蜀葵在 8 世纪开始传到了东亚，比如日本、朝鲜。在日本，宫崎骏的动画里出现了大量的蜀葵；从朝鲜的邮票一直到中东和欧洲的一些国家，蜀葵出现在他们国家的名片上面；在俄语地区，大量的诗歌、歌曲以蜀葵为主题；西班牙还有三部叫《蜀葵》的电影，分别拍摄于 1926 年、1942 年和 1954 年；在欧美各国的报刊和幼儿启蒙读物里都出现了大量的中国蜀葵的身影。在西方画家的笔下，蜀葵当然也成为一个主题，因为在中国众多美丽的花卉植物中，蜀葵是最早被引种到欧洲的，它比菊花、牡丹、杜鹃、百合、珙桐等早两三个世纪传到欧洲。意大利画家彼德·佩鲁吉诺于 1480 年画了一幅《基督受难与使徒》，在这幅画的一个角落我们发现了蜀葵的身影；1550 年提香所画的《人类的堕落》，里也有一株红色的蜀葵；荷兰的扬·帆·海瑟姆的画，是西方十大静物画之首的一幅画作，它的主角竟然是蜀葵。从十五世纪开始，蜀葵就进入了欧洲宫廷花园里，成为他们的一个主角；世界最著名的印象派大师莫奈画了蜀葵，凡·高也画过蜀葵，而且在凡·高的墓地还有两株红色的蜀葵与他为伴。看到中国的蜀葵出现在欧洲的这些画作里面的时候，我们就能知道西方各国对蜀葵的喜爱程度。

了解蜀葵和其他植物

当我在巴黎的塞纳河畔、埃菲尔铁塔、凯旋门边上见到中国美丽的蜀葵的时候，我就在想，我们的天府广场旁边、府南河旁边，怎么没有见到我们故乡美丽的花？于是我们用了十年的时间对蜀葵进行了长期的跟踪和研究，不计任何成本、代价，从中国各地、全世界各地把蜀葵引种回来。我们只有一个想法，让它回到它的故乡四川，让更多的人能够欣赏它的美丽。

当初我们种蜀葵的时候我想在国内找一个专家来指导我，但是竟然没有找到，这个花太普通了，普通到很多人觉得研究都没有意义。我觉得它是我们四川人的故乡花，我们要善待它，去年我们编写了《中国蜀葵品种图册》，第一次从科学意义上给蜀葵做了一个分类，后来给每一种蜀葵都起了一个中文名字，并详细地进行了介绍。实际上，蜀葵全身都是宝，它的叶子、根、种子都是可以入药的，而且在历代的《本草》典籍里面都有记述。比如，中国古代女人用的胭脂的重要组成部分就是红色的蜀葵，胭脂最初是用楼兰花制成的，后来因为楼兰花供不应求，就找到了替代品，其中就包括红色的蜀葵以及石榴花。蜀葵摘下来是马上可以吃的，未来它有可能成为中国最美丽的有机鲜花蔬菜。蜀葵晒干以后可以泡茶喝，它清热、解毒、润肠、润肺，还可以酿制蜀葵花酒。实际上，在世界范围内，蜀葵已经走入了百姓的生活，比如，各种各样蜀葵花图案的靠枕、花布、花包、丝巾已出现在了市场上，同时，也有了蜀葵天然植物染料。在国外，大量的珠宝的设计也融入了蜀葵的元素，比如蜀葵叶项链，蜀葵花型的项链、耳环、胸针、手镯等。还有蜀葵图形的杯子、碟子，甚至蜀葵叶子形状的盘子。艺术家们还设计了以蜀葵花为图案的花瓶、灯饰，以及彩色的玻璃窗、玻璃门等，也有人用蜀葵花的图案做了铸铁门、时钟和各种各样的家具，甚至把蜀葵画到房间的墙上。

除了蜀葵以外，我们还栽培了很多中国的原生百合，也栽培了成都的市花芙蓉花。芙蓉花在1983年就被定为成都市的市花，成都是全中国所有的省会里面最先评选市树、市花的城市。截至去年，一共举办了32届市花展览，去年的展览就是由鲜花山谷和成都植物园联合举办。同时，我们也栽培了其他一些花卉植物，包括很多美丽的乡土植物。成都的乡土植物有3352种，我们就在想，在我们打造景观城的时候，可以把这些丰富的、成都的乡土植物充分地利用起来，美化我们的成都。

未来的日子里，我们想把更多的时间留在鲜花山谷，留在我们考察中国高山野生花卉的路上，我们想把鲜花山谷建设成为向世界展示我们美丽四川、美丽成都的窗口。我们希望它能够成为我们这代人留给未来的一个文化遗产，我们把它献给成都，献给我们的祖国。

今天我们重点介绍了蜀葵，我觉得我们对植物缺少一种认识或者说我们缺少一种植物学的教育，而这种教育让我们和植物渐行渐远。我曾经想，我们的祖先到底给我们留下了什么？老子、孟子、孔子、二十四节气，以及我们的唐诗宋词等，都是祖先给我们留下的宝贵文化遗产。那五千年来祖先给我们留下的最珍贵的物质遗产是什么？以水稻、大豆为代表的大量农作物，以茶叶为代表的经济作物，以桃、李、杏为代表的各种各样的果木，还有各种各样的中药材，各种各样的蔬菜，各种各样的花卉植物，这些都是最珍贵的物质遗产，它赋予了我们这个族群在地球上生生不息、繁衍至今的最核心的一种物质基础。但是我们现在对它们缺乏起码的了解和起码的尊重与感恩。

我们倾其所有，我们只有一个梦想，让更多的家乡人能够了解到我们故乡花卉的美丽，了解到它们的价值。

谢谢大家！

金沙讲坛
讲座集萃（2017）

◎李　凯

从巴蜀文学谈天府文化——杜甫与成都关系琐谈

李凯，四川师范大学教授、博士生导师。

今天我围绕天府文化来谈谈"一座城与一个人"。一座城，就是成都；一个人，就是杜甫。说到杜甫与成都的关系，著名的学者、诗人冯至先生有一句话：人们在提到杜甫时可能会忘记杜甫出生和去世的地方，但是忘不了成都的草堂。可以说，杜甫住过的不止成都草堂，但是其中最有名的是成都的杜甫草堂。

四川师范大学的吴教授有这样一个结论：杜甫遇到成都是杜甫之幸，也是成都之幸。因此我要讨论的就是这两个方面的问题：成都给了杜甫什么？杜甫又给了成都什么？

杜甫的生平常识

杜甫生于公元712年，卒于770年，字子美，祖籍襄阳，后徙河南巩县，唐代伟大的诗人。杜甫在中国诗歌史上影响深远，其人被称为"诗圣"，其诗被称为"诗史"。他现存的诗歌有1480多篇。

这里有几个问题：杜甫为什么字子美？杜甫为什么给自己取了一个号叫少陵野老？杜甫为什么是诗圣？他在成都待了多长时间？在四川待了多长时间？在成都写了多少诗？这一连串问题，看上去都是知识性的，我想提醒大家的是，我们学东西，不仅要知道它的表面意思，还要了解它的真正含义。

杜甫为什么字子美？这是一个文化常识。我们今天的人有姓，有名，古人不但要取名，也要取字，名、字之间是有关系的。要么就是相同相近，要么就是相反相对。那么，杜甫字子美，是意义相同还是意义相反？这就要理解什么是甫。甫是美男的意思，所以我们可以开玩笑说杜甫就是杜美男，子美就是甫的同义词。

杜甫为什么自号少陵野老？少陵在当时的长安，杜甫在长安待了 10 年，住在少陵附近，所以少陵野老这个名字来源于长安。

杜甫在成都待了多长时间？有三种说法。第一种说法是三年零九个月，第二种说法是四年，第三种说法是五年。要弄清这个，我们首先要知道杜甫在四川待了多长时间。公元 760 年到 770 年是杜甫人生的最后阶段，这期间他主要待在今天的四川、重庆、湖北、湖南一带，文学史上通常称为漂泊西南和湖广的时期。这个时期他一共在四川停留了 8 年时间。他是在公元 759 年冬天来成都的。在成都的第一段时间是公元 760 年初到 762 年秋，共两年零七八个月。后因为成都发生了叛乱，他就离开了成都，到梓州、阆州，就是现在三台、阆中一带。他第二次到成都是公元 764 年 3 月，一直待到公元 765 年 5 月，有一年零两个月的时间。他两次到成都，都跟一位重要人物严武有关系。而他最后之所以离开成都，从锦江沿长江到重庆，到湖南、湖北，也是因为严武的去世。这样看来，杜甫待在成都的准确时间是三年零九个月或三年零十个月，大概是四年。杜甫自己说"五载客蜀郡，一年居梓州"，这个五年并不是实数的五年，而是指跨了五个年头。

杜甫在成都写了多少诗？有 200 多首，名诗很多，我们能脱口而出的就有不少。

成都给予杜甫的温情

至于成都给了杜甫什么？第一个结论就是给了杜甫一个相对稳定的家。

杜甫为什么要到成都？要回答这个问题，就要明白杜甫一生到底经历了哪些事情。我们通常把杜甫的人生分为四个时期，第一个时期是 35 岁以前，叫作读书壮游期。第二个时期是长安十年，他做的就是争取当官。这是杜甫极其艰难的十年，十年中没有求到一官半职。第三个时期是安史之乱前后。这个时期他两次当官，职官很小，每一次只当了两到三个月的时间。他第一次当官是安史之乱前夕，被任命为河西尉，没有去就职，朝廷给他改了另外一个官，叫右卫率府兵曹参军。另外一次就是安史之乱爆发后，他从沦陷的长安逃到凤翔，是当时唐肃宗所在的地方，他因为忠心被任命为左拾遗。这两次当官分别在 755 年和 757 年，实际上加起来不到半年时间。759 年，他前往成都避难，在这一年 12 月到达成

都。第四个时期叫作漂泊西南及湖广时期，最后他没有回到老家，病逝于潭州到岳阳的一条船上。

关于杜甫为什么要到四川、到成都来避难，曾先生的一篇文章说，是安史之乱及其个人的仕途失意弄得杜甫走投无路，迫使他不得不入蜀谋生。这两点都非常重要，但是我觉得更重要的是另外两个原因：一是成都是当时的大后方，而且历来物产丰富，稳定富庶；二是杜甫有很多亲戚朋友在成都。到四川、到成都，不是杜甫一个人的选择。唐玄宗在安史之乱爆发后也想逃到成都。后来因为各种原因没有来成，但他当时已经准备把成都作为临时首都，取名南京。成都博物馆现在正在办展览，进门的第一句话就是李白的一句诗，"九天开出一成都"，这是李白关于成都的六首诗当中的一句，说明了当时成都的繁荣。杜甫选择到成都，是因为成都能给他一个相对稳定的家。这在我们和平时代很简单，但是在战乱年代是一件非常不易的事。

还有一个问题，不是每个地方的对外来的人都非常热情，袁庭栋先生在一本书中讲，巴蜀文化最重要的特征就是因移民文化而表现出的兼容性，也可以叫包容性或者开放性。我也在一本书里指出，巴蜀文化的特征应该从它独特的生存环境、文化载体、精神个性三个方面来理解：第一，从生存环境来讲，神奇多样、向心交汇的地理环境造就了巴蜀文化的整体性和开放性；第二，从文化载体来讲，巴蜀地区的易学、道学、宗教、史学、文学极其发达，雕塑、绘画、音乐等的成就也极为突出；第三，从精神个性来讲，巴蜀文化是一个矛盾的混合体，是创新与守旧相结合，进取与闲适相结合，聪明与顽愚相结合，重虚与务实相结合。我认为杜甫能在成都立足，与巴蜀文化的兼容性或开放性特征也有关系。

杜甫到了成都的生活靠谁来支持？首先是他的朋友，三个成都当地的最高长官。一个是裴冕，一个是高适，一个严武。四川大学的周啸天教授专门有一篇文章讨论成都的地方官员对杜甫的帮助。他说，杜甫从赴钦州开始就有一个草堂之梦，最后在成都圆了他的梦。杜甫初到成都时写了一首《成都府》，充满去国怀乡的忧思，"喧然名都会，吹箫间笙簧"充满了生疏感。但是随着草堂的落成，他找到了真正的感觉，比如"锦城丝管日纷纷"，就比"喧然名都会"感觉好得多。如果杜甫并不认识这几位成都地方长官，如果杜甫不曾受到这几位成都地方长官不同程度的关心，杜甫与成都的关系是否会像今天这样，答案无从得知。

除了这三位地方长官之外，亲戚、朋友、邻居也给杜甫一家提供了很多帮助。杜甫在成都最著名的遗迹就是草堂，草堂是怎么修起来的？有人送钱，送各种各样的东西。这里有几首诗反映了这一状况。首先是杜甫的表弟给他送来了修草堂的钱，诗中说："忧我营茅栋，携钱过野桥。他乡唯表弟，还往莫辞遥。"他还需要其他东西，就写诗向别人求救，比如："奉乞桃栽一百根，春前为送浣花村。河阳县里虽无数，濯锦江边未满园。"

除了别人资助以外，杜甫自己还在草堂种了一些东西，他在诗里描绘了自己当农民的样子，这就是《为农》："锦里烟尘外，江村八九家。圆荷浮小叶，细麦落轻花。卜宅从兹老，为农去国赊。远惭勾漏令，不得问丹砂。"另一首诗写他锄草，不过与其说主要是描写他当农民的生活，还不如说是他表达政治情怀的诗，比如最后一句"芟夷不可阙，疾恶信如雠"。

由此我们可以看到，成都给了杜甫一个相对稳定的家。

成都还给了杜甫什么？成都淳朴热情的民风温暖了杜甫的心灵，成为他诗情的重要来源。对于一个诗人、一个作家来讲，这实在非常的重要。下面几首诗都表现了邻居带给杜甫的心灵慰藉。

第一首："步屧随春风，村村自花柳。田翁逼社日，邀我尝春酒。酒酣夸新尹，畜眼未见有。回头指大男，渠是弓弩手。名在飞骑籍，长番岁时久。前日放营农，辛苦救衰朽。差科死则已，誓不举家走。今年大作社，拾遗能住否。叫妇开大瓶，盆中为吾取。感此气扬扬，须知风化首。语多虽杂乱，说尹终在口。朝来偶然出，自卯将及酉。久客惜人情，如何拒邻叟。高声索果栗，欲起时被肘。指挥过无礼，未觉村野丑。月出遮我留，仍嗔问升斗。"（《遭田父泥饮美严中丞》）什么叫作泥饮？泥饮就是缠着喝酒。美就是赞美，赞美严中丞、严武。杜甫这一天从早晨七点开始喝，喝到晚上七点，月亮都出来了，田父还在留他喝酒。这首诗主题一方面是"美严中丞"，另一方面也刻画出了成都人民对杜甫的热情。

另外一首诗，是一个邻居农民的樱桃成熟了，送给杜甫一箱，杜甫就写下了这首诗。他回想起在京城吃过的樱桃的味道，感叹良多。

邻居对杜甫的关怀和帮助在《草堂》这首诗当中也有很多表现。这首诗是杜甫在第二次回到成都草堂的时候写下的。看最后几句，就知道他回到草堂时大家对他的欢迎以及他自己的高兴："入门四松在，步屧万竹疏，旧犬喜我归，低徊入衣裾。邻里喜我归，沽酒携胡芦。大官喜我来，遣骑问所须。城郭喜我来，宾客隘村墟。"

成都给予杜甫的第三个方面，就是巴蜀文化和成都山水带给诗人的灵感。一个诗人、一个艺术家，他的创造是有条件、有前提的，自然山水对诗人的创作有直接的推动作用。南朝著名的理论家刘勰曾经总结出一个著名的理论叫作江山之著，江山赋予了诗人以情感。杜甫之所以能够在成都写出这么多优美的诗歌，是因为巴蜀独特的地理环境形成了审美对象的多样性，丰富的审美对象带给人们特别而多元的审美感知，特别适宜于文学艺术的创造。这涉及中国古代文学理论史上对诗歌创作的一系列见解，比如说南朝的钟嵘讲："气之动物，物之感人，故摇荡性情，行诸舞咏。"刘勰讲："人禀七情，应物斯感，感物吟志，莫非自然。"

诗歌的根本是情感。情感来源于自然，人事，来源于个人的兴衰际遇带给自己的种种感受。

我用两首大家非常熟悉的诗来分析一下成都的山水、文化带给杜甫怎样的感受。第一首是《江畔独步寻花》的第六首："黄四娘家花满蹊，千朵万朵压枝低。留连戏蝶时时舞，自在娇莺恰恰啼。"这首诗写的是黄四娘家的花园。第一句"黄四娘家花满蹊"，说的是黄四娘家花开得很茂盛，把路都铺满了。怎么铺满的？接下来是一个非常详细的细节："千朵万朵压枝低。""千朵万朵"是写花多，"压"这个动词把花繁盛得一层一层相互挤压、使花枝都低垂的状态描绘得非常清楚。这两句相对来说是静景，第一句是远景，第二句是近景。再接下来是特写，"留连戏蝶时时舞"，写的是花香让蝴蝶在花上飞舞留恋不忍离开。如果说前面三句侧重从视觉这个角度看黄四娘家的花如何漂亮，那么最后一句就是用听觉的感受来表现黄四娘家花园的漂亮。"自在娇莺恰恰啼"，"恰恰"两个字音就好像两只鸟在叫一样，有清脆的感觉。这就是典型的成都的花园，成都的春天。

第二首诗是《绝句四首》的第三首："两个黄鹂鸣翠柳，一行白鹭上青天。窗含西岭千秋雪，门泊东吴万里船。"这首是千古绝唱，无论是色彩的采用，动静的对比，景物的多样性，还是背后暗含的诗人的感情都写得非常漂亮。"两个黄鹂鸣翠柳"，柳当然是刚刚开春、柳树发芽时最好，黄鹂鸟的叫，也是春天的标志。下面一句"一行白鹭上青天"，白鹭是在秋阴时飞，而且成都天最蓝、最青的时候，就是秋天。"窗含西岭千秋雪"，当然是指冬天。最后一句"门泊东吴万里船"没有表达哪个季节，它显示的是成都的繁华以及交通便利。这首诗是对成都一年四季美景的描绘。

杜甫的诗歌里显示出的带给他灵感的成都景物还有很多。大家所熟悉的有万里桥、百花潭、杜甫草堂，"万里桥西一草堂，百花潭水即沧浪。风含翠篠娟娟净，雨裛红蕖冉冉香。厚禄故人书断绝，恒饥稚子色凄凉。欲填沟壑唯疏放，自笑狂夫老更狂"。下面这首《江村》，写在杜甫比较愉快，生活有着落的时候，写他的家庭生活，充满了对成都的喜爱之情："清江一曲抱村流，长夏江村事事幽。自去自来堂上燕，相亲相近水中鸥。……"这是对自然环境、对花鸟的描绘。也有他家里的亲情，"老妻画纸为棋局，稚子敲针作钓钩"，这些都是非常美妙的。

杜甫为成都贡献了永恒的价值

杜甫又带给成都什么呢？我有三个结论。

第一，杜甫让成都成为一座有文化、有诗情画意、有人性温度的城市。杜甫给予成都的这些东西，实际上就是杜甫对成都产生的影响。大家经常去旅游，旅游的对象就是两个，一个是自然景观，一个是人文景观。自然山水是自然景观，而自然山水被赋予人文内涵，就成为人文景观。一篇文章、一首诗会让一座山、一条江乃至一个城市产生很大的影响。比如欧阳修的《醉翁亭记》，滁州本来是一个小地方，但是只要说到滁州就知道那是欧阳修曾经住过的地方。说到西湖，一要说到白居易，二要说到苏东坡。苏东坡写西湖的诗句对西湖起了很大的作用。再说广东的潮州，最值得骄傲的就是韩愈到了潮州，开启了潮州的文化。说到海南省，大家一定会想到苏东坡，海南的文化起源就是因为苏东坡。说到云南就一定会提到四川的杨升庵，杨升庵对整个云南文化影响非常大。当代作家肖复兴在杜甫诞生 1300 周年的时候写了一篇文章：《诗与成都》。肖复兴说，成都有杜甫的草堂，成都并不仅仅是一座茶城，一座花城，一座美食之城，还是一座诗城。这就是杜甫给成都带来的最重要的东西，让成都有了文化，有了诗情画意，有了人性温度。

第二，杜甫在成都的系列诗篇向全国展示了成都之美，让成都这座天府之城显示出无穷的魅力。这里有美女，有黄四娘；有美人，心灵美的人，他的邻居；写得最多的是美酒，比如"宽心应是酒，遣兴莫过诗。此意陶潜解，吾生后汝期"，还有"白日放歌须纵酒，青春作伴好还乡"。至于美景，杜甫写的诗就太多了。

第三，杜甫给成都带来了两张文化名片：草堂和武侯祠。杜甫草堂，大家能够理解；但是武侯祠跟他有关系吗？当然有关系，他的《蜀相》使武侯祠声名远扬。

杜甫与成都的关系，远远不止我概括的这些。我的感受是：一座城市的历史不仅仅是物质生活发展的历史，更是精神生活发展的历史。艺术包括文学带给一座城市的不是短暂的和有限的财富，而是无穷无尽的宝藏。我们应该尊重这一传统，爱护这一传统，发扬这一传统。因此，要热爱成都，就应该向所有为成都发展而贡献力量，贡献永恒价值的人致敬，让我们向杜甫致敬。

谢谢大家！

大禹李冰以来天府水文化漫谈

◎彭邦本

彭邦本，历史学博士，四川大学历史文化学院教授，博士生导师，兼任中国先秦史学会副会长，中国郭沫若研究会副会长，四川省郭沫若研究会会长，四川省大禹文化研究专委会副会长兼秘书长，四川省巴蜀文化研究中心学术委员，地方文化资源保护与开发研究中心学术委员会副主任。

水是文明之源，滔滔岷江孕育了成都千百年来悠久的历史文化，而对于成都而言，都江堰水利工程绝对是最值得我们骄傲的物质文化遗产之一。先秦时期李冰治水，实行流水分流、内流外灌，这才成就了成都千百年来天府之国的美誉。而在李冰之前更是有大禹治水的传说，作为中国历史文化传说第一人，大禹的精神与他的丰功伟绩一直广为后世传诵，鼓舞着历代人民。四川有诸多大江大河，如沱江、嘉陵江、岷江、大渡河等，这些长江水系、黄河水系的支流在四川盆地奔流而过，给我们带来丰饶物产的同时，也给我们带来了诸多的历史文明。

我为什么要讲这个题目呢，因为人类面临着很多严峻的问题：第一，我们应该怎样妥善处理自身与自然的关系，当今世界的新理念是环境友好型，就是人和自然界要和谐共生，这个观念是非常正确的，但是这个认识经历了很长的过程，来之不易。第二，人类应该选择什么样的发展模式，未来的路应该怎样走，这是全人类共同的问题。第三，有学者提出越是民族的，越是世界的。换句话说，要在国际上占有一席之地，就应该具有人无我有的特点，所以越是民族的，越是有特点的，才越能在世界文化之林中彰显自己。

文化及水文化的定义

我们首先来回顾和温习一下几个简单的概念。什么叫文化？关于文化的认识或定义五花八门，有很多种。这里我们给出较为简单的一种：文化就是人所创造的一切，这是最宽泛的定义。但文化绝对不是消极创造出来的东西，而应该是有活力的、能够积极影响人类的东西。文化对我们今天的生活，对我们社会的发展，乃至整个世界的发展有着非常重大的意义和作用，需要我们用心去研究。这个宽泛的定义是人类趋避于其他生命的标志，换句话说，文化是指人类所特有的区别于其他生命世界的特质。举一个例子，孩子生下来就会喝奶，这是本能，但是孩子要说话写字必须通过学习，通过学习才能获得的东西才叫文化。所以文化还有一个特点，就是必须通过后天的努力才能习得。

文化大体上可以分成三个层面：第一，物质技术层面。按两百年来进化论的理论，物质技术层面大体上分为从低级到高级的发展过程。人类社会的发展是曲折的，有时候也会出现倒退，但总体上来讲必然经历由低级向高级的发展过程。第二，组织制度层面。换句话说，不能用简单的进化史观来看待和处理问题，比如我们现在有乡镇这个建制，也有县，但县乡这种体制其实在两千年前就已经出现了，而且在今后也会长期地存在下去，所以文化的组织制度层面的问题要复杂得多。第三，哲理和精神层面。两千多年前孔子、老子的思想到现在仍然深受世界各国人民喜爱，它们不会过时，具有恒久的价值。所以，人文领域中的东西需要我们深入地去认识，它对于我们人类有着重要的意义。

什么是水文化？人类因水而生，依水而存，与水相生相克；水文化包括人类在求发展过程中用水、治水、惜水、护水、兴水利、避水患及全部的物质、制度和精神创造物。

从大禹治水到古蜀五朝的水制

无论是几十万年前的旧石器时代，还是文献当中能查到的有确定的历史时期的文化，人类的居住、生存和水的关系都很密切。在旧石器时代，人类生存的地点一般都靠近水源，新石器时代也是如此，特别是河流的二级阶地上，这样方便兴水利，避水患；既离水很近，又和水保持了一定距离。成都地区水文化的遗迹可以追溯到宝墩文化。宝墩文化是 20 世纪 90 年代以来四川考古学家们在成都平原上发现的一个由八九座古城以及比古城还小的村落遗址构成的巨大网络状的遗址。这些遗址反映了刚才提到的这些规律，而这个时代相应的文献传说就是大家耳熟能详的大禹治水时代。

大禹在历史上有两个巨大的功绩，第一，创建了华夏文明，建立了中国历史上第一个王朝，即夏王朝。第二，大禹领导治水取得了划时代的成功。正是因为

有这样巨大的功绩，舜就把最高首领职位让给了大禹。

大禹治水实际上到目前为止还是一个传说，这个传说我们到今天为止还不能完全证实，但是将文献记载和考古学发现两者之间联系起来，大体上可以推测大禹及其治水的历史过程基本上是存在的，因为在成都平原上发现了和大禹治水年代大体上相同的宝墩文化遗址，这些遗址的古城墙就是当时的一系列治水设施。因此，大禹治水应该是有一定历史根据的，至少从宝墩文化以来的蜀地水利文化传统能够与之联系起来，它们大体上是吻合的。

有文献中讲到，大禹的父亲鲧，还有与他同一时期的共工，都采用堵的方式来治理洪水，但是最后都失败了。大禹继承父亲的事业开始治水，吸取了前人失败的教训，也借鉴了他们可取的地方，有堵有疏，但以疏导为主。《淮南子·原道训》中讲到，禹之决渎也，因水以为师。说大禹是把水当成老师来看待，向水学习，学习水的规律，掌握水的本性，按水的本性来处理和水的关系，来处理治水的问题，这种认识在今天看来是非常深刻的。之后道家的老子总结出了上善若水，道法自然的规律，这是中华文明对人类文明的一个巨大的贡献。

再看古蜀五朝的水利。古代的巴蜀大地上先后有五个王朝。通过十二桥遗址和其他建筑可以判断，古代成都城是沿着郫江河道修建的。同时，我们发现了一个现象，就是十二桥的遗址有高规格、高等级的宫殿式建筑，是当时蜀国统治者住的地方，但是整个房屋都倒塌了，倒塌的方向与水流的方向一致，证明当时发生了洪灾的事实。与此同时，《蜀王本纪》也说，望帝百余岁，荆有一人名鳖灵。这是一个神话传说，望帝100多岁的时候，长江中游有一个人叫鳖灵，他死后，遗体顺着河水漂到了郫江，这时，他又奇迹般地活了过来，他与望帝相见，望帝任命他为相。当时玉山水患，若尧时之洪水，望帝不能治，使鳖灵决玉山，民得安处。这是一个了不起的成就，因此杜宇就把王位让给了鳖灵，鳖灵建立了蜀地最后一个王朝，即开明氏王朝。

总之，这个时期的成都平原仍然有洪水发生，也就是说，大禹时期的治理并没有达到理想的状态，实际上，这确实也是不可能办到的。因此，这个时期除了成都市区十二桥遗址所看到的洪水记录以外，我们也可以在三星堆看到当时的水利建设状况。三星堆的古城滨临两条河，一条叫作鸭子河，在文献中叫作洛河，另外一条是穿城而过的小河。三星堆的水利格局表明当时水利建设已经发展到相当高的水平，整个城市北边滨临鸭子河，穿城而过的小河则解决了整个城市对生活用水的需求。同时，三星堆城墙修筑得非常坚固，其军事防御功能可能较弱，但是作为水利设施，防洪的效果则非常明显。所以，这些构成了一个相当完整的水利体系，很好地解决了城市和附近乡村生产生活中对水的需求，甚至包括对景观的需求。

方池街是四川总工会的所在地，考古学家们在这里发掘了一段河堤，河堤的堤防已经采用了来源已久竹笼装卵石的技术，这说明这种简易但是非常有效的工程模式的源头非常古老。这段河堤是斜的，同时还是一边高一边低，对河水有一个引导的作用。这样的工程设计，和我们在都江堰看到内江的堤防非常相似。

以都江堰为代表的天府水文化的成就

我认为都江堰的修建，其文化主要有两大来源，第一是蜀地的本土来源，即自大禹以来的堵疏结合、疏导为主的传统；第二可能与从黄河流域一带传过来的先进因素有关。

蜀地的本土传统包括大禹的疏堵结合，竹笼卵石、杩槎等技术模式。外来的先进文化可以从宝墩文化的城壕沟模式中体现出来，这种城壕模式应起源于长江中游一带地区。宝墩文化中筑城的方式和长江中游地区几乎完全一样，平地起建，不能挖槽，采用木板拍打和黄河流域夯筑古城的方式明显不同，出土的陶片也有明显差异。这是南北两个不同的文化体系。宝墩文化古城的建筑方式也反映出它和长江中下游地区的文化联系，所以古代各地区的文化联系是很开放的。

商鞅变法是中国上古变法中最成功的一次改革，它使秦国迅速地强大起来。秦国强大以后的立国基本方针就是耕战治国，耕就是农业，农业一定是以水利作为发展前提的，所以秦人非常重视水利。秦并巴蜀以后，第一次把黄河流域的建城方式带到成都平原来，还在成都城修建夯土的城墙。据文献记载，秦并巴蜀以后，由张仪修建成都城，从那个时候开始城址不变，城名不变。城修好以后，按照北方的建筑模式要用黏土，但是成都这一带没有黏土，所以必须要去郊外找，而夯筑量非常大，所以就在成都北面挖了几个大坑。秦人根据其传统将这些坑利用起来，首先灌水养鱼，然后把这些坑用人工的渠道和天然的河流连接起来，构成湖状的水系。整个水系一年四季都有水，所以当时成都的水环境非常优美，生态环境非常好。成都之所以在秦汉时期就逐渐被称为"天府之国"是有原因的，秦人在成都平原上修建了一系列的水利工程，包括成都城以及成都城周边的水系，为以后成都的发展打下基础。

都江堰水利工程体系分成两大部分。第一部分是渠首工程，就是在都江堰看到的那几部分，主要包括三大部分，即鱼嘴、飞沙堰、宝瓶口。第二部分才是都江堰水利体系的主体，主要是成都平原，包括浅丘地区大量无坝支流的灌溉航运系统。《史记》中记载，蜀郡郡守李冰在成都平原地区挖了两条河，即府河和南河，这两条河都可以通航，同时也考虑了成都地区农田灌溉的需求。成都平原的

航运灌溉体系巧妙地利用了成都平原的自然地势，成功地构建起了自流灌溉体系。其水运功能非常强大。杜甫诗中所写的"门泊东吴万里船"，就是说在他家门口就可以停泊从长江下游来的千里之船。

鱼嘴分水堤利用河道动力学原理，使平时水的六成流入内江，以保证成都平原灌溉之需；洪水时则六成以上入外江，可免平原洪涝之灾。宝瓶口使多余的江水无法流过，转而紧接鱼嘴分水堤尾飞沙堰溢入外江，飞沙堰高仅两米，自动横向溢洪排沙。洪水越大，沙石排出率越高，最高可达98%，可谓因势自然，巧夺天工。飞沙堰最神奇功能就是减轻宝瓶口被沙石淤塞的可能性。岷江如果按照自然流向会向西边流去，这样成都平原的供水就会受到影响，要解决这个问题就要把岷江的水往东引，所以就开凿了宝瓶口。都江堰的三大工程有效地保证了内江流入的水量在合理的范围内，同时满足了成都平原的用水之需，也就保证了成都平原经济社会的发展。

都江堰水利工程的功能，首先是航运功能；其次是生产生活功能；然后是排涝功能；最后是景观功能。

都江堰水利工程在秦汉时期的影响。兴安灵渠明显受都江堰启示，其渠首先由铧嘴和大小天平组成，把海洋河（海洋江）三七开，七入湘江，三入漓江。连接铧嘴尾部的石砌人字堤，其作用一是提高湘江水位，在枯水期可拦截江水入渠，使南北二渠保持船只航行所需的水量；二是同飞沙堰一样滚水溢洪，因而天平堤坝略低于湘江两岸，从而避免了水患。

黄河是中华民族的母亲河。据文献记载，历史上黄河曾多次改道，由于黄河中泥沙含量过高，一旦发生溃堤改道，后果无法估量。历史上有过几次成功的治理，采用的就是都江堰水利工程的模式。比如西汉汉成帝建始四年，黄河"决于馆陶及东郡金堤，泛滥兖、豫……凡灌四郡三十二县，……御史大夫尹忠对方略疏阔，上切责之，忠自杀"。成帝召河堤使者王延世使塞，"以竹篓长四丈大九围，盛以小石，两船夹载而下之。三十六日河堤成"。成帝为之改年号为"河平"，"封延世为光禄大夫，秩中二石，赐爵关内侯，黄金百斤"。王延世字长叔，犍为资中人，其治黄河的奇迹之法，即竹笼络石的传统技术。

都江堰水利工程所代表的天府水文化之所以能够取得这么高的成就，首先是因为经过了科学严谨的勘测设计，文献记载，大禹治水的时候曾随山勘木，奠高山大川，这是水利史上最早的勘测记录。又说李冰修都江堰时曾经勘岷江直至上游。都江堰的无坝引水，是一种非常好的生态工程模式，采用独特的无坝引水工程模式，符合水的自然规律，为古蜀水文化悠久精华之大成。这种工程体系和拦河大坝相比各有特点，我们今天的拦河大坝也有其优点，蓄水功能很强，还能发电。但是都江堰水利的分流体系化整为零，带有调序的初步功能，不会改变河流的自然形态，对生态环境也没有影响。另外，拦河大坝寿命有限，都江堰2千多年后仍然能够使用。所以，都江堰水利工程泽沃千里，造就了天府之国的繁荣。

都江堰整个工程模式就地取用建材，用的是当地的鹅卵石等，价廉物美。这些材料一旦回归自然，不会对河流形成破坏和污染，也不会改变生态。比如说杩槎用完以后放在库房里明年还可以用。都江堰水利设施搭建灵活，从这个意义上来讲，也能体现出它的优越性。

都江堰的岁修制度。都江堰水利体系很多都是由竹笼放上鹅卵石和杩槎这种临时性的设施构成，这些材料大概两三年后就会回归自然。所以都江堰注定每年都要进行维修，这当然是一个费时费力的事情，但是天道酬勤，这样做是完全值得的，岁修制度就是在解决这个问题。岁修制度是全社会认同的组织制度，哪怕是历史上发生天灾人祸甚至基层政府失灵时，地方上都能在一定程度上进行一些自发的岁修工作，这也形成了良好的习惯和传统。而且都江堰和岁修制度相关的水政制度是非常合理的，比如靠近支渠最先得到灌溉的土地出的钱要多一点；如果你家没有劳动力，不能参加工程的徭役，你可以出钱来买，整个体制很完善。所以都江堰水利工程组织制度层面也有很多值得我们研究和总结的东西。

治理都江堰奉行道法自然、天人合一的水利理念。都江堰这种不改变水性，不去强求和征服自然，而是顺应水性的理念从古到今一以贯之，正是这种治水理念，使都江堰一直保持着活力。这种理念对当今世界河流治理的可持续发展具有重要的前瞻性意义，可供全世界水利工程借鉴。

健康指导

家庭建设

颈椎病的预防及运动康复

◎廖远朋

廖远朋，成都体育学院运动康复系主任，副教授，运动医学与健康研究所副所长，附属体育医院康复病区主任。四川省康复医学会康复治疗法专委会委员，中国康复医学学会运动疗法专委会委员，中国康复医学学会体育康复专委会委员。中国首批德国 MTT（医学运动疗法）认证导师，中央电视台《运动大不同》栏目特聘专家。从事运动医学和运动康复专业的临床教学工作多年，对运动损伤以及颈椎、腰部、膝关节的病损的治疗和康复有丰富的临床经验。

今天非常高兴能有机会跟大家聊一聊关于颈椎方面的问题。颈椎病是一种常见的疾病，在当今社会，颈椎病的就诊率高居不下。

随着时代的发展以及生活节奏的变化，颈椎病的发病率越来越高，颈椎病的发病人群也从中老年人逐渐向青年人发展。这就要求我们不断地去研究颈椎病，尽可能地通过一定的方法和手段预防颈椎病。如果已经出现了颈椎病的相关症状，我们是不是能够通过一些方法、措施和手段来进行复健？这是我今天跟大家聊的最主要的内容。

这里有十个小问题，看看在你身上是否存在？看看你到底有多少道题的答案是 OK 的。

第一，你有没有每天伏案工作超过 5 小时？

第二，你有没有出现颈椎不适的状况，并且在久坐久站后不适感会加重？

第三，已经出现了颈椎不适的状况，在这种情况下别人帮你按一按，帮你把脖子往上提一提，会觉得很舒服。但是如果不揉不按，过一天可能又觉得更难受？

第四，不适感是否延颈椎向上肢放射？疼痛点可能在肩部，可能在前臂内侧、外侧，也可能在手指。除了疼痛以外是否还有麻木的情况？

第五，除了颈椎不适以外，有没有出现失眠、恶心、头昏、眩晕、注意力不集中、记忆力下降、工作不在状态的现象？

第六，有没有发生过走路时颈椎扭转后突然头晕

的情况？

第七，有没有出现颈椎扭转后直接休克的情况？

第八，有没有出现过在平地走路，你感觉这条路是不平的，就像走在棉花地上一样，觉得自己的平衡功能存在问题？

第九，有没有出现过拿一杯水或者拿一个东西时，东西会莫名其妙掉在地上的情况？

第十，有没有出现半夜醒来忽然觉得心胸很紧，喘不上气，感觉被东西勒住了一样？

以上是简单的颈椎病的测试题，这十个问题表述的都是颈椎病的症状和体征。如果上述问题你有五六项都吻合，那你可能需要去看医生了。

颈椎及颈椎病

颈椎连接着头部和胸椎。颈椎有七节，颈椎负责整个头部的屈伸和旋转活动，这些活动都靠颈椎体之间的相互位移来实现。颈椎由很多个椎体组成，椎体和椎体之间就是椎间盘，而从颈椎的脊髓发出来的是神经根。椎间盘是软的，它在我们颈椎活动当中进行弹性变化，以增加颈椎的活动度，同时缓冲颈椎、椎体之间的压力。

椎间盘分为两部分。第一个部分是外层纤维环，纤维环是硬的，同时也是比较脆的，内部是一层髓核状的结构。髓核状的结构相对来说比较软，甚至在压力下可以有一定的流动性。外层的纤维环和内层的髓核有点像我们平时吃的夹心硬糖。假如说我们椎间盘后面破了一个口子，那么在上下压力的作用下，这个髓核会从这个口子里面流出去，这就叫作椎间盘突出。我们常常听到椎间盘突出是在腰部，要知道，颈椎也有椎间盘，颈椎的椎间盘也会突出。

颈椎上有很多突出的结构，在解剖上叫作脊突。脊突长短不一样，越靠下越长，很多人脊突在第七颈椎和第一胸椎之间最长，这个脊突摸得到。当颈椎出现偏歪时，人的某一个椎体就有旋转。同时，颈椎内部存在很小的肌群，在维持颈椎稳定性当中起到非常重要的作用。

由于颈椎有很多神经，因此很多颈椎的问题可以引起头部的不适症状。比如偏头痛，很多偏头痛要从颈椎找原因，对颈椎进行治疗和调整，这个症状会立刻消失。

颈动脉是颈椎最大的动脉，但是颈动脉在颈椎病里面作用不大。一般情况下颈动脉不会出问题，真正出问题的是旁边很细的动脉，也就是椎动脉。

什么是颈椎病？由于颈椎的某一次损伤或者说过度使用导致颈椎出现问题，这是一种情况。还有一种情况是蜕变，由于衰老等原因导致颈椎的脊髓、血管、神经、椎间盘等受到损伤，或者结构发生了变化而引起了一系列的不适症状和体征。所以颈椎病并不是一个单一的病，是一个很复杂的临床症状和体征的集合，有非常复杂的症状和体征。颈椎病的发病率很高，一般在20%左右，并且在特殊人群和重点年龄人群中发病率还要更高。颈椎病的发病部位主要是在颈五、颈六、颈七的位置。

退行性改变是一个医疗用语，由两个原因引起。第一个是过度使用，第二个是衰老。人都会变老，人衰老时器官会慢慢衰亡和蜕变。退行性改变会导致肌肉力量下降，而肌肉力量下降又会导致颈椎的稳定性下降，同时关节活动度会减小。比如说原来颈椎可以很灵活，我们可以跳新疆舞，到了五六十岁你还能跳得动吗？

另外还有劳损，长期反复的被动的工作会导致肌肉劳损，肌肉劳损会导致肌肉蜕变和变性等。如果这些问题长期得不到解决，就会导致椎间盘变性，颈椎骨质增生，如果再继续发展就会出现各型的颈椎病。颈椎病跟过度使用有关，跟不正确用颈有关，跟长期不正确的姿态有关，跟人的衰老有关。

颈椎病常见的分型有颈型、神经根型、椎动脉型、脊髓型、交感型。

颈型颈椎病。这是所有颈椎病中最轻的一种。人可能感觉不舒服，但是检查时不会有太多体征，比如拍一个片子，可能会发现颈椎的生理弧度变直了，甚至略微有点反弓了，但是临床症状就是颈椎不舒服，经常会卡拉卡拉响，这属于颈椎病的起始阶段。

神经根型颈椎病。这是所有颈椎病中发病率最高的一种。很多病人告诉医生，除了颈椎不舒服以外，还会出现手痛、麻木的症状，麻木和疼痛很容易和肩周炎、肩膀损伤混合，现在还有一个新的提法叫作颈肩综合征。神经根型主要是前臂疼痛和麻木，因为颈椎的每一个阶段都分出了神经根，这些神经根支配我们整个上臂、前臂的所有感觉和运动。大家可以将我们的神经根想象成感觉和运动的传导通路，如果这个通路出了问题，这个通路的任何一个阶段出现了问题，这个神经根所支配的区域就会出现相应的运动和感觉障碍，而感觉障碍最典型的就是疼痛和麻木。

我给大家分享一个小故事。我有一个老病人，有一天他说，廖医生我手痛得不行了，我诊断完了以后告诉他是颈椎病，可能因为我太忙就没有过多给他解释。在给他做完针灸后，他悄悄把我拉到旁边说："廖医生，我手痛，但是你扎的是脖子，你肯定弄错了。"他认为我明明是手痛，你为什么要去治脖子呢？我们很多病人把膏药贴在手上，但是作用不大，因为问题出在颈椎。

椎动脉型颈椎病。颈椎有两条非常重要的动脉，一条叫作颈动脉，另外一条叫作椎动脉。椎动脉实际上是我们全身最委屈的一条动脉，因为人全身除了骨的滋养动脉以外，只有这条动脉穿行在有骨骼的通道当中。我们每一个颈椎的旁边都有一个小孔，这个孔就是容纳我们的椎动脉的，因此，椎动脉是穿行在由每一个椎体和椎体小孔形成的管道当中。为什么它要在这个管道当中行进？人类遗传学家到现在都没有搞清楚。椎动脉在管道当中就会出现很多问题。假如说两个洞在正常情况下是平行的，是没有问题的，但是两个椎体出现了旋转和错峰，两个管道出现了变形，椎动脉就会出现大问题，这个小小的洞就会出现骨质增生。我们要预防和检查椎动脉，可以做一个颈椎的彩超检查，这样就能看到整个血管的供血情况，早做检查，早做预防。

脊髓型颈椎病。椎间盘有了问题：症状比较轻的叫膨出；如果已经有了裂纹，这个膨很大，就叫作突出；如果髓核已经突出来了就叫作脱出；如果脱出髓核掉到椎管里面了，叫作脱垂。一般来说，症状轻的可以考虑保守治疗，如果出现了脱出和脱垂，就应根据临床情况尽可能早手术。脊髓是特别弱的，遗憾的是脊髓的神经细胞是不能再生的，因此脊髓型颈椎病在整个颈椎病中是最严重的，因为神经细胞不能再生，而且它非常容易受伤，所以，一旦涉及颈椎脊髓的问题要予以高度重视。

哪些症状是颈椎脊髓的问题？第一，我们的上肢或者下肢的肌肉力量和感觉出现了障碍，有的时候往往是上肢和下肢同时出现障碍，这个时候临床上会让病人做几个简单动作。第一个动作，20秒屈伸要达到一定次数；第二个做并指动作，在手指间夹一张纸；第三个动作，走路感觉平不平。有人老觉得路看起来是平的，但是走上去怎么就深一脚浅一脚，感觉一不小心就会摔跤；同时感觉这个地是软的，就像踩在棉花上一样，这在临床上叫作踩棉感。一旦出现这种症状一定要快一点去看医生，因为脊髓型颈椎病已经很严重了，如果任由它发展，会产生不可逆的损伤。第二，很多人半夜会突然惊醒，惊醒以后喘不上气，觉得胸口闷，感觉自己像穿了一件紧身衣，要起来走很久这种症状才会消失，这就叫作胸腹束带感，也是脊髓型颈椎病的典型症状。第三，脊髓型颈椎病还有手脚麻木、疼痛，功能障碍，肌肉的失调和失能等症状，甚至还会出现步态的问题。

交感型颈椎病。交感型颈椎病有非常多的典型体征，它是由于我们颈椎的各种结构出现变化。主要症状有头昏、头痛、眩晕，可能还有恶心、注意力下降、失眠、手臂痛等，而且健忘。

交感型颈椎病发病有一定的规律，易出现在40岁到60岁的中年妇女身上，更年期妇女常常有可能出现交感型颈椎病的问题。男性则多数出现在60岁左右。

颈椎病的康复治疗方法

颈椎病的治疗有两种方式。第一种就是手术，第二种就是保守治疗。今天我们主要讲保守治疗：第一是理疗，理疗分为牵引、中频、红外线照射等；第二是功能锻炼；第三是健康教育。我主要给大家讲讲健康教育和功能训练。

第一，预防为主。颈椎病的发病率非常高，而且是一条不归路，因此，预防是重点。一是正确的睡姿，二是正确的坐姿。

首先谈睡姿。俯卧睡觉，脑袋要偏过来，要把鼻子露出来，偶尔这样睡可以，但是绝对不能长期这样睡。仰卧睡觉，这个睡姿对脖子和颈椎比较好，但是对腰不好，如果一定要这样睡，要想办法屈膝，比如说在膝关节下面垫一个小枕头。我们推荐的是婴儿式睡姿，左右两边睡都可以，最好交替进行。

枕头和自身的体态和睡觉的习惯密切相关，没有一个确定的标准说。枕头是个性化的，最重要的是质地。质地有很多种，现在有荞麦枕头、乳胶枕、记忆棉枕等，都可以，重要的是软硬适中，一般情况下，在你的头部躺上去以后会往下压一半距离，这样的枕头软硬程度最合适。高度要合适，在侧卧位的时候，你的颈椎不侧偏，枕头的高度就合适。

其次，正确的伏案坐姿。第一，如果长期和椅子为伴，椅子靠背要过颈，这样有利于你累的时候或者颈椎需要靠的时候去倚靠；第二，椅子一定要有扶手；第三，桌子的高度，尤其是电脑的高度非常重要，我们的头会去将就屏幕；第四，椅子的高度应刚好让你的脚舒服地全部踩在地上。

我们都存在驼背、含胸、头部前伸等体态，我们甚至会感觉这样最舒服，这可能是人还没有进化完的表现。于是在医学上有一个新的名词，叫作上交叉综合征，它的提出是基于人类发育变化的学说。人在发育过程中有些肌肉天生就是有力量的，有些肌肉天生力量就小，这些肌肉的配比在颈椎会形成一个小的交叉，这个交叉最终会导致我们习惯性地采取刚才说的体态。这种体态和我们肌肉力量分布有关系，如果你长期处在这种体态，肌肉力量的不平衡会进一步放大。哪些肌肉紧？过紧的肌肉、力量过大的肌肉有胸大肌、背阔肌、胸小肌等。哪些肌肉弱？弱的肌肉分布在颈椎深层和后侧，如斜方肌等。如果肌肉紧该怎么办？松，松就有很多方式：按摩、揉。如果肌肉弱呢？练，锻炼。人的脑袋是非常重的，当颈椎低到60度的时候，脑袋对颈椎产生的压力大概有60磅。

第二，功能训练。对于预防颈椎疾病和颈椎病的康复，非常好的武器就是对颈椎进行一些运动疗法。运动疗法的禁忌：急性疼痛期、严重的骨质增生、颈椎

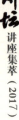
感染和有肿瘤。

首先，我们可以按照这样的方法去检查自己的体态：一是观察眼睛，平不平衡，对不对称，如果一个人眼睛不平衡，那就是大问题。二是观察肩膀，肩膀经常会出现高低肩，这就是肌肉太紧，要做相应的调整。三是侧面观察耳垂，正常情况下，耳垂应该和肩膀最外侧端在一条直线上。

现在最年轻的颈椎病患者只有12岁，其发病越来越年轻化，越来越体态化，要尽可能关注小孩的体态，了解他们的发育状况，尽可能地让他们在正确的姿态下学习。

其次，颈椎病有很多稳定的结构，包括肌肉、韧带、经膜，我们能够干预的更多的是肌肉组织。颈椎病会有一个小的肌群，这些小的肌群抓住了我们的颈椎。含颈动作能够非常好地激活颈部肌肉，比如通过颈椎让头部水平后移。然后可以进行抗阻训练，比如说用一个弹力带放在后面，用手抓住，再来做这个动作。

最后，做颈椎体操。颈椎体操更多的是对颈椎功能的活动，牵拉颈椎和锻炼肌肉力量。有几个动作我个人觉得非常合适，如颈椎天天画圆圈和米字，大家做功能活动时一定要转到极限。

我今天给大家介绍两个动作：第一个动作是尽可能耸肩，耸肩完了以后转头，向上看，耸肩，这是我们老祖宗的动作，对颈椎健康很有用。第二个动作是龟探。

颈椎病非常复杂，希望今天说的这些能够对大家有帮助。

谢谢大家！

儿童意外伤害的预防与紧急处理

◎左立旻

左立旻，成都市妇女儿童中心医院副主任医师、急诊科主任、医疗组长。毕业于重庆医科大学。任成都市预防接种专家组成员，中国现代中西医杂志常务编委。擅长领域：普通儿科常见病、多发病、疑难及危急重症的诊断与处理，在小儿心血管疾病，如先天性心脏病、心肌病、心肌炎、川崎病及其并发症以及心律失常，急、慢性心力衰竭等疾病的诊断与治疗方面有丰富的临床经验。

今天非常有幸在这里给大家谈一谈关于儿童意外伤害的问题。大家对意外这个词可能感觉既陌生又熟悉，因为生活当中处处充斥着意外。我们经常看到电视节目中关于交通事故、火灾的新闻，这些意外好像并没有发生在我们身边，跟我们没有多大关系。但是平时小孩在家里摔倒等状况会经常发生，所以意外离我们很远，又很近，有时候是不可避免的。

所谓意外就是意料之外发生的事情，通常要是知道这件事情会发生的话，我们肯定就不去做这件事情了，所以意外就不会发生，但是意外常常是我们无法预料的事情，我们疏忽了或者没有想到，或者就算想到了也避免不了。比如说前两天在英国发生的一次恐怖袭击，一辆大卡车故意冲撞人群，这样的意外就控制不了。又比如2008年的汶川大地震，这样的伤害和意外也是没有办法控制的。因此，意外可以预防，但是无法百分之百避免。

意外是可以预防的

为什么意外可以预防？中国有这样一句古话，无知者无畏。那么，哪些人比较无知呢？比如，你拿着一把枪去要挟一岁的小婴儿，说你不听话我要杀了你，他根本不理解，所以你威胁不了没有知识的婴儿，你也威胁不了不认识的人。成人为什么比孩子发生意外的概率小？因为成人有经验，我们通过各种途

径的学习，掌握了很多知识，知道什么事情危险，什么事情不危险。而且成人还有整合的能力，不是说每一样事情成人都经历了，但是起码知道从楼上摔下来一定会摔伤甚至摔死，通过以前跌倒的经历，以及我们所学的知识，可以举一反三，避免一些伤害。

有些人躲避伤害的能力很强，有些人躲避伤害的能力较弱。在生活当中有些人动作很慢，做事情给人一种特别小心的感觉，而有些人做事情特别快，显得特别敏捷。一般我们对他们的评价是这样的：这个人很聪明，反应快，遇到意外也躲避得快；对于较慢的人则是：这个人很仔细，做事情很慢，把每一件事情都做得很仔细，但是遇到意外反应就比较慢。我们把这些都归因于小时候对孩子的培养，培养方式不一样，结果也是不一样的。特别聪明、反应特别快的孩子小时候可能得到的锻炼机会较多，换句话说，家里面的约束可能比较少，他什么事情都做，他的协调性就比较好，自然显得比较敏捷。对小孩子包容得太多，爱得太多，什么事情都不让他做，他的协调性就会比较差，这种孩子长大以后动作就比较慢，反应也会比较慢，这是必然的结果。

教小孩子如何躲避伤害，或者让小孩子远离意外，通常有两个途径，即被动预防和主动预防。比如说这个讲台有棱角，就把它包起来；在幼儿园，地板要是硬的话就铺上软的垫子。这样的预防叫作被动预防。那么，把我们想到的所有伤害都预防到了，孩子就没有意外了吗？不是的，必须要让孩子知道，如果头碰到硬的东西就会很疼，要是跌倒的话就会受伤，要是去摸插座就可能会触电，让他知道什么事情不能干，这就是主动预防。

孩子总要步入社会，需要接触很多东西，所以应教会他避免伤害，这比我们一味地照顾他，替他把所有事情都处理好要好得多。这就必须让孩子接受一定的锻炼和磨砺，也就是要让孩子去做事情。但是这就产生了一定的矛盾，一旦让他锻炼的话，发生意外的可能性就会增加，但是如果你不让他锻炼，他就有可能什么都学不会，甚至身体都发育不好。那么这个矛盾该怎么解决呢？孩子是必须要接受锻炼和磨砺的，但是要确保他的人身安全。确保安全是什么概念呢？100%确保安全这也做不到，没有哪一个孩子学走路的时候不摔跤，但是要保证他不发生大的意外。

小孩子在幼儿园学到的东西和在家里面学到的东西应该是一致的，有些小孩子在幼儿园里老师给他讲，这个事情能做，那个事情不能做，但是回到家后，家里人说没事，你可以做，这就容易使孩子产生混乱。如果长期处于这种状态，孩子脑袋里面是乱的，今后形成的所有东西都是乱的，他也不知道哪些事情该做，哪些事情不该做。在家庭里也一样，爸爸和妈妈在教育孩子时要保持一致，爸爸、妈妈、爷爷、奶奶在教育孩子的时候意见也要一致。如果你们有不一致，一定要先商量好，一定要有一个一致的概念，否则的话，爸爸妈妈说不能做，爷爷奶奶却说能做，那小孩子该怎么办？他就会选一个对他来说最省事、最简单的答案，这样教育出来的孩子没有原则，不知道什么是底线，这种教育方式就是不对的。孩子在家庭和在学校里面接受的规范都是同样的，他就知道什么事情能做，什么事情不能做，这样教育出来的孩子就有底线。

当前社会在教育方面存在的最大问题就是溺爱，我们的下一代现在是 20 岁左右，在他们小的时候，往往是被溺爱的，特别是祖辈带孙辈的时候，很容易采取溺爱的方式。溺爱会导致两种结果：一种是认为干什么事情都危险，什么事情都不让他做，这种孩子长大了以后，可能发育不太好，不是那么聪明，反应也不是那么灵敏，这种孩子大问题不会出，但是你也很难想象他会出类拔萃，拥有创造能力。还有一部分孩子，认为自己是家里的小皇帝，什么事情都敢干，没有他不能做的事情，这一类的孩子发生意外的概率就很大，而且经常会发生一些大的意外。这一类孩子可能会没有底线，也没有原则。这样的孩子要么特别聪明，要么可能走极端，这也不是我们想要看到的。

各年龄段儿童主要面临哪些意外

不同年龄段的孩子所面临的意外不同。比如说孩子刚刚出生，三个月之内他可能会面临什么样的意外？最大意外就是窒息，这是最容易出现的。哪些情况容易导致窒息呢？我们现在都很重视孩子，孩子还没有出生就开始进行胎教，我们会在孩子的床头放一些小玩具等，孩子一醒就逗一下，用声音刺激一下，看看他的视线是不是跟着走，但是这些东西是有一定的危险性的。如果在孩子身边放一些筋筋条条，可能孩子不经意的一个动作，他的手就会把自己的脑袋缠起来，他没有能力解开，这样就很容易导致窒息。

还有就是喂奶，孩子刚出生不久后喂奶时也容易发生窒息。正确的喂奶方式是一旦孩子醒了要吃奶，把孩子抱起来，一只手抱住孩子，一只手扶住乳头，孩子吃饱了，慢慢竖着抱起来拍，拍到他打嗝为止，把胃里面的空气拍掉，然后右侧卧一段时间再放平。这样就可以减少奶汁返流的概率。

分床睡也是很关键的。川西地区有一个很特殊的习惯，以前特别是小孩子冬天出生以后，很多家庭把小孩子放在一个小被子里裹上，再放到母亲边上。小孩子两三个小时吃一次奶，这样包起来小孩子吃东西就很方便，抱起来就喂，也不用穿衣服。但是这样做存在着一个非常大的隐患。川西地区以前新生儿死亡率最高的一个意外叫作捂背综合征。我们每个人起床可能一拉被子就起来了，不注意被

子就可能把孩子捂住了，如果没有把他捆得那么紧，说不定他的手还能刨一个洞出来呼吸，如果这样一捆，小孩子就很容易发生意外。但是通过这么多年我们对很多家长的宣传，现在这样包裹小孩的情况已经很少了，所以这种意外也就少了。

家长和孩子一定要分床睡，免得对小孩子造成不良影响。有些家长睡眠特别足，睡着了以后他的手一搭，就有可能发生意外窒息，所以我们提倡分床睡。小的时候分床，稍微大一点以后分房，这样有利于培养孩子的独立性，帮助孩子形成独立思考的能力。中国家庭不管是因为条件限制还是有自己的习惯，在这些方面做得都不是特别好。

三个月以后的小孩子会面临什么样的问题？三个月以后小孩子就可以翻身了。一旦小孩子可以翻身，他就可能从床上掉下来，所以这个时候我们就要给小床加固栏杆，地上可以铺一些软的东西，床也不要太高。我遇到过这样一个病人，孩子大概是5个多月，和家长分床睡，家长把孩子的小床贴在大床边上，小床和墙壁之间大概有七八厘米的距离，家长想这个距离孩子应该掉不下去，也就没有加栏杆。晚上小孩子睡了以后大人也睡了，等大人醒了以后发现小孩子整个身体顺着缝隙掉下去了，但是头下不去，就卡在那里，这个孩子最后没有救过来。很多意外都是在这样的不经意间发生的，我今天说的这些例子都是我经历过的，所以小孩子的意外随时伴随着我们，必须加以预防。

还有一个就是，喂婴儿吃东西容易出现烫伤，特别是冬天，家长都知道，喂孩子的时候会拿一个勺子一边喂一边吹，觉得温度合适时就给孩子喂一口，但是碗里面东西是很烫的。你这只手端着碗，另外一只手喂他，但他不知道这个东西烫，如果对他没有约束的话，他随时可能来抓你，然后一抓，就烫伤了。这种温度大人可能烫一下没有问题，但是小孩子的皮肤娇嫩，五六十度的温度就可能导致烫伤，这种烫伤基本上都是在喂孩子东西时出现的。

另外，小孩子都有一个癖好，就是喜欢掏洞，最容易掏的就是电门。因此，容易导致电击伤。所以说家里面如果是新装修的，家里面有小孩子，一定要把插座放在适当位置，即放在地板 1.6 米左右的位置，小孩子踮起脚够到 1.6 米了，那个时候他也知道这个东西不能玩了。我家里装的都是保护性插座，平时插座是封起来的，只有在用电的时候才会打开，这样就能避免小孩被电烧伤。还有，好些孩子都喜欢抠鼻子，这样很容易导致流鼻血，90％以上经常流鼻血的小孩子都有抠鼻孔的毛病。

我们说小孩子是用嘴巴来探索世界的，随便抓到什么东西都会往嘴里放，所以这个时候发生误食的概率就比较大了，特别是家里面的药品，必须要放好，盖子也要盖好。在医院里面，每个星期都有因误食药品而导致意外的，特别是家庭里面有高血压、糖尿病患者的，这些药品一定要收好，小孩子吃了以后会马上发生意外。到了 1 岁，小孩开始学走路了，还要特别注意收好洁厕灵和威猛先生等毒性很大的东西。

1 到 6 岁的孩子更容易出现意外，这个年龄阶段最麻烦，孩子的知识从 0 开始积累，经验慢慢在增加，这个时候什么样的意外都可能会发生，所以这个年龄段是最危险的。不管是在幼儿园或者是家里面都可能面临各种各样的意外，如烫伤、吞食异物、摔跤等。孩子在这个年龄段是最需要家长注意的。

例如，对于 1 到 3 岁的小孩子来说，如果桌子上放了一盆汤，而桌子上又铺了桌布，他就会拖着桌布把上面的东西拖下来。这样很容易导致烫伤，就算不被烫着也会被砸伤。所以这个年龄段需要注意很多方面，比如阳台要加护栏，而且要注意家里面家具的摆设。如果家里的窗户没有栏杆，那么沙发也不能靠着窗户。就算阳台安了栏杆也不是百分之百安全的，成都就发生过一两例孩子的头卡在防护栏出不来的意外。栏杆是有，小孩子身体掉下去了，头卡在栏杆上了，我在新闻上看到过好几次。

孩子在 6 到 10 岁期间发生意外的概率会减少，但是这个年龄段要么不出事，一出事就是大事。比如：每年寒暑假都有好多孩子掉河里淹死的，基本都是 6 到 10 岁的孩子；还有孩子都喜欢玩棍子，玩起来没有轻重的，很容易戳到眼睛。

儿童意外事故的处理方法

不同年龄段的孩子面临的危险和意外是不一样的。我们不希望孩子发生意外，但是家长要掌握这个年龄段可能会出现的问题，有针对性地进行预防。另外，由于意外不可能完全避免，所以我们需要学习一些急救知识，知道发生意外以后该怎么做。下面跟大家分享一些力所能及的现场处理紧急意外事故的方法。

小孩气管有异物是一个非常严重的问题。4 岁之前的孩子最好不要吃果冻，特别是小的果冻。果冻进到气管以后可能出不来，这是非常危险的。所以，我们不建议 4 岁之前的小孩子吃果冻，4 岁以后的孩子也会建议买大一点的果冻，用勺子舀着吃。如果气管在异物完全堵塞以后还能够呼吸，建议大家不要自行处理。异物进入气管以后，只要还有一个缝，就能呼吸，能呼吸的标志是看得到呼吸，还有一个标志就是孩子能说话、能交流，如果孩子还能有这样的行为，我建议大家尽量不要动他，此时孩子哭闹或者使劲跳对他来说都是非常危险的。这个时候应该立即送孩子去医院，同时让他安静，不要动，这样才能对脱险有帮助。

如果异物卡在喉咙上，没有进气管，可以把孩子抱起来，让孩子趴在你的双腿上拍他的后背，但是异物进气管以后就不要这样做了。如果孩子的气管完全被

堵死了，这种情况下是走不到医院的，我从来没有在急诊室里面救活过任何一个气管堵死了的孩子，气管堵死了以后给人的时间就是四到六分钟，如果在这四到六分钟期间内没有得到处理，这个人就救不过来了。有一个现场处理的方法，不管是大一点的孩子或者是成人都可以：你站在他的身后，让他的两腿在你的大腿中间，把你的两只手从他腋下伸出去，一只手握拳，另外一只手抱着这个握拳，放在患者上腹部，向着你的方向使劲一拉，这么做的目的是什么呢？气管堵死就没有气流，没有气流就不能咳嗽了，在上腹部使劲一拉，让他的腹腔压力突然增加，腹腔压力增加以后通过各级传导在胸腔形成压力，使胸腔残留的气体通过你的气压排出来，人工形成咳嗽动作，希望通过气流把气道卡的东西带出来，所以一定要对准你的方向用力，而且你的前胸一定要贴近他的后背，并且呈弓字步。

下面讲一讲跌撞伤。对于比较严重的跌撞伤，我们能够做的事情：如果出血可以包扎伤口；如果太脏了可以先清洗一下，止止血再包扎一下；如果有骨折需要进行固定，然后再送往医院。像这样大的伤害我们能做的真的很少，我们能做的就是尽量止血，进行包扎，然后送到医院或者打120。

下面再跟大家分享一些简单的救治跌撞伤的知识。小孩子经常磕磕碰碰，遇到这一类伤害用手压住是可以的，但是千万不能揉，越揉毛细血管充血会越厉害。如果看得到出血就是显性出血，出现青包的则是皮下出血，不管是皮下出血还是显性出血都需要一定的压迫，压迫可以止血。另外还可以用冰敷，有小孩子的家庭里面都应该准备一点冰块，随时都能用得到，比如说小孩子跌倒、烧烫伤、发烧都会用到冰。但是凡是用冰的时候，一定要记住不能超过15分钟。如果时间太长就会导致冻伤，冻伤处理起来也是非常麻烦的，有可能给孩子留下终身问题。冰敷起什么作用呢？冰敷到哪里，哪里的血管就会收缩，出血就会减少。小孩子一旦出血，尽量不让他动，动了以后血液循环增加，就会导致出血量增加。有些家长在孩子跌倒以后会用红花油擦一擦，这是千万不可以的，越用出血会越多，如果是很小很小的意外，跌撞伤24小时以后，活动性出血已经没有了，就可以热敷，可以用红花油。如果是大量出血，要在48小时甚至72小时以后才能使用红花油一类的东西或热敷。跌撞伤是小孩子最容易出现的一种意外，大概占小孩子意外的百分之六七十，所以一般的跌撞伤处理方法大家都应该学会，但如果孩子情况严重就一定要送往医院就医。

发生骨折时需要固定，从高处坠落导致颈椎受伤，这种情况也需要固定颈椎。如果是比较严重的交通意外，你搞不清楚是什么情况，伤得很厉害，这种情况也是需要立即固定的。在摔伤时如果没有做好保护，没有做很好的固定，在移动的过程中很容易发生脊椎二次损伤，严重的可能会导致瘫痪。

发生烧烫伤时，身上起红印的为一度烧烫伤，身上起水疱的为二度烧烫伤，如果已经烧焦了就是三度烧烫伤。大的烧烫伤家里面不能处理。如果烧烫伤很严重，身体会丢失很多水分，此时应尽量喝一点淡盐水补充水分，如果找不到淡盐水就喝一点白水，这样可以防止休克，然后尽快打120或者直接送往医院。有一些小的烧烫伤，还没有起水疱的，我们常用牙膏、芦荟、酱油等擦一下，这样做是不对的。烧烫伤最严重的问题是后期的感染。后期一旦感染就会留疤，而且这个疤要么植皮，要么会伴随终身。关于烧烫伤大家要记住五个字：冲、脱、泡、盖、送。冲，就是要第一时间用凉水冲，但是有水疱了就不能冲了，一旦冲破了就容易导致感染。冲凉水可以尽快散热。脱，就是要赶快脱掉衣服，包括用剪刀剪掉烫伤部位的衣服，同时尽量保证皮是完整的，千万不能破。用冰的时间千万不要超过15分钟，避免在烧烫伤的基础上又增添冻伤。泡的目的是减轻疼痛，泡一次不行，可以泡第二次。盖，就是用干净的纱布覆盖。轻微的烧烫伤经过前面的处理就行了。可能最后不需要到医院了，自己买点烫伤膏处理一下就好了。最后是送，就是送医院，严重的烫伤必须到医院治疗。

溺水是最常见的意外伤害。如果小孩子在水里面还能够活动，还在上下翻腾，这个时候他的意识还是非常清醒的，千万不要对着他的头过去救他，他很可能会一把抱住你，最后导致大家都陷入危险之中。要从他的背后过去，把你的手经他的腋下放到你的前胸，拖着往后游。如果他在水里已经趴着不动了，一定要把他翻过来，把他的头放在你的前胸，使他的头离开水面。上岸后，首先要控水，单腿跪在地上，让他的身体趴在你的腿上，使劲拍他的背。如果他的嘴里没有杂草，可以直接做心肺复苏。

中毒也是很容易出现的意外。城市里面的小孩子比较常见的就是在家里面吃错药了。还有一些气体、植物和化学品中毒。城市里面最常见的化学品就是厕所、厨房里面的清洁剂。这些清洁剂应尽量保持原来的包装，有些老年人觉得矿泉水瓶丢了很可惜，便在那里装了一些洁厕灵，小孩子就有可能误食导致中毒。

在所有中毒的情况中，最常见的是食物中毒。所有的中毒急救首先要做的都是马上离开毒源。如果是气体中毒，要马上离开这个气体，比如说从密闭的空间里转移到有新鲜空气的地方。如果是皮肤中毒则要赶快冲洗，五官中毒也是用水冲洗。如果是消化道中毒，首先让孩子不要再吃了，再进一步处理胃里没有吸收的毒素，用催吐的方法让他吐出来。但是有三种人是不能催吐的：已经昏迷的、六个月以下的孩子和酸碱烧伤的病人。

最后说一下狗咬伤的意外。被狗咬伤最怕得狂犬病，但是千万不能马上止血，应该让血多流一会儿，用水加大压力使劲冲。冲完了以后要在24小时之内注射狂犬病疫苗。如果是木器刺伤或者钉子刺伤就要打破伤风针。这两种情况的处理方法是一样的，都是用水冲，冲完了以后24小时之内打疫苗。

◎李根

儿童如何合理用药

李根，成都市妇女儿童中心医院药学部主任、副主任药师。中国药学会儿科药学学组委员，中华医学会儿科临床药理学组青年委员，四川省医学会临床药学专委会委员，四川省医院协会药事管理委员会常务理事，四川省药学会临床药学专委会委员。长期从事医院药学工作，主要研究方向是临床药学，熟悉体内药物分析，在儿科合理用药方面有较深入的研究。

　　今天我给大家带来的是儿童安全用药方面的一些知识。用药安全，不光是我们医务人员的职责，也是每一位家长最关心的问题。安全用药是我们每个人，包括新闻媒体、国家卫计委层面都孜孜追求的终极目标，即合理用药。什么是合理用药，怎么样来评价是否是合理用药？我给大家罗列了四个标准，其中安全是第一位的，只有在确保安全的情况下，我们才能确保有效，在有效的前提下再来确定是否经济，在这三个方面的前提下，我们再来确定用药是否适当。也就是说，安全、有效、经济、适当就是评判治疗方案是否合理、是否合理用药的标准。

　　对于药品，小孩关注的是什么呢？就是那个东西好不好吃。如果药非常苦的话，那么不只是小孩，即使是家长，相信也不怎么想吃，这就是我们常说的"医从性"。从家长的角度来说，我们更关注的是小孩吃的药是对的吗？吃对了就意味着药到病除。这里有四个正确，即正确的药交给正确的人，正确地交代用法，然后正确地服用。这四个正确就是为了保证用药安全。我们必须要做到这四个正确，其实，前面三个是由医务人员来完成的，医院的调剂药师会尽心尽职地完成前面三个：正确地调配药品；把正确的药品发给正确的人；然后在窗口取药的环节，告诉大家怎样正确地服用药品。剩下的最后一个环节，必须由家长自己来完成，即保证让孩子正确地服用药品，最后一个环节其实是最重要的。

　　这里给大家提几个问题：

第一个问题，中成药是否比化学药品更加安全？大部分人都认为中成药比化学药品更加安全。其实并不是这样，只要是药品，都会存在不安全的因素。

第二个问题，对大人没有明确副作用的药品是否对儿童也没有明显的副作用？这个环节上大家跟我的认知是一样的，就是对大人没有明显副作用的药物对儿童有可能也会产生副作用。

第三个问题，就是儿童补充维生素是否多多益善？其实并不是。

第四个问题，儿童的药物是否越贵，其效果和质量就越好？其实不是这样的，药品效果的好坏并不是由价格决定的。

药物的不良反应

用药安全这几个字既遥远又贴近我们的生活，那么，怎么评判药物是否安全呢？其实就是看小孩吃了药之后有没有不舒服，有没有出现其他意想不到的症状。有一些小孩用药后会出现一些症状，但是是一些正常的反应，没必要紧张。比如尼美舒利，这是一种常用的小儿镇痛药，它有可能带来一些肝功能损伤。又比如鱼腥草之类的中成药注射剂，在实际的使用过程中会有很多不良反应。这些不良反应是可以通过一些干预手段进行防控的，但是一旦使用不当就有可能带来一些用药事故。

2017 年 4 月 28 日，国家食品药品监督管理总局发布了 2016 年《国家药品不良反应监测年度报告》。经过十多年的发展，国内的药品不良反应上报体系已经十分成熟了，每家医院都在积极参与药品不良反应的呈报，其目的只有一个，就是希望能够对未来可能出现的用药不良反应起到一些警示作用。在报告中，抗感染药品和儿童用药安全已经成为受关注的热点。

在 2016 年的《国家药品不良反应监测年度报告》中可以看到，关于 14 岁以下儿童的报道已经占到了 10.6%，这个比例呈现逐年上升的趋势，其中较为严重的占 5.5%，儿童用药出现不良反应的药品以化学药品为主。"以化学药品为主"，并不是说化学药品的不良反应就大于中成药，而是因为在我们医疗机构，尤其是住院患者的诊疗过程中，使用的药物还是以化学药品为主。

"药品不良反应"，即"合格药品在正确用法用量情况下出现的与用药目的无关的有害反应"。其实这个描述已经明确地告诉我们，出现这种反应是正常的。古人说"是药三分毒"，每一种药都有其不良反应，如青霉素有过敏反应，吃了感冒药之后应该避免开车，因为感冒药里面含有氯苯那敏，其不良反应就是吃了之后会嗜睡。服用任何药品都可能出现一定的反应，但是因为个体的差异，不同

的人对于同一种药品的不良反应是不一样的。儿童正处于快速生长期，各个脏器功能和成人是不一样的，他们在用药的过程中应该更加严格地遵照医嘱，出现不适的时候应及时就医。

国家对于不良反应上报采用的措施是"可疑即报、鼓励上报"。如果小孩在吃药的过程中感觉不舒服，首先不要惊慌，如果有就诊医生的联系方法可以先和他们进行沟通，看药吃了之后是不是有这个反应，其实有些不良反应在药品说明书里面有描述。

我们的医学和药学都是实践科学，其知识都是来源于既往的用药实践，经过不断地积累从而形成现在的知识。随着科技的发展，在实验室的过程中就能完成对药物的一些毒副作用的预判，再通过动物实验、健康人群的实验，通过国家的一期、二期、三期、四期的临床实验，然后药品才能上市销售。药品在上市销售之后，每种药品在五年之内的所有不良反应，国家是要求强制上报的，其目的只有一个，就是把在临床实验中没有发现的一些不良反应，通过及时的呈报体系客观地呈现出来，尽量避免患者在使用的过程中出现一些不可控的事故。

比如环丙沙星这类药物，在我读书的时候其实是可以在药店里随便买的，但是在我工作近十年之后，这样的药物就已经禁止 18 岁以下的儿童及青少年使用，就是因为在使用的过程中，行政主管部门通过不良反应呈报体系，发现这种药物在儿童使用过程中会影响骨骼的发育。我们国家的药品不良反应管理已经有了质的飞跃。以前在药店可以买到的一些药品，现在要凭处方才能买到，尤其是一些感冒药的抗菌药物。国家为什么要这么做？原因很简单，就是为了避免药物在使用过程中的滥用或者误用，给小孩、给家庭带来一些不必要的伤害。

药品不良反应不是我们医务人员可以完全预见的一种恶性结果，它是可控的也是不可控的。它的可控来源于我们既往的知识体系，它的不可控来源于药物和我们肌体本身的个体差异。家长也好，医务人员也好，其实都不希望出现这种情况，都不想因为用药给患者带来伤害。我们想追求的是药品安全，把患者的疾病诊疗好，避免患者的痛苦。

对药物剂型的初步认识

药物的剂型大家都可以背出来，平时对不同的剂型，像片剂、胶囊剂等也都有接触。如果要给药物的剂型分类的话：一是外用，是用于我们的皮肤、眼睛、耳朵、鼻子等的外用药物；二是口服药物；三是静脉注射、肌肉注射类的药物，在这三大类里面又分了很多细小的类目。

药品的剂型给我们带来了很多的困惑，包括我们的医务人员也在不断地学习，因为随着科技的发展，新的药品剂型也在不断出现。药品剂型的错误可能会带来严重的后果，举一个服用泡腾片的案例：小浩因为感冒发烧在一家省级医院挂号，除了输液，医生还给他开了娃娃宁泡腾片，药盒上贴了一张标签："口服，一次一片。"小孩在输液的过程中，妈妈可能因为心急就直接掰了一片泡腾片放到他嘴里，让他喝水吞下去。结果小孩吃了药以后就出现了窒息，被送进抢救室，最终这个小孩没有抢救过来。大家都喝过汽水，如果在喝汽水之前使劲摇一摇再喝是非常难受的，大量的气泡会在喉腔里面出现，泡腾片也一样，吃进去之再喝一口水，就会在喉结处产生大量的气泡，导致孩子出现窒息，再加上小孩的表达能力不好，悲剧就发生了。所以不同剂型药物的正确使用，直接关系到用药的有效性。哪怕就是普通的片剂也分为薄膜衣片、肠溶片、糖衣片，还有咀嚼片、分散片、泡腾片、颗粒剂，颗粒剂如果是大的剂型，还分为散剂和泡腾颗粒，等等。溶液剂可以说是老少皆宜的一种剂型，可以根据患者口味的不同调剂成不同的味道，儿童反而容易接受，分剂量也更准确。溶液剂固然很方便，但也有不足，即携带不方便。如果是四五毫升一瓶的溶液剂，那么它很轻，但如果是一百五十毫升或者两百毫升左右的溶液剂，携带起来就会比较麻烦。

　　溶液剂开瓶使用之后要注意盖好盖子，尤其是含有糖浆之类的溶液剂，如果一次没有喝完，过了一段时间可能就不能喝了。因为储藏不当可能会导致溶液剂发霉。从这个角度来说，颗粒剂其实更好一些，颗粒剂可以根据你的需求，把它冲调成一百毫升、两百毫升，而且颗粒剂同样也加了很多的调味剂进去，最重要的是，颗粒剂便于存储和携带。所以，我个人认为，颗粒剂更适合儿童，只不过使用的时候需要拿水去冲兑，而溶液剂开盖就可以使用。所以，最适合儿童的药品剂型是颗粒剂和溶液剂，家长在药店买药的时候，如果有这两种剂型应首选这两种剂型，如果没有再选择分散片。普通的片剂能不使用就不使用。如果确实是因为剂型的缺失，这个药只有片剂，那购买之后如果要分剂量的话，我给大家介绍一个小技巧：把这些药品全部化成水或者粉碎之后，再分三分之一或者四分之一，这样可能要好分一些。片剂本来就不大，如果你用力去掰它可能反而掰不匀，有一些片剂中间有一个凹槽，就可以分得比较准。

　　这里重点介绍一下泡腾片。泡腾片是含有泡腾崩解剂的一种片剂，放入水中后会产生大量的二氧化碳气体。它的分解速度是非常快的，一些食用过维C泡腾片的办公室女性就有这样的体验，味道非常好，喝起来像果汁，特别适合老年人、儿童及吞咽药品困难症的患者，经过调味后，病人更加乐于接受，这就是泡腾片的初衷。初衷是好的，但是给药正确更重要，服用泡腾片必须要等它完全溶解或者气泡消失之后才能服用，严禁直接服用。因为泡腾片干服会出现大量的二

氧化碳，严重的可能会导致幼儿窒息甚至死亡。

如果没有颗粒剂、溶液剂，尽量选择分散片，分散片遇到水可以很快地分解，相对于片剂和胶囊剂来说，服用起来比较方便。就相当于把颗粒剂浓缩成片剂，放到嘴里面就像颗粒剂一样，会慢慢溶解，不会产生大量的二氧化碳，也特别适合于老年人、儿童，以及有吞咽障碍的病人。分散片的优势在于可以直接服用，也可以泡水服用，它不像泡腾片是不能直接放到嘴里服用的。

咀嚼片，顾名思义是放到嘴里面嚼的，通常是指在口腔中咀嚼或吮服使片溶化后吞服的片剂，常加入蔗糖、薄荷油等甜味剂及食用香料调整口味，服用方便，可吞服、咀嚼、含吮或用水分散后服用，非常方便，也是老年人、小孩都非常适用的。其实小孩子常吃的牛奶钙片也是一种咀嚼片。服用咀嚼片的时候一定要注意要充分地咀嚼，当然，直接吞服也可以，但是它的效果就没有嚼碎了那么好，而且直接吞服的话也有可能危害健康。因为咀嚼片往往片剂做得比较大，小孩吞服的时候可能会导致卡住气管，所以还是建议充分咀嚼。

还有一个是肠溶片，肠溶片在儿童用药过程中并不多见，前面的泡腾片、分散片、咀嚼片更常见一些。需要注意的是，肠溶片是不建议掰开使用的，之所以制成肠溶片就是为了避免胃液对它进行干扰，如果直接掰开之后服用，可能药效到不了十二指肠、小肠，在胃里面就已经被破坏了。

还有缓释片和控释片，缓释片和控释片对小孩来说相对使用比较少，但是对一些不同的慢性疾病来说，儿童也可能会用到。老年人可能用得更多，比如老年人服用的降糖、降血压的药物，缓释片和控释片相对要多一些。服用这两种剂型的药品时，同样建议不要破坏药品原有的形态。因为如果破坏了其原有的形态，也会破坏它在体内吸收的过程，建议整片吞服，不可截开。有些药品做得好一点，中间会有一个刻痕或凹槽，可以很方便地掰开，可以半粒使用。

再给大家介绍一些常用的外用药，外用药中最常用的就是滴眼剂。很多小孩因为感冒，往往会引起过敏性鼻炎或者是结膜炎，甚至医院的耳鼻喉科也常会使用各种滴眼剂。滴眼剂在给小孩使用的过程中，往往很难掌控。滴眼液不光是儿童常常用到，我们的家长也或多或少会用到这样一个剂型。使用滴眼剂首先要洗手，必须保证手是卫生的，因为眼睛是人类心灵的窗口，是非常敏感的一个部位。如果是小孩，可以抱着他，大一点的小孩可以让他自己坐到沙发或者椅子上，把头仰起来，把下边的眼角打开，在距离眼睛大概一厘米左右的地方，垂直的方向上点一到两滴，点完之后闭上眼睛。切忌滴管碰到眼睑或者是睫毛，这样有可能会污染滴眼液的瓶口。

同时，每次使用滴眼液之前先滴两滴，然后再使用。还有滴眼的步骤是先右后左，先健后患，即先点右眼，后点左眼，如果两只眼睛一只好一只不好，注意好的那只也要点一下，以防传染。其实滴鼻液和滴耳液也是同样的道理，只不过是部位不同而已，给药的方式其实是差不多的。

如何读懂药品说明书

第一，药品说明书非常重要，随着自我保健意识的增强，人们都会选择到药店去购买一些常用的药品，这就是一种自我药疗的行为。把药买回家之后，我们可能凭着既往的经验来服用，请大家切记：你这次买回来的药品可能和以前买的药品的厂家不一样，也就有可能规格不一样，因此，一定要看说明书。因为不同厂家生产的药品，其说明书也会有或多或少的区别，有些药的规格不一样，它的适应症也就不一样，所以首先要看药品的适应症，看它是不是你需要的药品。

第二要看药品的剂量和用法，很多药品会有儿童服药的用法说明，有这个当然好，但是如果你买回来的药品没有，那么你就需要去参考一些其他的资料，或者去寻求其他的帮助。

第三，药品的规格也非常重要，规格不一样，可能给药的量就不一样。如果药品是液体，有可能它一毫升含的量是 15 毫克，也有可能是 10 毫克，如果凭着既往的记忆服用，很有可能有两种结果：第一种是超剂量给药，会导致意想不到的服药事故；第二种是给药不足，可能会造成疾病的迁延，导致患者得不到有效的诊疗。

第四，对药品的不良反应也要留意，不同的厂家因为其呈报体系不一样，以及搜集到的信息不一样，其说明书就会不一样。要注意一个细节，有的说明书的左上角会有一个说明书的审核日期，说明书里面会对不良反应有一些硬性的规定，如禁用、忌用、慎用等，这个环节其实也是需要严格遵守的。禁用，毋庸置疑就是禁止使用；忌用，指如果实在无法掌控，就需要咨询药师或者医生；慎用，可以自己分析，是不是可以给小孩使用，可以根据孩子的不良反应严重程度来进行一个预判。药品说明书也是临床医生的重要参考依据，有了它，医生才知道怎么正确地使用药品。

还有一个地方要特别注意，就是说明书最下面的药品存储说明。如果药品存储不当，很容易导致其失效。有些药品需要在 2 到 8℃ 的环境下保存，有些药品需要常规保存，有些药品要在 20℃ 以下保存，有些药品要密闭保存，有些药品要遮光保存。例如小孩做雾化时常用的混悬液，一些家长拿回家之后会把它们放到冰箱里面，这样做是不对的，因为药品说明书写得明明白白不能冷藏，常温保存就可以。很多人认为药品冷藏比常温储存更好，其实不是这样的，有一些混悬

液是不能冷藏的，这样会破坏它的某种成分，从而导致药品失效。

特别要注意，不要购买和使用超过有效期的药品。在药品的外包装上有生产日期和保质期，药品超过保质期用官方语言来说就是劣效药，它的有效成分是不足以诊疗的，所以药品的有效期同样需要注意。

很多家庭里面都有一个小药柜，储存有很多的药物，我们应该经常清理一下，把药品都拿出来看一看其是不是还在有效期之内，很多家庭很容易忽视这样一个事情。往往药放在那里，只有等到要用的时候才去看，有时候一着急，找到的药很有可能是过期的。给大家一个建议，在家用药的过程中，尤其是拆了瓶子之后没有及时用掉的药品，一定要写一个拆瓶的日期，这样过了一段时间后再拿出来，你才知道这是多久之前拆的，如果已经失效了，就要把它丢掉，如果是一个星期前拆的那就没问题。

儿童合理用药指导

给儿童用药其实最重要的就是遵医嘱。如果是在药店买的药，就根据说明书，以及自己既往的用药习惯和用药历史来判断。拿到药品之后，要仔细阅读药品的标识和说明书。如果是婴儿，那么在喂药的时候一定要注意，可以用滴管或者吸管之类的来喂，把药放到他嘴里面，就像喂奶一样，让他自己能够吃下去。婴儿服药应遵循少量、多次喂药，避免呛到婴儿。比如一次要喂五毫升药，应一点一点地喂，不能一次性地喂下去，那样婴儿很容易呛到。

在给小孩喂药的过程中有几个注意事项：第一就是不要把药品融于牛奶、果汁、糖水里，因为你并不清楚这个药和其他溶液混合后，会不会带来药效的改变。不要擅自调整用药的剂量，对我们成人来说，可能多吃一点、少吃一点只是难受，而婴儿的各种器官还不是很成熟，多一点点剂量可能给他带来一辈子的伤害，不要擅自根据经验用药，或者同时用几种药品，尤其是感冒药。大家可以自己回去翻一翻，比较一下两个商家或者三个厂家的感冒药就会发现，很多成分是类似的，唯一的区别就是一到两个成分的区别，甚至是含量的区别。如果同时喂了两种或者三种药，就会带来药物剂量的叠加。因此，儿童用药之后应该观察他的一些体征、症状以及表情的变化。

还要注意一点，在喂药的过程中小孩可能没有完全服下药品。如果是几个月的小孩这种可能性不大，因为他完全受成人的支配，如果是一两岁的小孩，如果药的口感不好，比如中成药或中药，在喂的过程中他可能会把药全部吐掉。也有可能喂药之后，过一会儿他自己就把药吐掉了。那我们该怎么办呢？是继续喂还是不管他？小孩服药呕吐，如果是一个小时之内呕吐就要补充，如果是一个小时之后就没必要补充了，因为大部分的药在半个小时左右就已经吸收完了。

我们来看一看药师是怎么说的。如果是少部分没有喂进去，比方说只有五分之一，那就不用再补充了。如果是长期服用的药剂，漏了一次、两次，对整个治疗效果影响不大，可以不用管。如果是疗程较短，一天一次，忘记一次或者是这一次完全没有吃进去，那在疗程中就要顺延，如果连续几天都是这样，可能就要重新计算疗程了。

还有，在儿童服药的过程中，大部分药品不建议和牛奶一起服用，为什么？因为奶制品会在药物表面和胃黏膜上形成一层薄膜，会降低药物的吸收和疗效。牛奶中的钙、磷、铁容易和中药中的有机物质发生化学反应，生成难溶且稳定的化合物，使牛奶和药物的有效成分受到破坏。当然一些益生菌是可以和牛奶一起服用的。

服用药物和喝奶最好间隔一个小时，尤其是小孩，小孩在几岁之前都会喝奶，所以给大家做一个小小的提示。对于人体的基础代谢，大家都有所了解，人体温的变化、激素的代谢都有其自身的规律性，比方说肝脏合成胆固醇都是在夜间，胃酸、激素分泌有昼夜规律等，我们可以根据疾病的昼夜规律性波动现象来选择最佳用药时间，可以发挥药品的最佳疗效，减少不良反应，这就是"时辰药理学"。

早上起来比较适合服用降血压的药；空腹的时候，比较适合服用治疗胃肠疾病的药，以及一些降糖的药；餐后适合服用一些镇痛的药，其最大的副作用就是导致胃肠不适，餐后服用可以避免对胃肠的刺激；睡前比较适合服用镇静催眠药，以及抗过敏的药物，还有降血脂类的药物，也建议在睡前服用。

儿童常见病用药注意事项

2012 年的全国儿童用药调查显示，在儿童所患疾病中，感冒居于第一位，然后是支气管炎、消化不良等问题，发热也比较常见。

这里要重点提一下抗生素。在国家 2004 年到 2015 年的抗菌药物指导意见中，是不建议感冒患者选用抗菌药物的。因为感冒最主要的病原菌其实是病毒而不是细菌，除非有特别明确的细菌学病症，才会建议使用抗生素，对于病毒性的感冒、麻疹、腮腺炎、伤风甚至于流感，应该使用抗病毒的药物。

布洛芬在临床中使用非常普遍，建议六个月以上的儿童使用。当然并不是说六个月以下的就不能使用，只是需要咨询相关的医务人员。相对来说，对乙酰氨

基酚也可以服用。这两类药品其说明书里面都有明确的描述："间隔六个小时用药一次。"但是不建议二者同时服用，可以间隔四到六个小时交替服用。

还有一些中成退烧药，中成药可以说是我们祖国的瑰宝。药店里面有各种类型的中成退烧药，其药效成分都含有柴胡之类的。这些就需要根据说明书来给药，可能是半包，可能是三分之一包或者是一包，这就需要自己去看药品说明书。

儿童腹泻是比较常见的，常用的药品有三种，第一种是抗生素，第二种是吸附剂，第三种是微生态制剂，微生态制剂就是我们常说的益生菌。抗菌药物和微生态制剂在给药的过程中，一定要注意不要同时服用，要间隔服用。同样，服用吸附剂和微生态制剂也要间隔一个小时。如果是抗菌药、吸附剂和微生态制剂同时服用，应先使用抗菌药，间隔一个小时服用吸附剂，再间隔一个小时服用微生态制剂。这是给药的先后顺序，在医院配药的过程中，药师也会做这些介绍，即强调给药的顺序。

儿童腹泻并不是必须使用抗菌药物，尤其是婴幼儿腹泻不提倡、不主张使用抗菌药物，更多的其实是一种对症治疗。而且儿童也不是一发烧就需要服用退烧剂，通常是烧到 38.5℃ 以上才给退烧剂。其实除了退烧药物，还有一些物理降温方法，包括酒精擦拭等，都可以替儿童降温。儿童在发烧的过程中，要注意补充大量的水分。

婴儿喂养以及辅食添加

◎陈 科

陈科，儿内科副主任医师，重庆医科大学儿科学博士，重庆医科大学附属成都市妇女儿童中心医院临床营养科主任，中国医师学会儿科学分会儿童保健专业委员会委员，中国医师学会"全国孕期营养课堂项目"专委会委员，《儿童环境健康》（第一版）编委，《儿童营养学》（第七版）编委，美国科学与教育出版社《营养与健康》杂志、Sciedu Press《流行病学研究杂志》、BIO ACCENT《营养》杂志编委。

孩子出生以后，家长当然最关心孩子的吃喝问题。所以今天我们讲的重点是婴儿喂养以及辅食添加的建议。总的来讲，不是说给孩子吃一点米粉，吃一点菜泥、肉泥，再加一点辅食就是科学地喂养了孩子。一岁以内的孩子就叫婴儿。那么，怎么判断孩子长得好不好，喂得好不好呢？是不是今天吃了一碗米粉就长得好？今天吃了一个鸡蛋就长得好？不是的。主要是依靠孩子的生长曲线来判断。

有的家长带着四到六个月的孩子来做儿保，孩子没有生病，也按照医生的嘱咐给孩子的食物中加了菜泥、肉泥、果泥，孩子的胃口也很好，但是孩子的发育却比较缓慢。今天讲的添加辅食，就是要解决这个问题。

孩子长到四到六个月以后，虽然胃口比较好，也没有生病，体重却没怎么长，虽然没有掉出生长曲线的黄线部分，但是已经有掉出黄线部分的趋势。对于这种情况，医学上有一个术语叫作生长偏离。

现在的孩子重度营养不良的已经非常少了。但是像这种没有到达营养不良，或已经向营养不良的方向发展的孩子还是比较多的。儿保或者营养科医生的责任就是在孩子出现营养不良之前，把喂养中存在的问题找出来，并且把问题解决掉。家长要记住，不管你们的孩子有多大，也不管在哪个地方做儿保：第一，身高、体重、头围必须要测；第二，一定要画一个生长曲线。

我们应该从三个方面来判断孩子的生长情况。第

一，孩子的生长发育水平，大部分家长往往只关心这个问题。第二，一定要看这个孩子的匀称性，即孩子的体型。第三，就是一定要和自己的过去对比，一定要以纵向的方法来评估孩子的生长发育状况，不要横向比较，一定要跟自己的水平比较。有的家长带孩子，带得非常焦虑，老是跟人家比，这样的比较是没有意义的。

婴儿期食物的选择

对于婴儿来讲，好像可供选择的食物非常多，除了母乳以外，还要给他吃奶粉，各种蔬菜、水果、肉、蛋都可以作为辅食。但是实质上能供孩子选择的食物只有三类。

第一类，液体食物，包括母乳、配方奶、全牛奶等。第二类，半固体食物、固体食物，即辅食。添加辅食包括两个阶段，四到六月是一个阶段，七到十二个月又是一个阶段。第三类，成人食物。我们在喂孩子的过程中，必须替孩子科学合理地安排这三类食物。

孩子婴儿期食物的选择，第一类就是液体食物，乳类。母乳是孩子最理想的天然食物。如果母乳足够，可以喂到六个月。母乳想要喂到两岁及以后是非常困难的。我经常跟家长说，喂母乳喂到两岁都没有问题，但是要记住，母乳只能是孩子的食物，千万不能成为孩子的安慰剂，不能成为孩子的安眠药，这一点很重要。我见过一个比较极端的孩子，一个晚上要吃 13 次母乳，这就是喂养习惯和方法的问题。但是很多家长在带孩子的时候很少关注到这一点，总觉得只要想方设法把米粉给孩子喂进去就算成功了。这样就可能会出现很多问题。

母乳是宝宝最理想的天然食物，如果有条件喂母乳的话，要尽量创造条件给孩子吃母乳。每个家长喂母乳的方式方法都不一样，每个妈妈母乳的营养状况、孩子的吸收也是不一样的，这时就需要临床医生根据每个孩子的具体情况来具体分析指导。

第二种液体食物是配方奶。当没有办法母乳喂养，或婴儿逐渐断离母乳时就应该选配方奶。从营养角度上来讲，配方奶是除了母乳之外最好的东西，因为配方奶是模仿母乳的。我们加奶粉有两种方法，一种是补受法，另一种是代受法。代受法就是指不想喂孩子母乳的父母，用奶粉来代替母乳，这种方法我们不推荐。补受法就是母乳不足的时候，建议大家用配方奶来补充母乳的不足。

第三种液体食物是全牛奶和酸奶，一岁以后的孩子可以食用，但是从营养角度来讲，还是推荐使用配方奶，因为再好的鲜奶都是喂牛的，不是喂小孩子的。

乳制品才是一岁以内孩子的食物。人一辈子很长，但只有在一岁以内才能把奶当饭吃。我经常跟家长讲，孩子以后要吃一辈子的饭，你着什么急，有些七八个月的孩子一天就吃两顿米粉或者两顿稀饭，长得非常差。孩子在一岁以内把奶吃够，有母乳尽量喂母乳，这是孩子的权利。现在很多家长以爱的名义把孩子的权利剥夺了，这是很遗憾的。

第二类食物，半固体、固体食物，也称辅助食物或者过渡期食物。辅食一般是泥状食物。第一阶段是四到六个月：第一可以训练孩子的咀嚼、吞咽技能，以及刺激孩子味觉的发育。第二可以补充少量的维生素和矿物质。孩子可以通过吃饭来训练舌头的搅拌功能和下巴的功能，因为下颌的发育是靠咀嚼来发育的。有些吃饭不好的孩子，两三岁以后从侧面看，就是一个小下颌，父母亲也没有遗传，那么这个孩子肯定是吞咽和咀嚼功能有问题，错过了训练孩子吃饭的关键期。

那么，哪些食物适合作为孩子第一阶段的辅食呢？强化铁、强化锌的米粉，水果泥，根茎类，花果类，蔬菜等，一定先从难吃的添加，不要第一口辅食就吃苹果，他以后吃菜就吃不进去了，一定要从难吃的给孩子添加才行。我们讲第一个阶段的食物的时候，没有提到果汁、鸡蛋、肉汤等，不要把这些东西当作第一阶段的辅食添加。

第二阶段是七到十二个月。这个时候可以给孩子吃一点什么呢？从七八个月开始就不能吃泥状食物了。五六个月吃了米粉之后，七八个月就要开始吃末状、碎状的食物了，比如叶子菜。我曾经遇到过一个孩子，五岁只能吃米粉，不会吃饭，一吃饭就打干呕吐出来，没有办法只有到医院口腔科进行口腔功能训练。这种孩子的下颌发育肯定是非常不好的。

七八个月以后，孩子食物的品种可以接近成人食物，以提供婴儿对营养的需求。其实从营养学的角度讲，只要保证两点：第一孩子不过敏，第二保证食品的安全，什么都可以尝一下。给孩子吃一点辣椒或者苦瓜我都没有意见，给他尝一下，这样才能刺激孩子味觉和咀嚼功能的发育。这个时候食物的硬度及大小应该适当增加，进一步训练宝宝的吞咽和咀嚼功能。

一岁以后的孩子以什么食物为主呢？有的家长说孩子一岁以后突然不吃饭，只能给他喂奶。一天吃奶可以吃一千毫升，长得肯定不好。因为孩子一岁以后就必须以固体食物为主，很多家长在医院做完儿保以后才恍然大悟，原来我的孩子饭没吃够。

第三类食物就是家庭中的普通食物，即成人食物。两岁以后的孩子可以慢慢尝试，幼儿园之前可以尝试吃一点家庭的普通食物。

维持孩子生长发育最主要的是能量，蛋白质在其中大概占20％的比例，碳

水化合物大概占 50％的比例。为什么乳类可以让孩子长得很好呢？因为乳类是一种高能量密度的食物，可以满足孩子生长发育的需要。能量密度是指一克食物里面所含的以千卡为单位的热量。比如各位家长要控制体重，可以吃稀饭、蔬菜、水果等，这些都是低能量食品。但是你不能一整天只给孩子吃苹果，吃蔬菜，这是给孩子减肥的，有时候我们要帮孩子选择，而不是由孩子来选择。

辅食添加的原则

添加辅食最主要的目的是为孩子一岁以后以固体食物为主食做准备，这是添加辅食最关键的作用。添加辅食要注意两点：第一，孩子是否会对辅食过敏，一定要看孩子吃了以后有没有不良反应。第二，添加辅食的时候，不能影响孩子的奶量。如果影响了孩子的奶量，孩子的生长曲线特别是体重曲线就会下降。

辅食添加包括以下几个原则：辅食添加的顺序、逐渐适应的过程、食物之间的转换，以及进食技能的培养。

第一，我们给孩子添加辅食的顺序不能太死板，要根据孩子各种消化酶发育的状况来决定。孩子第一口不管是吃人乳还是吃配方奶，都不会出现不消化的现象，因为孩子消化蛋白酶是发育得非常好的。但是新生儿消化脂肪酶的含量是非常低的，一般要六七个月以后才在胃里有增加，两岁才能达到成人的水平。所以我们在给孩子添加辅食时不能选择脂肪含量特别高的食物，比如鸡汤、鱼汤、骨头汤、肉、蛋黄等。孩子在七八个月以后才可以开荤，这跟孩子脂肪酶发育的成熟度有关系。

然后是淀粉。孩子吃的食物中淀粉含量比较多的有米粉、稀饭、米汤等。有的家长很骄傲，觉得自己的孩子两个月就可以吃鸡蛋，结果孩子吃了以后拉肚子，检查过后发现大便中脂肪球含量过高，这就是过早地给孩子添加辅食的结果。

宝宝消化蛋白质的能力比较强，早期对单糖、双糖的消化能力也比较强，对多糖的消化能力却比较差，因此，不应该过早地添加固体食物，特别是淀粉、鸡蛋等，因为鸡蛋也是肉类，属于荤菜。

相对来说，母乳是比较完美的食物，但是六个月以后，母乳里面的营养是不能满足孩子生长发育需要的。通常情况下母乳不缺钙，因为哺乳期的母亲一般都会补钙。母乳里边比较缺乏的是维生素 D。所以刚生下来的孩子最好在两个星期内就要开始吃鱼肝油。一般来讲，如果喂母乳的妈妈补充了维生素 A 的话，这个孩子是可以不用补充维生素 A 的，如果妈妈的饮食里面维生素 A 含量多的食物比较少的话，也会建议孩子维生素 A、维生素 D 双补。

母乳到后期还会缺铁。所以我们添加辅食时首先应该选择强化铁和强化锌的米粉给孩子吃，因为母乳后期主要是缺铁、缺锌。首先，不要吃得太多，先吃三五天，看他吐不吐，拉不拉肚子，有没有过敏。其次，不要加水果，要加根茎类的，比如土豆、山药，人都是嗜甜性、脂肪性的，加水果太甜，就把孩子的口味提高了，以后加餐就会很困难。

第二，孩子都有一种挤压反射，特别是遇到不好吃的东西。比如说喂孩子吃青菜，第一次一般都喂不进去，经常吃进去又吐出来。这就是我们讲的挤压反射。所以我们在给孩子添加一种辅食的时候，一定要喂 15 到 20 次，帮助孩子克服挤压反射，不要喂两三次，孩子不吃就算了。

添加辅食一般要尝试五到七天，观察孩子没有什么过敏反应。植物性辅食过敏性小一点，七个月添加动物性食物的时候一定要尝试三到五天，看他是否要吐，会不会拉肚子，肚子是否涨食，嘴巴有没有发红、发肿。没有问题的话，再添加新的辅食。中国孩子最常见的过敏性食物就是鸡蛋、牛奶、大豆、小麦、鱼肉、虾、花生、坚果。尽管这八类食物比较容易引起过敏，但是只要孩子没有过敏的表现，就不需要刻意回避。

第三，孩子刚刚添加辅食的时候，四到六个月可以加泥状食物，从八个月左右开始就不能加泥状食物了，要从泥状食物转成干稀饭。干稀饭第一要能插上筷子，第二用勺子舀能堆起，第三孩子能用手抓起来。这样一方面可以增加食物的能量密度，同时还能帮助孩子学习吞咽功能。一岁以后可以让孩子尝试吃成人的东西，不过要将食物做软一点、淡一点。

第四，关于孩子进食技能的培养。有的人认为孩子吃饭很简单，只要用勺子、奶瓶喂就可以了，其实不是的。孩子有很多与生俱来的技能，比如觅食反射和吸吮反射。但是一般不推荐依靠觅食反射和吸吮反射来判断孩子饿不饿。因为孩子在吃饱的时候也有这两种反射，只不过饿的时候这两种反射可能要强烈一些而已。

还有吞咽反射，吞咽看起来很简单，实际上很复杂。吞咽分为吞固体食物和吞液体食物。口腔的唇和齿之间叫口腔前体部分，比如说给孩子吃奶，不管吃母乳还是用奶瓶，乳头都在口腔的后半部分，所以孩子吞食口腔后半部分的液体食物非常容易，但是前半部分就很难。有的时候我们发现孩子的口水特别多，就是这个原因。口水一般是聚集在口腔的前半部分。如果孩子的吞咽功能比较好的话，口水就比较少，吞咽功能不好的话口水就会比较多。

我们再来谈谈喝水。喝水是由两个动作完成的。第一，上唇要靠近杯子；第二，上唇要和下唇配合固定杯子，然后我们才能喝水。但孩子上唇的发育是先于

下唇的，所以第一步孩子只能用他的上唇靠近杯子来喝水。训练孩子喝水的第一步时，应该用敞口杯，而不是鸭嘴杯和吸管杯。将喝水的杯子放在桌子上，就像训练小狗、小猫一样，让孩子用舌头舔水喝。到后期，孩子的下唇可以和上唇配合固定杯子以后，就可以买口子小一点的杯子。刚开始喝水时可能会有点漏，没问题，喝水不漏再慢慢用杯子喝。孩子用杯子喝不漏以后，就可以停奶瓶了。

其实孩子的标准带法是一岁就要停奶瓶，但是在中国很少有人能做到这一点。孩子读幼儿园之前至少要停奶瓶，不可能读幼儿园还带奶瓶的，这是需要训练的。

七八个月的孩子就开始想用手去抓饭吃，自己学习吃饭。很多家长会觉得孩子吃得到处都是，收拾起来很麻烦，还不如自己去喂。但是如果不给孩子机会学习的话，孩子怎么可能学会自己吃饭呢？孩子刚开始吃饭的时候可能会乱一点、脏一点，这是正常的。你只要给他机会，两三个月后他就可以很准确地把饭送到嘴巴里面去，一岁以后就可以用勺子吃饭了。

九到十个月左右时，孩子开始用手抓饭吃，这个时候，孩子的饭筷子要能插进去，勺子里有堆头，要抓得起来才行，不要到两岁还在喂米粉。一岁左右的孩子应该用勺子自己吃饭，完全做得到。同时，孩子一定要在固定的位置吃东西，这点很重要。

辅食的进食时间

我们一个劲地在强调孩子在一岁以内必须把奶吃够，因为孩子的胃容量是一定的，所以等孩子大一点的时候，如果又吃奶，又吃辅食，辅食就会占据他胃里的空间，吃奶量自然就减少了。孩子的胃实际上是在不断地增大，比如新生儿一次就能吃五六十毫升，个别孩子可以吃 90 毫升，特别是吃奶粉的孩子。三个月的孩子空胃能吃 100 毫升，一岁的孩子空胃甚至吃 250 至 280 毫升。

我看过一个孩子，孩子七八个月的时候长得不是很好，但是胃口非常好。每次吃奶兑 150 毫升、160 毫升，吃得干干净净，但就是不怎么长。这种孩子兑 90 毫升吃得完，兑 180 毫升也吃得完。奶瓶吃空说明这个孩子是没有吃饱。

因此，喂孩子之前要做到两点：吃之前首先一定要有饥饿感；其次，一定要吃饱。吃饱就是你估计他要吃 120 毫升，就要兑 150 毫升，估计他要吃 150 毫升，就要兑 180 毫升，奶瓶要有剩的，这才叫吃饱。有人会问这样会不会浪费奶？不会浪费的。因为要弄清每个孩子每顿吃多少，需要跟孩子磨合，磨合一段时间就会发现，孩子早上吃得很少，包括我的孩子早上就是 60 到 90 毫升，但是晚上就会超过 240 毫升。

所以我们在帮助孩子养成良好的生活习惯和规律之前，一定要先保证足量奶制品的摄入，所谓足量就是一定要让孩子自己来决定吃多少，这点很重要。

任何食物从我们的胃出去都需要一段时间，比如说水的排空时间是半个小时到一个小时，奶制品的排空时间是两到三个小时，混合食物是四个小时。所以当孩子几个月时只要吃饱了，就不会像新生儿那样，一两个小时吃一次。从两三个月开始，孩子就不再需要我们去引导，他自己会形成一定的规律。

新生儿一天要吃十到十二次，晚上可以吃三四次，但是两三个月以后，他只要吃饱，晚上可能就只吃一两次，白天可能就只吃五六次，而且只要保证上一顿吃饱，奶瓶吃空，一般来讲要过两三个小时才吃下一顿，但前提是中间不要吃其他东西。

我们经常讲天使宝宝，什么叫天使宝宝？好带，带起来轻松，就叫天使宝宝。好带、轻松就是我们吃他就吃，不过他比我们多吃两顿；我们睡他就睡，只不过他比我们多睡一觉。这些对孩子来讲没有好坏的区别，但是对大人来讲，就有好坏的区别。孩子的生活规律越接近我们的规律，我们就越会觉得这个孩子好带。所以你遇到天使宝宝，你就是幸运的。如果运气不好，孩子和我们的规律不一致怎么办？带孩子，三四个月时有一个很重要的事情，就是引导孩子的生活规律。生活规律包括进食规律、睡眠规律。我们在添加辅食之前，一定要把孩子的进食规律逐渐朝父母的规律上引导。添加辅食之前不管是人乳也好，奶粉也好，都是一天吃六顿，早上六点、九点、十二点、下午三点、六点、九点。

只要长得好，一天吃五顿也没有问题。但是举个例子，比如早上九点钟给孩子吃奶，他心情不好，吃了 50 毫升就不吃了，推奶瓶，劲又很大，这怎么办？要保证孩子的进餐时间不能超过半个小时，半个小时一到就收工，不能劝。有的老年人给孩子兑了 150 毫升奶，就想方设法要把 150 毫升奶喂完，孩子看到奶瓶又哭又闹，劝一个小时终于吃完了，吃完以后隔一个小时又该吃奶了，又去兑奶，孩子肯定是不吃的。因此，喂孩子要保证半个小时收工，时间一到就不能再喂了。

有的老年人怕孩子饿着了，经常给孩子喂其他东西，我们要求尽量不要补喂。比如，孩子可能十一点就饿了，或者不舒服在哭，这个时候，我们可以带他出去玩儿，分散他的注意力，只要多拖十五分钟就算成功。但是很多老年人连五分钟都不忍心去拖。等十二点孩子比较饿的时候，一定要多兑点奶给他吃，他就会吃回来的。

我经常问老年人：看过绝食的孩子没有？没有。只有大人才会绝食，小婴儿不会绝食。所以我们在添加辅食之前，一定要养成孩子有规律的进食时间，一天

吃五顿或者六顿，六个时间点里面我们最关心的是中午十二点和下午六点，一定要让孩子养成吃饭的习惯，以后才好添加辅食。很多家长往往觉得只有吃奶、吃饭才叫吃，给孩子喝水、吃苹果、鸡蛋不叫吃。其实这是错误的，添加辅食也应该到点吃，这点很重要，两餐之间尽量不要给孩子吃其他东西。

养成吃奶的习惯以后，中午十二点或者是下午六点这两顿奶15分钟后给孩子添加辅食。辅食可以是强化铁、强化锌的米粉，用水兑，用勺子喂，要注意兑得干一点，两三勺就够了，不要吃太多。

有几个问题需要注意，添加辅食最好的时间是奶前，但是我为什么讲要在奶后添加辅食？很简单，中午十二点时，孩子有点饿，你给他吃米糊他肯定喜欢吃，如果看他喜欢就使劲喂，他肯定就不吃奶了。这样的结果就是孩子的体重下降。奶前添加辅食也可以，但是要忍住，即使孩子再哭闹，也只能给他吃两三勺米粉，吃完后只有吃奶，否则就只能奶后添加辅食。

刚开始添加辅食时是一到两次，不能当顿吃，要在七八个月以后根据孩子的情况再来当顿吃。有的孩子很聪明，知道中午十二点吃奶以后你要给我吃苹果，他吃奶吃得不饿就不吃了，等苹果吃。很多孩子都是这样的，这种情况下就不要给他添加辅食。

我们这样安排的目的是保证孩子奶制品的摄入量，所以，不要担心孩子不吃，他肯定要吃的。添加辅食的时候不要看孩子喜欢吃米糊就使劲给孩子喂，如果一天吃两碗米粉，一个月下来孩子就有可能营养不良了。

孩子八九个月左右时要保证奶制品的顿数，每次奶瓶都要吃空，五顿至少能够完成800毫升奶，这个时候我们就可以在中午十二点或者是下午六点选一顿来吃辅食。这一顿就不用吃奶，也就是五顿奶一顿辅食。时间点一定要选择中午十二点或者是下午六点，就是我们吃饭的时间给孩子吃。

孩子再大一点时，他的胃也在增大。如果四顿能够吃800毫升奶，那么这个时候就可以给孩子吃两顿辅食，依然是选择中午十二点和下午六点的时间。这时候孩子月龄一般是十到十一个月左右。如果孩子能够吃750毫升到900毫升以上奶，那他的生长发育是没有什么问题的。

孩子是很聪明的，从添加辅食的第一天开始，家长一定要学会跟孩子斗智斗勇。他什么都懂，只是不会说话而已。

鸡蛋只能当菜吃，两餐之间不能加鸡蛋。很多老人觉得鸡蛋很重要，但鸡蛋的营养价值肯定是没有奶高的，不吃也无所谓。水果一定是餐后再吃，两餐之间不要吃水果，餐前也不要吃水果。成人餐前吃水果，饭前一碗汤是为了减肥，孩子吃饭之前是不能吃这些东西的。

关于果汁的问题，美国儿科学会早在2003年就说明，果汁并不能为不足半岁的孩子提供有益的营养。在均衡膳食中，纯果汁是健康饮食的组成部分，你可以喝点果汁，但是我们要记住，果汁饮料是不等同于果汁的。不足半岁的宝宝是不应该饮用果汁的。可以给大于半岁的孩子喝一点果汁，但是喝果汁不能用奶瓶、吸管或者是鸭嘴杯，应该用勺子喂。同时，家长应该了解，和全水果相比，果汁并没有什么好处。

睡眠时间不应该喝果汁，应该鼓励孩子吃全水果，包括我也一直给孩子吃全水果。家长应该清楚果汁和果汁饮料的区别，超市里面也有卖纯果汁的，但我个人是不太相信的。

◎ 林 燕

小儿常见症防治

林燕，成都市妇女儿童中心医院小儿内科主任医师。从事临床儿内科医学工作20多年，具有丰富的诊疗经验，医疗行为规范、严谨。擅长新生儿及年长儿危急重症的处理、临床营养支持和呼吸系统疾病诊治。教学经验较丰富。多次受邀在省级、国家级继续教育学习班主讲。以第一作者在《临床儿科杂志》《国际儿科学杂志》等专业核心期刊发表论文多篇。主持省级科研课题2项，其他科研课题3项。系成都市妇女儿童中心医院院内导师、重庆医科大学兼职硕导。系成都市新生儿急救专家组成员，现任四川省循证医学委员会委员，成都市医疗事故技术鉴定专家。多次担任市卫生局儿科质量检查督导专家。

我今天讲的内容主要有四个：第一，怎样判断宝宝是否发热；第二，宝宝发热应该怎么护理；第三，什么情况下我们必须去医院，这可能是家长最关心的；第四，简单介绍几种与发热有关的疾病。

怎样判断宝宝是否发热

简单来说，临床医学上通常把肛温大于或等于38℃或者腋温大于或等于37.5℃定义为发热。但是可能有一些误区，虽然我们定义的体温是38℃或者37.5℃以上，但这并不意味着体温升高就是发热。另外，人体的正常温度是波动的，正常情况下，人体最低温度大概是凌晨两点到四点的时候，人体的最高温度是在下午两点到四点。同时，温度的波动也是有范围的，一般不会超过1℃。温度的变化跟人体的生理变化也有关系，很多女士都会通过测体温来看是不是自己的排卵日。所以，人体在正常的生理情况下，有时候体温也会升高，比如说女生排卵日的体温会升高0.2℃左右。另外就是在运动之后，人体也会有一个生理性的体温升高。需要注意的是，孩子跟成年人相比，体温会稍高一点。还有就是，人体在高热的情况下温度会非常高，但这不是发热，所以，不是所有的体温升高都是发热。

判断孩子是否发热有一些标准，最常见的就是测量肛温和腋温。人体正常温度最准确的定义应该是人体的内部温度而不是体表温度。因此，越接近身体内部测出来的体温，越接近人体正常的核心温度，也就越准确。所以人体温度中最准确的可能是肛温，但是很多人都不能接受或者实施起来比较困难，所以通常我们会测量其他部位的体温。这里有一个原则：越接近体表，判断是否发热的温度越低，这是因为人体部位越接近深部温度越高。比如从肛温、口温、耳温、腋温、背温这几个部位来说，肛温要达到38℃或者以上才叫发热，因为正常情况下的肛温是37.8℃左右。口温和耳温相对体表来说更接近人体的核心，所以要达到40℃才叫发热。人体腋下的温度和背温都是体表温度，所以要求没那么高，37.5℃以上就叫发热了。

接下来我们讲发热的分度。测量人体温度时，最常见的是测腋温，低热就是37.5到38℃，中等发热就是38.1到39℃，高热就是39.1到41℃，超高热就是41℃以上。这里我一定要强调一下，我们必须重视超高热的情况。

家里测体温最常见的工具就是水银温度计，现在也逐渐出现了电子体温计，还有耳温枪、额温枪等。我们推荐电子体温计或者水银温度计。同时，给孩子测体温也有几种方式。新生儿使用腋窝下的电子温度计更准确一些，专业机构可能会测量肛温，但在家里面可能不是很好掌握。对五岁以下的婴幼儿来说，测量口腔温度和直肠温度一般不作为常规方式，因为他不一定配合，比如测口温时，孩子有可能把水银温度计咬碎，所以不推荐。

大家都知道测量腋温需要三到五分钟。这里我提一下背温。背温一般用于儿童比较安静、平稳的情况下，把温度计放在孩子的背部，贴近皮肤，大概四到五分钟可以测出体温。

宝宝发热应该怎么护理

首先，我们要注意观察。观察孩子的精神和活动度，有没有其他伴随症状，比如说咳嗽、流鼻涕、打喷嚏、呕吐等，大一点的孩子会说头痛、喉咙痛或者哪里不舒服。另外，看一下孩子的皮肤有没有出血点。孩子是不装病的，他在比较舒适的状况下胃口会比较好，活动也不会受影响。

其次，环境要使孩子感到舒服。建议室温保持在26到28℃，而且必须要通风。这里还要强调一点，不能过冷，在发热的情况下，如果环境温度过冷，孩子其实是不舒服的。

还有一个问题，孩子发热的时候是该捂还是该脱呢？发烧包括上升、持续和下降三个阶段，在这三个阶段，孩子的感受是不一样的，他可能怕冷或者已经开始出汗了，所以建议以让孩子感觉舒服为原则。可以在他体温上升的时候适当保

暖，还有就是在体温下降的时候适当地给他敞开、擦汗。但是要注意一点，就是孩子发热的时候不要给他戴帽子，年龄越小越不要带。因为人体是通过皮肤散热的，对孩子来说，头部的体表面积非常大，新生儿的头部面积可能占了体表的四分之一，所以这么大一块地方要散热，就要注意不能捂，不能戴帽子。

在中国传统观念中，被子要盖得厚厚的，孩子只要捂住出一身汗就好了，这其实是非常危险的。曾经有一个产妇，她在生产之后坐月子，不开空调盖被子，结果高温中毒死了，这对孩子来说也是很危险的。这在医学上叫"捂热综合征"。可以简单地理解成人为通过衣物造成中暑的状态，这是非常不好的，会对大脑造成永久性的损害，对各个脏器功能也会造成损害。所以衣物我们可以适当穿，但是不提倡捂热。

多喝水可以增加人体内组织的水分，这对体温有稳定的作用，而且人体可以通过排尿把热量带出去。退热药物的使用，其实也是散热过程的增加。散热主要是以出汗的形式，如果孩子体内没有足够的水分，没有出汗药物，也不能达到降低体温的目的。所以应该让孩子多喝温开水，也可以喝其他能够接受的饮料和液体。

还有孩子在感冒发烧时一般都不想吃东西。这个时候我们不主张让孩子开胃，开胃不仅没有什么好的效果，还会加重孩子的负担，所以不要急于把孩子的胃口调上去。发热症状解除之后，孩子的消化功能逐渐恢复，胃口自然也就上去了。所以，不要逼着孩子吃东西，这会加重他消化功能的负担，造成负面的影响。

饮食方面应以流质、半流质为主，要营养丰富、清淡，不要高脂和高蛋白，这对孩子的消化功能是不好的。

接下来讲讲直接退热的措施。传统的物理降温方式有三种：第一，头部冷敷或者是枕冰袋；第二，用温毛巾来敷，水的温度大概是 32 到 34℃；第三，用酒精擦。物理降温的方式可能会增加孩子的不适感，如果这几种方式使孩子更不舒服，我建议就不要再继续使用。做头部冷敷或者枕冰袋时，一定要用东西包裹一下，不主张把冰袋直接贴在孩子的皮肤上。首先，会增加孩子的不适。其次，局部的寒冷有可能让孩子产生寒战和战栗，不仅达不到退热的目的，最后还有可能出现局部的皮肤冻伤。用温毛巾来敷时，敷的位置比较讲究，因为人体主要是靠血管丰富的地方来散热，所以最好是敷颈部、腋下和腹股沟，同时还可以配合擦浴。另外，用酒精擦时，酒精浓度应该在 25% 到 35%，不能让白酒或者酒精直接接触孩子的皮肤，人体的皮肤是可以直接吸收酒精的，使用不当可能引起酒精中毒。

还有一种方式在家庭中可能比较容易掌握，孩子的接受度也相对较高。研究发现，用高于体温 1℃的水来泡浴 15 到 20 分钟，与传统的温水擦浴相比，降温效果更明显也更持久，同时，孩子的不良反应也相对较少。

经过物理降温之后，我们来看看药物降温。用于降温的药物有很多种，但是世界卫生组织和各国的权威机构推荐的儿童备选药物只有两种，一种是对乙酰氨基酚，另外一种是布洛芬。要强调的是，两个月以内的婴儿禁止使用任何退热药物。其实从临床上来说，我们不主张三个月以内的婴儿发热使用退热药品。

对不同的孩子，我们推荐的药物也不一样。对于两个月到六个月以内的婴儿，我们推荐的是对乙酰氨基酚，剂量为每次 15 毫克每公斤，当然，剂量是存在波动的，最小可以是 5 毫克，最大可以达到 15 毫克。两次用药的最短间隔时间为 6 个小时。最短间隔时间与年龄也有关系。如果是六个月以上的婴儿用对乙酰氨基酚，可以四个小时一次，最低间隔时间是四小时。六个月以内婴儿的肝肾功能还不是很完善，药物的半衰期会长一些，所以用药的间隔时间也相对较长。

六个月到三岁的婴儿，可以用对乙酰氨基酚，也可以用布洛芬。布洛芬的剂量可以控制在每次 10 毫克，最小的剂量也是 5 毫克。布洛芬的最短间隔时间，说明书上推荐的是 8 个小时，临床上是 6 个小时。这两种药在退热效果和安全性上来说都是相似的，也是比较安全的。

那么，这两种药应该什么时候使用呢？退热的主要目的是增加患儿的舒适感，所以用药的时候应该把这个考虑进去。虽然在 38.5℃以上可以用对乙酰氨基酚和布洛芬，但如果患儿没有什么不适，精神状态也很好，可以照样地玩耍、学习，这个时候，即使他的温度超过 38.5℃，也可以等一等再用。换而言之，即使孩子的体温没有达到 38.5℃，但是如果他很不舒服，也是要使用药物的。

在用药的时候，切勿两种药物同时使用。人的肝肾功能是有一定承载能力的，同时使用这两种药物，会给孩子的肝肾功能带来很多不良的影响。而且只有在孩子持续不适或者在下一次药物服用之前再次出现不适时，才考虑更换药物。比如说已经服用布洛芬六到八个小时了，孩子的体温还是很高，不适度也没有减轻，或者服用四个小时后，体温再次升高，孩子的不适感增加，这个时候可以尝试使用对乙酰氨基酚。但要注意，至少要四个小时后才可以更换药物，在四个小时以内不建议同时使用对乙酰氨基酚和布洛芬，这样既不安全也不专业。

还有一些退热制剂，在一些基层医院或者药店都可以买到，比如说阿司匹林片剂或者阿司匹林退热栓。虽然阿司匹林是一种较为有效的退热药物，但是因为它不安全，所以不建议 13 岁以下的孩子服用阿司匹林退热。还有一种药叫尼美舒利，退热效果也非常好，但只适用于 12 周岁以上的青少年，这也是从安全性的角度来考虑的。

很多人一发烧就想通过输液来退烧，这其实是一个误区，对于输液，我们应

该谨慎选用。什么情况下会选用静脉输液呢？如果孩子处于脱水状态，不能进食、呕吐、腹泻、尿少，此时应该补充孩子体内的水分，可以选用静脉输液。还有，发热可能是由严重疾病引起，如化脓性扁桃体炎、败血症等，已经明确是由细菌感染所导致的疾病，这个时候也可以选择静脉输液。

什么情况下我们必须去医院

首先是对危重疾病的评估。英国国家卫生与临床技术优化研究所，简称NICE，发布了五岁以下儿童发热性疾病的评估和初步管理（2013 版）。该评估把危重疾病的风险等级分为三个档次：一级风险、中度风险、高度风险。

首先来谈谈高度风险，具有以下任何症状都属于高危状态：第一，脸色苍白，皮肤有花纹、灰白、青紫，嘴唇或者舌头、皮肤发紫。第二，无社会性应答，即你呼唤他的名字或者是跟他交流，孩子没有反应。第三，处于昏睡状态，叫不醒，或者被叫醒后不能保持很清醒的状态。第四，孩子显得很虚弱，持续高声地哭泣。第五，呼吸频率高于每分钟 60 次。第六，中度或重度的吸气凹陷，主要是观察孩子的锁骨上凹、胸骨下凹等部位吸气的时候有没有凹陷。孩子处于高危状态的时候建议马上送医院，让医生来进行专业的评估和诊治。

中度风险具有以下特征：皮肤、嘴唇、舌头苍白，而不是青紫，精神不好，没有什么正常的应答，还有就是通过长时间的刺激才能保持清醒，活动减少，还有鼻翼翕动、黏膜干燥、进食少、尿量减少，还有就是寒战。在孩子处于中等风险时，如果家长具有一定的专业医学知识，可以选择再观察一下，但如果缺乏一定医学知识的话，建议去医院就医。

一级风险具有以下特征：皮肤、嘴唇、舌头颜色正常，孩子照常玩，照常说话，状态也很清醒，哭声响亮，眼睛、皮肤都没有问题，口腔黏膜也保持湿润。这种情况下可以在家观察。

孩子发热是否去医院就医，第一跟年龄有关，第二跟发热程度有关，第三跟发热的持续时间有关，第四跟孩子的一般状况和伴随状况有关。所以，不能笼统地说烧到若干度就必须去医院，要根据实际情况来决定。

三个月以下的婴儿医学上称之为幼龄，对三个月以下的婴儿来说，发烧是非常不好的征象，对于孩子的任何发热我们都要重视。如果发现新生儿有发热的情况，建议送去医院。比如说，孩子的肛温达到 38℃ 或者以上，腋温和背温达到 37.5℃，都建议去医院。三到六个月婴儿体内的器官发育更加完善，相对来说要好些，当孩子肛温达到 38.9℃、40℃ 或者是以上，换算成腋温的话也就是

38.4℃左右时，就应该送医院。对于半岁到两岁的孩子，不推荐一发烧就去医院。当孩子温度比较高，而且持续烧了 24 小时，这个时候建议去医院。要强调一点，不管是两岁以上还是两岁以下的孩子，如果发烧持续了五天，哪怕是间断发热，也建议去医院。

不管是什么原因引起的发烧，我们的体温很少超过 41℃，如果超过这个温度，那么患细菌性脑膜炎或者败血症的可能性就比较高，所以要特别警惕。如果体温达到 41℃以上，会使人大脑功能产生障碍，同时给其他脏器功能带来严重消耗和功能负担，导致脏器的衰竭，这是非常危险的。

几种与发热有关的疾病

热性惊厥是小儿时期最常见的惊厥原因，主要见于三个月到六岁的孩子，惊厥大多发生在发热初期。70％的惊厥发病与上呼吸道感染有关系，而且跟发热也有关系，少数是由其他疾病引起的发热，比如中耳炎、胃肠感染或者出疹性疾病。人体在发烧时会抽筋，大部分情况下是单纯的热性惊厥。如果确诊是单纯的热性惊厥，就不必过于紧张。

再谈一谈跟咳嗽有关的发热性疾病。首先是急性上呼吸道感染，上呼吸道感染是最常见的发热病因，它 80％到 90％是由病毒引起的。要在孩子发病初期或者 24 小时以后查血常规，会出现淋巴细胞百分比、淋巴细胞计数增高，白细胞总数不高甚至会降低等现象。引起上呼吸道感染的病毒非常多，包括流感病毒、副流感病毒、呼吸道合胞病毒、腺病毒、鼻病毒、冠状病毒、柯萨奇病毒、ECHO 病毒等。还有 10％左右的病因是细菌感染，包括肺炎链球菌、流感嗜血杆菌、金黄色葡萄球菌、卡他莫拉菌，等等。

这些病毒或者细菌是怎么进入我们人体的呢？第一是我们所处的环境，空气里面有各种病原菌；第二，人体的口腔与空气相通，本身就处于带菌状态；第三，宝宝有一些不卫生的习惯，比如不爱洗手、喜欢吃手等，也会导致细菌进入体内。

疱疹性咽峡炎是比较常见的疾病，它跟手足口病有非常紧密的联系。疱疹性咽峡炎主要是由柯萨奇病毒引起的，多发于夏秋季，它不是传统意义上的传染病，但具有一定的传染性，通过口咽、飞沫，还有手、口等途径传播，常见于婴幼儿。它的临床特征包括咽热、头痛、厌食等，还有一些其他部位的疼痛。婴儿患病时，可能引发呕吐、惊厥。可以在患者口腔黏膜、咽喉部、扁桃附近看到一些疱疹，疱疹周围发红。还有一些孩子发病时疱疹会长在牙龈上。那么临床表现

上怎么来判断呢？第一是发烧，第二是不吃东西，还有一些孩子表现为流口水。患者吞咽时会感到疼痛，局部有疱疹，疱疹破裂会产生疼痛感，所以会有流口水等表现。有家长观察到孩子的口腔有异味，同时会伴有一些其他的问题，比如说手足口病，因为有部分疱疹性咽峡炎，病程中手、臀部、足部也可能会逐渐出现疱疹。这个时候基本可以确诊为手足口病，柯萨奇病毒同样也是引起手足口病的病菌。

临床上比较危重的发烧咳嗽就是急性喉炎。喉炎为什么比较严重呢？因为它可能会引发喉梗阻，喉部发炎，其痉挛、水肿会导致人体的呼吸道不通畅，会导致吸气困难，严重的情况下会完全堵塞我们的呼吸道。这个时候需要进行急救，在堵塞的部位做气管切开，以达到通气的目的。这个病可能给孩子带来生命危险，所以必须给予足够的重视。这个病比较好观察，除了发烧之外，还会有声嘶和犬吠样咳嗽，也就是声音嘶哑。因为人体的声带在喉部，喉炎会累及声带，所以会导致声音嘶哑。另外，咳嗽的声音会发生改变，又称为犬吠样，就像小狗咳嗽的声音。一旦发现这种情况，家长一定要予以重视，因为出现喉梗阻时，孩子可能已经呼吸困难了，同时还可能伴随烦躁不安、出冷汗、脉搏加快、缺氧等症状，需要马上送到医院。

急性支气管炎也是引起咳嗽的常见疾病，可以由病毒、细菌、支原体、衣原体等引起，其主要临床表现是咳嗽比较重，呼吸加快，但不一定会发热。

肺炎也是小孩子比较容易得的一种病。肺炎在临床上是有一定的判断依据的，包括呼吸急促、鼻翼翕动、吸气性凹陷、发绀（发绀是指口鼻发青、嘴唇发青）等，严重时指甲、指端都会发绀。呼吸急促的症状家长是可以观察的，要求在孩子安静的状态下，不要在其哭闹或者是吃奶、吃饭后半小时以内观察。有一个判断的指标，五个月以下的孩子呼吸频率大于60次/分钟，六个月到十二个月的孩子，要大于50次/分钟，一岁以上的孩子大于40次/分钟。如果判断出孩子有呼吸急促的情况，就要警惕孩子有得肺炎的可能。

另外，如果孩子连续发烧五天，就要考虑其他的疾病。现在，川崎病越来越多，这是一种皮肤黏膜综合征。这个病会对我们的冠状动脉造成严重的损害。这个病的诊断标准：第一，发烧超过五天。第二，眼睛充血，上呼吸道黏膜改变，嘴唇红、干、舌头发红、增粗等。我们把这种情况叫草莓或者杨梅舌，舌头颜色是很深的，而且喉咙口是肿大的。还有一些手足方面的症状，比如手指和脚趾端潮红、脱屑、肿胀，还可能会有多形性红斑，这个不一定能用肉眼看到。有时候还要看看肛门周围，脱屑也是一种表现。最后就是颈部淋巴结肿大。颈部淋巴结肿大可能出现在多种情况下，包括单纯的病毒性感染、上呼吸道感染，它在一些发热类的疾病中有一定的判断价值。一般来说，淋巴结超过一厘米的话就称为淋巴结增大。

最后讲一下跟发热有关的传染性单核细胞增多症。有一个孩子发热五天，我建议他的父母带他去做 EB 病毒的 IGM 监测，为什么呢？因为很多病毒都可以引起发热，我们都是先观察，没有进行任何特殊处理。但是如果持续发热，并出现咽峡炎、淋巴结肿大、肝脾肿大等情况，再伴随晚上打鼾、上眼结膜水肿等，可能就要考虑是不是传染性单核细胞增多症。虽说感染 EB 病毒之后，大部分人都能够自己恢复，但是仍有可能会危及人体的各个器官和系统，比如说肝脏损害、脾脏增大、心肌损害，有的还会给肺和脑带来伤害，关键是还有可能带来后期的影响，比如患上淋巴瘤、鼻炎癌等。所以，如果孩子连续高烧几天，医生有可能会建议做这方面的检测，主要的标准就是 EB 病毒的 IGM 检测。

下面讲一讲春天和夏天比较多的发热疾病，也是我们需要警惕的。一个是流行性脑膜炎。我们接种了正规疫苗之后，流行性脑膜炎的发病率会大大降低，但总体来说，流行性脑膜炎仍是一种危害较大的疾病。至于细菌性脑膜炎，它不是流行性的，但也比较危险，通常得这个病的患者会发烧，有些会出现败血症等，同时还伴随一些其他特征，比如前囟饱满、颈项强直、意识水平比较低、反复抽筋、惊厥等。还有一个就是病毒性脑炎，这个病在夏天比较常见，主要是通过蚊虫叮咬来传播，孩子在发热抽筋时我们可能就要考虑是不是这个疾病。

沙金讲坛

讲座集萃（2017）

◎ 徐 明

全民健身活动与合理营养

徐明，成都体育学院教授，国家体育总局教练员，讲师团成员，中国健美操协会委员，成都市社会体育指导员协会副会长，成都市营养学会副会长，四川省学术和技术带头人后备人选，科技部教育部专家库成员。

各位朋友大家好，我今天给大家做的讲座题目叫"全民健身活动与合理营养"。我主要讲四个问题：一是大健康概念，二是全民健身活动实施计划要点解读，三是如何科学合理地开展体育锻炼，四是怎样注重营养以确保健康。

大健康概念

曾经有人认为搞体育的人是头脑简单、四肢发达，不能登大雅之堂，但是在中国政府网公布的《国务院关于加快发展体育产业促进体育消费的若干意见》中，全民健身已上升为国家战略，这给搞体育的人以极大的鼓舞。我们可以理直气壮地说：我们的事业是与国家息息相关的。党的十九大报告中明确提出，要广泛开展全民健身活动，加快推进体育强国建设。

第一，这里的关键词是广泛，即方面广、范围大、普遍性；同时，还有一个六边工程：一是完善群众身边健身组织。通过组织集中领导，也就是说要有自己的团队。二是建设群众身边的健身设施。也就是要有场地锻炼，报告中提出了在 2025 年要实现 15 分钟健身圈，即走出家门 15 分钟内就可以找到进行体育锻炼的场所。三是组织群众身边的健身活动。开展形式多样的活动，努力打造街区、乡镇的蓬勃向上气氛，凝聚人心。这样，到 2025 年，全国参加体育锻炼的人数应该可以达到 5 亿，也就是说，至少有 1/3 以上的人会参加经常性的体育锻炼。四是举办群众身边的健身赛事。现在四川省或成都市几乎每天都在举办各种各样的运动会、竞赛和比赛。五是为群众提供身边的健身指导。开展全民健身运动应该有专家、学者或者是一些业内人士来进行指导，来教授大家必需的技能、技巧，所以应该在专家或者是教练的带动下来开展体育活动。六是讲好群众身边的健身故事。有一个例子，我在达州平昌县讲课的时候，有一个 82 岁的老人，他找到我的住所来推荐他开展多年的、独特的、自创的健身功，有画册，有小册子，还有广告，他希望我把他的这一套健身功资料带回成都，为他的健身活动做一个宣传和推广。我告诉他，你的锻炼方法可能适合某个地区或者某个群体，但是健身活动是多种多样的，不过我会在适当的时候把你的故事告诉别人。今年他应该是 90 岁了，我没有回访他，但是当时他精神矍铄。

第二，加快推进体育强国建设。体育强国不等于体育大国，它不仅仅在于我国在亚运会、奥运会上拿多少冠军，体育强国要求的是全民体育，因为运动员只是少数人，而全国有 13 亿多人民大众，这是一个大数字，只有落实全民运动才能让我们国家成为一个体育强国。十九大在党的全国代表大会报告里第一次提出了建设体育强国，这也是我们的中国梦。能否在未来一二十年使我国成为体育强国，在 2022 年北京冬奥会展示中国强大的体育实力，关键看我们的努力。

从体育大国向体育强国推进是我们追求的目标。体育是提高人民健康水平的重要手段、社会发展和人类进步的重要表现，是综合国力和社会文明程度的重要体现。全民健身是国家战略，也是实现中国梦的重要内容，它能为中华民族伟大复兴提供凝聚力和强大的精神力量。这就是十九大报告里提出建设体育强国的目的所在。

全民健身与实现中华民族伟大复兴是紧密相连的。2016 年 10 月 25 日，中共中央、国务院印发了《"健康中国 2030"规划纲要》，提出了到 2030 年，我国主要健康指标进入高收入国家行列，人均预期寿命较目前再增加约 3 岁，达到 79 岁。健康是个人、家庭的财富，也是国家、社会的财富。人民身体健康是全面建成小康社会的重要内涵，是每一个人成长和实现幸福生活的重要基础。随着我们国家社会经济的快速发展，人们的生活环境和生活方式发生了巨大的变化，与此同时，健康问题也日益凸显，慢性病、老年病、肥胖症和亚健康现象等日趋增多，要解决这些问题就迫切需要树立大健康概念，发展大健康产业。

我们提出的口号是：没有全民健身就没有人民健康，更没有全面小康。因此，我们要让人民群众充分享受到改革开放和小康社会带来的红利。虽然我们经济增长了，收入增加了，但是健康下滑，身体出现问题了，这就给我们敲响了警钟。

全民健身活动与合理营养

什么是大健康？通俗来讲就是衣、食、住、行、生、老、病、死这八个方面所包含的一切。就是对生命实施全程、全面、全要素呵护，既追求个体生理、身体健康，也追求人的心理、精神健康。

我们现在提出要从单一的救治模式转向防、治、养模式。很多人没有病时什么都敢干，什么都敢吃，什么都敢做，但是一旦生了病，心理背了包袱，有了压力，就要到医院看医生，这时就会出现医患矛盾、病人看病一号难求等问题。所以我们说要把防、治、养一体化模式提上日程，不要认为自己身体好，就可以胡作非为，要把预防放在首位，要做到不得病或者是治未病，让一些病在萌芽阶段就可以得到治疗，这是第一。第二是治，得了病要治，尤其是严重的疾病必须要治。第三是养，养的概念就比较广泛了。一是保养，要让身体始终保持在良性状态；二是要注意营养；三还要康养，中国已经进入老龄化社会，随着我们的父母长辈年龄的增大，要开始注意康养的问题。再有就是养生，中华民族的养生文化博大精深，养生也是注重养的方面，所以大健康理念的八个字——衣、食、住、行、生、老、病、死都与我们的健康息息相关。

目前，我们国家已经达到国际上中等偏上的收入水平，这是可喜可贺的。十九大报告里提出到 2020 年，中国要全面实现小康，也就是说，社会进步了，收入增多了，待遇提高了。但是，我们还是必须要面对与健康相关的问题。我们看看这些数字：中国患高血压的人有 1.6 到 1.7 亿，平均每 10 个人里就有一个人患高血压；高血脂患者有 1 亿多；糖尿病患者接近 1 亿，这是以前很难见到的病，现在已经成为多发病、常见病，而且发病的年龄偏小；我国有超重或者肥胖患者 7000 万到 2 亿人，现在我们吃得多了，吃得好了，吃得精了，导致体重出现问题，这些必须引起我们的高度关注。

当代人口结构变化，生态环境变化，医疗成本变化，药品安全问题出现，城镇化因素和健康意识增强等，体现出全民健身活动的重要性。老百姓迫切的刚需民生项目就是全民健身，因为健康是一，荣誉、地位、财富等都是零，只要这个一存在，后面的零越多，价值就越多，如果这个一不存在了，后面的价值还如何体现？所以必须把全民健身纳入议事日程，予以高度关注。

今年两会中有一些关键词：医疗卫生、医药生物、中医药事业、保健养生、健康管理以及健康教育和大健康产业相关的、延伸的养老服务、老龄产业、体育强身等，这些都挂在了两会代表、委员的嘴边。这说明国家已经把老百姓健康问题提上了议事日程，布局大健康产业发展，利在当代，功在千秋。小康不小康，关键看健康！我们在享受成果的同时也要清醒地看到，近年来，在世界范围内连续发生了多次"非典"、疯牛病、口蹄疫、禽流感、中东呼吸综合征、埃博拉病毒等流行疾病，不仅严重危害了广大人民群众的身体健康，而且还在很大程度上继续影响着我们的身心健康。这必须引起我们的高度关注，同时也要寻找、利用科学合理的体育锻炼方法来提高我们抵御疾病的能力。

全民健身活动实施计划要点解读

总体要求到 2020 年，我国每周参加一次以上的体育锻炼的人要达到 7 亿，也就是说，要保证一半的人每周参加一次锻炼，经常参加体育锻炼的人要达到 4.35 亿；我们的体育投资规模要达到 1.5 万亿元。主要任务有七项：一是弘扬体育文化，促进人的全面发展。要采取健康文明的健身方式，走出家门，走上运动场，参加各种各样的体育锻炼。二是开展全民健身活动，提供丰富多彩的活动。现在全新的健身活动的项目和内容非常多，只要想参加，无论是年轻的还是年老的，无论是男的还是女的，都可以选择适合自己的项目；在公共广场、社区空地或者宽阔的街道两边，都有健身活动的人群。三是推进体育社会组织改革，激发全民健身活力。四是统筹建设全民健身场地设施，方便群众就近就便健身。五是发挥全民健身多元功能，服务大局、互促共进。六是拓展国际大众体育交流，促进全民健身开放发展，鼓励大家走出国门，在国际大舞台上去展示我们的风采，让外国人领略、感受中国人的体育精神。七是推动基本公共服务均等化和重点人群、项目发展，要把社会困难群体，包括农民工和残疾人等调动起来，共同参与健身活动。另外，要提高中国的足球水平，对冰雪运动也要予以高度重视。

那么，该如何实施以上任务呢？第一，完善全民健身工作机制，把它作为大事来对待。第二，加强全民健身人才队伍建设，我们现在正在免费培训社会体育指导员，感兴趣的人可以报名参加社会体育指导员培训，拿到证就可以在广场和小区去指导或者组织人们健身。第三，建立全民健身评价体系，要有标准、指标和要求。第四，创新全民健身的激励机制，可以为参与培训的人发放各种证书、为运动竞赛设置丰厚的奖励。第五，强化全民健身科技创新。

现在很多人在手机上下载体育软件，我用的是"咕咚"App 软件，它可以对我们的体育活动进行监控，督促我们参加体育活动。

现在已经明确规定：各单位、部门，年底如果在全民健身这个板块考核不过关，就会一票否决其政绩、业绩，因此，每年都有街道办事处和企业单位来咨询怎样开展全民健身活动。学校也是这样，体育课教学考核不过关，就不能参评省级、全国名校。从健康中国建设核心指标一览表中我们可以看到，从 2015 年起，到 2020 年、2030 年有许多指标，就是说我们要实现很多的目标。比如说寿命，

从 76.3 岁延长到 79 岁，这个指标是最难的，寿命不是你想延长就延长的，其受多方面因素的影响，同时不是个人，是全体中国人的平均寿命都要延长。目前，成都市的平均寿命女性已经达到 81.4 岁，男性已经达到 79 岁。

如何科学合理地开展体育锻炼

人的一生可以分为三个阶段：优生、活好、善终。体育锻炼可以使人们在这三个阶段都受益。首先是优生。很多人都有这样的意识，孩子生下来一定要健康、活泼、可爱，必须要优生，现在许多准父母在备孕时会调整作息时间，每天准时吃饭、睡觉、休息，戒烟，参加体育锻炼等，目的就是想实现优生。

第二是活好。在我们年轻力壮、力所能及的时候，要想使我们的生活更充实，就必须要有一个好的身体，这样我们才能承担工作的重任。这个阶段对于每一个人来讲都很重要，就是要拉得出去、冲得上、顶得住、扛得起。

第三是善终。现在离退休的老同志都知道身体健康的重要性，因此会自发地去从事一些自己喜爱的体育锻炼。每天一早一晚在运动场上锻炼的人十有八九都是老年人，因此老年人给我们带了好头，我们应当以老年人为榜样，积极投身体育锻炼，走向运动场。

人们都追求健康长寿，长寿有一条端粒酶，我们正在探索能不能把端粒酶的长度用够，使人们的寿命延长。例如提出不要熬夜，熬夜就把生物钟破坏了，人的身体健康就会受到影响，就会出现各种各样的亚健康状况或者疾病，但是这是一个非常小的方面，因为人的生物钟是全方位的。怎样把端粒酶长度用够，是摆在我们面前的一个重大课题，如果用够了，预测一个人甚至可以活到 250 岁。到目前为止，有记载的、在中国活得最长的是四川的彭祖，大概活了 147 岁。只要我们关注身体健康，我们的寿命自然会延长。

一个人健康寿命与以下的因素有关系：第一，15％到 20％取决生物学因素；第二，20％到 25％取决于环境因素；第三，10％到 15％取决于卫生服务因素。我们现在开展了大病统筹、新农合等，让老百姓能够看得起病、吃得起药、用得上好的仪器设备，但主要还是取决于个人的生活方式和行为。换句话讲，一个人的健康和寿命掌握在自己手中。

什么是健康？身体健康、心理健康、社会适应健康和道德健康，只有这四个方面都健康了才是真正的健康。身体健康是生长发育健全，精力充沛。世界卫生组织有十大准则来衡量一个人是否健康：第一是有充沛的精力；第二是乐观；第三是善于休息，睡眠好；第四是应变能力强；第五是能够抵抗一般性感冒和传染病；第六是体重适当；第七是眼睛明亮，反应敏捷；第八是牙齿要好；第九是头发有光泽；第十是肌肉丰满，皮肤有弹性。另外还有心理健康、社会适应能力健康和道德健康。

当代社会评价一个人往往是看他的智商、情商和才商，却忽略了健商。健康有四大基石：良好的心态、充足的睡眠、科学的锻炼、合理的营养。世界卫生组织在全球范围内进行抽样调查发现，真正健康的人只有10%，有各种各样疾病的人占到25%，而处于亚健康的人占到60%，因此，我们现在治疗肥胖、高血压、糖尿病和骨质疏松等的新方法，是全民健身的体育运动，而不是依靠医生和药物来治疗，这就叫作第二次医学革命。也就是说我们的身体健康不是靠医生来维系的，而是靠体育活动。

当然，还有一些不健康的生活方式。第一是生活无规律、无节制，如不吃早饭等；第二是没有养成良好的生活习惯；第三是有不良嗜好；第四是饮食结构不均衡、不合理；第五是讳疾忌医或者有病乱投医；第六是从不参加体育锻炼和身体检查。

调整和改善亚健康的方法。第一是寻找根源；第二是改变环境；第三是改变自己；第四是平衡与享乐，物质上不要多追求，一定要在工作和事业上有追求；最重要的是第五，锻炼是为了争"第一"，这个第一指第一的状态——健康。所以我们提的口号：每天锻炼一小时，幸福生活一辈子。现在还提了三个口号：对中小学生来讲，天天锻炼、健康成长、终身受益；对普通上班一族来说，锻炼身体、健康工作、幸福生活；对于所有的人来讲，每天锻炼、健康生活、终身受益。

锻炼可以促使身体系统改善，可以使心理压力得到释放，可以使人们的社会适应能力增强，社会更和谐，同时也能使人们更加高尚纯洁。所以，生命在于运动，锻炼就在身边。

这是2016年四川省第三次国民检测指标的数据。在20~69岁人群里，每三个人中必有一个胖子，肥胖患者每年增加将近26万，这个趋势还在延续；同时，肥胖还导致高血压、糖尿病、血脂异常等病症加重。胖人与瘦人的骨骼大小一样，区别主要在于脂肪。现在很多青年男性都有一个奶油肚，肚子上就是脂肪，脂肪可以无止境地增加，这要给大家敲响警钟，人的呼吸是靠肺的扩张来完成的，肚子里有太多的油，就会导致肺的扩张受到限制。我们发现，有奶油肚的人，有97%今后会得各种各样的心血管疾病，所以希望大家吃东西要讲究科学，要多锻炼。人只要肥胖了，疾病就会接踵而来，只要体重下降了，各种各样疾病的发生率和死亡率也会下降。所以一定要控制好自己的体重。

现在还有一个问题就是出现了大量的手机控、低头族，这个现象要引起我们

的高度关注，它会导致我们的身体健康出现异常，尤其是颈椎会出问题，即导致文明病，包括结构病，就是骨骼、肌腱、韧带出问题。

个人生活方式和行为是一个家庭是否健康、快乐、幸福和家人是否长寿的主要因素。不要认为自己有了病是自己的事情，家里也会有麻烦，家人会为你的健康担忧，这个家庭就不幸福了。所以说不要把你的身体看成自己的，它是你的家人、家庭、社会乃至国家的。

怎样注重营养以确保健康

劳动不等于锻炼。聪明人投资健康，明白人储蓄健康，普通人忽视健康，糊涂人透支健康。体育锻炼会消耗能量，因此要注意营养。中国居民平衡膳食宝塔就是指导一天三餐怎么吃。第一类除了大米、白面外，薯类也要吃，包括土豆、红薯、芋头都可以作为主食，每天 250 到 400 克。第二类是蔬菜和水果，每天应该吃一个苹果、一个梨和两个香蕉。每天要吃五种蔬菜，以绿色蔬菜为主。第三类是动物性食物，畜禽类每天 40 到 75 克，鱼虾类 40 到 75 克，蛋类 40 到 50 克。第四类是奶制品，每天喝一杯牛奶或者酸奶。第五类包括油，以植物性的油为主；盐不应该超过 6 克，盐摄入过多会导致心血管疾病或者冠心病；一般不主张再额外吃糖成分；每天喝水 1500 到 1700 毫升，参加体育锻炼的人应该为两升左右。注意每天走 6000 步，一个人每天从食物中摄取 2100 卡热量，其中只有 1800 卡热量是身体需要的，多的 300 卡热量转化为脂肪，所以至少要走 6000 到 1 万步才可以消耗掉 300 卡的热量。健身一是要注意日常的身体锻炼，二是要制定运动方案，不同的人要制订不同的健身方案尤其是肥胖的人，要注意把体重控制好，身高减去 100 到 110 就是每人应该的体重。

我们提倡在大自然中锻炼，进行户外运动，要充分享受阳光、空气和水，尤其是中老年人，应该每天去见见阳光，因为紫外线的照射，可以让皮肤下面的胆固醇变成维生素 D，促成钙的吸收，延迟患骨质疏松的时间。对中老年人来讲，平衡是最重要的，练平衡很容易，就是在一个空的地方站直了，一条腿抬起来，如果能站立超过 30 秒，就是正常的，如果不能超过 30 秒，就说明有问题。每个人每周要锻炼 4 次，一次 1 小时，一年 52 周，一年只需要 208 个小时，这相当于 8.7 天，这仅占一年 365 天的 2%。

锻炼会不会导致膝关节出问题？膝关节出问题主要有五点：一是先天遗传，二是既有陈旧性或继发性膝关节伤病，三是体重超标，四是长期缺乏锻炼，五是体育活动方式方法不科学、不合理。但是如果膝关节真的有问题，也不是没有办法解决，可以背墙站立，下蹲时使膝关节保持在 90 度。

要动员家人一起运动，现在全新的健身路径很多，成都有上千公里的绿道，要充分地利用起来。唱歌也是一个非常好的锻炼方法，可以让我们的肺活量增加，要鼓励大家参加各种各样的锻炼。

体育锻炼要注意三点：每周至少锻炼 3 次，每次锻炼时间超过 30 分钟，锻炼的时候使脉搏保持在每分钟 130 次左右。体育锻炼还要注意服装、设备和器材。建议一定要穿一双好鞋，这样可以保护我们的踝关节和膝关节。锻炼地点一定要安全可靠，不要挑战极限，或者到野外等不熟悉的地方去。每次活动前要做热身活动，要做到笑、跳、俏、掉。其中，掉就是丢掉包袱，放下架子。

体育锻炼可以促进心理状态的改善。如果你感觉比较孤单，建议选择一些团队性的活动，久而久之就合群了。如果你胆子小，建议参加一些带表演性的练习，在大庭广众之下进行表演。如果你办事犹豫不决、不果断，建议参加一些速度比较快的体育锻炼，比如乒乓球、羽毛球、拳击、跨栏、跳高等。如果你容易急躁冲动，建议你参加相对比较慢的运动项目，比如太极拳、慢跑等。如果你总是担心完成不了任务，建议参加一些要记数的练习，比如说跳绳、俯卧撑等。如果你容易紧张，建议多参加一些实战运动项目，在实战中去检验，久而久之就会镇定自若。

全民健身活动＋营养＋康复养生＝健康长寿，体育产业＋创新＋合理运作＝新的增长键。

谢谢大家！

金沙讲坛
讲座集萃
（2017）

食品营养与安全

◎吕晓华

吕晓华，四川大学华西公共卫生学院营养与食品卫生学教研室教授，四川省学术和技术带头人后备人选，四川省卫生厅学术和技术带头人后备人选，成都市食品安全委员会首届专家委员会副主任委员，中国营养学会特殊营养专委会委员，四川省营养学会理事，四川省食品卫生安全学会理事，四川省环境诱变剂学会理事。长期从事营养和食品安全的教学科研工作。

今天我们就从怎么让佳节过得好、体重也控制好这样一个角度，聊一聊在即将到来的春节我们可以怎样吃，日常生活中又应该怎样选择食物。

肥胖及衡量标准

什么是肥胖？如何判断肥胖？很多爱美的女孩子总说我要减肥，那么减肥的依据是什么。实际上，肥胖是因为身上堆积了过多的脂肪。所以，体重过重就是肥胖，那是不对的，只有脂肪堆积过多才是肥胖。当然有一些特殊情况，比如运动员，他们过重的体重是由肌肉带来的。判断肥胖最简单的方法就是计算理想体重。

身高用厘米来表示，这个数字减去 105 或者身高减去 100 之后再乘以 0.9，通过这两个公式我们可以判断自己是否肥胖。比如说一个人身高 165，那么他的理想体重是多少呢？就是 165 减去 105，也就是 60 公斤。但是如果我的体重达不到 60 这个点，那是不是就不正常了呢？也不一定，可以允许在 60 上下浮动 10%。也就是说体重在 54 公斤到 66 公斤都属正常，如果超过了 66 公斤没有达到 72 公斤就叫超重，如果超过了 72 公斤则叫肥胖。

与肥胖和超重相对的就叫作消瘦。消瘦对我们的健康是有害的，肥胖给我们带来很多的慢性病，消瘦也一样。

有些人体重是正常的，但是体型和常人不同，比如说有的人四肢纤细，但是挺着一个大大的将军肚，这也属于肥胖。肥胖按照脂肪堆积的部位可以分成梨形肥胖和苹果形肥胖。苹果形肥胖脂肪堆积在腰腹部，而梨形肥胖脂肪则堆积在臀部和大腿。

其实肥胖的原因很简单，90％的人都属于单纯性肥胖，就是吃进去的能量多，消耗的能量少，所以，减肥的原理也很简单，用四个字概括就叫"少吃多动"，如果用六个字概括的话就叫"管住嘴，迈开腿"。

如何既享受口福又不增加体重呢？老祖宗说："五谷为养，五果为助，五畜为益，五菜为充。"2016 年国家卫计委发布了《中国居民膳食指南》，两者有异曲同工之效。

放大中国居民膳食宝塔，我们发现这个塔分成了五层。位于塔底的就是谷薯类和杂豆，也就是我们每天主要吃的食物，位于第二层的是蔬菜和水果，第三层才是肉、鱼、禽，还有牲畜肉，第四层是奶制品和豆制品，第五层位于塔尖的是调味品。大家都知道，盐和高血压的关系密切，所以一天摄入的盐量不要超过 6克。每次说到营养价值这个概念的时候，我都会给大家出一道题：鸡蛋和柑橘哪一个营养价值高？我把这个问题分解成两个问题：从提供蛋白质的角度，鸡蛋和柑橘哪个营养高？鸡蛋。从提供维生素 C 的角度哪个更高？柑橘。

我就想告诉大家营养价值是相对的，没有一种食物是十全十美的。鸡蛋和橘子各有所长、各有所短。那么，我们该如何取长补短呢？三个字——"多样化"。不挑食、不偏食，但是这个也比较难做到。

五谷为养

米和面位于膳食宝塔的最底端，也是祖先给我们的推荐。它们究竟含有什么能够达到"五谷为养"呢？

第一是能量。谷类当中的淀粉是大自然给我们的馈赠，植物利用光合作用，把太阳能转化成所需要的能量，而人只能吸收现成的能量。这个能量从哪儿来呢？来自植物通过光合作用产生的淀粉。那么，相同重量的米和面谁含的淀粉多一些呢？面粉更干燥一些，大米的水分含量更多，所以相同重量的米和面，面的能量值要高一些，如果要控制体重的话，可以适当选择一些米。有些人的能量需求比较大，比如说儿童、青少年，特别是学龄儿童，与成人相比他们的肝脏的储备能量会少一些，所以他们不耐饿。受饥饿影响最大的是大脑。与吃早饭的儿童相比，不吃早饭的儿童的计算能力、理解能力、记忆力等都比较差。成人也是一

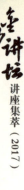
样，只是我们没有感觉到，所以能量对人来说是非常重要的。对于学龄儿童来说，在课间加餐的时候可以选择能量高一些的面制品而不是米制品。

主食为我们提供一种重要的营养成分叫作蛋白质。米和面谁的蛋白质含量更多一些呢？面。我们在日常生活中米和面要平均搭配，并不是说南方的米就好，米因为水分含得多，所以能量要低一些，同时蛋白质含量也要低一些。面粉则相反，我们去超市就会发现面粉五花八门，比如有低筋面粉、高筋面粉，还有饺子粉，这个筋指的就是蛋白质，低筋面粉可以用来做蛋糕，高筋面粉可以做面包，北方一般到了大年初一都会吃饺子，饺子粉是高筋的还是低筋的？高筋的，因为蛋白质比较多的话面就比较有弹性，饺子皮也就可以装更多的馅。

主食还给我们提供一种重要的维生素，就是 B 族维生素。B 族维生素有重要的作用。随着年龄的增长，人的身体开始走下坡路。B 族维生素和神经系统的功能有关，其中最早被发现的就叫维生素 B_1，缺乏维生素 B_1 会得一种病，这种病叫脚气病。大家从这个病的名字上能想到这个病会是什么症状吗？如果说请大家都跷着二郎腿，等讲座结束时才停止，并迅速离开会场。试想一下可能是一种什么样的状态呢？一瘸一拐，可能腿还麻了，这个就是脚气病的症状。脚气病和脚气是两回事，脚气是因为真菌感染，用达克宁霜就可以治好。

脚气病是神经病，但和老年痴呆症不一样，老年痴呆症影响的是中枢神经系统，而这个神经病影响的是神经末梢，除了麻的感觉之外还有一些严重的病人总会觉得皮肤上有蚂蚁在爬，我们的术语叫作"蚁走感"，严重的会出现瘫痪。再举一个例子，第二次世界大战结束之后，日本人总结了他们战败的教训。他们认为，打败他们的欧美国家的人和他们在身高上有天壤之别，欧美国家的人高大，而日本人很矮小。于是他们开始进行研究，认为虽然基因没有办法改变，但是饮食结构可以调整。日本人和韩国人吃什么？主要是寿司、拌饭、米饭。欧美国家的人又吃什么呢？是面包、通心粉之类的。所以第二次世界大战结束之后日本就开始进口面粉来吃，吃了 20 年之后，到了 20 世纪 60 年代进行了一个回顾性研究，他们发现，吃面粉没有让他们长高，但是脚气病的发病率却大大降低了。这说明面粉中维生素 B_1 含量较多。这同时体现了食物多样化的重要性。不能因为要控制体重所以我只吃米，米当中的维生素是比较少的，尤其是有保温功能的电饭锅，会让我们损失不少对神经系统有益的 B 族维生素，因为 B 族维生素有点怕热，特别是维生素 B_1。

日本人喜欢吃生鱼片。生鱼当中就有破坏维生素 B_1 的酶，总吃生鱼片的人会缺乏维生素 B_1，会得脚气病。所以吃海产品最好的做法是熟吃，如果非要生吃，一年吃一两次就可以了。

我们祖先的主食是现在被我们叫作粗杂粮的这些食物，它们的加工方式比较简单，这就使粗粮和杂粮保持了比较多的蛋白质、膳食纤维还有维生素，因为这些成分都分布在谷粒的外层。我们现在能够把米和面加工得相当好吃，就是因为加工比较深入，只留下了谷粒的最核心部分，但是，最核心部分就只剩下了淀粉，所以，中国营养学会给我们的建议是平均每天最好能够吃 50 到 100 克的粗杂粮。

我现在列了四组食物，每组的成分好像差不多，那么，如何来选择呢？比如说相同原料重量的大米饭和用同样重量的大米做成的大米粥哪一个更适用于控制体重？馒头和烙饼哪一个更适用于控制体重？玉米粉和藕粉哪个更适用于控制体重？蒸红薯和蒸土豆哪一个更适合于控制体重？这就是说，要控制体重的时候，可能和糖尿病患者吃得有点类似。那么这个正确答案是什么呢？我们吃淀粉的时候血糖会发生变化，血糖会先升高，然后在一种降血糖的激素胰岛素的作用下逐渐恢复正常，这样就形成了一个曲线，我们现在就可以来计算这个曲线下的面积。含有淀粉或者含有碳水化合物的食物会出现两种曲线类型。一种是以葡萄糖为代表的，我们吃下葡萄糖，血糖就会发生这样的变化，迅速升高然后迅速下降。另一种是自然界中最甜的糖"果糖"，它不是糖精，在水果和蜂蜜当中含有果糖，吃下果糖以后血糖会缓慢地升高和下降。那么糖尿病患者的血糖应该保持在哪种状态呢？后一种，这也是糖尿病患者要吃降糖药的原因，就是要维持血糖的稳定，不能够大起大落，所以，从食物中知道，对于糖尿病患者来说并不是甜的东西就不可以吃，因为果糖比葡萄糖甜得多，葡萄糖实际上不怎么甜，如果说白砂糖的甜度是 100 的话，那么葡萄糖只有 60，而果糖则在 100 以上，果糖要更甜些，但是它对血糖的影响不是很大。

不知道大家有没有节食减肥的经历？如果说有人采取过节食减肥的方法，那能不能持续终生节食减肥呢？可能很难，因为有我们实在无法克服的一个困难，就是饥饿感。我们的血糖处于哪种状态的时候不那么感觉饥饿呢？仍然是第一种，血糖大起大落的时候会让我们很饿，血糖比较平缓的时候我们就不是那么饿。根据这个道理，1987 年，一个加拿大的临床营养师提出了一个公式来计算血糖指数，根据每种食物画出一个曲线来计算曲线内的面积，然后与标准食品进行比较，这个标准就是葡萄糖。为什么选择葡萄糖？因为血糖就是血液当中的葡萄糖，这样以百分数表示就可以得到一个数据，这个数据叫作血糖指数，又叫血糖生成指数。我们要控制体重或者控制血糖的时候就应该选择那些血糖生成指数比较低的食物。

所以，大米粥适合控制体重的人和糖尿病患者食用。馒头和烙饼相比，实际上烙饼的血糖指数更低一些，比较适合糖尿病患者和控制体重的人。藕粉的血糖指数则非常低，不仅适用于控制体重、控制血糖，对于一些有肾脏疾病的人来说

也是很好的能量来源，其蛋白质含量也低，给肾脏疾病患者带来的负担最小。蒸红薯和蒸土豆相比则推荐土豆，同时，土豆还有一个大家不知道的减肥优势，就是土豆中的淀粉在蒸熟后基本上都能被我们消化，但是如果放凉了，就会有一半变成我们不能消化的淀粉，我们把这些叫抗性淀粉。那么，吃了这些不能被消化的淀粉会有什么反应呢？就是一点都不饿，饱腹感极强，所以说土豆有这样的一个好处。那如果把放凉的土豆再次加热会怎么样呢？它又变成可以消化的土豆、可以消化的淀粉了。

五果为助　五菜为充

膳食宝塔的第二层是蔬菜和水果。在 600 多年前，西方的造船业发展起来，涌现出了很多的航海家、冒险家，有我们所熟悉的麦哲伦、哥伦布等。他们坐上大帆船一路出发，最早的目的不是发现新大陆。他们都读过一本意大利人写的书《马可·波罗游记》。书里描述了一个神秘的、令人向往的东方大国——中国。很多人对此感到向往，就坐着船一路出发，结果一开始就走错了方向，所以他们都没有找到中国，但是他们发现了美洲大陆。发现美洲大陆之后，船员、水手就出现了一些奇怪的病症。开始的时候刷牙会牙龈出血，后面流鼻血，再严重就是毛孔出血，最后七窍出血而死。当时不清楚这种病的原因，因为流血不止，所以就给这个病起名叫作坏血病。人们发现，只要在海上停留超过一个月时间，坏血病的发生率就很高。后来，英国女王派了一个军医去解决海军的坏血病问题。

这位军医上船以后就发现，如果每次航行的时候给水手发一种水果，这种坏血病就会大大减少。这就是柠檬，因为柠檬耐储存，而且维生素 C 的含量是很高的。为什么我们要吃蔬菜和水果？因为蔬菜和水果当中含有丰富的维生素和矿物质。

人体中含量比较多的矿物质有七种，蔬菜和水果当中主要有四种。钙我们都很熟悉了，是构成我们骨骼的重要成分。大家可能不知道钾，网球运动员在比赛间隙都会吃一点东西补充一下体力，香蕉是首选。为什么吃香蕉呢？因为钾对于运动能力非常重要，香蕉富含钾。另外，橙汁也是补充钾元素的好食品。钙、钠、钾、镁主要存在于水果和蔬菜当中。

有人说酸性食品吃多了，体质会变酸，酸性体质是万病之源，碱性蔬菜和水果吃多了体质就变为碱性，对健康有益。食品究竟有没有能够改变我们体质的作用呢？没有，因为我们的血液就是一个非常强大的缓冲体系，除非直接在静脉注射小苏打或者是其他液体，单纯摄入食物是不会改变血液的 pH 值的，它始终保持在一个精确的范围内，也就是 pH 值在 7.3 和 7.45 之间。所以说有酸性食品、碱性食品，但是没有酸性体质和碱性体质一说，世界卫生组织已经说了，多吃蔬菜和水果可以有效预防恶性肿瘤的发生。

预防恶性肿瘤的物质除了维生素、矿物质之外，还有植物化学物，也有植物营养素等非正式的说法。那什么是植物化学物呢？很多蔬菜和水果都有着鲜艳的颜色，胡萝卜有黄的、有红的，是什么形成这个颜色呢？胡萝卜素，就是植物化学元素，那么在我们的人体内也有一个部位有胡萝卜素，在哪儿呢？在我们的视网膜黄斑上，有一种胡萝卜素叫作叶黄素。随着年龄的增长，一些老年性的退行性眼病，比如说老年性白内障就会出现，还有一些黄斑变性等适当地补充视网膜黄斑上的这种胡萝卜素，也就是叶黄素，可以有效缓解老年人的视力减弱和眼部疾病。还有就是大蒜，在一些特殊的情况下，比如说自然灾害，食物比较短缺，可能饮水也被污染了，肠道疾病较多，这种情况下吃蒜，可以起到杀菌的作用，因为里面含有一定的大蒜素。植物化学物实际上就是赋予植物鲜艳的颜色、特殊的气味和滋味的一种物质，是植物用来自我保护的，比如说这个植物颜色很鲜艳，吸引鸟来吃它，就可以把种子带得很远很远，顺利繁衍后代。大蒜、萝卜比较辣，含有油甘、大蒜素，这又是为什么呢？这样可以防止动物来吃它。葱属的蔬菜包括葱、蒜、洋葱等。这一类的农药残留是很低的，为什么呢？因为很少长害虫，害虫少，农药自然使用得少。

大蒜怎么吃最好呢？我们都有切洋葱的经历，当你切葱属的蔬菜的时候，辣味就出来了。植物化学物是自我保护的一种机制，只有当我们收割、破坏或者加工烹调植物的时候才释放出来。如果整吃大蒜的话，大蒜素是不会释放出来的，只有我们在破坏它的时候才会产生，所以蒜泥是最佳的选择，当然切成片也不错。

花菜也是一样。花菜里有一种弱弱的辛辣味物质，叫油甘。它也是这种性质，所以可以把它掰成小块。还有一种植物化学元素对男性朋友来说是很好的，就是番茄当中的番茄红素，它能够有效地预防前列腺癌的发生，所以植物化学元素的好处非常多。豆制品中含有大豆异黄酮，又叫植物雌激素，对绝经期前后的女性朋友来说是很好的，因为绝经期前后雌激素水平下降，我们可以通过豆制品来补充。那么，如果雌激素水平已经很高了，再吃豆制品会让雌激素水平更高吗？不会的，因为大豆异黄酮或者植物雌激素的活性是很低的，当雌激素水平较高时，大豆异黄酮占据了雌激素作用的位点，但是又不能够发挥雌激素那么大的作用，所以说，大豆异黄酮或者是植物雌激素是双向作用。当女性朋友雌激素水平比较高的时候，起到的是抗雌激素的作用；当雌激素水平低的时候，起到的是类似雌激素的作用。所以，豆制品是一种对人体极为有利的食物。植物雌激素不

会对抗雄激素，除了痛风患者，也要把豆制品隆重推荐给男性朋友。它的植物化学物对心血管、免疫力等都是有作用的。

什么样的蔬菜、水果维生素C和雌激素含量高？果酸来自有机酸，比如说柠檬当中有柠檬酸，苹果当中有苹果酸。我教给大家一个最简单的自己来辨别维生素C或者说植物化学物含量高低的方法，叫作目测法。看颜色的深浅，颜色越深，深绿、深红、深黄、深紫，维生素和植物化学物的含量越高。当然这个深在我们可以吃的那部分，比如说香蕉，维生素C含量高不高呢？不能吃的那一部分是白的，所以它就高，还有就是苹果，我们吃苹果的时候应该有这样的经验，苹果一分为二放在空气当中会变色，因为苹果自带氧化酶，会催化氧气和它自身的成分来反应，所以颜色也会发生改变。维生素C是很娇气的，经受不了氧化酶这样的折腾。切开在空气中一放就变颜色的蔬菜和水果，维生素C的含量都很低，一般来说，蔬菜的维生素C含量比水果要高。水果当中维生素C含量较高的是柑橘类，比如脐橙、橘子、柠檬、猕猴桃等。维生素C主要的来源是蔬菜，颜色越深，含量越高。

现在大家用眼的时间越来越长，会对视力产生很大的影响，以我们日常的营养知识，吃知道胡萝卜对眼睛比较好，因为胡萝卜中有一种和视力关系特别密切的胡萝卜素。有三道和胡萝卜有关的菜式，哪一种对眼睛最好呢？第一种是凉拌胡萝卜丝，第二种是素炒胡萝卜丝，第三种是胡萝卜烧肉，正确答案是第三种。维生素A不同于维生素B族、维生素C，它是脂溶性的，必须和脂肪充分地混匀才能够发挥它保护视力的作用。同样，如果吃番茄是为了让皮肤变得更好，那么就应该生吃，以摄入维生素C，如果要预防前列腺癌的话，则要熟吃，番茄红素也是胡萝卜素中的一种，它仍然是脂溶性的，一定也要加食用油来吃番茄，才能起到吸收番茄红素的作用。

再来看一个问题，生吃蔬菜时我们最担心的问题是农药残留。去除农药残留的最佳的方法：A. 清水洗；B. 淘米水洗；C. 淡盐水洗。答案是A。将蔬菜洗干净以后浸泡15到30分钟，泡的时间不要太长，防止维生素C溶于水中，洗的时候可以用流水冲洗。清水浸泡是去农药残留的最好方法。

谢谢大家！

亲子教育与家庭主动建设

◎胡剑云

胡剑云，江西卫视社教部副主任，"金牌调解"首席调解员，中国婚姻家庭咨询师协会、江西省法学会、江西警察学院、南昌理工学院客座教授。2011年起坐镇江西卫视《金牌调解》，以幽默、犀利、独到的风格，被称为"心灵手术刀"和"幸福诸葛亮"。栏目组曾获评"2011—2015年江西省法制宣传教育先进集体"等，栏目被评为"全国十佳法制节目"，2016年度"影响中国传媒"影响力栏目等，个人被国家司法部、全国妇联授予多个荣誉奖项。

　　我今天带来了金牌调解的经验，也带来了友谊。我在交流中的习惯是先交心，再交流，最后是交代。今天我先就观众提出的三个问题说说初步意见，然后把我关于亲子教育和家庭主动建设的想法给大家做一个简要的概述，在其中寻找到一些不变应万变的办法。

问题与解答

　　第一个问题：我经常在外地工作，不能陪伴老婆和一岁多的孩子，孩子由我的父母带，我感到心里面很不安。0到3岁是孩子非常重要的成长期，我该怎么处理？

　　解答：我先说说我的经历，由于金牌调解这个节目都是真人真事，所以我们的时间基本上都是交给当事人，我们现在差不多一周播六到七期节目，如录一期要4～8个小时，而播出来则只要40分钟，劳动强度非常大。我最早做节目的时候孩子才两三岁，根本不知道有没有时间陪他，当时我心里很痛苦，也在想要怎么样才能让孩子在爸爸缺席的情况下心理不受到影响。我用了两个办法。

　　第一个办法就是让孩子以为我出去是为了他。孩子不会理解爸爸去挣钱、去工作的意义，他看到爸爸不能陪他，就有可能觉得被抛弃、被忽略了，认为爸爸不要我了。那么我会在给孩子讲故事的时候告诉

他：我到外面帮你找一片树叶，我到外面去抓一个怪物，让孩子觉得我的行为与他是有关的，用责任意识和情怀去填补孩子内心的焦虑。

第二个办法就是回家时给家人一个惊喜。男人应该像一只蜜蜂，勤劳地在外面工作和打拼，而回家的时候拎着一桶蜂蜜，给家人带来微笑、收获和惊喜。我出差后回家，总是将土特产按次、分批带回家，每次回家，家里人都很开心。

我认为世界上人与人的关系，某种意义上讲是一种健康有趣的利益关系，不是说一定要花钱，而是你的行为与家人是有关系的，这样，不管你在哪里，离开孩子多久，都会让你与家人之间建立起有意义、甜蜜的情感关系。有的人天天回家，但是天天给孩子带去压力，很多孩子看着爸爸回来了，马上变得很老实，这是做爸爸的失败。家人之间要互相鼓励，这种鼓励会让家里面多一些正能量，孩子也会感觉到家庭氛围的融洽。当我们的心被爱和温暖填满时，日常生活中的小缺失就不是那么重要了。

第二个问题：我的儿子明年9月入小学，他现在在上学前班。我在选择小学方面很困惑，不知道究竟应该是选择私立小学还是公办小学？

解答：前不久我学了一篇文章，里面有两句话：找一个好学校不如找一个好老师，找一个好老师不如找一对好家长。第一，好学校是一个相对的概念，是硬件条件好还是总体状况好，还是80％的老师很好？如果孩子碰到那20％的一般教师又该怎么办呢？第二，孩子的未来怎么走，有一个教育的逻辑起点问题。判断出孩子是什么类型，他的潜力和特长是什么，职业天赋是什么，这是确定孩子应该实行哪种教育的基础。寻找到孩子的个性，锁定他的特点是我们首先要做的。有的孩子适应上公立学校，有的孩子可能就适应上私立学校，有的孩子适应棍棒教育，有的孩子适应和风细雨的教育，人与人不同。第三，当家庭里父母之间，夫妻之间，或者上下两代人之间发生观念冲突、意见分歧的时候，我们的讨论模式是什么？我们的决策模式是什么？很多时候这些问题是被忽略的，所以今天我会说家庭的主动建设问题，就是我们事先要做一些事情来面对可能出现的分歧甚至是观念冲突，要找好起点。我们可以做更多科学的了解以方便我们去讨论他的问题。

第三个问题：亲子教育中，如果孩子父母双方的意见不是很一致，又都固执己见，经常吵架，这样对小孩子不好，他们需要怎么沟通会比较好一些？

解答：第一，承认这是生活的一部分，我们越是随时承认别人的意见可以跟我们不同，经常跟我们不同，非常跟我们不同，我们的心态越会好很多。我们有一种心理规律，就是认为和平、和谐的生活是正常的，出现杂音、冲突和分歧则是意外，所以生活中一旦碰到不如意的事情时很容易情绪化。因此，端正心态很重要。良好的心态可以帮助我们找到正确的应对方式，也给对方带来更好的体验。

　　第二，预防意见不一致的问题，首先是家庭里夫妻双方角色定位的问题。有学者认为家庭分为两种类型，一种是合作型，一种是从属型。当两个人在势均力敌的基础上按约定过日子时，双方会有一定的心理准备，也就可以形成一套交流的机制，这就是合作型。从属型家庭往往会出现一个人为主，一元化领导，对方可以提建议，但是由主导者拍板，这种家庭往往一方责任较少，另一方承担的责任更多，这也是一种常见的夫妻关系。如果两个人之间是从属关系，我个人建议一定要有相应的交流模式。要注意尊重对方的意见和感受，注重两个人之间的沟通与交流。

亲子教育

　　我们之所以成为金牌调解，就是找到了亲子教育和家庭建设的秘密。这个秘密就是用思想政治工作的观念方法，以哲学科学为核心，用最简单的方式解决复杂的问题。

　　我们先来看亲子教育。亲子教育问题是大家比较关注的问题，如果我们现场提问有 50 个亲子教育问题，那么我们可以看到从不同角度切入的问题。如果将这些问题进行分类的话，就会发现它呈扇形分布，中间的这些线问题会慢慢指向一个核心，也就是亲子教育的哲学，即对立统一。绝大多数的亲子教育行为可以概括为三个词语：说教、管理、服务，它们处在天平的一端，而天平的另一端却是空的。天平不能平衡，就会使我们的教育出现这样或那样的问题。

　　我带着这个观点去分析很多亲子教育的问题，然后尝试着在空的一方加上筹码，经过一年左右时间的实践，已经取得了可喜的成果。

　　例 1：一位妈妈告诉我，她的孩子正在读高一，整日沉迷于手机，平日里亲子关系比较疏远，想要教育却又无从下手。她担心，孩子如果再继续这样下去就毁了，到底该怎么办呢？我告诉她说可以尝试一个简单的办法，她尝试了，特别幸运的是，当天晚上就收到了成效，孩子在妈妈面前说了很多心里话，妈妈非常开心。

　　我当时给那位妈妈提的建议：基于你平时对孩子严格的教育管理，还有孩子对你贤妻良母型的期待，今天晚上回去以后，能不能请孩子去吃路边烧烤？这位妈妈就这样做了，最后孩子跟她说了很多心里话。

　　例 2：我以前经常带我的女儿散步，回家上楼时，孩子总是边走路边用手摸墙，而墙很脏，开始我告诉她不要摸，用的是大部分家长习惯的语言和行为，但不管用。于是我用了一个办法来终止她的这个行为，我对她说："你看，我的眼

镜度数高，一到晚上什么都看不清楚，所以上楼的时候你要是不拉着我的话，我可能会摔下去，估计你会失去一个优秀的爸爸。"女儿就回头用手拉着我，我们一起上楼，这样她就不再去抚摸脏墙，我也就保护了她。

这两个例子说明，在亲子教育中，大多数家长都会三件事情：说教、管理、服务。这三件事情其实有一个共性，就是一个词：自上而下。人们结婚生子之后，心态悄然发生了变化，会自觉地进行一个角色设计，在亲子教育上的角色就是操心的父母。我认为这种方法比较欠妥当，所以上亲子课时提出了不做操心的父母，只做调皮的爸妈。我想，既然在天平的一边能找到一个自上而下的规律，为了平衡，我们就可以循着哲学路径找反义词，自下而上。自下而上就是请教、合作、依赖。在孩子的眼睛里，爸爸妈妈永远都是问题的解决者，但不是问题的求助者，所以对孩子来说，他在家里百无聊赖，除了做作业和听话之外无事情可做，这样的孩子就没有担当意识。

因此，我们要变成孩子的朋友，跟他一样有喜怒哀乐，偶尔也会吃垃圾食品，也有自己的痛苦、无奈、无助、麻烦，也有脆弱、生病的时候。这样的爸爸妈妈其实很可爱，我小时候经常会设想，有一天我回到家，发现妈妈突然累倒了或者请假去干什么了，家里面没有饭吃，多好呀！对于孩子来讲，最痛苦的就是每天回去都有饭吃，生活太无趣了。如果有一天看到妈妈躺在床上，要求他端盆水擦擦额头，他会觉得自己像男子汉；如果妈妈说今天实在没有饭吃，我们俩泡一碗方便面吃吧，他会很开心。我们费那么大的劲围着孩子转，给孩子提供的反而是一个他看不懂的爸爸妈妈，不用关心的爸爸妈妈，还有一个无趣的、高速运转的、非常枯燥单调的家，在这个家里，他们没有展示小男子汉或者小女汉子能力的地方。这样的家对孩子来讲能有多少吸引力？

有一位朋友曾问我，孩子早恋我该怎么办？我说只有讲出你的早恋，才能解决他的早恋。我跟我女儿交流的时候，我会有意识请教、示弱、依赖，比如有一天我说："我今天身体不太好，不太舒服，碰到一些事情很难，我突然觉得人生很灰暗，怎么办呢？你看我明天是自暴自弃还是做点别的坏事？"我女儿就会叹气说："哎呀，上次我们听喜马拉雅历史人物，你不是教了我们，人很难受的时候就去读书，你怎么自己都忘记了？"我会赶紧说："谢谢提醒，我回去看书吧。"这时，我会留意到女儿说完话后的自信，她找到了一种她的位置，我认为那才是平等的位置。

所以，亲子教育呈现一种对立统一的状态。假设我们要去解决相关的亲子难题，其实我们最终都会发现，就在这两个地方寻求解决，让两边同时配制才是最好的解决办法。

家庭主动建设

现在的婚姻家庭有几个先天缺陷。一个缺陷就是几乎所有的夫妻、父母都是无证上岗。婚姻家庭加上亲子问题是非常复杂的，但是我们却没有经过任何专业的训练、考核和复试，所以家庭一定会有很多意想不到的问题。这也提醒我们，当婚姻家庭出现问题的时候，不要先找对方的不是，而是要看我们这种婚姻模式存在的缺陷有没有补好，事先有没有做好准备，事后有没有进行调整，而不是把愤怒倾泻给对方。我发现一个问题，几乎所有愤怒的双方都觉得很委屈、郁闷。这就像是在颠簸的马路上开车，马路一直不稳，两辆车撞了还要下来互相骂，有意义吗？都不是故意的。

这提醒我们，家庭应该是专业的。我认为，应该从初中或者高中、大学开始开设婚姻和家庭教育课程，特别是家庭语言翻译这个专业。人与人之间的相处非常重要，我们应该调动更多的社会力量去支持这件事。

第二个缺陷就是婚姻家庭来自历史，它本身是历史阶段的产物，所以会有不同的状态、不同的关系和不同的结果。婚姻制度本身就是用最简单的规定来解决最复杂的事情。现在法律给了婚姻家庭很多保障，从《婚姻法》到《反家庭暴力法》，这些都在完善对家庭生活的支持，但是事实上还有很多东西需要不断地完善和改进。

不管是婚姻、家庭，还是亲子教育，都面临着越来越多的挑战。例如，我们经常会说，现在的家庭生活发生了巨大的变化，某种意义上来讲，大家庭全部都变成了小家庭，家族基本上已经不存在了，这会带来文化的松散。一个家庭如果没有文化的共同遵守和约定，大家的目标就是分开的，就像我们国家会有整套的共同模式、共同的理念，但是对于家庭来讲没有。又例如，智能化、信息化的生活不断地在替代家庭的作用，使其岌岌可危。如果一个家庭连坐在一起看电视的机会都没有，那他们基本就丧失了坐在一起的机会；现在，社会化功能越来越多，我们也在不断地被改变：教育越来越多地交给社会机构；孝敬、养老、亲子教育的其他方面也不断被取代；沟通、信息联系不断被取代。家庭岌岌可危，但是家庭的痛又是每一个人都逃不掉的，非常矛盾，这些矛盾都是我们现在面临的问题。

第三个缺陷也是最大的问题，就是所有的家庭建设都是被动建设，所有的家庭建设几乎是零建设。我们今天说家庭要主动建设，主动建设从哪里来？主要是时间上的分布、空间上的设计和关系上的调理。

时间上的分布：应该有更多的面向家庭的真正的节日。

空间上的设计：家庭三室两厅、四室两厅的布置其实慢慢失去了其原有的作用，尤其是城市化的今天，怎样让家庭有更多互动，能不能有国家政策的支持？能不能建立社区家庭？现在的家庭都是关门闭户，没有院子，没有公共活动空间。现在的体育运动设施和广场舞，都不是以家庭为单位的，所以无法形成系统的家庭文化活动。我们要主动建设，当我们的空间比较分散的时候，要实现超空间聚合平衡。

关系上的调理：我们曾经提过这样的建议，要有家徽，一个家庭一定要有共同的信念，也要让大家能看得见、摸得着，最好还要有家庭的会长。同时，要有以民族文化为特色的家庭文化。汉族现在就剩下了一种舞蹈，广场舞，连文房四宝可能都只有20％的家庭有，汉服也不复往昔。没有文化的形成就没有信仰的形成，没有共同信仰的文化，就不可能呈现出坚定的精神追求，就会出现精神上的投机行为。家庭里就会以利益、个人的得失为中心，而不再信奉某种理念。这些缺失会使家庭内部的交流涣散，呈现出很多乱象。有些老人会说，现在我们老人说话没有人听，年轻人说话听不懂，小孩子说话更是无厘头，其实这反映出的就是家庭结构的涣散。

我们要进行家庭主动建设，其抓手不是一个家庭关起门来商量，应该是多个家庭合作起来，在一种开放的基础上借助文化实现家庭文化的建设，实现家庭内涵的提升。

托举美好明天——新时代下的家庭教育

◎李江源

李江源，四川师范大学教育科学学院教授，主要研究领域为教育制度与教育管理研究、高等教育发展研究。出版《现代学校制度的实践发展》《中国高等教育百年史论》《高职校园文化建设的探索与实践》《走向自由——教育制度与人的发展》等著作。

中国的家本位观念

我也是一位家长，在教育孩子的问题上与在座的家长一样，也有焦虑和痛苦。我们为什么会有这么多的焦虑和痛苦？因为中国社会是家为国之本，它与西方社会不一样。家庭是社会的细胞，是社会构成的基本单位，这一点全世界都一样，但是中国的家庭还是本位的，就是以家庭为社会的基础。传统中国的祖籍机构、国家制度、伦理道德都是以家庭为根基、模式和本源，即家为国之本，包括家单位、家天下和家伦理。家庭是社会不可分割的基本单位，这一点和西方文化是有区别的。

在西方，家庭不是最基本的，它可以再分割为个人，具有独立人格和自由意志的个人才是社会主体机构当中最基本的单位。因此，西方文化的社会由个人组成，而不是由家庭组成。家庭只是社会组织的形式之一，但它不是唯一的形式，也不是通用的模式，当然也不是最常规的形式。西方除了家庭以外，社区、教会、政党和国家都有自己的组织形式，和家庭没有什么关系。一个人成家也好，出家也好，完全是他个人的事情，只要自己决定了别人管不着，这是以个人为单位的主体社会的概念，我们叫作个体本位，这就是西方的个人主义。中国文化强调的永远是孩子的自强、自立而不是自主，自主这个概念本身就是个人主义视角的产物。

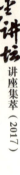

中国传统社会的基本单位是家庭，家庭不可再分割为个人，这不是说个人不存在，而是任何个人一旦处于家庭中，其存在便不再具备社会性的意义。这就是西方的丁克家庭、独身，或者个人主义在中国文化中无法得到认可的根本原因，因为我们是通过家庭来获取存在的理由和意义的。在中国传统社会中，人的身份、地位、价值、权利、义务和责任都和家庭紧密联系在一起，一个人家庭门第高，是名门望族，他的地位也就高，就可以说出身高贵。一个人如果富贵了，那就是家门有幸，可以光宗耀祖，反之如果犯了事，惹了麻烦，那就是家门不幸，全家都要跟着倒霉，在古代还要株连九族或者满门抄斩。因为中国的家庭是不可再分割的基本单位，既然不能再分割，一人有罪，当然也就是全家有罪，所以中国才有"子不教，父之过"。

"文化大革命"时期，我们家是典型的黑五类，我读小学、初中填履历表写家庭出生都要写地主。当时我搞不明白，所以我在北师大读博士的时候，就开始研究，终于知道了家庭在中国人安身立命中的地位和作用。个人和家庭既然不可分割，国家和政府一声令下，只要家家动员，户户响应，也就万事大吉。所以中国古代将财政、土地、人口、钱粮的管理部门称为户部，国家以户进行管理。中国人往往更看重家庭户口，而不是个人身份证；更看重家庭的籍贯，而不是个人的出生地。中国人所有的事情都跟家庭有关系，公是公家，国是国家，老板是东家，同姓是本家，别人是人家，自己是自家，还有船家、店家、厂家、女人家、孩子家，等等。没有什么东西不与家联系在一起。

关于家庭教育

教育是一棵树摇动另外一棵树，一朵云推动另外一朵云，一个灵魂唤醒另外一个灵魂。也就是说，教育唤醒学生自立、自强、自醒的意识，唤醒学生创新开拓的精神，唤醒学生命运的情怀。家长和孩子其实就像两棵彼此分离又相互靠近的大树和小树，大树要为小树遮风避雨，给小树留下足够的空间去感受阳光，呼吸空气，这样小树才能在自己的空间里自由、茁壮地成长。太靠近大树的小树无法长为参天大树，而远离大树的小树又需要独自抵挡风沙，虽坚强无比，却又基因扭曲，有夭折的危险。大人和孩子就像大树和小树，既不能靠得太近，也不能离得太远，既不能太亲，也不能不亲，也就是要保持一定的距离，有距离感，指的就是对孩子的守望。有人说孩子的情商比智商更重要，品德比能力更重要。在我看来，情商与智商同等重要，能力与品德同等重要。当然，在能力与品德当中，可能品德占的比重稍大一点。在今天的社会，只有情商没有智商也是不行的。家长培养孩子主要在坚持两个字，坚持在平常中，坚持在每一个环节，时时刻刻地坚持。

我们一般把家长分为五个层次。第一个层次，舍得给孩子花钱；第二个层次，舍得为孩子花时间；第三个层次，思考教育目标问题；第四个层次，为了教育孩子而提升和完善自己，这就是榜样示范；第五个层次，尽己所能地支持、鼓励孩子成为最好的自己，以身作则地帮助孩子成为真正的自己。在座的各位，你们今天到了哪个层次？家长不管收入多少，都想让孩子上名校，因为名校的资源和人脉优势是无可比拟的。但是除了花钱，你在更高的层面思考过教育吗？思考过孩子的人生规划吗？思考过和孩子同步学习并伴随孩子成长吗？你的思想和孩子的成长步伐合拍吗？我想大部分的家长可能在物质上的投入要多一些，精神层面则要少一些。是否科学地做家长，理性地做家长，是不是在无意地以爱的名义伤害孩子，影响孩子的成长，我们没有思考过。

现代家庭教育的弊端

第一，太多的关爱，使得孩子不知道珍惜。一次在飞机上与一对加拿大夫妇交流，他们是北京大学的教授，他们说中国人最大的问题在于缺乏边界意识，父母与儿女间没有边界，我对这一点感受特别深。在家庭里，父母没有边界意识，一味地追求其乐融融，毫无私人空间和分寸感。我在浙大的时候，邻居家对孩子非常娇惯和关爱，奶奶抱着孙子，外婆就在后面喂饭，这让孩子形成了很多不好的习惯。

第二，太过唠叨。

第三，太多的干预，使得孩子缺乏自主性。孩子认为父母是大山，是依靠，因而丧失了自身的自主性。日本为了发动中日战争，提前 20 年就开始做准备，小学老师上课的时候，手中会挎一个篮子，里面装着中国的大豆，上课的时候发给同学们吃，同学们都说好吃。这时老师就会通过地图告诉同学们，想吃就到中国去拿。他们对孩子的教育是从小就开始的，扎根在灵魂深处。中国父母经常挂在嘴边上的一句话是多穿点。日本养孩子则主张冷养、凉养。现在，为了学生的安全，小学生的春游、秋游越来越少，而日本的春游、秋游每一次持续 10 天到半个月，孩子回来后衣服、裤子都脏兮兮的，脸上到处挂彩，父亲牵着自己的儿子的手，趾高气扬地从学校里走出来，为儿子的勇敢而感到骄傲。

第四，太多的期望，使得孩子难以承受。现在，很多父母把自己的期望寄托在孩子身上，认为他就是我们生活的全部，他就是我们的希望，他就是我们活下

去的理由。尤其是独生子女现象，加剧了这一问题，给我们的家庭教育、学校教育带来很多困难。

第五，太多的责备，使得孩子失去动力。

第六，太多的迁就，使得孩子没有约束。迁就越多，孩子越没有边界意识。

第七，太多的在意，使得孩子会要挟你。你越在意他，要挟感越大。

第八，太多的享受，使得孩子不知道节俭。

第九，太多的满足，使得孩子缺乏快乐。

第十，太多的溺爱，使得孩子不能成长。

我对家长的建议

第一，影响孩子成长的主要因素不是学校，而是家庭。这是国外的科学家经过长期研究得出的结论。一个人能否成才，家庭占的比重是80％，学校占的比重只有20％。家庭教育与孩子的素质直接相关。

第二，贫穷和富裕都是重要的教育资源。贫穷是重要的教育资源，但并非越贫穷越有利于孩子的成长。中国人最喜欢用一句话：艰难困苦，玉汝于成。艰难困苦确实造就了一部分人才，但是反过来看，艰难困苦也让很多天才儿童被扼杀在摇篮之中。富裕也是一样，它是另一种高级的教育资源，西方人的经验是培养一个贵族需要三代人的努力，第一代人必须要富有，第二代人必须要有文化，第三代才可能培养出贵族。当然，更高级的教育资源必须掌握更高级的教育艺术，如果没有高级的教育艺术，富裕的家庭反而会给孩子的成长带来灾难。

第三，抓住孩子的关键期。孩子的成长有三个关键期。第一个在3岁前后，第二个在9岁前后，第三个在13岁前后。把握孩子成长的关键期至关重要。孩子必须在三岁前后建立自食其力的勇气和习惯，凡是自己能做的必须自己做，凡是自己应该做的当尽力去做。这就告诉我们，父母和其他长辈不要包办，这样反而对孩子有害。在孩子三岁前后，他的身边最好有一个无为的、放任型的父母，给孩子自由翱翔和活动的时间。在孩子9岁前后，他的身边最好有一个积极的权威型父母，让他知道世间有规则和规矩。在孩子13岁的前后，他的身边最好有一个消极的民主型的父母，要学会倾听。有效的教育是先严后松，无效的教育是先松后严。有些父母认为孩子1到6岁是长身体的年龄，可以放在祖父母那里生活，等孩子6岁后父母再接回来上小学。这样的孩子要么会成为沉默者，要么会成为无法无天的捣蛋者。

第四，要陪伴孩子。经常和孩子一起做三件事：一是和孩子一起进餐；二是邀请孩子修理玩具、家具或者整理衣物；三是给孩子讲故事，并邀请孩子自己讲故事。如果没有特别的困难，父母最好每天和孩子一起吃饭，因为家庭的共同价值观、亲子关系其实都是在围着桌子吃饭的时候建立起来的，对孩子陪伴至关重要。

第五，适度放手。父母可以把孩子作为自己世界的中心，但是也要过自己的生活。如果父母完全围着孩子转，而没有了自己的生活轨迹，可能会导致以爱的名义干扰孩子成长的状况。有时候并不是孩子离不开父母，而是父母离不开孩子。父母需要承担教育孩子的责任，但是不需要因为教育孩子而取消自己的休闲生活：没有责任感伤害别人，太有责任感伤害自己。幸福的家庭大多相似，而不幸的家庭则各有不幸。在现实生活中，孩子一哭闹，父母就赶紧抱起孩子的现象比较普遍，孩子就会利用这一点提出更多的要求。因此如果孩子哭闹，不要着急把他抱起来。父母有自己的事情做，孩子看到也会有所收敛。

第六，创造一个和谐稳定的家庭环境。父母是孩子的大树、靠山，没有父母就没有家，更谈不上良好的成长环境。夫妻关系影响孩子的性格：一个男性如果不珍重他的妻子，那么他的儿子就会不尊重女同学；一个女人如果不尊重她的丈夫，那么她的女儿就会瞧不起男同学。夫妻双方不能在孩子面前出现激烈的争吵，有问题私下解决，目的是让孩子有安全感。夫妻双方不能在孩子面前非议对方的老人，有想法私下交流，目的是要孩子尊老孝顺。夫妻双方管孩子，只要一个人讲，另外一个人不要插嘴，其他人也不要插嘴，不管对错，目的是维护父亲或者母亲的权威。现在隔代带孩子的情况比较多，老人照顾孩子只能照顾生活。亲友托管多，管得住吗？单亲、重组、离异家庭更不要出现真空地带。我的观点是自己生的孩子自己养、自己教、自己管，这才叫承担责任。不要一生了孩子就扔给父母。

在家庭里还要尊重孩子，父母可以给孩子讲道理，但是千万不要居高临下，不要以不平等的口吻，也不要强迫自己的孩子说出心中的秘密。要给孩子讲道理，耐心征求孩子的意见，不能打骂。父母要有正确的教育观，孩子的精神导向是在家庭中养成的，要教育孩子既有激情，又有理智，成为一个有教养的人，守时、排队，在公共场合不大声说话，不轻易发怒等。如果孩子比较厚道，千万不要嘲笑他软弱。留意孩子的学习成绩，但千万不要在意他的名次。让孩子学会与他人交往并接受小伙伴，有些父母挑剔，这是不好的，孩子的成长需要同伴。帮助孩子建立自己的审美观，不要让他的审美观陷入低级病态。不要认为小的、病的是好的，强大的就都是坏的；不要认为小麻雀、小绵羊、小狗都是可爱的，也不要以为狮子、老虎、狼都是坏的，不要以为豺狼都是吃人的。要辩证地看。

父母要怎么与孩子谈话呢？第一要抓到点子上，不要泛泛而谈；第二要集中时间段。与孩子谈话要注意场合，并且就主要问题集中来谈。要把好脉，开好药

方，再配好药，同时站在孩子的角度理解他、尊重他、信任他。既指出问题，也要给他面子；既要找到不足，又要善于肯定。有的家长批评孩子时不留情面，这样会伤害孩子的自尊心，也会影响亲子关系。

家长和老师都是教育孩子的伙伴，家长会是双方进行沟通交流的绝好机会。父母参加家长会要提前备课。首先，安排好本职工作，按时参加；第二，赴会之前与孩子谈一次话，便于在老师反映孩子的情况时能和老师共同研讨；第三，认真听学校领导或者班主任介绍学校的教育教学情况；第四，回家后与孩子认真谈心，交换意见，共同研究改进措施，制定下一步努力的目标和方向。家长与老师交流，一定要掌握好时间，尽量避免影响正常的教学工作。打电话前最好发短信预约。

主动配合学校和教师的工作。教师、家长、学生关系就好比是等腰三角形的三个点，下面两个点是家长和老师，学生是顶点，三方地位是平等的。教师和家长的长度决定着学生的人生高度，一切应该以学生发展为目标。学校的规章制度出于多方面的考虑，做家长的要配合，而不是以各种理由非议。家长不要在孩子面前非议教师，也不要议论学校的规定，非议得越多，孩子在学校的抵触情绪就越大，投机心理也越重，对孩子没有任何好处。家长可以不优秀，但是可以表现得很积极；家长可以生活委屈，但是可以表现得热爱生活；家长可以很平凡，但是不能表现得太平庸。如果家长平时牢骚满腹，怨天尤人，能指望孩子积极乐观，发愤图强吗？家长成天浑浑噩噩，无所事事，你能指望孩子努力做事，学有成就吗？家长瞧不起老师，能指望学生尊重老师吗？孩子是看着父母的背影长大的，每一个成功的孩子都能在父母身上找到优秀的原因，每一个失败的孩子都能在父母身上找到潜在的根源。管教孩子父母必须思想统一，立场一致，不要一个在打，一个又在拉，关爱孩子必须理性、科学地让他感知，教育孩子是一项永不退休的事业。

家长朋友，希望孩子成才，不是说在嘴上，想在心上的事，是要表现在长期的行动上。孩子学习成长的过程有风雨也有阳光，我们要坦然面对，没有不变的社会，只有对孩子不变的心。我们首先是需要健康、快乐、幸福的孩子，然后才是成人、成才、名扬四海的孩子。成绩不是唯一的评价尺度，要多元地看待孩子的成长和未来，上天为每一个人都准备了一扇命运的窗户，一定要选择最适合自己的，虽然成绩不是唯一，但是必须要学习，因为当前进入主流社会需要它。我经常跟女儿说，你只要身体好，阳光灿烂，爸爸就很高兴。如果你考不上大学，爸爸就给你买一个擦皮鞋的箱子，准备两把擦皮鞋的刷子，买点皮鞋油，就摆在川师南大门，你只要自食其力，为川师每一个学生擦好皮鞋，你就是社会的一个人才。人才的评价多种多样，只要靠自己的劳动就好。今天就分享到这里，希望对大家有帮助。

谢谢大家！

城市经纬　艺术天地

天府文化的活水之源

◎谭　平

谭平，成都大学文学与新闻传播学院院长、教授，兼任四川省中华文化与城市传承普及基地主任、四川省朱熹研究会副会长、四川省中国哲学史研究会常务理事、成都市历史学会副会长。获省市政府奖六项，2016 年全国优秀社科普及专家。

巴蜀文明历史悠久，光辉璀璨：成都是国宝熊猫的故乡，是全世界拥有熊猫最多的城市；太阳神鸟是金沙遗址发掘出来的伟大设计作品，同时也是中国文化遗产的标志；母亲堰都江堰，没有它就没有天府文化；此外，成都还生产了我们的镇国利器——歼 20。

我们常说巴蜀文化、蜀文化、成都历史文化，现在，天府文化又受到了大家的高度关注。首先，我们需要明确：什么是文化？文化是指以价值观和生活方式为核心内涵的人类精神活动，实际是"人文教化"的简称。"文"是基础和工具，包括语言和文字及其延伸载体；"教化"是重心，主要功能是使人形成并维系、传承健康人性，阻止人的异化，并构建一个国家或族群的个性与特色。中华文化有五千多年的悠久历史，它在育人方面有三种境界。第一就是为所有的人构建了一条底线，也就是孟子所说的作为人与禽兽根本区别的四心：恻隐之心、辞让之心、羞恶之心、是非之心。第二就是健康线，使子孙从内心深处接受并且践行"仁义礼智信"。第三就是孕育一个国家、民族或组织的关键力量，就是在和平年代能"先天下之忧而忧，后天下之乐而乐"，灾难到来时能挺身而出、杀身成仁、舍生取义的圣贤和英烈。

天府文化是天府之国的核心，膏腴区域的文化。天府之国有广义和狭义之分，广义的天府之国包括今天的四川和整个重庆地区，狭义的天府之国主要是指以成都平原为核心的富庶区域。天府文化立足于构建国家中心城市应该具有的文化自信、文化自觉和文化

软实力，并希望对其进行与时俱进的诠释和表达。它的目标是传承巴蜀文明，发展天府文化，努力建设世界文化名城。天府文化的特点就是创新创造、时尚优雅、乐观包容、友善公益。天府文化建设的目标：对内是在对自身历史文化保持温情与敬意的前提下，建立既传承本民族本地域优秀文化基因，又能融汇、吸取古今中外优秀文化养分，形成地域族群的价值共识和共有精神家园的文化事业与产业；对外是要更好地塑造并彰显成都优良的个性，为讲好成都故事和中国故事提供丰富的素材，被外部人群亲近、尊重和仰视，与硬实力建设相得益彰。

巴蜀文化简述

一、巴蜀地理特征

巴蜀文化区位于中国西南部，是以四川盆地为中心，兼及周边地区而风俗略同的稳定的地域共同体。核心以龙门山—大凉山为界，东部是四川盆地，西部是川西山地和高原，属于长江上游流域的内陆腹心地区。不论是自然地理还是经济地理、政治地理条件，都决定了它是中国西部在农耕文明时代最稳定的风水宝地，也将是后现代人类社会的最为宜居之地。这种独特的地理特征以及古代比较艰难的交通条件决定了巴蜀（四川）地区的文化起源既有外部文化因素的影响，也取决于自身的资源与条件。早在 1940 年，著名历史学家、四川地域文化研究拓荒者徐中舒先生就在其《古代四川之文化》一文中指出："其文化由来甚古，即或出于秦汉以后，亦多萌芽于本土，而不必待中原文化之浸溉。"此后不久，顾颉刚先生也有"古蜀国的文化究竟是独立发展"的论断。这种文化的活水之源主要肇起于本地的属性，不仅为后来的考古发掘所证实，而且赋予了巴蜀文明代代相传的独特文化自信与个性追求。从文字学上来讲，巴就是一条蛇，在人类历史上有许多国家和民族在自己的早期文明建构过程中都以蛇为图腾，巴人就是如此。从文字学角度来讲，蜀是桑蚕，后来缔造的丝绸之路对人类文明产生了巨大的影响。

从自然地理和人文地理关系来讲，巴蜀地区海拔落差近五千米，除了海洋和沙漠以外，各种地质景观齐备；就地质、地理形成自然景观的丰富、神秘、多元性和赏心悦目来讲，世界上的其他地域文化区域罕与其匹。除了人们熟知的"剑门天下险，夔门天下雄，青城天下幽，峨眉天下秀"表达了巴山蜀水的神奇、壮美以外，还有大量鬼斧神工、岁月雕琢的原始生态，如处女般圣洁的雪原、冰川，几乎可以揽星摘月、追风抚云的高原风光以及热情淳朴、豪迈奔放的少数民族风情。在历史上，初唐四杰之一的王勃写下了"入蜀纪游诗三十首"来赞美巴蜀山水的特异，发出了"优游之天府，宇宙之绝观"的慨叹；杜甫带着中原人的眼光来到蜀地，又有"我行山川异，忽在天一方"。显然，巴蜀山水令他们目不暇接、耳目一新。改革开放以来，有许多古人未曾目睹、未曾代言的新的景观被发现，九寨仙境、黄龙瑶池、稻城亚丁的"香格里拉"、海螺沟冰川、熊猫故乡，皆令世人惊叹。生活在这种环境中的人民，不仅拥有丰富的物产，而且容易形成乐观豁达的人生态度、独特的审美情趣、强大的想象力、不凡的联想和创意能力、浓烈的家国意识和故土情怀等。

杜甫惊叹成都"渲然名都会，吹箫间组簧"，是充满活力的音乐之都。李白赞美三峡："朝辞白帝彩云间，千里江陵一日还。两岸猿声啼不住，轻舟已过万重山。"他更是不吝笔墨地赞美成都："九天开出一成都，万户千门入画图。草树云山如锦绣，秦川得及此间无。"显然许多景观并非关中地区可比。被《三国演义》选作开篇辞，享誉华语世界的明代大文豪杨慎著名的《临江仙》更是留下了自然、人文双美交相辉映的千古名句："滚滚长江东逝水，浪花淘尽英雄。是非成败转头空，青山依旧在，几度夕阳红。白发渔樵江渚上，惯看秋月春风。一壶浊酒喜相逢，古今多少事，都付笑谈中。"此诗就是在四川境内写的。巴蜀文化学者谢元鲁教授曾经用"中国的后花园"来形容大成都在中国自然和人文地理版图上的地位与特色。如此美轮美奂的山水自然生态孕育着几千年的中国甚至世界文化。从汉代画像砖我们可以知道，西汉和东汉时期是巴蜀文明的第一个高潮，当时，成都是中国的五都之一。

二、巴蜀沿革及其文化特质

古巴人出自蛮族，古蜀人出自羌族。巴人活动在以今重庆为中心，西达四川东部，东达湖北西部，北达陕南，南及黔中和湘西的地区。巴国，作为一个部落联盟性质的方国或诸侯国，与蜀族建立的蜀国一样，在夏初就已经出现在华夏的政治舞台上，《左传·哀公七年》载："会诸侯于会稽，执玉帛者万国，巴蜀往焉。"在夏禹时期，巴里蜀族都加入了夏王朝的政治联盟。蜀族是从岷江上游兴起，然后逐步进入成都平原的。在先秦，除蜀山氏外，还有蚕丛、柏灌、渔凫等三代蜀王和督宇、开明两个王朝，他们的族群和活动地区都不同，但通称为"蜀"，蜀国曾在商周时期创造了辉煌的三星堆文化和金沙文化。巴蜀两族、两国在夏商周三代通过战争、贸易、外交等途径取得了各种联系，如《华阳国志·巴志》记载："周武王伐纣，实得巴蜀之师。"秦灭巴、蜀，两国被改蜀郡，巴蜀两地与全国各地从政治、经济、人文、族群等各方面相互交融，巴、蜀文化及其心理逐渐趋同。唐以后巴和蜀不再是地域的名称，但仍作为地区代称继续使用，今

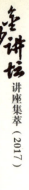

天则成为地域和文化的重要标志。历代巴、蜀在行政关系上有分有合，但盛衰起伏大致相同，族群和文化的深度交汇、融合，以在整体价值观和生活方式上的大致相同，成为中国地域文化中的一个重要分支。比如现在的石室中学，古蜀国先民最早住的山洞就叫作石室，后来文翁在蜀办中国最早的官学，当时取的名字叫作石室精舍。

从巴文化的特色上看，有一个成语叫作巴蛇吞象。出自《山海经》的记载："巴蛇食象，三岁而出其骨，君子服之，无心腹之疾。"蛇是巴族的图腾，如此故事，隐喻着无比辉煌的想象力。《山海经》是记载早期中国神话传说和地理的古籍，大体是战国中后期到汉代初中期的人所作，内容包括山川、地理、民族、物产、药物、祭祀、巫医等。巴蔓子是古巴国忠州（今重庆市忠县）人，战国中期的巴国将军。约在公元前4世纪，巴国内乱，国君平叛力不从心，蔓子遂以许诺酬谢楚国三城为代价，借楚军平息了内乱。事成后，蔓子为了在保证国家不分裂的同时自己又能履行承诺，最终自刎以授楚使。他以头留城、忠信两全的故事，成为巴蜀大地传颂千古的英雄壮歌。巴寡妇清，是秦代名显天下、受到秦始皇特殊礼敬的女企业家，她守着家族企业，凭借雄厚财力保卫一方，因为对巴地的影响和对国家的贡献受到秦始皇的专门召见，并为她建立了纪念性的建筑。钓鱼城抗元战争发生在重庆市合川区城东5公里的钓鱼山上，在敌军的强势攻打下，守军坚守长达36年，在南宋彻底灭亡之后，经过反复劝降，才结束了抵抗的历史。钓鱼城之战是对成吉思汗子孙强大武力和注意力的长期牵制，大大降低了他们在世界各地的野蛮征服力度，在很大程度上拯救了欧亚被征讨的国家，所以钓鱼城被欧洲人充满敬意地称为"东方的麦加城"。

蜀文化的精品展示。

两件国宝：一是太阳神鸟金箔，出土于成都市金沙商周遗址，考古学家认为，此地是公元前12世纪至7世纪长江上游的古代文明中心——古蜀王国的都邑。在这个外径12.5厘米，内径5.29厘米，厚度0.02厘米，和现代剪纸工艺极为相似的精美图案上，四只鸟围绕太阳旋转飞翔，简洁、流畅、精致、充满动感，是先民崇拜太阳、向往自由的杰出代表之作，已经成为中国文化遗产的标志。二是纵目人面具，出土于成都平原的广汉三星堆遗址，是世界上年代最早、形体最大的青铜面具，是罕见的、令人震撼的神秘青铜器物，可以解读为先民对深入了解宇宙、人生，追寻新的智慧的迫切希望。

两尊雕塑极品：一是乐山大佛，又名凌云大佛，位于四川省乐山市南岷江东岸凌云寺侧，濒大渡河、青衣江和岷江三江汇流处。大佛为弥勒佛坐像，通高71米，是中国最大的一尊摩崖石刻造像。乐山大佛开凿于唐代开元元年（713年），完成于贞元十九年（803年），历时约九十年。是先民的佛教信仰和防控水患、祈求平安的巨大努力的结晶。二是出土于成都天回山东汉崖墓的说唱俑，俑通高 55 厘米，以泥质灰陶制成，俑身上原有彩绘，现已脱落。陶俑蹲坐在地面上，右腿扬起，左臂下挟有一圆形扁鼓，右手执鼓槌作敲击状。俑人嘴部张开，开怀大笑，仿佛正进行到说唱表演的精彩之处。人物面部的幽默表情刻画得极为生动传神，令今人动容。此俑现藏于中国国家博物馆。"说唱"是中国曲艺艺术的主要特征，此俑的发现证明，成都的说唱艺术早在东汉时期就已经成熟并广泛流传于民间，并且出现了家喻户晓、偶像级别的民间艺术家。可见这座城市丰富多彩的文艺活动和普通百姓乐观生活的源远流长。

交子：世界最早使用的纸币，发行于北宋前期（1023 年）的成都，比美国（1692 年）、法国（1716 年）等西方国家发行纸币早六七百年。最初的交子是一种存款凭证。北宋初年，成都出现了为不便携带巨款的商人经营现金保管业务的"交子铺户"，存款人把现金交付给铺户，铺户把存款数额填写在用楮纸制作的纸卷上，再交还存款人，并收取一定的保管费，这种临时填写存款金额的楮纸券便谓之交子。随着使用频率和信誉度的提高，铺户开始统一面额和格式，作为一种新的流通手段面向市场发行，交子逐渐具备了信用货币的特性，真正成为纸币。真宗景德年间（1004—1007 年），益州知州张咏对交子铺户进行整顿，剔除不法之徒，专由 16 户富商经营，至此，交子的发行正式取得了政府认可。宋仁宗天圣元年（1023 年），政府设益州交子务，以本钱 36 万贯为准备金，首届发行"官交子" 126 万贯，准备金率为 28％。从古至今，金融事业的关键支撑是可靠的信用，中华民族历来看重诚信的价值。交子诞生在成都，至少证明宋代成都工商业的高度繁荣和可靠信用。我们的祖先敢为人先，实现了人类金融史上的伟大创新。

川红：宋代成都能工巧匠创造的世界纺织印染极品，是当时唯一能够做到不褪色的染织品。与司马光比肩的名臣文彦博任蜀郡太守，调回京师时以此赠送宋仁宗宠爱的张贵妃，被监察官唐介弹劾贿赂，引起了一场政治风波。由此可见这种蜀锦的珍贵和引人注目。以红色为基调的多种华美设计，体现了宋代成都人对服饰优雅时尚之美的极致追求。

了不起的成都人尹昌龄（1868—1942 年）：先世居郫县，祖辈来成都经商，遂入华阳县籍，是成都的五老七贤之一，为清末翰林，曾任西安知府。1923 年被推举主持成都慈惠堂事务，20 年间殚精竭虑、克勤克俭，把一个行将倒闭的机构发展成为有工厂、小学、托儿所、孤老院等数十个单位（如著名的培根火柴厂），房舍 249 间，独院 24 所，田产 8348 亩，现金数百万元的生产服务型慈善组织，救助对象数以千计，被称为中国"近代社会福利事业雏形的索引"。他自己不取分文之利，以至于 1942 年辞世时竟然家无余财，连丧事都无法办理。国

民政府明令褒扬，将其生平事迹存入国史馆。尹昌龄被公认为是民国时期最成功、最受尊敬的慈善家，是当时中国的"慈善第一人"。

民族英雄卢作孚（1893—1952年）：重庆市合川区人，同盟会会员，中国著名的爱国实业家、教育家、社会活动家、中国现代航运和农村社会工作先驱。幼年家境贫寒，辍学后自学成才；1925年创办的民生公司是中国近现代最大和最有影响的民营企业集团之一；他是为抗战做出巨大贡献的民族英雄。1924年，卢作孚到成都创办民众通俗教育馆，担任馆长，在少城公园内建起了各种陈列馆、博物馆、图书馆、运动场、音乐演奏室、游艺场和动物园等文化娱乐场所，集中了成都各种工程技术人才和文学艺术专家，充分发挥了他们的才智。

三、巴蜀文化的优秀基因

第一，注重身心自由。自古巴蜀山川奇美、神秘，物产丰饶，人民勤劳智慧，生活丰富多彩，加之距离华夏政治中心较远，巴蜀的人文精神具有注重身心自由的特征。这与道教诞生于此地互为因果。其重要表现之一是最早的自由贸易兴起于成都，20世纪80年代，作为古文字学泰山北斗的徐中舒从文字学角度指出："'都'是古代边境上没有城防建设的自由都市。"常璩的《华阳国志》中记载了七个以"都"为名的自由都市，是探寻先蜀史迹的最珍贵的资料；结合先秦成都精美漆器的广泛流播，他认为："成都这个自由都市就是从成亭、成市逐步成长起来的。"重要表现之二是这里的官民自古不拘泥教条，在价值观、人生观、审美观和生活方式等多方面十分宽容，彰显了儒家"和而不同"的魅力。其文人雅士不乏浪漫高蹈之态，都市生活喜艳浓、好华美、重色彩、好辛香、美滋味，具有鲜明的地域性格特征。成都由古至今张弛有度的休闲文化气质和生活方式也与之有着紧密的关联。重要表现之三是自古蜀地有与易学发达相关联的"三异"人群。刘咸炘先生在《三异录》中写道："隐沦之士、术数之学、神仙之流，是三名也。神仙亦隐者耳，隐者多知术数。古所谓神仙，多即术数家。三者本相滥而不可分，要皆世所谓异人也。九州之中，蜀为最盛，盖其地幽峻塞险，宜于伏处深思。"这种与蜀地地理环境成明显因果关系的"三异"人群，介于儒道和地方神话之间，是使传统中国民间、江湖充满传奇色彩，带给人们丰富想象，对文学艺术多有启迪的一道景观，是传统社会官方和民间都允许其若即若离、或隐或显存在的身心极为自由的人群，赋予了天府四川两千多年独特的浪漫洒脱个性与风情。

第二，开放性。巴蜀文明从初生时期起，就是一个善于容纳和集结的开放性体系。历史与神话交织的巴蜀地区的早期叙事，不论是黄帝元妃嫘祖、儿子昌意与蜀族通过蚕桑联姻实现的经济、血缘上的勾连，还是取代鱼凫王朝的望帝杜宇来自云南，取代杜宇建立开明王朝的鳖灵来自荆楚，都在昭示后人，古代蜀族、蜀国一直在接纳外部人和事的影响。而夏禹时巴蜀都已经参加中原政治盟会，与商朝多次碰撞，后来参加灭纣兴周的正义战争，证明巴蜀也在主动地影响外部世界。段渝先生指出："早在商代，以三星堆为都城的古蜀王国便同南亚次大陆和西部地区有了经济文化往来，三星堆遗址出土的象牙，就是来自印度河文明区域，双方贸易交流的货币，是产自印度洋的海贝。"《史记·西南夷列传》记载了汉武帝元狩元年，博望侯张骞出使西域，在大夏（今阿富汗）所见到的蜀布、邛杖乃系由印度转售而来，这是中国商品最早通过国际贸易出现在境外的历史记载。拥有数千年对外交往历史的巴蜀儿女，克服地理、交通和文化的巨大障碍走向外部世界寻找发展机遇，并以最少的排外性迎接、包容外来族群和外来文化，堪称中国地域文化的佼佼者。

第三，整体性。巴蜀文化从其诞生之日起，就逐步开始了向大一统的中原政权、国家轴心文化的凝聚和集结，在实现中华民族最广泛的文化认同、构建中华民族命运共同体的历史进程中，是一支最有向心力和承载力、创造力的地域文化。谭继和先生认为：学术上表现为"心向京师，心向儒化中国，以蜀解儒学，贯释道，通百家，以'仙道在蜀''儒学源蜀''菩萨在蜀'为特点"。也就是说，在逐步建构以儒家为主体、儒释道相互融汇的中华文明核心价值体系的过程中，蜀学个性鲜明、贡献卓越。在这里，文史哲的大师巨匠往往都能在以蜀文化为背景的儒释道的浸染中形成以坚定的爱国爱乡为底色，面对人生沉浮起落，进退有据、豁达乐观的人生格调；普通人民也能够形成雍容大度、张弛有道的人生风范。极品如苏东坡、杨升庵，虽然天纵英才，但都命运多舛，然而不论遭遇多少人生坎坷，其对天下兴亡、国家安危、苍生休戚的关怀都不会改变，也因此创作了许多家喻户晓的千古名篇，杜甫等许多流寓文豪的天下家国情怀总是能够在这里得到增强、升华。在这里，人民对国家统一强盛带来的好处体会最深，所以自古趋向于拥护先进、富有优势的政治军事集团所从事的政治革新与为追求统一强盛所付出的努力。从参加大禹号令天下的政治盟会到牧野之战，"巴师勇锐，歌舞以凌殷人，殷人前徒倒戈"，再到川军抗日和中国的各项建设事业，莫不如此。

第四，超前性。巴蜀地区几乎囊括了整个长江上游的膏腴之地，是人类最早生存、活动的区域之一，也是中华文明最重要的源头之一，几乎伴随其始终的物质生产和精神建构的超前性在文献记载和考古发掘中被不断呈现。舒大刚先生举例指出："先秦时期，巴蜀地区已经产生出较高的学术和文化，考古发现的距今三至五千年的成都古城遗址群、三星堆祭祀坑及青铜器、金沙玉器和金器，都显示出极高的建筑水平，其艺术造诣和精神诉求，也十分精妙；表明巴蜀地区很早就进入了文明形态；在巴蜀及其附近地区出土的春秋战国兵器所带刻符，透露出

天府文化的活水之源

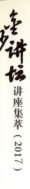

巴蜀地区早在3000年前就已拥有自己文字的信息，只可惜至今仍无法释读。"文史巨匠蒙文通先生指出：蜀地历史文化自古个性鲜明，"以蜀而论，其社会发展之迹，时之先后，固有大异于中原者"。巴蜀文化在历史上一个突出的精神特质是，与深处内陆的其他地区相比，其思想上个性鲜明，富于想象力和批判精神，敢于质疑权威和成说，甚至对权贵"好讥刺"，常常有振聋发聩的学说、言论在此发出，学富五车、才高八斗的泰山北斗不时显现，给中国的精神家园带来新的活力。这里的官民只要有可能，在立德、立功、立言上便敢为天下先，干事创业大胆尝试，大胆创造，勇于革新。所以，在比较中国内陆地区在历史上创造的世界第一和中国第一时，四川名列前茅。

归纳巴蜀文化的个性与共性，巴文化富有更多山的特质：热烈、明快、阳刚、坚强，蜀文化则有更多水的品性：浪漫、温和、精致、坚韧。古语"巴人出将，蜀人出相"，就是对这种人文土壤孕育的人才类型的差异的简要叙述。四川的著名文豪也多数出于西蜀，这表明，巴人和蜀人的文化性格的确是各有独特禀赋的。但在历史的演绎过程中，尤其是在近代化、现代化、全球化一浪高过一浪的发展进程中，巴人和蜀人都能与国家风雨同舟、休戚与共，在各方面求同存异，实现经济、文化多方面的整合、熔铸；并且延续了浪漫热情、兼容并包、刚柔相济、重商崇文、敢为人先的巴蜀文明共性特征，代代传承。

天府文化的活水之源

"天府之国"为何从关中平原来到成都平原？东汉后期，关中地区在经历、承受了与匈奴的战乱、地震、西汉的崛起、西汉的灭亡等事件后，又出现了全球性的气温下降，黄河流域降雨量明显下降。以成都平原为核心的巴蜀地区在两汉统一和开拓、教化（国际国内市场、西南夷、文翁化蜀等）的背景下成为富庶文明和最为稳定的区域。滋养天府成都的有八大活水源泉：

第一，独一无二的水利都江堰。纵观世界历史，成都先民创造并拥有了在2300年前建成、始终不间断地发挥着使一块广袤的平原水旱无忧、不知饥馑保障作用的伟大水利工程都江堰，都江堰也因此成为天府之国的母亲堰。著名巴蜀文化学者彭邦本教授从五个方面精到地论述了都江堰"人类水文明的伟大创举和永恒丰碑"这一命题。他写道："除了继承大禹治水，古蜀国杜宇王朝、开明王朝的治水经验外，还有科学严谨、巧夺天工的勘测设计，无坝引水、费省效优的生态工程模式，价廉饶给、就地取用的建筑材料和简便易行的工程技术，天道酬勤、因地制宜的岁修制度，道法自然、天人合一的水利理念。这是都江堰水利工程能够不间断造福子孙后代，成为举世闻名的世界文化遗产的奥秘所在。"他还认为，都江堰"创造了古代无坝水利工程史上的几项世界之最：历时最久、灌区面积最大、综合效益最高、生态环境保护最优，因而荣膺世界文化遗产桂冠"。事实上正是在都江堰诞生以后，成都平原才开启了追赶并在东汉末超越关中平原的征程，并成为农耕文明时代最有保障的粮仓以及各种物产的盛产、富集区域。今天的都江堰水利工程，常年保证着上千万亩沃土的灌溉。此外，都江堰的水来自几乎没有任何工业污染的岷江，保证了成都平原及其周边城市群的生活、生产用水的自然、洁净，这也是很少有大都市能够相提并论的。20多年来，都江堰灌区积极实施渠系扩改建工程及节水改造工程，灌溉面积从 1986 年的 914 万亩发展到 2006 年的 1026 万亩，灌溉范围覆盖四川省 7 市、37 县（市、区）。如今，都江堰灌区内丘陵灌区 1112 万亩农田有了稳定的输水保障。

第二，立体多彩的生存环境。自古至今，成都所辖区域海拔落差近五千米，具备除了海洋、沙漠以外的几乎所有具有美感的地理、地质景观，各种令人心旷神怡、美轮美奂的自然景观构成了成都人居家、出行的基本环境。成都自古就是自然与人文、城市与乡村和谐融汇、风情万千、时尚自成的"田园城市"，不仅为它的子民提供了激发各种美感、浪漫想象和很高幸福指数的生存条件，而且给历代文学艺术大师提供了创作的源泉和无尽灵感，寄属于众多中国、世界一流的文学艺术作品之中。仅就诗歌来讲，就有无数诗篇借景叙事、抒情。如唐朝杜甫的《绝句》："两个黄鹂鸣翠柳，一行白鹭上青天。窗含西岭千秋雪、门泊东吴万里船。"《春夜喜雨》："好雨知时节，当春乃发生，随风潜入夜，润物细无声。野径云俱黑，江船火独明，晓看红湿处，花重锦官城。"唐朝张籍的《成都曲》："锦江近西烟水绿，新雨山头荔枝熟。万里桥边多酒家，游人爱向谁家宿？"唐朝刘禹锡的《浪淘沙》："濯锦江边两岸花，春风吹浪正淘沙。女郎剪下鸳鸯锦，将向中流匹晚霞。"宋朝陆游的《成都行》："倚锦瑟，击玉壶，吴中狂士游成都。成都海棠十万株，繁华盛丽天下无。"

第三，平和温润的气候。成都有稳定、温和的适于人居、生产的气候，且自古没有发生大的变化。位于东经 104.1°，北纬 30.6°的成都，不仅处于世界公认的黄金纬度上，而且因为特殊的地理环境，属于中亚热带湿润季风气候，一月均温 5.6℃，七月均温 25.8℃，可谓冬无严寒，夏无酷暑；年均降雨量 976mm，正常情况下能够保证生产、生活所需水源，且不容易发生大的洪涝灾害，也几乎没有极端的气候现象对人类的生产、生活造成大的破坏。

第四，丰富齐备的物产。《三都赋》载："亚以少城，接乎其西。市廛所会，万商之渊。列隧百重，罗肆巨千。赌货山积，纤丽星繁。都人士女，祛服靓妆。贾贸墆鬻，舛错纵横。异物崛诡，奇于八方。布有幢华，蔲有桃榔。"这是一个

美丽风雅的都市。《蜀梼杌》说，前后蜀时，"蜀中久安，赋役俱省，斗米三钱。城中之人，子弟不识稻麦之苗，以笋芋俱生于林木之上，盖未尝出至郊外也"。"村落闾巷之间，弦管歌声，合筵社会，昼夜相接。府库之积，无一丝一粒入于中原，所以财币充实。"南宋李良臣的《钤辖厅东园记》曾描述道："成都，西南大都会，素号繁丽。万井云错，百货川委，高车大马决骤乎通逵，层楼复阁，荡摩乎半空。绮縠昼容，弦縠夜声。倡优歌舞，娥媌靡曼，裙联袂属。奇物异产，瑰琦错落，列肆而班市。黄尘涨天，东西冥冥，穷朝极夕，颠迷醉昏。此成都所有也。"

第五，流播均衡的三教。其一是指学术上三教与生俱来与蜀学的紧密联系。其二是指成都不仅一直是中国西南三教研究、发扬、传播的中心，博学鸿儒、高僧大德、隐士仙翁史不绝书，同时又各有受众拥趸，各展所长，而且三教及其信众和平共处、互相兼容，充分发挥了中华文化开放包容、进退有据、互相弥补的精神家园活力，大大增添了这座城市以价值观既有主流也有兼顾、包容和生活方式多元宽厚为核心的吸引力，并将它们直接或间接转化为物质和精神两个文明的成果。此外，近代以来的西方宗教来到成都，总体上也得到了这座城市的包容、善待。在这种背景下，以加拿大人启尔德祖孙三代和林则为代表的国际友人在华西坝创立了以口腔科、妇产科为代表的中国西部最先进的近现代医学、医疗事业，也成为这座城市在宗教文化上海纳百川品格的结晶。

第六，成都与丝绸之路的紧密关系。蜀地的产品最早出现在国际市场上，成都是丝绸之路的重要参与者，是南方丝绸之路的起点和关键城市，也是三大经济文化带的交汇点城市。条条蜀道（除了水路外，主要是栈道和茶马古道）通向外部世界，显示了这里的人民开拓、进取的勇气。

第七，天南海北的移民。成都是中国大城市中最典型的移民城市之一，尤其在宋末元初、明末清初，几乎形成了外省族群填补空白一样的大移民。每一次大移民，都在以成都平原为核心的巴蜀地区进行着经济、文化乃至语言、风俗、社会心理的重新组合，移民之间、移民与原住民之间逐渐从冲突走向融汇，从简单竞争走向彼此借鉴、学习、合作。代代的移民及文化不仅丰富着天府文化的内涵，增添着天府文化的活力，最终也塑造了天府之国乐观包容、友善公益、创新创业的人文性格。成都的美女、美食、美酒多，都是移民基因交融和原籍美食美酒制作技艺相互之间交流荟萃的结果。川剧也是众多外来戏剧元素有机整合的结晶。今天的成都，作为国家的中心城市，必须传承、弘扬这样的人文性格，并以更加宽广的胸怀和机制，吸纳八方有志共同建设成都之士，共创这座志向不凡的伟大城市的美好未来。

第八，从未更改的城名。成都一词，首先是指都邑，战国时期，蜀王开明氏第九任帝开明尚从郫邑迁都于此，因此，此前仅仅成邑，至尚时始成都，故名。其次是指作为治所（包括地方割据政权之国都，成都县、蜀郡、益州、益州路、成都府、成都府路、成都路之治所以及四川省省会），这座城市始终叫成都。成都的别名：历史上张仪建城时形似龟状，别名叫龟城；唐名将高骈时扩建城池，名太玄城、罗城；后蜀在罗城外建羊马城；孟昶在城上遍种芙蓉，因名为芙蓉城、蓉城；汉代成都织锦业发达，蜀锦已经走出国门，所以成都又有"锦城"之雅称。但这些别名从没有取代过正式名称。

　　成都中心城区自从张仪选址建城开始，不论经历了多少风雨洗礼，都在原地收缩或扩张。这座城市有汉代五都之一、唐朝"扬一益二"、宋朝"西南大都会"，以及曾经是开明王朝都邑和随后多个政权的"国都"等骄傲的记忆，也有经众多脍炙人口的文学艺术作品赞美、夸耀形成的共同记忆与共识。历史上，成都很少成为政治、军事斗争漩涡的中心，因此，也没有遭遇许多城市身不由己的位置和名称的强行改变。城市建成后从不更名，代表着这座城市一以贯之的文化传统，城市主人充分的自信心和自豪感，十分有利于城市文化的传承、弘扬。在建设全面体现新发展理念的国家中心城市的进程中，这些文化传统将激励子孙在各方面效法乃至超越祖宗，敢为人先，追求卓越。

　　谢谢大家！

日照成都，千年斜城
——天文与成都城市布局的关系

◎ 曾 阳

曾阳，四川省天文科普学会副会长，四川方山天文台台长，若尔盖天文观测站站长，西华师范大学射电天文学专业研究生，四川省委宣传部未成年人工作处"科技进校园"项目联络人，学会"天文进校园"负责人，省内多家大中小学校特聘天文导师，四川省摄影家协会会员。

成都是一座千年历史文化名城，历史积淀非常深厚。对成都的城市布局，我们可以用一个字来描述它的状态——斜，所以，成都也被称为斜城，这可以追溯到几千年前。

成都城市发展变革

关于成都两个字的最早文献记载是《战国策·秦策》，苏秦对秦王说："西控成都，沃野千里。"控制了成都，就可以获取源源不断的战略资源。考古实物的最早记载是湖北的秦代墓，里面出土了很多竹简，记录了战国时期军事、政治、文化状况等，其中有"可绥带利息，以县制传旨成都"。

到了宋朝，宋太宗赵匡胤编印了一本全国的地理志《太平寰宇记》，记载了成都名字的由来，是借用西周建都的历史经过，取周王迁岐"一年而所居成聚，二年成邑，三年成都"，因此得名成都。先秦时，成都平原居住的主要民族是古羌族，古羌人的文化习俗、语言和发音等，与当时中原的汉族人是很不一样的。

成都在商周到战国早期时已经是非常大的城邑了，拥有众多的人口、繁华的文明和丰富的物质。

从秦汉开始，成都的整个布局和发展进入了新的时代。秦惠文王励精图治，派张仪、张若带军队到今天的四川地区来消灭地方割据政权，并在成都驻城。

当时，张仪驻城叫作驻龟城，为什么成都在当时叫作龟城呢？在中国，龟不是一种普通的动物，是具有灵性和神性的动物，特别是乌龟身上的龟甲，代表着坚固和牢靠，所以，如果修筑的城池称为龟城，就说明这个城池的庞大和坚固。秦朝时修筑的龟城是仿照当时的首都咸阳修建的，有两个城：一个是大城，靠成都的东边；一个是少城，靠成都的西边。成都真正的建城就是张仪驻龟城开始的，大概是公元前 310 年。

西汉时，成都的物质文明非常发达，仅次于京都城长安。同时，秦汉时期成都的精神文明也非常发达，司马相如和卓文君的故事耳熟能详。

唐朝是我们国家封建王朝最鼎盛的时期，当时成都在原来的少城和大城的基础上进行扩建，第一次是在隋朝的开皇二年，益州刺史杨秀镇守蜀地，扩建了成都。到了唐朝，盛唐时期的成都并没有多大变化，在中唐和晚唐的时候，成都老城区的基本布局才得以诞生。

宋朝时期成都的商业非常发达，北宋年间的一位御史赵抃用文字描述记载了当时成都的繁华景象，这个城市很有意思，区别于全国其他地方，每一个月份都有不同的专门集市，比如说正月是东市，二月是花市，三月是蚕市，四月是锦市，五月是扇市，六月卖各种香料等，每月都有隆重的商业活动，人来熙往，热闹非常。可以说，北宋时期的成都是全中国最文明的地方，同时也非常富庶。在宋朝，朝廷还对这些专门化的市场进行了干预，对商业发展有着巨大的促进作用。发展到后来，商贸集市出现了多样化，同时由于百姓生活水平的提高，人们还会选择出去玩，成都本地也有很多地方逐渐成为风景名胜，成为著名的旅游场所，跟现在的成都非常相似。

宋朝、元朝以及中国封建社会最后的辉煌明清两朝，王朝慷慨有余晖，当时的成都基本上与老城布局一样。明清时期的成都非常发达：特别是农业生产异常显著；商业也延续着两宋和隋唐的往事，非常繁荣；同时，由于上千年的发展，有着非常多的风景和历史文化名胜，也涌现出了非常多的人才，文教异常发达和兴盛。可以说，那时的成都是名副其实的天府之国。

清朝灭亡以后，我们国家经历了一段较为动荡的时期，这一直持续到中华人民共和国建立，现在的成都是我国西南地区的经济、政治、科技、商贸、文化、金融中心和交通枢纽。成都不仅延续着历史，有着坚实的物质基础，精神文明方面也依然发达。成都市是国家首批历史文化名城、中国最佳旅游城市和世界优秀旅游目的地，同时被联合国教科文组织授予"世界美食之都"的称号。

千年斜城

从历史发展来看，成都至少从隋唐时期开始就是现在这样的布局。为什么成都会是斜的？全国其他城市有类似的情况吗？

从地图上看，成都明显是南北走向，特别是北、东、西面和街道是斜的。与西安市、北京市进行比较，我们看到，我国的城市布局几乎是一样的，都是棋盘式的布局，由经线和纬线划分而成。

西安和北京的城市朝向严格遵循了坐北朝南的原则。有一个典故，中国人修房子讲究几点：首先要依照天上的星相，同时要遵循古礼，即周礼。《周礼·考工纪》对修房子建城有一个明确的描述："匠人营国，方九里，旁三门。国中九经九纬，经涂九轨。"就是说修房子要坐北朝南，正对着天际、北城，布局最好是棋盘式，九经九纬。因此，西安和北京是严格遵照周礼来定义的。成都也是棋盘式布局，大致朝向也是坐北朝南，但是我们的街道分布不一样，我们经纬比较斜。2013年发掘的宋代成都古街道的遗迹图中，街道宽大约是 8 米，长差不多40 米，大致跟成都市现在的街道朝向一样，是北偏东 30 度左右，后子门是成都的市中心。这也就是说，除了战乱损坏，成都整体的城市地点一千多年来没有什么改变。

成都城市是斜的，至少可以说是从唐代开始的，因此，斜的街道走向是成都修城的历史传统。通过考古街道遗址图我们可以看到：十二桥测绘遗址以及大慈寺旁边的江南馆街等当时的规划非常先进，排水取水错落有序。当时的成都非常繁荣，人口非常多，城市的规划设计相当考验建筑设计师和施工人员的水平。还有正科甲巷、红星路步行街等，现在依然与当时保持一致。成都城市的斜是怎么斜的呢？通过数据测量，蜀都大道是朝东偏南，如果从棋盘式城市布局的角度来讲，也可以说是北偏东 28.5 度。这个数据的含义是什么吗？只有成都是这样吗？我们把视线移出成都，看看世界上还有哪些地方有类似情况。

首先看埃及。埃及首都开罗的南部有一个举世闻名的加龙绿洲，绿洲里面有一片废墟，这是古罗马人征服了古埃及以后修建的一个城池的遗址，其中有很多类似于四乘四棋盘布局的格子。我们把成都市的地图套上去就可以发现，现在成都市街道的走向与加龙绿洲古代罗马人建立的废墟上的街道走向基本上一致。加龙城池大约是在公元前 300 年修建的，这个城市现在已经掩埋在黄沙之中，只剩下一座神庙。整座神庙除了一扇门之外没有其他开口的地方，也没有窗户。它的用途可以从入口门楣上的一个图案得到答案，这是古埃及一个神专属的图腾符号，叫赫鲁斯，是鹰头人身，一边拿着生命符号，一边拿着权杖的古埃及的神，是古希腊的天空之神，也称为鹰神，它是古埃及法老的一个守护神。神庙里还有另外四个神：进门左边是守护的法老，法老的左边是古埃及的第一代太阳神——拉，在赫鲁斯的最左边是古埃及鳄鱼神索贝克，而在赫鲁斯的右边则是古希腊的黑暗之神。

加龙神庙是古埃及也是现代埃及非常重要的庆典场所，每年的 12 月 21 日～23 日的埃及日光节，埃及人都会狂欢，人们会在街上，在神庙周围载歌载舞欢庆这个节日。日光节期间有一个有趣的事实：当太阳从地平线升起的时候，阳光会穿过只有一扇门的加龙神庙，照亮里面的神像。最先被照亮的是天空之神赫鲁斯。随着太阳慢慢升起，阳光会从门缝往左偏移，依次照亮赫鲁斯守护的法老，第一代太阳神——拉、鳄鱼神索贝克。但是黑暗之神在右边，一年四季都得不到日照。这就是古埃及人和古罗马人的智慧。

在古埃及首都底比斯有一座埃及最著名，也是最大、最辉煌的神庙：卡纳克神庙，这也是埃及的日光节的圣地。卡纳克神庙里有一条甬道，冬至时，太阳从地平线上升起，第一缕阳光就会通过这条甬道直射到卡纳克神庙广场上。这个卡纳克神庙的朝向也是斜的，如果减去 90 度是 28.84 度，它与成都街道的朝向是一样的。

我们再看约旦。约旦有一个地方叫杰拉什，它的建筑同样非常宏伟，被称为罗马之中的罗马。现在的杰拉什是历史文化旅游胜地，每年有非常多的人去参观。杰拉什古城里的罗马大道相当于成都的东大街，它的朝向依然与成都和古埃及的卡纳克神庙、加龙城的遗址一致，东偏南。

我们再看欧洲。意大利有一个诺尔巴古城，是斜的；最著名的意大利的庞贝古城街道也是斜的，而且斜的方向和走向都一样，都是北偏东或者东偏南。奥地利首都维也纳的城市也是斜的，同时，维也纳非常有名的中央公墓，现在是一个旅游景点，莫扎特、贝多芬等很多名人都葬在其中，它的朝向也是斜的，东偏南，墓地中人的头部面向东南方，阳光升起的方向。在成都金沙遗址也发现了差不多一千余座墓葬，分布面积有 3 万多平方米。这些墓葬的走向跟维也纳中央公墓的走向几乎也是一样的，人头几乎面朝着东南方向，也是斜的。

伊拉克的纳西里耶。纳西里耶在两河流域，是四大文明古国的地域，是伊拉克四大城市之一。纳西里耶位于平原周围没有山，它的纬度与成都差不多，它的方向角是 118.32 度，如果减去 90 度，又与成都街道惊人地重合在一起。

世界上为什么包括成都在内有这么多城市走向都是斜的？它们斜的方向角度也是异常相似呢？下面我们来探讨一下斜城的原因。

成都斜城的原因探讨

现在总结出的原因很多，包括日光照明说、帝都指向说、雪山指向说和风水说。

日光照明说：四川盆地西部的成都平原四季分明，日照非常少，但是气候比较宜人，降雨非常充沛，特别到了冬天还有很多雾。日光照明说认为，成都的气候条件导致成都房子的采光条件不好，为了获得更好的采光，所以我们把建筑都向东南或者是西南开一些窗户，街道也是这样。这种说法有一定的道理，但是并不严谨。

帝都指向说：秦汉时期，张仪灭蜀以后在成都修筑龟城。秦朝人为了表示对皇帝的遵从，在新征服的领土上修建城池时，把朝向指向当时秦朝的帝都咸阳。成都到咸阳的直线距离是 630 公里，以 3000 年前的中国测绘水平，要对准千里之外的城市在技术上有一定的难度，但斜城也是由此而来。对这种说法，我们认为仅仅是一种巧合而已。

雪山指向说：成都西面有一座特别出名的雪山叫四姑娘山，有人认为成都修城的时候看见了雪山，想把这个城市朝向雪山。这种说法有一定的道理，因为成都建城的时候是古蜀国，古羌人崇拜白色石头，这是自然崇拜的一种。而雪山就是最雄伟和壮观的白色石头。但是我们对笔直的成灌大道进行了比较准确的测量，它对准的不是四姑娘山的幺妹峰，而是有 5 度的偏差。所以这种说法也不严谨。

风水说：认为成都斜的布局，其实是由环绕成都的水和风向决定的。首先看水，经查阅，成都不是先有水后有城，成都的府河和南河是后来挖掘出来的，是先有城市再有这些河流而非依水建城。秦代成都主要有两条河：古郫江和简江，就是现在的南河。这两条河是李冰修建都江堰时从岷江引过来的四条当中的两条。当时成都城已在，专门为了绕城而过，一是军事用途，二是为了交通运输。隋文帝时，益州刺史杨秀进一步扩大成都城市，在现在的天府广场挖了一个很大的湖——摩诃池。唐安史之乱后，西川节度使韦皋觉得成都人喝水不方便，于是挖了一条河叫解玉溪，并将它与摩诃池连通，后又挖了一条河叫作清源江，就是现在的府河。府河和南河汇聚在我们现在的合江亭，至此，成都的水系布局基本上固定了。所以，成都现在的水系布局是一代一代生活在成都的人们，为了让生活更加美好，为了让整个城市布局更加完善，科学合理地挖出来的。也就是说，水系决定了成都城市布局、街道的走向的说法是站不住脚的。再来看风向学说。

它认为是由于成都常年吹东北风的原因，所以在建成都城时街道向东南偏了28.5度。我们没有古代的气象资料，而用成都现在吹的东北风来判断古代成都平原，用现在的气象数据套用在3000年前，肯定是不科学的。

我们认为，成都斜城不是偶然的事情，斜城朝向的源头不是风、水，也与雪山、帝都朝向无关。分析成都斜城布局之因，不仅要定性分析，还应该做定量分析，其结果远远比以上说法精确得多。成都斜城的原因是出于对太阳的崇拜。成都是一个和太阳崇拜有紧密关联的城市，比如在金沙遗址，我们挖掘出了很多关于太阳或者太阳崇拜的器物。根据天文学方面的计算，我们可以肯定地说，成都街道朝向与跟太阳和太阳崇拜有着莫大的关系。

首先，太阳崇拜不是成都特有的，在全球、在全国其他地方的古代文明里，太阳崇拜屡见不鲜，比如凉山彝族地区出土的12芒太阳铜鼓、埃及神庙上的图案、金沙出土的太阳神鸟金饰，太阳崇拜是人类最原始的宗教崇拜。从时间节点上看，与太阳有关的节庆就是冬至。冬至是天文学上的概念，中国农历一年24个节气中最重要的四个节气是：春分、秋分、夏至和冬至。我们说太阳从东方升起，这是非常笼统的说法。在夏季的时候，太阳是从东北方向升起，从西北方向落下；在春分和秋分的时候，太阳是从正东方向升起，从正西方向落下；到了冬至，太阳从东南方向升起，从西南方向落下。这样来看，太阳从地平线上升起的时候，它的方位角是118.5度，日出方向则是东偏南28.5度，古代成都建城时，以此方位进行了城市设计和建设。现在可以验证，冬至日天气好的时候，清晨的第一缕阳光会直射我们的蜀都大道。

其次，冬至在中国蕴含着传统文化的因素。冬至时，太阳直射南回归线，北半球获得的太阳辐射最少，冬至是我国一年中白天最短、夜晚最长的一天。至有极、最的意思，古代中国人讲究阴阳五行学说，认为冬至是阴极之至，阳气始生。万物相生相克，盛极必衰。阴最盛的时候也就是阳开始恢复的时候，所以冬至是古代立法中一年的开始，民间俗话就有冬至大如年的说法。西方的很多文化也认为冬至是太阳从黑暗中走出来复生的一天，所以要举行很多的活动。中国人在冬至也会举办很多活动，如成都人会吃羊肉，北方人会吃饺子。

冬至对于古代东方和西方来说都是非常重要的日子，因为从远古人类开始就有一种最原始的崇拜——太阳崇拜。太阳是地球唯一的恒星，是地球的万物之源，我们现在用的所有能源都是太阳能，没有太阳不会有现在的地球，因此，人类对太阳的崇拜是自古至今的，今天我们依然对太阳有非常多的研究。所以，成都的布局和朝向与太阳崇拜有关，与太阳在成都这个地方的日出方向有关，这就是成都人对太阳向往的表现。

朝日之都

把成都称为朝日之都一点不为过。朝日之都的历史可以追溯到商末周初，当时开明王朝已经在成都平原崛起，成为一个国家强盛、疆域辽阔的独立王国，其崇拜太阳的历史已有 3000 余年，城市的朝向也依然没有改变。

太阳神鸟是金沙出土的国宝级文物，是古蜀文明礼拜太阳的圣物和明证。2002 年考古团队在金沙遗址的祭祀区发现了一个建筑遗迹基址，这个基座只看到 7 个，但是根据考古推测有 9 个，这是一个九柱明堂的建筑，与太阳崇拜有关。明堂是一个建筑，它的实用功能首次记载于《淮南子》中。古人认为国家大事主要有两种：祭祀和打仗。如果受到老天恩泽，要向老天汇报我们的成果，就要在明堂。"明堂之制，有盖而无四方；风雨不能袭，寒暑不能伤。"虽然没有墙壁，但可以遮风避雨，也可以遮挡太阳。《史记·孝武本纪》："济南人公王带上黄帝时明堂图。明堂图中有一殿，四面无壁，以茅盖，通水，圜宫垣为复道，上有楼，从西南入，命曰昆仑，天子从之入，以拜祠上帝焉。"《史记》中，明堂也叫昆仑，通过音转实际上发音是干阑，昆仑的仑字可以引申为高脚的亭子。高脚的亭子代表的是重要的建筑，就是明堂，只有在重要的经济文化中心、国家的首都才能有这样的建筑，这就是中国人把首都称为京都的原因，京的含义也就来源于此。在黄帝时期就有了明堂的建筑，我们称之为干阑祭祀建筑，名曰"昆仑"，就是一个顶上有茅棚的高脚亭。它是由九个柱子搭建而成的，"京"的象形文字由此而来，京代表了国家政治文化的中心，代表了国家的首都。也就是说，只有有了明堂这一象征着王权的建筑，古蜀国才是富有正统性和合法性的王国。

古蜀国的太阳崇拜毋庸置疑，从这一点来说，成都确实是朝日之都。那么在古蜀国、在四川盆地里，还有没有类似的情况呢？重庆在远古时期被称为巴国，重庆的朝天门码头渔舟半岛也遵循成都的分布原则，也是斜的，只是斜的角度不同。由于重庆是山城，四面都有山，而且山离城市更近、更高，所以它的倾斜角度更大一些，也是对准了冬至的太阳。宜宾是古僰国的故都，宜宾的街道对准的是夏至日出，也和太阳有关。

成都作为一个城市，将崇拜太阳延续了几千年，形成了深厚的历史文化积淀。从全球来说，这种崇拜大多变成了遗址、废墟和遗迹，只有成都较为完整地保存了 3000 年以来对太阳的崇拜。所以，太阳神鸟作为成都市的市徽，是再恰当不过的了。

谢谢大家！

城市发展中的文化创意产业

陈少峰，北京大学哲学系教授、博士生导师，北京大学文化产业研究院副院长，文化部—北京大学国家文化产业创新与发展研究基地副主任，浙江工商大学中国互联网文化产业研究院院长，民建中央文化委员会副主任，全国经济哲学研究会副会长。已出版《文化产业战略与商业模式》《企业文化与企业伦理》《文化产业读本》《文化产业商业模式》等著作。

文化产业的落脚点在做企业

成都是一个很好的音乐消费城市，也是一个人才集聚的地方。但是仔细一想，我们消费的都是他人的产品，我们的艺人都是其他公司打造成名的。从这个角度入手思考，成都欠缺什么？缺音乐公司。

要做文化产业，就必须要有文化公司，以成都现在最火的一个文旅项目——宽窄巷子为例：假定宽窄巷子有几个亿的改造成本，现在每年有几千万的租金收入，如果把投资成本折算进20年中进行回收，每年大概会有500万的纯利润。这个项目还不错，它能拉动一点旅游，很热闹。但是如果跟深圳腾讯公司进行比较，腾讯现在的市值是32000亿人民币，做了18年多，也就是说，宽窄巷子要用65万年才能实现腾讯今天创造的业绩。据统计，成都咖啡店的数量甚至多于上海和深圳的咖啡店的总和，但是深圳的一家互联网公司的产值就相当于成都的所有文创产业的产值。

所以我们的问题就是要做企业，我们要做一个了不起的互联网平台公司，而不是只做项目，这是我们未来的发展方向。成都的基本条件很好，只有两样比较欠缺。第一是全国市场。成都本地消费比较多，而全国平台比较小。第二就是互联网文化产业还不够发达。现在全球市值排在前七位的都是互联网公司，有1/3的收入跟互联网有关。所以，成都要从传统走向

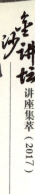
未来，走向全国，变成中西部最大的文化创意城市，第一要征服全国，第二要充分利用和发展互联网。

我称文化产业为三好产业，就是好玩、好看、好用。好看的东西多数属于旅游产业，也有一部分是文化地标，或者文化创意产品设计。好玩跟好看的最大区别是什么？好玩叫作体验经济，好看叫作观光。所以我们把旅游分为两个阶段，第一个阶段叫作观光旅游，第二个阶段叫作娱乐旅游或者体验旅游。我们现在处在第一阶段，要向第二阶段迈进。第二阶段最典型的就是迪士尼主题公园，它是属于体验型的。

大多数观光型旅游产业不太好做，因为它要求很多硬件，要花很多钱去买地，所以它变成一种硬资产、重资产。如果要发展旅游，尽可能让政府做重资产，公司做轻资产。

观光型旅游产业的第二个问题：观光型旅游的收入叫作溢出型，就是说只有一部分收入是你的，其他收入都跑到别的地方去了。比如发展主题公园，可能只有门票收入是你的，游客的吃饭、交通收入等都分散到了其他地方。这与迪士尼的区别是什么？迪士尼形成了条产业链，可以聚集全部收入，是一个小闭环。因为收入是溢出型的，所以观光型旅游需要政府的支持。

观光型旅游还有一个缺点，就是不能形成长期客流。客流量少，收益就少。所以现在旅游也在转型升级，政府也予以大力支持，从传统旅游变成文化旅游，从好看变成好玩。

什么是好用？把齐白石的画放在杯子上，就会既好看又好用。给艺术授权，把生活美学化，就可以把好看的东西变成生活，这就是我说的三好。

发展文化产业有三种方式。第一种，延长产业链。第二种，先做一个模式再复制，比如做一个主题公园然后在全中国复制，例如华侨城欢乐谷。华侨城欢乐谷跟迪士尼主题公园的区别是什么呢？华侨城欢乐谷不是旅游目的地，但迪士尼的主题公园是。全国人民去迪士尼是因为喜欢去迪士尼，然后顺便去上海，这叫作旅游目的地；欢乐谷是我们到成都来了顺便去一下。欢乐谷只是周边的人消费，而迪士尼则是全国人消费，所以它有着较长的产业链，它不仅形成了自己的产业链，还拉动了整个上海的产业链。第三种方式叫作 IP 开发，比如迪士尼以玩具作为系列产品。

我们要关注行业收益。中央一直在提倡新业态，所谓的新业态就是代表未来的、有前途的、欣欣向荣的业态。今天，文化、科技融合的类型是新业态，传统的则叫作夕阳产业。此外，还要关注商业模式和产品。腾讯的商业模式是平台为王，将全国人民置于这个平台之上。全国各地兴建了很多文化一条街，每条街都有店铺，一个店铺一次只有几个人进店消费。腾讯凭借"王者荣耀"这个平台，仅第一个季度就赚了 120 亿。我们以前是落地型店铺，腾讯则是平台集中型，所以文化产业接下来要发展轻资产，发展互联网。百度、腾讯、阿里这三家公司都是轻资产。百度 90％的收入来源于广告，腾讯以游戏为主，阿里则经营电商服务和营销。而京东则是做电商的。BAT 加起来有 70％赚的是文化创意的钱。这三家公司经营了 18 年多，市值超过了中国百强房地产公司的总和。接下来是产品。产品与模式是匹配的，比如，现在娱乐节目的收益最好，我们就用真人秀、PK 的方式来间接卖音乐，不创造音乐的人赚得多，创造音乐的人赚得少。

我们今天的文创要转型升级，也面临着新的挑战，因为出现了新技术、新平台、新方法。最重要的是把企业做好，做项目可能亏钱，但如果投资公司，则可能收益颇丰。所以，做文化产业的最终落脚点是做企业。

文化产业要充分利用互联网

接下来我们要面对一些问题。第一个问题，成都应该做什么？绵阳应该做什么？大城市做少有的文化产业，小城市做一小部分文化产业。这里小城市是地级市以下，三线城市以下。小城市可以做两项，一个是投资，一个是文化旅游，尽可能做同一个城市的 IP。

为什么做投资更可靠？假如是绵阳的一家影视公司，就选择北京和上海的公司来制作产品，只投资，不生产，可以最大限度地利用外地的人力资源。

既然城市有故事，就通过讲这个城市的故事来开发旅游和延伸品。这就叫作进行城市 IP 开发。要学会讲故事，讲有趣的故事。

成都有着深厚的文化底蕴，但历史文化资源也是一把双刃剑。与西安和成都相比，深圳的文化产业发展得好，这说明文化底蕴深的地方未必文化产业做得好。因为文化底蕴越深，越容易选择一些传统的东西。比如西安的影视节目，不外乎秦始皇和唐太宗，很难吸引作为消费主流的"90 后"和"00 后"，所以把网络文学改编成电视剧成为流行，以方便年轻人在网络上观看，如《琅琊榜》。所以既要做传统文化，又要发展新文化。

文化产业第一是要好玩，第二是要有形象。中国很多地方的文创产业都缺乏形象，比如陶瓷，我们很难想出一个跟陶瓷有关的有名的产品、有名的人物或有名的公司。可以找网红代言，或者自己创造一个网红，比如发展功夫熊猫。

第二个问题，我们还要充分地建设和利用互联网平台做起来。成都的新媒体和电商很多，但是没有一个大的平台，我们要进行合并与扩充。之后要做内容，走向全国市场，然后进行产业的转型升级。这是我们现在面临的一些基础的

问题。

一个城市要发展文化产业，政府只是一个推手，真正的主角是企业和企业家。企业和企业家不是要开店，而是要做企业。做企业要发展无形资产，如果做有形资产就叫做项目。

企业要有商业模式，比如说现在很多房地产公司要发展文化地产，最典型的做法就是万达文旅城，从地产变成文化地产。没有做成功，说明它还要继续尝试。虽然前途未知，但是首先要知道这种商业模式。文化地产应该是由文化带动地产的商业模式，使文化产生附加价值，这是一个很重要的发展方向。

最近，华谊公司一直在跟房地产公司合作，房地产公司做地产，华谊公司做娱乐或者授权，这叫作组合式发展，这是另外一种模式。这种模式最典型的代表就是迪士尼，迪士尼就是以文化消费带动地产。

商业模式不一定会盈利，但是一定会带来企业价值的增长。这是什么意思？比如美图秀秀没有盈利，但是如果卖掉美图秀秀，公司投资是不是赚了好大一笔钱？所以，这是没有盈利，但是可以实现企业价值增值的商业模式。

商业模式都有一定的寿命。以前最好的公司商业模式是连锁经营，晋商，就是早期的票号，就有点类似于银行连锁经营，再比如新华书店和火锅店。但是，连锁经营现在遇到了挑战，风险增大，实体店受到了较大的冲击。所以现在提倡用互联网的方式思考问题。我提出了一个新的概念叫互联网连锁经营，也叫频道组合。

成都最近做得最好的商业模式是活动经济，以活动带动旅游。活动经济属于文化旅游，是一种比较好的发展方式，但是，活动经济存在一个最大的问题，就是企业获益比较少，因为它仍然是溢出型的。所以成都现在最大的问题是缺乏大企业。现在有很多平台在进行烧钱竞争，只有资源非常雄厚才能做平台。

不管做什么，都要思考这样的商业模式会不会被淘汰。比如做手机，手机不会被淘汰，但是做手机的商业模式可能会被淘汰。有人说，做手机还需要什么商业模式？当然需要。三星手机卖得多，但是赚钱比苹果公司少，因为：第一，苹果做的是带有奢侈品性质的手机，价值比较高，利润比较高。第二，它卖完手机以后，还卖内容。用户玩游戏和下载内容时，它会有 30% 的分成。所以它的商业模式不是一次性消费，是永久的捆绑式消费。第三，它还做金融，做其他很多东西。所以，苹果手机的商业模式不是只卖手机。我们之前卖的是手机，现在卖的是商业模式；原来卖产品，现在产品扩展为一个商业模式。

手机在以前叫作通信行业。但是我们现在用手机做得最少的就是通讯。所以手机已经不仅是通话的、功能性的工具，而是平台的终端。手机是最跨界的，一打开手机，基本上所有行业都在其中。

这就告诉我们一个重要的道理：大多数东西都要搬到互联网上来，包括电影公司。中国现在最大的电影公司是猫眼，一家互联网公司。我们可以想象，再过三年或五年，中国最大的医疗公司、最大的零售公司、最大的广告公司、一切与文化产业有关的最大的公司都会是互联网公司。这就是商业模式的变化，从线下到线上，象征着一个产业的变迁。

我们做企业：第一要跟 IP 结合，就是要有自己的内容，要有自己的创造能力。第二要跟互联网结合，我们最近要做一个公益行动叫作融网行动，让大家更懂互联网。第三要与资本运作结合，就是不要所有事情都自己做，不要进行原始积累，只要把自己的业务做好，让别人帮你融资。第四要跟轻资产结合。有人跟我说他花了五个亿买了一块地，又花了五个亿盖了座大楼，然后搬进去。以前租别人办公楼一年要两千万，现在盖了楼，一年省了两千万。本来有十亿现金的人，看起来资产涨了不少，但是最后变成抵押贷款来发展文化产业，压力很大。如果每年用几千万租房子，还有九个亿做产业，在几年之内还可以上市，把钱赚回来。

我们的目标就是要把企业价值做大。在企业中，除了卖产品盈利之外其他都值钱。比如现在的互联网公司，市盈率是 30 倍到上百倍；旅游公司是 15 到 30 倍之间。互联网呈现出一种好的业态，凡是重资产的公司都是估值比较低的，凡是轻资产的公司都是估值比较高的。所以做企业不仅仅是为了赚钱，更为了值钱，我们的目标就是追求企业整体价值最大化。

未来会有若干个大平台公司主导大产业，所以现在阿里提倡新零售，腾讯提倡泛娱乐，这都是他们公司的战略，不能盲从。换句话说，腾讯可能什么产业都能做，我们就只能做其中两种，所以我们不是泛娱乐。腾讯可以做泛娱乐的产业链，我们只能做小闭环的产业链。大公司可以引导我们，把互联网作为一个平台。

其实，新媒体与互联网互为彼此。一个微信公众号，只是互联网上了一个小小的平台。平台越大，作为新媒体的传播力就越强，所以互联网本身就是新媒体。但是互联网不仅是新媒体，不仅是做传播，它还是一个卖场。换句话说，互联网是卖场和传播一体的，当然，新媒体也是合卖场与传播一体的。以前的媒体都不是卖场，现在的新媒体是卖场。一条微信公众号，以前收入来自广告和电商，现在则主要是做电商，将来也是一样。新媒体主要的收入都会来自电商，因为广告已经到顶了，游戏也到顶了。最大的产业是零售，所以最大的产业就是零售卖场。当然我们不要做普通的零售，要做一种文创电商。

互联网带有传播性，以前生产一个东西要分销，要有渠道，要有广告，现在全部集中于互联网上，平台即是分销，分销即是广告，广告就是传播，传播就是新媒体，新媒体就是卖场，形成一体化。同时，卖场是无边界的，可以无限发展。所以微信公众号就是一个小小的平台，可以吸引粉丝和卖东西；网红可以线上线下通吃，房地产项目开工的时候他还可以来演唱，这就打通了线上线下。

我现在提倡大家都做小平台，然后形成一个频道组合。频道组合是什么意思？比如我有一个美食的微信公众号，卖自家定制产品，现在分成若干个公众号，组合在一起是我公司的。也可以做成不同类型，比如我自己有一个公众号，我可以在别人的直播平台上做直播，也可以在别人的知识分享平台上做知识分享，也可以在视频网站上做自己栏目的内容，等等，有各种各样的形式和组合。也可以跟别人进行组合，比如我有 10 个微信公众号，你有 10 个，我们加在一起合成一个公司，各占 50％股权，就可以合并上市，也可以组合网红品牌。每个频道都要有自己的特色内容，然后再进行垂直的业务开发。海尔的自媒体就是频道组合，做得非常好。互联网可以形成各种各样的频道，也可以自己进行组合，这就是我们的生存之道。

成都成为文创城市的前景

我们的文化资源可以进行深度挖掘，但现在做得不够。要把传统元素和现代手法结合起来，用新的故事来表达。比如《三国演义》，我们可以在它背后找到很多故事。美国有一部电影叫作《人鬼情未了》，其实中国也有一个"人鬼情未了"的故事，就是《长恨歌》。我们可以用现代的手法、现代的模式、现代的科技，对传统的元素、传统的故事进行一种新的组合，然后形成故事 IP、形象 IP、产品 IP 和企业 IP。

传统旅游已经开始向新的旅游发展，就是从传统旅游到文化旅游，从观光旅游到体验旅游。我们以前旅游都是以乐趣为主，现在希望增加一些文化因素，加入一些品牌和 IP。再发展一些好的特别是体验式的旅游项目，发展真正的体验经济。

要做文化旅游，就要懂得文化旅游跟传统旅游的区别。第一，传统旅游以观光为主，文化旅游以体验为主。第二，文化旅游不依赖于旅游资源。第三，文化旅游可以创造新的旅游资源。第四，文化旅游可以延长旅游产业链，特别是传统旅游产业链，如果可以在景区同时做体验就更好。第五，文化旅游可以挖掘传统文化。第六，文化旅游特别是室内的文化旅游不受季节和天气的影响，一年四季都可以。第七，文化旅游是策划出来的，不是规划出来的，所以，不用根据传统的旅游概念找规划传统旅游的人去规划。他们只会规划，规划是什么概念？规划是你有资源，我给你说从这里进来还是从那里进来。要是你没有资源的话怎么办？他就抓瞎了。

成都作为中西部文化产业重镇，有很多的发展机会。与成都相比，西安在这方面存在一定的弱势：第一，西安的传统概念太强；第二，西安不如成都时尚化。我认为在中西部地区中，成都是非常有前景的，但也要解决一些问题。

第一，要解决平台型文化创意企业的问题。对政府而言，省、市、区三级，能不能联合成立一个基金共同开发？协同必须要确定利益共同体，需要具体目标；合作必须要有资本作为纽带，要有利益分配。以前我们是有十几个项目就成立十几个公司，但事实上，这十几个公司资源都不能打通，比如做旅游，旅游项目之间不能串联起来，游客不能共享。每一个公司的性质都是一样的，这叫作同质化集团。我们今后必须做平台型的文化产业投资公司，平台上每一家公司的功能都围绕这个平台的任务来做，这叫模块化。比如这个平台公司有一个基金公司，有一个投资公司，有一个硬件基础建设公司，有一个业务公司。业务公司准备上市，就需要平台的运营公司。有公司来做重资产，有公司来做投资，这样就很完整。对企业而言：成都企业可以做大平台产业链，像BAT；中平台专业化，像京东；小平台垂直化。小平台可以再分成频道组合，每个小平台就是一个自媒体。

第二，如果我们把中国做文化产业的值钱的企业市值全部加起来，互联网公司可以占到70％的份额，换句话说，今后大部分值钱的公司都是互联网公司，线下的公司只是配合。举个例子，2016年上半年，中国有36家旅游上市公司，总市值是4006亿人民币。现在腾讯市值32000亿。中国大多数文化企业加起来不如BAT做文化产业这一部分值钱。所以，未来的方向是通过互联网做文化产业。现在做火锅也要在互联网上做营销，也要做网红。

第三，我希望成都能把一个个故事用高科技手法做成体验式场景，做成一个真正的城市文化体验中心。这个体验中心可以体验任何东西，几千年文化可以放进去，城市的新规划也可以放进去。我们可以先编故事，然后再来做体验的设计。这样一个地方可以变成博物馆与主题公园、影视、高科技的融合，成为真正的文化体验综合体。成都发展较大规模的，周边其他城市比如邛崃，可以发展小规模的，做各自的文化。我们可以做故事，把故事做成网络剧，卖延伸品，吸引人来体验，这样就可以打通传统文化和现代旅游。我认为必须要有载体。现在都是拿传统名人讲故事，这些传统名人形象比较正面，不适合比较时尚的故事。我们可以讲成都商人的故事，把当时的饮食、器皿、陶瓷，包括茶马古道等内容融入其中。

第四，我们做内容，不要仅仅做本地的内容，更要做普适的内容，以便大家都能理解，都能喜欢。我们先做普适化，再加一定的特色化。现在的IP都有失效的可能性，所以要发展系列故事。比如说几年前网络文学的主要受众是"80后"，但今年看电影的主流消费者是"95后"，"95后"不会喜欢杜拉拉，但是如果我做系列微电影，就可以延续杜拉拉的生命力。中国的主流消费者变化太快，

导致 IP 也会失效。在中国，3 岁到 25 岁，没有购买力的人，才是主流消费者，他们背后有 6 个以上的"赞助商"。

第五，要推动企业集聚，投资四创基地。我们提倡一种园区模式，这里什么都有，你只要进来好好做事，就有人给你做辅导，做投资，给你引入行业资源。南京文化金融中心最近做了一个帮企业融资的模式，就是政府把补贴企业的钱拿一部分出来补贴银行，为融资做担保，这样就可以让银行给企业融资。我们现在推动四创基地，集聚园区资源，这就是一种产业园生模式，叫作 4.0 的创业基地或四创基地。

第六，要顺应主流趋势。把文化产业搬到互联网上；频道组合我认为会流行起来；人力资源很重要，所以团队的组建很重要；互联网向文化产业跨界，包括文创电商和娱乐机器人，这是将来巨大的产业；传统文化会用现代的方式表达；体育产业特别是足球产业发展——足球产业是全世界都很重视的一个大产业，这个产业比全世界软件产业加起来还大一点，只比全世界广告产业加起来少一点，是一个超级大的产业，这个产业在我们国家刚刚起步，现在只做了 1%，还有 99% 没有开发；今后会出现企业两极分化，像腾讯已经有接近 1000 家企业，投资了 500 多家企业，已经在做多元化；旅游会日益多样化，健康旅游、音乐体验旅游和游学旅游等有较大发展；世界上有两类人最赚钱，一类是做大企业的，一类是投资人。

我认为，成都文化产业的发展目标应该有两部分：一是成为文化大都市和国际文化大都市，二是成为文化产业的大都市。文化产业的大都市有几个特点：第一，有互联网文化公司；第二，创业很活跃；第三，投资很活跃；第四，公司目标是全国市场。

成都要做西部文化产业中心城市，要做成平台型，任何公司到这里来都有成长性，要支持它们，要推动它们成长，而不是任其自生自灭。要让大的文创企业总部和中西部大的文化产业集团搬到这里来。文创企业扶持平台要注重采用新的模式，不能只是做传统的产业园。

四川的传统文化很丰富，我们要会做新 IP，要会讲新故事，我们要把历史上的人作为元素，促进产业发展。

最后，避免硬件思维，避免重资产，做自己的故事、自己的版权，发展企业的整体价值，这些都是成都下一步的发展方向。

成都具备了很多条件，同时也有一些弱势：第一，愿意走出成都的企业太少；第二，成都互联网大公司太少。弥补了这两个缺点，成都就可以成为中西部最大的文创城市。

我就和大家交流到这里，谢谢大家！

◎ 黄载曦

浅谈四川自贸区的建设

黄载曦，西南财经大学教授、硕士生导师，中国四川自贸试验区综合研究院副院长，西南财经大学国际商学院教授委员会副主席，西南财经大学中国（四川）自由贸易试验区综合研究院副院长。主要研究领域：新制度经济学、金融改革与创新、国际贸易理论与政策、自贸试验区理论与实践。

自贸区的功能和历史

商品生产和服务的提供都是由企业来完成的，当然，企业收费不是为了一些福利，而是为了保证自身获得最大的收益。当企业建好灯塔的时候，就需要收费，那么，建好灯塔的企业应该向谁收费呢？本着谁消费谁买单的原则，企业应该向受到了灯塔服务指导的船只收费。这个时候问题来了，当灯台亮起来时，整个海面上的船只都受到了灯塔的指引，这些船只不管付费与否都无一例外地获得了这一项服务。这就是我们经常说的搭便车的行为。也就是说，你可以不付钱，但也能享受到相应的服务或者是商品的消费。既然有了这个搭便车的行为，就会给付费的船带来不快，慢慢地，不再有船只会付钱。企业收不到钱，就会亏本甚至倒闭，于是，灯塔不可以由企业来修建，这是传统经济学的观点。那么，灯塔应该由谁来修建？传统认为，应该让政府用纳税人的钱来修建灯塔，提供公共服务，从而解决搭便车的问题。

我们把收费的问题拿到自贸区来看会出现新的解释。成都没有海，没有船，也不用灯塔，现在来讲一讲成都的收费公式。1994年我从大学毕业分配到成都，当时的成都所有的人进公园都是自费的，买票入园，一人一票，我们觉得买票进公园是天经地义的事情，因为公园修理花花草草、打理卫生这些都需要一定的费用。从售票的收入当中抽取部分来支持公园的

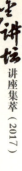
正常运作，这是必然的。但是突然有一天新华公园对外宣布免费入园，不要门票，公园怎么运行，这些修剪花花草草和打扫卫生的费用谁来出？

事实上，新华公园因为免费，很多人蜂拥而至，逛公园的最多的就是小朋友，小朋友去公园必然花钱，爸爸、妈妈、爷爷、奶奶非常愿意为此掏钱，尤其想到进这个公园不要门票，省了门票，掏钱更爽快。哪里有需求，哪里就有商机；哪里有商机，哪里就有供给；哪里有供给，哪里就有市场。很快各种小商小贩涌入新华公园，儿童乐园也建成了，海洋公园也入驻了，人越来越多。这个时候，新华公园虽然没有得到门票的收入，但是可以跟商家收取管理费，这一笔费用大大高于门票收入，并且还降低了交易成本。很快，成都的所有公园全部免费，人民公园的围墙也被拆掉了。

很多人对经济学存在一定的误区，认为它高深、枯燥、难懂，学了没有什么用。实际上，经济学理论最核心的本质就是帮助我们解释现实生活中的很多现象，就像刚才我们那么多的为什么，经济学理论就会帮助我们找到正确的答案，培养我们分析问题和解决问题的能力。所以，经济学理论不仅是有序的、有用的，而且是非常有意思的。

从新华公园这个例子再回到灯塔，难道修建灯塔只能靠政府吗？不能让私人企业负责？我们换一个角度，当私人企业把灯塔修在港口或者码头上会发生什么事情？海面上，不管是外国还是国内船只受到灯塔指引就会停泊在相应的码头和港口里，船上的船员就会下来休息，增加一些补给，或者交易买卖。随着船只的增多和各国船员的到来，整个码头或者港口就繁荣起来，相应的服务、相应的商铺就会逐渐增多。这个时候，修建灯塔的企业不再需要向船只收费，而应该转为向商家或者商铺收费，这就是自贸区最早的样子。

自贸区有着悠久的历史，早在中世纪罗马帝国时期，就有相应的码头或者港口为外国的商船提供这样的服务，比如货物的装卸、贸易，或者安全的行使和人的服务，随着时间的推移，国际贸易越来越兴盛，港口和码头就越来越多，也越来越方便。一些国家的港口非常有名，如法国的马赛、德国的汉堡等。在此基础上，第二次世界大战以后，现代的自贸区逐渐出现，它不再是仅仅提供一定的服务，而更多地向出口贸易、加工生产的方向发展，同时也引进一些国外的资本。自贸区逐渐增加，在20世纪60年代达到鼎盛。自古以来自贸区有四个基本作用：第一个作用是作为商品集聚中心，随着货物的来去收取外汇；第二个作用是吸引外资，在外资到来的时候，吸引先进的技术或者管理经验；第三个作用是创造就业岗位；第四个作用就是随着港口的繁荣，可以带动相应的产业链，然后促进区域经济的发展。根据不完全统计，目前大概有119个国家修建了2300多个自贸区，每年出口总额大概有2000多亿美元。这是自贸区的由来，它有很悠久的历史，虽然好像离我们有点远，但是其发展的经验值得借鉴。

我国自贸区的发展历程

2017 年我们最喜欢谈论的问题是房价。其中以天府新区最为突出。据说这与它是中国四川自贸试验区有关。自贸区和自贸试验区是有区别的。

我们首先看什么叫作自贸区。自贸区分为国与国之间的自贸区和一个国家内部的自贸区，这就是我们对自贸区界定的两个版本。第一个版本是我们在教科书上看到的版本，也是世界贸易组织界定的，就是一个主权国家和其他主权国家之间签订一定的契约，在最惠国待遇的基础上放开货物、人员的往来，构建贸易投资自由化的协议，在协议基础上建成的区域。最负盛名的现在是北美自由贸易区，1992 年由美国、加拿大和墨西哥三个国家签订的北美自由贸易区协定，1994 年开始正式实施。三个国家之间的货物、人员、资金可以自由流入，减少、降低关税或者其他壁垒，从而促使国家之间的贸易更加自由。

另外一个概念是世界海关组织定义的，一个国家在自己的领域里划分一块领土，在领土之内进行自主建设和进行对外贸易。我们都知道西方有一个美丽的土豪国家迪拜，为什么迪拜这么富裕呢？我们知道迪拜有着丰富的石油和旅游资源。但是真正给迪拜带来财富的不是它的石油，也不是旅游，而是自贸区。从 20 世纪 70 年代开始迪拜就打造航空港以及海港，在 1985 年建设了自贸区。同时，迪拜有航空港、海港和自贸区，以及很多优惠政策来大力发展外向型经济，发展出口贸易、转口贸易、出口加工等。几十年以后，迪拜已经建设成为不仅在中东地区，而且在全世界都赫赫有名的贸易港口，也因此获得了很多收入。

我们说两个自贸区有一定的区别，一个是国家与国家之间的，另外一个是国家内的。为了区别，2008 年我国商务部做了定义，把世界海关组织定义的一个国家以内自贸区称为自由贸易园区，也就是说一个国家在自己的领域里画一个圈，称为自由贸易园区。我们知道，中国目前的自由贸易试验区属于自由贸易园区的范畴。但是自由贸易试验区和自由贸易园区又有什么区别呢？这个试验又是什么意思？首先看英语，自由贸易试验区用的单词是 Pilot，这个 Pilot 不仅有试验的意思，还有领航的意思。我认为它不仅在于试验，还在于领航。

有一首歌叫《春天的故事》，歌词说有一位老人在中国的南海边画了一个圈，这个圈我们叫作经济特区，后来又画了很多圈，有的圈叫高新区，有的叫新区，后来还有保税区，还有的叫自贸试验区。这么多的圈、这么多的区，它们之间到底有什么关系，有什么作用，有什么区别？要回答这个问题，我们得从中国的改

革说起。

首先，我们简单回顾一下中国是如何进行改革的。1978年我们开始改革开放，根本目的就是使国家富强，经济发展，人民生活好。说近一点就是建设有中国特色的社会主义市场经济，说专业一点就是发挥市场这只看不见的手在资源配置中的作用。怎么样建设？这样的改革怎么样进行？苏联用了一种比较粗暴直接的方法，堪称革命了。我们国家没有采取这样的措施，因为这种改革的成本实在太大，风险也太高，容易引起社会的动乱。我们的改革路径或者改革的方法用的是间接性的推广，先在部分地区试点，根据效果再逐渐向全国推广。我们的经济特区、高新区，或者是保税区、自由贸易区都是在这种框架下进行的。我们画出来的特区就是为我们的改革进行试验的。

中国地图上分布的每一个特区，划分的每一个区都有一定的试验目的，都在我们中国改革的进程中做出了贡献，它们的微小区别在于，由于我们的改革在不同阶段有不同的目的，也有不同主要矛盾，因此，它的关注度或者聚焦度略有不同。在改革之前的计划经济是同工同酬，大家都拿一样的工资，做多做少都一样，当时称之为大锅饭。在这样的情况下，因为没有激励机制是没有人愿意多干活的。最早实行奖金制度的是深圳经济特区，当时，深圳有一个企业，厂长就发现很多订单完不成，工人不愿意多做，怎么办？有一天厂长突然有了灵感，制定了一个奖金制度，多干活就多分钱，立刻就调动了很多工人的积极性。这个效果非常好，但是厂长还是很忐忑，把奖金制度层层报上去。有的领导说，社会主义国家怎么能有不同的工资待遇呢？这不就变成资本主义国家了吗？肯定不行，马上叫停。一叫停企业立刻打回原状，工人继续懒懒散散不愿意工作。后来中央也在思考这个问题，并进行了调研和论证，最后决定在深圳开展试点。这个试点非常成功，于是就在全国范围铺开。我们的高新区也有这样的目的，它是我们的试验田，把我们的优惠政策在这些试验田中加以试验，如果取得了好的效果再在全国推广。

从1990年开始，在中国沿海地区逐渐建设了15个保税区。保税区跟自贸区最接近，在没有保税区之前，任何一件商品的进口从境外运入境内都必须交纳关税，在1990年我们逐渐建设了15个保税区，其中比较著名的是上海的外高桥保税区，进口商品从境外进口进入到保税区就不用交纳关税。保税区是不是永远不交纳关税呢？也不是。保税就是把税保留住，不管多长时间停留在保税区，这期间是不收费的，把你的关税保留下来。之后，如果商品运往到境外依然不交关税，也不交其他相应的税；如果商品运入到境内依然要交关税，这就是保税区。在保税区的这段时间我们可以做很多事情，可以加工，可以分装和展览，可以进行其他的出口，等等。

在自贸试验区出现之前，保税区是我们国家开放最高的区域，不仅能够保税、免税，同时还可能在境内外完全自由地出入，并享有一定的优惠政策。自由贸易区就是在保税区的基础上建成的，我们第一个自贸区就是上海自贸区。从政策上来说，自由贸易区是升级版的保税区，刚才说保税主要是税收的优惠，自由试验区中不仅有这些优惠，还可以实现资源自由进出、人员自由进出和货物自由进出等，改革进一步深化了。这个过程更多地体现在金融领域，金融产品可以实现更多利益的自由化，与市场化对应的自由。

如何体现试验两个字呢？我们再来看自贸试验区的背景。背景或原因无外乎两方面：一个是外因，一个是内因。从外因来说，中国加入WTO的过程非常艰巨，经过了很多年努力。WTO最根本的核心思想就是把全球国家纳入一个体系里面，大家共同谈判，共同减免税收、降低关税壁垒，共同实现贸易自由，投资自由化。但是对外自由一直没有取得很重要的进展，有的国家不愿意进行谈判，另外一些国家就不高兴了，道不同不相为谋。于是有的国家就自己找志同道合的小伙伴，不管GDP、PPP还是GDIP，都是一个中心思想，就是志同道合的国家自行谈判，自行来往。他们要建立一个新的国际贸易规则，重新改变国际贸易的格局，一旦成功了，整个世界贸易格局将会发生很大的变化。但是有一个问题，如果说PPP或GDIP最后谈成的话，我们世界贸易格局将会发生变化，中国又会像当年加入WTO一样想重新进入这个体系，以前付出的努力付诸东流，同时也非常被动。要变这样的不被动为主动，我们就要自己采取行动，把他们的最新、最高的国际的新规则和新标准拿来试验一下，看看自己能否适应这样的规则，以便在以后的谈判中掌握更多的话语权，得到更多的利益。这就是中国会存在二次入世危险的原因。

内因又要说到改革。改革的成效每个人都看得见，也体会得到。我们的腰包鼓了，腰杆硬了，日子越过越好了，出国旅游不会再被人当成日本人了。改革开放取得了很大的成效，但是我们也看到一些令人担忧的地方。我们知道中国走到现在更多靠的是低成本，比如劳动力成本、人口红利、丰富的资源和优惠政策。但是随着人口红利的逐渐减少，低成本的逐渐攀升以及我们资源环境的现实情况，改革的难度系数大幅度增加。因此我们用开放倒逼改革，就是先一步开放，用开放需要的比如说政府职能转变来倒逼新的改革，因此，我们要试验新改革的新思路、新做法。

首先，我们对中国的自由贸易试验区有了新的认识。第一，自由贸易试验区是一个升级版的保税区。第二，是一个试验田，全方位试验高标准的国际通贸制度，把外国的制度和规则拿到这块试验田种一种，看看是不是水土不服，能不能开花结果。第三，进行全方位的制度创新，简单地说就是考察一下有没有新的方

法，以更好地激励贸易自由化和投资自由化，方便我们吸引外资，促进经济增长。这些制度创新先在我们自贸试验区进行试验，然后再提炼出可复制的推广经验，在全国范围内推出。这个思路跟整个改革思路是契合的，所以我们叫试验区，重点表现在后面两方面的试验。就是要转变政府职能，进一步扩大开放的新模式，增强带动区域发展的新能极。这是我对自由贸易试验区的理解。

其次，我们在自由贸易试验区怎么做？目前，中国有11个自由贸易试验区，分三批组成，以"1＋3＋7"的形式。第一个自由贸易试验区——中国上海的自由贸易试验区，上海的制度基础、营销环境、自由化、市场化、便利化程度都非常高。四川新希望集团总部也从四川搬到了上海。上海在这种情况下主要是对接全球贸易，重点突出在金融创新方面进行实验。第二批试验区有3个，天津、福建和广州。这一批试验区建立主要是地域关系，广州是对接中国的港澳地区，福建是对接中国的台湾地区，天津是对接京津冀地区。更多的是考察产业转型和对外贸易这方面。第三批7个试验区向中西部转移，从而带动中西部产业发展的新关系。因此我们说，整个自由贸易试验区的格局都有明确的定位，从2013年到2016年8月，共有11个自贸区。

四川自由贸易试验区的情况

四川自由贸易试验区于2016年8月成立，第一是成都天府新区片区，第二是成都青白江铁路港片区，第三是川南临港片区。为什么是这三个片区？首先，从交通运输上来看，天府新区即将拥有国际航空港，青白江区是铁路港，川南临港片区是泸州港。从区域来说，川南临港对接长江经济带，天府新区和青白江区则是"一带一路"，整个片区是这样的分布。我们的战略定位是四区一高地。我们的发展目标要经过3至5年的改革探索，力争建成一个法治化规范、投资贸易便利、要素聚集、协同开放、效果显著、高水平高标准的自由贸易园区。针对六大块发展方向力争实现：第一是政府职能转变，第二是投资便利化，第三是贸易便利化，第四是创新创业，第五是金融创新，第六是沿江沿海沿边的协同开放。

现在四川自贸试验区的三大片区重点进行制度创新。三个地区分别进行自主创新改革，然后把案例提炼出来，在全省进行讨论，从中提炼出可复制、推广的经验向国家呈报。那么，2017年四川自贸区到底做了什么？第一，推进了155项改革任务。84项试验项目，最后形成了138个改革的案例。其中，中欧的多次联运一单制是我们重点打造的制度创新案例，并且刚刚被评为全国十大重点案例。这个案例的创新在什么地方？为什么可以获得这样的殊荣？首先，多次联运。航空港、铁路港和泸州港的全线贯通的多处联运在很早以前就有了，创新性不大，但是用一个单能够创造所有的联运，这就是创新。其次，在目前的互联网大数据情况下，我们要打造一个平台，所有进行多次联运的订单都将在这个平台上进行增信或者风险的评估，从而为它的进一步发展给出一个大数据，给出一个界定。最后是构建金融平台，打造金融创新产品，专门针对多次联运单次的产品。这样，就给出一个产业链或者区块链的改革，这样的创新首先是全国首创。第二，它多是部门的协同创新，多部门的集体创新，不仅有铁路局，还有银行、金融机构和技术数据平台等。第三，更多地体现了贸易自由化、投资自由化和便利化、法治化的营商环境的营造。在这样的创新下，我们的进出口非常便利，交易成本也大大降低。第四，所有的创新都要跟高科技、大数据、"互联网＋"紧密地结合起来。在这种情况下，我们的多次联运一单制得到了省上的极大重视。因此，四川三大片区都在进行各种创新，用当地的特色联系当地产业发展，联系当地区域经济特点，联系我们已有的产业结构和基础设施建设，从而推动我们的制度创新。

制度创新以后，要在其中抽象提炼出一些可复制、可推广的经验在全国进行推广，这就是四川自贸区建设的根本思路。2017年已经完成了开好局、提好步的预期目标和年度试验任务，进行了一系列的制度创新；同时，国际开放的大通道进一步畅通，外贸进出口强势恢复，成都国际经贸取得新的突破，国际经贸合作成果显著。因此，我们对四川自贸区的发展充满信心。

自贸区到底会给我们生活带来什么样的影响？目前代购在我们的生活中比比皆是，但当自贸区逐渐建成以后，做代购的人会少起来，因为自贸区的建成会给我们带来的第一个变化就是国外进口商品种类繁多，很多国内没有进口的商品能在自贸区找到，并且价格喜人。按照我们的预算，自贸区的外国进口商品价格会下降20％到30％，到那时，代购就不再有任何的价格空间。我们的商品不仅种类繁多，而且价格低廉，可以吸引很多外国朋友入驻。

自贸区的发展可以为我们创造更多的就业机会，也有更多的机会让我们的钱包鼓起来。当然，出国留学、旅游也变得更加便捷和方便。因此，我们完全有理由相信，四川自贸区的建设不仅为成都，为四川，而且为也会全中国带来越来越好的发展。

我的交流就到这里，谢谢大家！

浅谈四川自贸区的建设

西游创作之路

◎许镜清

许镜清，国家一级作曲家、中国音乐家协会会员、中国电影家协会会员、中国电影音乐学会理事。1983—1987年，他担任央视86版《西游记》总作曲，从事电视连续剧《西游记》的音乐创作，其中《西游记序曲》（《云宫迅音》）、《女儿情》《取经归来》和《敢问路在何方》等音乐是许镜清的成名之作，也是传唱不息的经典之作。1987年为中央电视台《"齐天乐"春节联欢晚会》创作整台晚会的音乐和歌曲。

成都的《西游记》的影迷们和《西游记》音乐迷们，你们好！我今天想介绍关于《西游记》音乐创作的一些事情。

《敢问路在何方》创作经历

首先谈谈我是怎么进入到《西游记》电视剧创作组的，那是一个非常偶然的事件。1983年的春天，我当时作为中国农业电影制片厂的作曲应邀去中央电视台，音乐编辑王文华告诉我和北京科学教育电影制片厂的一位作曲，央视要拍50集的《西游记》，正在寻找作曲，准备让我们两个人作曲。后来让我们给《生无名本无姓》的词作曲，在其中选用。写完后我因为自己不会唱歌，就请陈琳帮我录了音，王文华听后认为这歌不错，连说了几个好听，说这次就用我写的。又过了一个多月，王文华就把《敢问路在何方》这首词给了我，当时我就觉得这是好词，"你挑着担，我牵着马"，一下子把人带入《西游记》了；"迎来日出送走晚霞"，有一种人生往前走的感觉；"踏平坎坷成大道，斗罢艰险又出发"，就是告诉人们人生要经历过很多的痛苦、艰辛，才能走向一条真正的光明大道。后面的"啦啦啦"是我加的，既然人生经过这么多痛苦和苦难，那肯定他是笑着往前走的，这才叫作真正的人生，虽然困难但是无所畏惧。"一番番春秋冬夏，一场场酸甜苦辣"，就是说人到世上来一生都在受累，这两句词道出了人生痛苦的最高点，是这首歌的高潮、核心部分，这也是我当时看了词以后记住的两句了。

写这首歌的时候，我脑子里记住的那两句词"一场场春秋冬夏、一场场酸甜苦辣"，一直昼夜折磨着我。有一天，我坐公交从动物园到单位，动物园附近有很多的小商小贩，热气腾腾地吆喝着，人声鼎沸，这时我突然产生一个念头，人为什么活着，活着又是为什么？是为了吃饭吗？不是，那是为了什么？我觉得这个问题很简单，但很难回答。突然就冒出"一番番春秋冬夏，一场场酸甜苦辣"这两句的旋律，感觉很棒，把我自己都感动了。于是我就在心里牢牢地默念这两句歌，默默地哼着，想着要赶快记下来，但当时我兜里没有纸，就找了一个烟盒，没有笔，就找从我旁边过去的一个小学生借了一支铅笔头，在电杆上把这两句旋律记下来了。记下来之后，我知道那一瞬间的灵感不能放，一松下来可能就找不到了，必须按照灵感闪光的那个点的思路往下写，多一句是一句，多一个音符就是一个音符，我就必须用这个灵感往下写，因为它是这个灵感的衍生。写完之后，我把铅笔还给小朋友，小朋友问："叔叔你干什么？"我说："叔叔在做一件大事。"我进了办公室后，从这个歌的第一句开始写，"你挑着担，我牵着马"，速度很快，大约半个小时多一点就写到尾了，当时我完全沉浸在旋律里面。两天后，我把它翻出来，改了一个音，就形成了现在这个乐曲。写了之后，自己挺自豪的，但并不知道好不好，好坏需要见面，需要让大家来评论，观众是艺术作品最后的评判者。

当时有另外一个作曲家写了一个片头曲，我写的《敢问路在何方》是片尾曲，这两首歌是在一个下午用一个乐队一起录的，因为片头曲是找吴雁泽演唱的，片尾曲由女性演唱，首唱这首歌的是张暴默，之后就开始试播，1983、1984、1985试播了三年。试播期间《敢问路在何方》很受大家欢迎，我走在路上、坐在公交车里经常听到有人哼这个歌，那种感觉真的很幸福，群众能喜欢我的音乐作品是对我最大的奖赏。1986年，央视提出将前十一集整理播出。这时做了一些修改，第一是把原来的片头主题歌拿掉，换成一个2分40秒的纯音乐；第二是保留《敢问路在何方》，但是要换男生演唱。开始定为李双江，但他临时嗓子出问题，最后改为由蒋大为演唱。写歌时用了电声，电吉他、贝斯等，有人认为用电声音乐来做传统的四大名著《西游记》的音乐不合适，但是杨洁导演坚持用了我写的歌，所以我觉得杨洁是我的伯乐，没有伯乐就没有我为《西游记》写的这个音乐，如果没有杨洁对我的支持，《西游记》就不是我写的音乐了。杨洁担任《西游记》的导演，经历的何止八十一难，在她的坚定的领导下，《西游记》顺利拍完，并创造了一种《西游记》精神，她是《西游记》精神的领袖。

没有杨洁导演就没有我的今天，可能我再写一百部电影音乐也不会得到他人

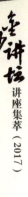

的承认，也不会有现在的成就。我进入《西游记》剧组时，已经有七个大作曲家都先后写过音乐了，他们有的写过大歌剧、大歌舞，名气都很大，而我只不过给我们单位的几十部农业科教纪录片写过音乐。我进了剧组以后，有接近半年都没见到过杨洁。音乐编辑也是对我说是试用，包括我写的《生无名本无姓》《敢问路在何方》，都没有最终确定。写第一阶段的时候，有一段旋律叫《欢乐的花果山》。这个曲子只有一分多钟，我没有把它当作一个重点，觉得就是一批小猴子蹦蹦跳跳的一段音乐，但我在里面用了电吉他，里面有一个旋律是用合成器、用嘴吹出来的，在当时来说是比较新奇的音色，别人都没有用过的音色。杨洁一听这段音乐当时眼睛都直了，盯着画面听着音乐说："这段音乐谁写的？"王文华说："杨导，这个人没什么名气。"杨洁说："我不要名气，我要的是音乐，就要这个人的音乐。"就这样定了下来，我接着写完了后面的音乐。所以，这段小小的音乐成就了我，但是我其他的音乐也受到了杨洁的喜欢，这是肯定的。

《云宫迅音》的诞生

《云宫迅音》这段音乐是《西游记》标志性的一个符号。这段音乐本来没有名字，就在上面写了一个前奏曲，网友给取了一个名字叫《云宫迅音》，我觉得他取得很有学问，我就用了。

这是我作曲时最受折磨、最受煎熬的一段音乐，为什么呢？当时前十一集要集中播，导演说要把前面的主题歌拿掉，换一个 2 分 40 秒的音乐，我就问杨洁这个怎么写？她说怎么写是你的事儿，我们就按照你的音乐去剪辑画面。写音乐一点框框没有，真的很难。有情节，或者是很恐怖的，或者是很美、舒展的，都有一个依据啊，《西游记》的前面曲怎么下笔？写师徒四人吧，还有那么多妖怪闪现；写了水里的妖怪，还有山里的，写了山里的，还有地下的、山洞里的；人物众多，每一个妖怪都有一个故事，真的很难。后来我想，音乐是给人的一种感觉、感受，如果人们能从我的音乐里得到一种感觉和感受，那就成功了，就是说你听完我的音乐，可以认真去想，去理解，理解音乐没有正确和错误之分，比如，听到"当当当当当当"，有人说是一种号召型，有人说这是坚定地向前走，这都是要表达的一种感觉。《西游记》那么多场景，把它理解成哪一幕都可以。音乐比语言妙在哪里呢？就是不用把它说得很清楚，但是它给你带来了超过语言、超过文字所描述的那种想象的感觉，所以有人说，音乐是上帝的语言。有一些东西我们解释不清楚，有时候听到一种音乐就是想哭，比如《西游记》的音乐在人民大会堂演出的时候，大幕一拉，70％的人都在掉眼泪。这段音乐里没有悲哀、没有痛苦，只有幻想，只有天外天的那种东西，有一种人世间可能听不到的那种感觉，但是是《西游记》里的一个符号，是大家的一份情怀。这段音乐充分激发了人们的情怀，让人们想到了 30 年前与父母甚至与兄弟姐妹在一块儿看《西游记》的情景，这是音乐的幻想。所以音乐的魅力是无限的，不是用文字能体现出来的。

这段音乐我写了两三次，开始一点都写不出来，很痛苦。试过好几种开头：比如雄壮有力的，像解放军打仗的；舒缓的，都不合适。当时真的是把我难住了，没有一段音乐能把我难到这种程度。那时候我已经养成了接近天亮睡觉的习惯，有一天我中午起床，坐在床边上，昏昏沉沉的，也不知道脑袋里想什么，蒙蒙的。这时候我窗前过去几个民工小伙子，敲着他们手里的破饭盒，一边敲嘴里一边哼着东西，"当当当……"当时我就想，我的片头有了，就赶紧拿笔把它记下来，"当当当当当……"一下午过去，我连配器、旋律、带整体的音乐感觉统统地写了出来。写到后半夜，躺在床上脑子里仍然装着这段音乐，迷迷糊糊地突然脑子里冒出来一段音乐，觉得就好像在云霞里的感觉，我衣服也不穿，赶紧把它记了下来，就是抒情的这一段，有力的段落有了，叙述的有了，抒情的有了，该有的都有了，再加上反复的手法，这段音乐就诞生了。

录完之后我不知道效果怎么样，最后的鉴定权在导演那儿。导演说："老许，你这段音乐真的太棒了，我们的画面都跟不上你了。"原来，敲"当当当"的时候，那个妖怪跟不上这个点，当时没有电脑剪接，都是手工往上对。但她认为这段曲子比原来的歌要棒得多。我想，不管怎么样我成功了，因为如果片头和片尾的音乐成功了，这部电视剧的音乐就算成功了一多半。完成这段音乐的任务后我连续睡了两天两夜。

女儿国的《女儿情》

《女儿情》是《西游记》里面很抒情、唯一的一首直接写爱情的歌曲，它的词曲都是比较明显的。人有三种情：亲情、友情、爱情。其中，亲情和友情有时是固定的，最折磨人的是爱情。大家都知道裴多菲有句诗："生命诚可贵、爱情价更高。"就是说爱情的价值超过生命本身。爱情是大家最难忘的一种情怀，使大家刻骨铭心的一种情，谁这辈子都有可能经历过爱情，有的人经历过多次爱情，有的人一情定终身，但是无论怎样，只要你的爱情启动了，就会给你的生命划下一道深深的痕迹，在你的记忆里面永远会留有这一道痕迹，这就是爱情的魔力和魅力，也是最折磨人的东西。《西游记》这么多集里面唯独这一段把唐僧作

为凡人，流露了他的真实情感。

当时杨洁叫我写唐僧与女儿国国王的一首爱情歌，我按照闫肃写的词把旋律写出来了，吴静演唱的时候杨洁去了录音棚，她把歌词几乎全改掉了，我认为男人写女人心理的东西总有一点距离，女人写自己肯定比男人写的要细腻，更懂得爱。所以杨洁写的《女儿情》更恰到好处，非常适合，因为她理解女儿国国王的情，这集电视是她编的，老版的《西游记》里没有这一集。有一句词当时我非常不满，就是"悄悄问圣僧，女儿美不美"，我说两人在谈爱，怎么会是问圣僧？应该是问哥哥，她不同意。在杨洁导演逝世的第三天，我去医院跟她做遗体告别，心里有千言万语，有很多东西想跟她交流，看到她安详面孔的那一瞬间，我觉得杨洁年轻的时候就应该是一个女儿国国王，她是不会说出"哥哥你看妹妹好看吗"的，她会很深刻地把这种情表现出来，绝不是很肤浅的哥哥妹妹。这一瞬间我就明白了，为什么女儿国国王一定要"悄悄问圣僧"，她的身份不是平民百姓，站在女儿国国王的角度必须叫圣僧。

这首歌里还有第二个故事。当时杨洁最满意这首歌，自己亲自改编的一集电视剧，亲自写的词，录了这么一首很美的爱情歌。但是在配画面的时候，突然发现一个问题：女儿国国王跟唐僧从花园里一起走出来的时候，顺着小桥流水，两人一直在对白，这时《女儿情》这首歌唱出，使片子里又有对白又有歌，二者之中肯定得删掉一个，两种声音不能并存。但是台词也是导演一句一句审过的，于是给导演打了一个电话，杨洁沉思了一会儿说"把台词删掉吧"，就把这个歌留住了。杨洁导演的艺术感觉非常准确，当艺术有撞击、不合适的时候，她能及时调整到最佳状态，这是一般人做不到的，她能做到，她敢取敢舍。

《西游记》音乐创作感受

有人问，《西游记》的音乐给大家带来了什么？你在写完《西游记》以后获得了什么？我只能说我对《西游记》的音乐尽力了。没有哪一段音乐是蒙的、编的、不努力的，我尽了最大努力把《西游记》音乐写到这个状态，我获得了《西游记》音乐迷们的喜爱，这就是我最高兴的事情。无论哪个年代的人，80年代，90年代，一直到"00后"都喜欢《西游记》的音乐，我觉得这就是对我最大的奖赏。

我觉得低调和高调对一个人来说是无所谓的事情，你高调也是一个人，而且高调活得很累，有一句话叫"高处不胜寒"，就是这个意思。我觉得低调一点、平庸一点，不跟别人叫板，这是我一生生活的一个准则。所以我不太争一些东西，不争名不夺利。例如，有一年北京电视台颁发十大影视金曲，《西游记》的主题曲获得了金曲奖，但我作为作曲者坐在家里不知道这个事儿，后来电视台通过邮局将奖杯送到了我们传达室，由传达室的老头给我颁了一个奖杯，但是我觉得我还是很荣幸，很高兴。《敢问路在何方》这首歌究竟获过多少奖，我没数过，但是我在报上看过被评为最佳奖、优秀奖、一等奖等，没人告诉我去领奖，不但没得到什么奖品，连一张奖状都没有。

通过这么多年的创作我有一个感觉，当你创作的时候，首先要想到艺术本身，一定要净化你的心灵，如果心里想的是这个歌出来以后可以做大我的知名度，可以响遍全国甚至响遍全世界，受到很多人的欢迎，能挣到很多钱，你就写不出来好东西。认真创作的时候我什么都不想，我想的就是艺术创作本身，只有这样，才能创作出好的艺术作品。

一个人的成功与自身的阅历、生活、头脑里具备的东西都有很大关系，其中有三点很重要。第一是机遇，上帝给了我一次机遇，我把它抓住了，用我全部的才能把它发挥到了极致，所以我成功了。第二是才能，之前脑子里没有储备这个东西，再有机遇也没有用，所以必须具有一定的才能。第三是刻苦。

今天我就讲到这儿。

筝乐艺术鉴赏

◎ 江澹曦

非常高兴来到成都金沙讲坛，在这个春意盎然的下午，非常荣幸与大家一起领略古筝这件乐器的魅力。

关于古筝艺术

相信在座各位对于古筝不太陌生。改革开放30年来，它从一件非常小众的乐器以令人难以置信的速度一跃成为我国民族乐器学习和从业人数最多的一门艺术。据不完全统计，我国学习古筝的人数不少于500万，这还不包括学过一下然后又停下来，或者从事过古筝教学然后又从事其他工作的人群。

从四川音乐学院来看，民乐系有13个专业，包括琵琶、二胡、笛子等，每年古筝专业的招生人数占了民乐系13个专业人数的1/3，相当于其他6个专业招收的学生数。每年来四川音乐学院报考民乐的人里可能将近一半是学古筝的。

社会上更是如此。古筝现在在国内几乎家喻户晓。什么原因使古筝事业呈现出当前这种繁荣的景象呢？当然与我们国家经济高速发展、文化强盛等大环境分不开。

大家都喜欢听古筝，有人说学古筝很容易，怎么弹都行，还形象地说即使是老鼠从上面爬过去也很好听，古筝的声音确实美妙、悦耳。这有先天的因素——基因好，它是中国古老的地地道道的本土乐

江澹曦，著名古筝演奏家、教育家，四川音乐学院教授，中国古筝学会副会长。成都现代室内乐团团长、艺术总监。致力于室内乐教学研究近二十年，主导四川音乐学院民族室内乐课程学科建设。曾指导天籁筝乐团获文华奖小型器乐重奏比赛最高演奏奖，同时获得文化部授予的"园丁奖"。

器；也有后天的环境，无数前辈为古筝的发展付出了不懈努力和辛勤劳动，使得古筝这个专业辉煌发展至今。

那么，什么是基因好？现在有很多民族乐器，如琵琶、二胡、竹笛、扬琴等，都是从西域传过来的，它们经历了数百上千年的发展，与中国音乐融合，慢慢变成了中国的乐器。但是，它们不是土生土长的本土乐器，而古筝却是我们的本土乐器。

最早关于古筝的记载是在战国时期，公元前 200 多年的《李斯·谏逐客书》。古筝原来叫筝，由于历史久远，所以冠以古筝。民间关于古筝的传说有很多，有分瑟为筝，说黄帝觉得五十弦的瑟比较悲凉，不让宫女弹，但是又禁止不了，所以就把这个瑟分成两半，五十分成二十五。古筝无论是在当时的宫廷和民间都广为流传，备受大家推崇。所以后天成长环境较好，依托了中国传统文化强健的根基。现在古筝界普遍认为筝起源于秦，所以也有人把古筝叫作秦筝；最近也有学者研究认为筝起源于瑟，这是从《史记》当中找到的文字依据。《史记·廉颇蔺相如列传》记载了秦朝的国君秦昭王为羞辱赵国的国君赵惠文王，在渑池会上要求赵王奏瑟的故事，而在《三国志·魏志·高唐隆传》里提到的却是筝。同样一件事，一个记载的是瑟，一个记载的是筝，这是怎么回事呢？当时，秦地的宫廷音乐是民间音乐，后被礼乐取代，所以秦地用的筝也就慢慢被礼乐器瑟取代，这在《新唐书·礼乐志五》中有记载。瑟叫颂，比筝小一点，和筝是同一类乐器。所以，从大量的文字记载中我们可以看出，筝或者瑟都是 2000 多年前非常流行的乐器，无论是宫廷还是民间，无论是礼乐还是俗音，都大量使用筝和瑟来演奏，说明它很好听，广受大家喜爱。

许多文学家都有筝或者筝赋的作品。筝在秦地是非常简陋的乐器，开始只有五根弦，在后秦汉魏六朝到达鼎盛时期，赞美筝乐的诗篇和文学作品很多，由此可以看出筝乐在当时非常兴旺。唐宋时期，我国的文化经济繁荣昌盛，筝乐同样也得到了快速的发展，并且在对外邦交中起到了传播文化的作用。公元 6 世纪，古筝就已经传到了朝鲜半岛，在盛唐的时候传到了日本，所以，朝鲜、韩国、日本这些国家都有筝乐类的乐器，其传统筝类乐器还保持着十三弦，就是唐宋时期的筝乐。唐宋时期筝乐的繁荣景象也很多，韩愈、柳宗元、刘禹锡这些大文豪都有写筝乐的诗作留存。特别是著名诗人白居易，有近二十首诗提到筝，有兴趣的朋友可以去研读一下。

这些丰富的记录体现了古筝在古代发展的盛况，它的成长环境非常好。宋之后的元是少数民族，元朝和明朝时期古筝依然延续着，也在文化的传播和交流上取得了很大的进展。比如，这个时期古筝传到了蒙古地区，形成了蒙古风格的筝乐，也有了蒙古筝的名字——雅托葛。

清朝和民国时候是古筝发展的低谷期，文献的记载也反映出这种状况。直到中华人民共和国成立以后，筝乐才再一次起步，其作品也反映出了当时的时代主题。改革开放以后，外来文化思潮汇入，进一步促进了筝乐的多元发展。现在，古筝再一次迎来了繁荣和鼎盛的时代。

前面讲到了弦的发展，古筝刚开始是五弦、九弦，后来有十二、十三、十五和十六弦。我们现在弹的古筝主要以二十一弦为主，当然在此基础上又有一些改革的筝出现，如转调筝、多声筝、低音筝等。由此可见，筝乐在当代的发展是全方位的，包括一些作品，已经达到了前所未有的盛况。

筝乐的分类及艺术特点

筝乐这么丰富、这么繁盛，它分为哪些类型呢？我们常常听到的古筝音乐，从音乐风格来分有传统、现代和流行三种。第一类传统的古筝音乐是指以前传下来的，通常包括流派筝音和民间筝音。就是在古筝的发展过程中，依附于各个地区的民间音乐，为民间音乐说唱或者是戏曲伴奏，并慢慢从中独立出来，形成了流派。四川没有古筝音乐的流派，流派的音乐看上去比较简单。我们现在来听两首筝乐，其技巧并不复杂，但它着重用左手按和滑的技巧去表现地方风格的音韵。

第一首是《出水莲》，这是一首广东客家风格的筝曲。

第二首是北方的河南筝曲《汉江韵》。

这是传统的古筝音乐，很多学习者不太喜欢，特别是前面那一首，觉得不能很好地展现自己的技艺，不过瘾。但是，古筝界现在在大力推崇传统筝乐的学习和传承。

第二类是现代的古筝音乐，通常是借鉴西方的作曲技术，在结构上、和声上、音响的层次上融入更多想法，演奏技术在传统上有所突破，能够表现更为复杂的音乐结构的音乐类型。现代筝曲的左手应用比较多，可快速弹奏，也有一些会用到滑暗音的技巧。

第三类是流行的古筝音乐，这是广大的古筝爱好者或者音乐爱好者最爱听的音乐风格。流行音乐通常表现比较单一，也会结合西方的一些流行音乐的元素，在旋律、节奏或者和声的编配上通俗易懂；有时候甚至没有明确需要表达的东西，就是一个很好听的旋律，仅仅追求声音带给感官的直接感受。

古筝的表示形式也可以分类，第一种是独奏，第二种是重奏，第三种是协奏。独奏是单独一个人表演，这种形式非常多见。古筝的独立表现方式非常强，所以经常完成的创造状态就是独奏。

我上学考试的时候，同学们都要相互找伴奏，吹唢呐的要找吹笙的伴奏，拉二胡的要找扬琴伴奏，只有弹古筝的不需要找伴奏。

重奏一般是两台筝以上，它们相互配合，相互协助，相互补充。近年来，重奏的形式也非常多，我在2000年的时候成立了一个古筝乐团，就是以演奏重奏的曲目为主。我们平时需要进行大量的排练，以便训练我们每一位演奏者的配合和协作。

协奏是指有钢琴或者其他乐器的组合，但以古筝为主奏进行的表演方式。

近年来，古筝艺术在表演创作上不断创新，探索出多元的风格，也出现了一些筝乐的情景剧，把故事情节与音乐结合起来。我们筝乐团的一个男同学在自己的毕业音乐会上演奏了一首自己创作的筝乐曲，把金沙的一个故事和音乐题材融合在一起，是国内第一部原创的古筝演奏剧，将来有机会大家也可以听一听。

古筝的这些发展，使其成为名副其实的民族乐器时尚引领者。古筝音乐为什么能够吸引我们？除了古筝的演奏形式和风格外，大概还有古筝特有的语言和音乐特点。

我们觉得古筝好听，好听在哪里？

首先一个就是它的音色美，可以表现清新淡雅、深沉浓郁，也可以表现行云流水、山崩地裂，音色极具张力。

第二是语言美。声腔化，缠绵悱恻，如泣如诉；铿锵激昂，气壮山河。

第三是音响美。声部音响构成丰富，多层次，可触合、可对立，可以表达复杂多变的音乐思想。

古筝在表达音乐的时候，最常见的方式就是模仿。任何乐器都可以模仿，我们前面有一首诗，就是礼乐，出来的声音像笙吹出来的凤凰的鸣叫，其实就是一种模仿。

古筝的节奏比较鲜明，能呈现轻松、快速、奔腾的效果，很多筝曲都和我们的古典文学及诗歌有关，还跟一些历史事件和历史故事有关。比如我们刚才听到的《西楚霸王》，还有筝曲的《高山流水》，古筝的《高山流水》有几个版本，大家都可以去听一听。高山流水也有诗来描绘这种情境，如大家熟悉的《渔舟唱晚》，如果读了这首诗，理解主人翁夜舶枫桥的情感，你可能会觉得这首曲子更具感染力。

四川的作曲家创作的一首古筝乐曲，取材于四川清音的音乐，这首作品是读了辛弃疾的一首词《丑奴儿·书博山道中壁》之后而有感："少年不识愁滋味，爱上层楼。爱上层楼。为赋新词强说愁。而今识尽愁滋味，欲说还休。欲说还休。却道天凉好个秋。"如果以这首诗作为背景，帮助理解和感受作者的心情，听音乐时就会更有触动。历史事件也是一样。

我们说了解音乐背景，借助一些文学内涵去联想音乐表现出来的意境，在聆听音乐的时候，将音乐转换成各种画面在脑子里浮动，也可以帮助我们去理解作

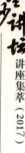
者和演奏家的思想和情感，也就更能触动我们的内心。

我们听音乐也好，筝乐也好，觉得它不好听，或者不习惯，有的时候是因为我们接触和了解得不够。在我们音乐学院也存在这样的现象，有一些同学不喜欢传统作品，也有相当一部分同学甚至老师不喜欢现代作品。为什么不喜欢？因为他们不熟悉，听现代作品的时候不知道从何入耳，甚至有的同学不愿意去弹奏现代作品。这时我就会告诉他们，首先要理解作品，越是听不懂就越要去学习，越要去弹奏。通过弹奏，通过学习，你才能了解它，慢慢熟悉它的语言，慢慢能听得懂了，再来谈自己是喜欢还是不喜欢。

有的时候我们欣赏古筝乐曲可以把心情放松，先从喜欢不喜欢，好听不好听入手，要达到更高级的欣赏的状态，需要从很多方面去提高我们的修养，了解了专业的音乐知识，才能知道音乐的构成。

欣赏音乐会一些礼仪

走进音乐厅与家里面放音响或者戴着耳机听感受是不一样的，在音乐厅现场可以非常好地接收到演奏家直接传递给你的信息。人都是有气场的，在现场你就能够感受到气场及情感的传递，在这样的氛围内也更容易进入到音乐的世界里。这里我来讲一下音乐会的礼仪。

首先是着装，当然不是说一定要穿着晚礼服或者其他盛装出席，但至少要有得体的装束。

其次是学会尊重演奏者。在音乐会的演奏过程中不要随意走动，保持现场的安静，更不能吃东西，发出很大的声响。

音乐会开始以后，从演奏者出场开始我们就应该给予掌声，以示对他登场的欢迎。乐曲结束以后，同样要给予掌声，表达对演奏家的肯定和鼓励，去听音乐会之前，听众应该对作品做一些了解，了解一下作品的形式和内容，这样可以更好地把握时机，适时鼓掌。

我们有些演出的演奏者不希望观众把演奏的过程偷拍下来拿到外面去播放，或者他跟别人签约了要制成碟，这是对知识产权的保护，所以一般没有经过允许请不要拍照和录音，尤其不要使用闪光灯。家长也要让孩子从小养成这样的习惯，要有空间和时间去理解音乐，加强自身的修养，这个修养是全方位的。我希望我们的听众、我们的音乐爱好者能够有更好的环境、更好的氛围去欣赏音乐，也让演奏家更好地施展自己的才华和技艺。

谢谢大家！

竹笛艺术赏析

◎易加义

易加义，著名竹笛教育家、演奏家。师从张宝庆、王其书教授，现任四川音乐学院民乐系教授、硕导，中国竹笛专业委员会副会长，四川竹笛专业委员会会长。2009 中国 CCTV 器乐大赛、第七届中国音乐金钟奖、2012 中国文化部民族器乐大赛等重大比赛评委。发表十孔笛练习曲数十首、笛曲《阿诗玛叙事诗》《蜀殇》《西域行》等数首；发表《管乐吹奏中的精、气、神》《21 世纪中国竹笛教学回顾与展望》等论文数十篇；发表《中国竹笛演奏指南》《十孔竹笛教程》等专著八部。国内外举办个人、师生等音乐会数百场，出版 CD、DVD 数张。数名学生先后在国内外重大赛事中获奖，并在多所高校任教。

大家好，非常荣幸今天在金沙讲坛和大家一起共同探讨竹笛的艺术。我今天的演讲分为三个方面：第一是竹笛的相关知识，第二是竹笛的演奏法，第三是竹笛的流派和演奏风格。

竹笛的历史及相关知识

在座各位应该非常清楚，中国的竹笛是我们中华民族的古老乐器。相传在 2000 多年前张骞出使西域时，带回了笛子同时还把竹笛的乐谱及演奏方法一并带回，然后在古代的战场上作为军乐使用。但是，随着文物的出土，竹笛使用的文献记录年代也发生了变化。1973 年，湖南长沙马王堆出土了几十只很短很短的骨头的骨笛，也有骨哨，或者是当时是作为装饰品使用的，但是可以吹响。据专家考证这批竹哨距离现在有 7000 多年的历史。

1978 年在浙江的河姆渡出土了一批文物，里面也有几十只骨哨，有 6 个孔的，也有 1 个孔的。我们考证了这批乐器，说认为就是笛子的前身。这也说明竹笛至少有 7000 年的历史了。

笛子在历史上有很多称呼，且历史久远，在中国的吹管乐中，笛子是最早的乐器。著名教授杨荫浏的《中国音乐史》中提到，中国最早的乐器是鼓，鼓是土做的，原始人高兴的时候会拿着石头敲。竹笛真正形成是在 2000 多年前，历经战国时期、秦、汉、三

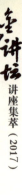
国、晋、隋、唐、宋、元、明、清，到了现在。我国很多地方的遗址，比如说甘肃敦煌的壁画，飞天图中拿着吹的乐器，都是笛子的历史再现。成都西门的王建墓也出土了很多东西，可以证明中国的竹笛由来已久。

在唐代的歌舞，以及宋、元、明、清的戏曲中，笛子通常作为伴奏，而没有作为独奏展示过。南京师范大学的一位教授写了《中国啸笛史》，是当今中国笛子方面很权威的专著。他写道："啸笛两头看，竹管是圆横面看，每个孔也是圆的，它象征着圆润和谐。"他还提到啸笛内通人气，外在看着很大气，且发音奇妙。最后他说啸笛吹尽人间的悲欢，吹透千古幽情，一只啸笛承受了多少人世间悲欢离合。

中国在 20 世纪 50 年代以后才有音乐学院，现在全国共有 10 所音乐院校。有了音乐学院以后，竹笛才开始作为一门专业开设课程，过去全是民间传承和学习。经过半个多世纪的发展，竹笛从教学到系统的教材配备，以及演奏方面都有了翻天覆地的变化。现在，世界每一个角落都可以听到中国竹笛的声音。

音乐院校把竹笛作为一门乐器、一门专业来发展，大大促进了竹笛的繁荣。现在，竹笛的最高学历是博士，中国能带博士的只有张维良教授，他每年也就收一两个博士生。试想竹笛从小学到博士要学一二十年，所以说，竹笛背后的文化是博大精深的。

竹笛按传统可分为曲笛和梆笛。曲笛的声音比较软，比较柔和，主要伴奏昆曲；梆笛在北方使用较多。形状小一点的是梆笛，大一点的是曲笛，这是 20 世纪 50 年代分的类。笛子有 7 个音，每一个音作为一个调就可以是 7 个音的笛子，除了这 7 个音是 7 个白键，另外还包含 5 个音，就是 5 个黑键，加起来是 12 个音。通常我们看到的竹笛是曲笛、梆笛或者是中音笛，还有低音笛，但吹奏得很少。前几年杭州一个乐器厂的厂长和蒋国基老师联合做了一只笛子，像蟒蛇一样，有 3 米长，是两三个人抬着吹的，这个完全是象征性的，实际意义不是很大。

笛子分很多种，通常是一只笛子一个调。每一种笛子的长短不一样，发声就不一样，声音不一样，表现也不一样，这就是中国竹笛的奇妙所在。反过来，竹笛的多样性会给演奏带来一定的难度，西洋乐器萨克斯最多两三只，演奏起来相对要简单一些。

现在我简单吹一下这几种笛子，大家可以欣赏并区分一下它们的声音。形状小点的梆笛声音非常尖锐，古人形容它可以穿云击石。曲笛稍微大一点，声音要柔和一点。大的笛子声音要沉闷一点、厚一点。

笛子的音韵。世界上音最多的乐器是钢琴，还有就是小提琴，小提琴四根弦，每一个音高都是拉出来的，它一共有 4 组，一组 12 个音，所以拉小提琴也是非常难的。竹笛有 20 多个音，要把每一个音乐吹准、吹好也是很难的。笛子还有一个笛膜，笛膜非常神奇，没有笛膜，吹出来的声音是闷的。这个笛膜就是芦苇中间的东西，每年有专门采集的季节。这个膜也是非常讲究的，贴得不好，竹笛发出来的声音要么闷，要么沙。

竹笛演奏法

笛子有吹孔、膜孔、直孔、后出音孔和前出音孔。持竹笛的手法是很自然的。右手手型一二三四五六孔，大拇指就在三孔下面起一个支撑作用，最小的手指在尾部。用左手大拇指轻轻把住笛子下边，两个大拇指起支撑作用，这样笛子就掉不下来了。拿起笛子的角度是 40 度还是 45 度，都无所谓，只要舒服轻松就行了。我们用人中找到吹孔 90 度直角，拿下来就是 1/4，然后可以往里走一点，它的孔就关得多一点，这个声音就小。这个变化是很大的，而且音高也跟着变化。我们初学的时候什么都要学，要对着镜子找准吹孔的 1/4 处。很多学生学了五年八年但还是有一身的毛病，其实笛子没有那么复杂，用竹笛简单吹一首歌，几个月就可以吹成，我现在正在教一个学生，完全是从零开始，我要用最短时间看他能学到什么程度。

用第一个关节里面最有肉的地方轻轻把它捂住就叫作暗孔，口形是最自然的口形，口形就是吹奏的时候嘴的形态，里面包含很多内容。两下嘴唇闭拢在中间形成一个吹孔，就可以很自然地形成。吹笛子的口腔要尽量打开，上颚抬高，仿佛嘴里包着一口气，使口腔尽量大，这样吹出来的声音才有共鸣，有厚度，有宽度。咽部要打开。对于吹管乐的呼吸有很多种说法，我个人认为是腹式呼吸。什么是腹式呼吸？一般人的呼吸很浅，吸住以后保持住，吹的时候控制住，腹式呼吸则需要一个长期的训练过程，教学要求是，吸气的时候多吸一点，吹的时候小腹要撑住气息，吸气时不要抬肩，不要紧张。

从来没有学过吹笛子的，可以拿着笛子试一试，第一个阶段每天练习 3 到 5 分钟，对着镜子做到轻松自然，并逐渐适应。右手保持不动，离开孔大概一厘米多一点。每一只笛子有一个调，三孔打开后，以它命名为调，是 C 就是 C 调，是 E 就是 E 调。

竹笛的流派和演奏风格

20世纪50年代时竹笛有北派和南派。北派是梆子戏梆笛，它在戏曲当中担任角色。把戏曲的曲调用笛子独奏的形式演奏的第一人是北派宗师冯子存，他现在已经去世了。冯子存从小就在戏曲团队里面长大，他对北方戏曲非常精通，最著名的是《喜相逢》。在这首戏曲里，他用了很多笛子技巧。第一种技巧就是历音，很快从高音下来或者从低音很快上去。

冯子存老先生的《喜相逢》，每一段技术不一样。第一段用了很多单吐，每一颗音都有颗粒性；第二段是比较简单的吐音；第三段是比较快的三吐；第四段更快。冯子存老先生一生创造了很多北派曲子，他在曲子里面用了很多历音、滑音技术。北派除了他以外，还有王铁锤，他们每一位老先生都有自己代表性的东西。

南派以陆春龄老先生为代表，他一生教了很多学生，是一个传奇式的人物，还当过专列司机，最后走上演奏笛子这条路。昆曲讲究秦腔，一个头一个尾。昆曲的笛子伴奏通常需要润腔，就是里面抑扬顿挫。陆老先生也写了很多曲子，最著名的是《欢乐歌》，里面很多东西也是昆曲中的素材，它讲究每一句开头是有一些变化的。

到了20世纪六七十年代，已经不分南派、北派了，笛子的创作曲在七八十年代已经非常丰富了，全国各地诞生了不同的名家。中原地区有武汉音乐学院的孔建华老先生，他教了很多学生，是中原地带的代表人物。四川有我的老师张宝庆和王其书，他们在那个年代都有自己的代表作品。祖师爷沈文毅是张宝庆、王其书的老师，他发明了十孔笛。我们现在的教学是六孔笛和十孔笛并重。山东的曲广义、曲祥也是两位著名的艺术家，曲广义是山东艺术学院的老教授，已退休了，现在80岁左右；曲祥是山东歌舞剧院院长，也是指挥家、作曲家和演奏家。我们当年学笛子就是在这些名家的演奏声中成长起来的。西安有高明，最早写《陕北好》的，他教了一代又一代人。现在大家比较熟悉的马迪老师是上海音乐学院毕业的。每一个地方都有代表性的人物。

最后，我希望竹笛艺术更加悠久地传承下去，感谢大家！

南音天地
——人类口头文化遗产的现代之路

◎蔡雅艺

蔡雅艺，出身南音世家，传统古乐－"泉州南音"传承人，厦门大学艺术研究所助理研究员、南音研究中心主任。千文堂文化艺术中心创始人，新加坡湘灵音乐社音乐总监、新加坡城隍艺术学院艺术总监，泉州师院南音文化传承与发展协同创新中心特聘研究员。2011 年 6月，被评为"泉州市级南音传承人"。代表作《遥望情君》《暗想暗猜》《月照芙蓉》《点点催》，完成《人类口头非物质文化遗产——泉州南音》《别让传统文化艺术在"必然"中消逝》等课题。

各位成都的朋友下午好，非常荣幸在我们南音乐神的故乡来跟大家分享南音这个乐种。有时候我们不太愿意说南音是一个乐种，它应该属于一种文化，因为如果说乐种的话会从音乐的角度去看它，那是非常片面的。我们有很多学习南音的前辈，他们年纪非常大了，八九十岁了，但是每次向我们传授南音的时候都会说，你看我都这一大把年纪了，但是南音对我来说还是刚开始。南音在泉州已经传承了一千多年，2009 年时被列入联合国人类非物质文化遗产代表作名录。中国四个音乐类别的非物质文化遗产是昆曲、古琴、新疆维吾尔木卡姆艺术和泉州南音。

南音及其艺术特点

泉州南音有自己很独特的乐谱，有自己的崇拜，乐神崇拜。有很多朋友可能是第一次听到南音这个名词，或者是第一次看到南音乐器。在中国有两个乐种叫南音，一个是福建的泉州南音，一个是广东的地水南音。广州的地水南音起源是盲人卖艺，唱的是民俗音乐，到现在都有，但是他们历史相对比泉州南音短得多。泉州南音是由宫廷乐师带到泉州，然后融入泉州人民生活当中去的一种生活方式。为什么说它是生活方式？就像我们来成都之前有人告诉我，成都人的休闲娱乐方式就是打麻将一样。我们除了工作和去完成一些人生使命以外，需要休闲娱乐，会选择一些方

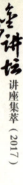
式去享受或者是去陶冶情操，在泉州这个地方，人们就是唱南音。唱南音被他们认为是有别于语言的另外一种沟通方式。

为什么人要寻找语言以外的沟通方式？有时候语言是苍白的，会词不达意，会觉得讲再多都没有办法表达想要表达的内容；或者是再次遇见老朋友，总想寻找其他方式来取代日常方式，开始老朋友之间的沟通交流。泉州人民就觉得南音是一个很好的方式。

南音的琵琶被认为与南唐的《韩熙载夜宴图》中的横抱琵琶非常相似。南音的琵琶跟普通的民乐琵琶有些不一样：首先是它的头部是往后取向的，大部分民乐里面琵琶的头部是向前的；其次南音的琵琶是黑色的。给南音的琵琶命名也有讲究，最多三个字。

南音的弦早期是用丝线，但是因为天气和不方便保存和传承的原因，后来慢慢用尼龙线代替了。

南音乐器是新的洞箫。1986年前后，日本的一个尺八团体到泉州去认南音洞箫作为他们的祖先，说明南音的洞箫与日本的尺八是同一个血缘关系的。我很庆幸和感叹，当年编钟出土的时候，我们看到伟大的乐器留下来了，但是音乐已不知道在哪里了。南音则被称为中国传统音乐的活化石，因为不仅是乐器留下来了，而且音乐也流传下来了。在泉州，人们学习了南音以后，随时都可以唱几百年前的曲子。

南音的洞箫非常难得，一把南音的洞箫，其材料只能取自竹子的根部，而且它有一定的规制，不遵循它就没有那个格调，就不具备文化价值。因为有严密的规制，洞箫在我们手上一千多年没有什么改变。南音乐器到现在还是遵循着古制法。因为南音洞箫不变，所以限制着跟它合作的琵琶也不能有太多变化，最高音是什么？最低音是什么？当中能经过几个音？洞箫固定住了琵琶的音。

泉州南音崇拜后蜀主孟昶作为乐神。南音最早叫南管，也叫南曲。中华人民共和国成立后，泉州由地方政府引导就叫南音，在我国台湾叫南管，在东南亚和菲律宾叫郎君乐。郎君我们尊他为乐神，每年二月十二和八月十二日会有一个拜郎君的仪式，用音乐崇拜他，会有唱和的乐师，还有南音的乐器。东西班唱师会奉上鲜花和水果，等这些供奉的东西奉上台面就开始合奏。这个仪式在南音人那里一直被传承下来，每一个社团都会做这个事情。八月十二这个祭祀非常隆重，通常是各个地方举办南音大会唱的日子，结合八月十二郎君祭祀和八月十五中秋节，大唱三天两夜。

南音的传承和教学

南音作为非物质文化遗产传承起来会很难，因为它太古老，太传统了，年轻人接受不了。但是从我学习南音到现在，每次的南音大会唱应该是一个南音的狂欢节，至少是两三百人在同一个会场，这个队伍上来唱一首，那个社团上来唱一首，轮流唱，因为我们有 6 千多首散曲流传下来，有 48 套子套，一套都是半个多小时，还有 18 个大谱。闽南地区特别多的人在玩南音，例如：2011 年我去了澳门南音社，主办方一共接待了三四百个人，三天两夜的吃住行都由一个人在负责。2013 年，在印度尼西亚国际南音大会上，有五六百人参加，他们的开支都是由当地一名华侨负责的，他们对家乡的思念通过南音表达出来了。所以南音在闽南叫南音，出了闽南人们称为乡音。为什么南音可以流传这么久？因为它进入了我们的生活，我们喜欢这样的调调，慢慢的，柔柔的，没有攻击性的。

我认为南音的传承更应该在成年人中进行。因为我们这一代人缺失了音乐的熏陶，我之前在新加坡工作时有一个感觉，就是每个人都可以拥有娱乐、文化、知识，应该从公益慈善的角度去把这些文化融入人们的生活当中。于是 2013 年我决定回国的时候，我就不去开办音乐培训班，因为文化传承需要很漫长的过程，不是培训班就能完成的文化使命。我们通过公益传播南音，2014 年开始在泉州做南音公益课程。我们的目标是让社会精英工作者想要选择南音的时候有一个窗口，因为在泉州这个地方，从小学、中学甚至到大学都有南音课，民间每一个社区都有南音社，但是我们这一群社会的中坚力量既不能回到学校学南音，也不可能只是待在社团听会，由此我便思考应该用什么方式让他们接触所热爱的南音。所以，2014 年开始，我不仅做公益课程，而且有时候会去咖啡厅，甚至去比较有艺术氛围的大堂去做南音讲座和分享会。

有时候媒体会说他们在创新，因为他们把南音带进咖啡厅。我想创新是非常难的一件事情，我们有时候把实践和创新混淆了，有些东西是实践不是创新，创新是把人类知识往前推进一步，但是我们所做的应该称不上创新。比如说年轻人喜欢咖啡厅，我们就把南音放到咖啡厅，看会不会遇到喜欢听南音的人。在传播南音手法上是开放性的，但是在传承南音文化中应该是传统的。就是口授心传，一个字一个字地学，一个韵一个韵地教。对于传承南音这个传统文化，应该是原原本本的，应该非常严肃地把这个文化传递下去。

关于南音的教学，不同的老师教学方法不一样，我介绍三种教学方式。第一种是从小进科班，再到大学的教学模式。老师一节课教授学生一首曲子，就把这首曲子和词念一遍给大家听，完了以后就跟着一起唱。

第二种是在民间学习。要经常去混脸熟，而且你要品行很好、很得体，去社团里面听。如果对南音有兴趣，就来学一首吧，由师带徒，带着你进入这个乐团，成为弦友。

我自己在学校教过学，当过大学的老师，也在海外的社团教过学生，现在又在第三种教学方式公益课程里教学生。我教学生有两个途径，一个是面授，一个是网络授课。我们用微信面对全国80几个人，在每个星期二晚上授课。我们有四个公益课程班，在泉州、厦门、福州和上海，每个月在一个地方上一次面授课程。无论是网络课程还是面授课程，我的教学一个星期只教一句。我念好这一句的词，他们跟好了这一句以后再念曲给他，这样不断地重复，不断地听。如果这个曲短，一个月就学一首曲子，如果长可能两个月学一首曲子。我们的教学很慢，步骤也很慢，是为了确保这个韵要传承下去，不仅仅是南音的本体。

所有的传承无论是物质的还是精神的，都应该是一个非常严肃的命题。有时候我们并不那么严肃。比如说玩南音应该坐什么样的椅子？应该穿什么样的衣服？听南音应该处于什么样的状态？我们有时候很少去关注。很多民间表演的时候，他们能够提供红色的塑料椅子，随便摆一下，旁边的人想抽烟的抽烟，想吐痰的吐痰，想讲话的讲话、聊天，想玩的玩，虽然很自然，但处于这样一个场景里，我们没有办法百分之百地对这个文化产生敬畏和尊重。所以我认为传承中，至少要好好地做一件事情，好好地去提出一些要求。比如说今天我穿了一双白色袜子坐在这里，有这么好的舞台，而我脚踩的地方刚好是大家视线对过来的地方，我觉得洁白的袜子是最漂亮、最干净的，它反映了我对这个音乐的尊重。

其实，南音对我来讲是先锋的，因为它追求的精神高地是我们现在还没有办法企及的制高点。同时，它又是非常传统的，就是我们要尊重它的音乐进行呈现和传承，如果在当代还要穿某一个朝代的衣服才能来玩这个音乐，我觉得那是不匹配的，因为这个音乐活生生地传到当代，传到了我们手上，为什么我们不能从当代的整齐、干净来表示对它的尊重呢？为什么不能以当代的一种审美来传承它呢？

要求着唐装、旗袍来表演南音的审美不是真正尊重你内心的文化。所谓的审美就是一个制高点，就是你的审美会不会让人折服。我想，当你走进这个会场的时候，如果引起了人们一阵惊诧不是最好的，人最好的一种形象是不要惊动他人，不要给别人带来麻烦，当你进入会场时，大家觉得你是舒服的，是干净的，是自然的，就会想跟你相处。这就是一个至高的审美，它是从容的、自在的，是不影响他人的，非常自律的状态。其实是南音在教导我们，它让我们知道，我只要简单一个音、一个点，我只要简单吹一个长音，很多很多思绪就会被这个音律带走。

关于文化传承的思考

在人类文化传承中，关于人与传承文化的关系问题需要我们重新认识。首先，人在接受某件事物时具有很强的主观能动性。比如，有人听过南音后就说，我不喜欢南音，或者因为南音太慢，或者因为其他一些理由。那么我们可以想一想，为什么在那个时候我们没有办法接受南音，没有接受这个文化？这是人为的，跟文化没有关系。比如我现在唱一句南音，你的情绪刚好了符合了这个旋律，你就觉得太棒了，而如果这时你有不顺心的事，你可能什么东西都接受不了。也就是听音乐是取决于主体，他去听，去看，去接受，而不在于这个文化是什么样的。文化的容量是非常大的，它可以因为人的能力不到变得稍微衰落一点，它也可以因为有些人能力很强大把它变得非常高雅，非常让人羡慕，这是文化的容量。

其次，在进行南音传承中，有些人喜欢说南音的传承现在遇到了什么困难，但是我还从未想到有困难。因为对于我来说，如果传承南音会有困难，那么它的困难肯定是来自于我不具备这个能力，我不具备传承南音的能力。如果我的能力导致我没有办法很顺利去传承南音，需要我做的事情就不是传承南音，而是我还必须去学习。有人对我说，你需要去多争取一些政策或者多发动一些人来呼吁传承南音事情，但我却在思考：南音这样的文化是很多人知道比较好还是该知道的人知道比较好？因为南音对我来说就好像我家里的一颗夜明珠，我整天出去说快来我家里看夜明珠，你觉得这个有高度吗？没有高度。但如果通过我的能力形成了欣赏南音文化的聚集地，我就会迫不及待地把好东西拿出来跟好朋友分享。

所以我认为传承文化中一定要非常理性，就是什么时候应该做什么事情，而在做这件事情的时候必须很清醒地认识到，怎样做才对它是好的，怎样才能够让更多的人更喜欢它，这才是我们要传承的文化，传承南音必须要不断地思考。所以，南音传承的现代之路能否顺利，取决于我们有没有好好学习它，我们有没有好好地认识自己和认识你手上的东西。

谢谢大家！

金
沙
讲
坛

讲座集萃（2017）

箜篌天地——传统器乐的现代之路

◎崔君芝

崔君芝，中国首席箜篌演奏家，中国音乐学院、中央音乐学院的客席教授和中国国际箜篌演奏团的艺术总监，原中央民族乐团国家一级演奏员。多次在重大比赛中获奖：在日本世界广播大赛上演奏的《清明上河图》获一等奖，创作的《湘妃竹》获全国第一届民族乐器创作评比二等奖，联合国教科文总部颁发的优秀表演创作奖章。她编写的教材《箜篌天地》是现代最早的关于箜篌演奏的权威著作。如今旅居在美国，在圣荷西州立大学任教。

大家下午好，我今天很荣幸能够带着我们的箜篌团队在金沙讲坛谈谈我们箜篌的前世今生，这是我们箜篌的成功，是我们箜篌的荣耀，谢谢大家的光临。

箜篌的历史

箜篌看起来很像竖琴，但是不是竖琴，在"一带一路"的大好形势和与各个国家"一带一路"交流的过程中，箜篌是一个非常重要的乐器。中国古代历史上有卧箜篌、竖箜篌和凤首箜篌。卧箜篌产生于汉武帝时期，当时打败了越南，汉武帝很高兴，就叫音乐家侯调做了一个乐器来祭祀上帝。侯调就做了一个乐器叫坎侯，有一尺多长，平放于胸前，用品把音高定位，然后右手持拨子，左手定弦演奏。卧箜篌发明后，在战国时的蜀国一带非常流行。直到唐朝仍在使用，唐朝后期卧箜篌东渡到了日本和朝鲜，今天朝鲜和日本的弦琴就是以中国卧箜篌为原型，至今都在演奏，而在我国，由于古筝、古琴的迅速发展，卧箜篌在中国反而失传了。

竖箜篌是在"一带一路"丝绸之路的文化交流混合中传到我国的。当时的波斯的文化、巴比伦文化、古埃及文化汇集在敦煌，从这条丝绸之路进入新疆，然后进入中原大地，在盛唐的时候得到了最大发展。在新疆出土了2700年前的文物砌末箜篌，制作家黄伟其老师做了最大努力已将其完全恢复，现在已经进入了巴州的博物馆。它从西域传过来，经过在中华大地上的使用和中国化的改变，在盛唐时已经是中国化的乐器了。在敦煌壁画和很多壁画中看到的箜篌就是竖箜篌。虽然制作方法和使用材料有不同，有的完全用木头，有的用皮革，但是都叫竖箜篌。它竖抱于怀，用两手拨箜篌来演奏，在古代乐队中算是大型的弹拨乐器。竖箜篌和卧箜篌这两种乐器在中国盛唐时非常流行，有很多的诗歌都描述了当时的盛况。

凤首箜篌有高高的头，是从古印度传来的。古印度的佛教创造了这个乐器，认为它是从天上来的声音，很是神圣。凤首箜篌传到中国后，在中国经历千年，得到了传承，在唐代的壁画里和文献中都有记载，飞天图里，凤首箜篌和竖箜篌都有，在敦煌里面上千幅非常美丽的画卷中，箜篌出现的次数仅次于琵琶。

三种箜篌都在中华大地发展，这是在任何国家都没有的。

箜篌在我国的失传与再造

箜篌在我国是什么时候失传的呢？大概是唐代以后，到了明清时期，箜篌已经很少了，只在民间的祭孔乐队当中使用。那么箜篌为什么会失传呢？第一个原因是它在表现力上有所局限。但总的来说，箜篌的艺术性是很强的，唐朝诗人李贺有美妙的诗歌表述："昆山玉碎凤凰叫，芙蓉泣露香兰笑，十二门前融冷光，二十三丝动紫皇。"它打动了皇帝的心，宫女们都迎接着它。帝王将相全都立马迎接箜篌演奏家的到来，它的巧声一回一变，古曲、汉曲皆可以弹，弹到高音的时候像燕子喃喃向语，弹到低音弦的时候像大雁隆隆，又像鸳鸯在水上弄心声。它激烈的时候像布匹的碎在蝉翼里，发出沧桑的声音，战士出发到战场上的时候，在马背上也拿着箜篌。第二则是因为它被完全禁锢在宫廷里了。对内，声声不浅出；对外，不允许教人，连宫女都要偷偷掀起戴帽帘才可以听到它动听的声音，所以会演奏的人非常少，演奏的技术得不到传承。明清时候民间音乐得到大发展，包括说唱和戏剧，这样，宫廷音乐逐渐消亡，一直走到祭孔乐队中。这种乐器没有了生命力，也就被淘汰了。

二胡发展了 100 多年，是表现力和功能性都比较强的乐器。双排弦箜篌是我国新型的弹拨弦鸣乐器。它有凤首箜篌拉弦板，像一个漂亮的凤尾，这边有弦，像它的羽毛，然后是琴柱、琴墩、踩踏板。琴弦是 70 音阶排列，拉弦板下面是转调机械。它和竖琴的区别在于是立马共振，竖琴是圆式，所以其声音带有中国民族传统文化的因素。竖琴一般是用尼龙，我们是用钨丝，丝的多少决定弦的粗细，所以它越低越粗，越高越细，琴弦和竖琴完全不一样。所以音响效果也完全

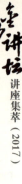
不一样。另外，这个琴弦发音特别敏感，可以用各种办法演奏，比如使用拨片等。最重要的一点是箜篌的双排弦有柔音压颤的机械，这个机械利用了杠杆原理，给它重量的时候就高，放下来就低，这个高低的无数的变化成了我们揉音压颤滑。

关于箜篌，有一个我亲身经历的动人故事。我在日本演出的时候引起了一个世界竖琴协会主席的注意，他说你们国家的竖琴我们之前都没有邀请过，我们是世界竖琴大会，这个大会有四五十个国家参加，在维也纳皇宫召开，每三年一次，我邀请你去。后来，我带着非常紧张的情绪去举办了独奏音乐会，当我演奏完后，中华人民共和国国旗就升起来了，并且马上通知我国大使馆，大使们全来了。当时的盛况和升起的五星红旗使我坚持下来直到今天，虽然已经 30 多年了，但我永远记住了，只有民族的才是世界的。现在我们的箜篌虽然还有很多问题和缺点，还在等待更多人来参与它的发展，但是我已经看到了它不可抗拒的美和辉煌灿烂的未来。

箜篌的新生与发展

箜篌和竖琴完全不一样，但是琴弦排列和制作方法和竖琴是一个家族的。虽然箜篌已经失传了百年，所有的音响和乐器都没有了，只在图片里可以偶尔看到，图书馆和一些博物馆里还有着它们的印迹，但是有志之士一直想要把它恢复起来。在 30 年代，大同乐会的一些专家复制了这个乐器，他们用美丽的凤头，用民族式的码子做起来，因为当时战火连连，这个乐器没能保存下来，制作乐器的人也早已经过世了。1958 年，沈阳乐器厂民族乐器制作家韩其华发明了一种竖琴，竖琴很大，但是他弄了双排弦，是用杠杆支撑原理做成，能揉音压颤的乐器，在 1987 年拿到科技大会上展览。由于当时是由弹竖琴的人演奏的，所以没有出现揉音压颤。我那时在歌剧舞剧院弹竖琴，去上课的路上到了中央音乐学院，那天大雪刚刚过去，天气非常晴朗，一位同学告诉我说，音乐研究所里有一台竖琴，是排弦，可以揉音，我学过民乐，也很喜欢，也曾经想过弹竖琴为什么不能像古筝一样可以揉压？听说了这个新乐器，我非常兴奋，课也不上了，就跑到音乐研究所，看见了韩其华师傅，我弹完了以后，觉得这个乐器非常有前途，就对他说，你把它借给我，我拿到家里给你演奏。当时，我刚刚从学校毕业。

弹了韩师傅制作的这个琴以后，大家都觉得是很奇特的乐器，就上报了音协和文化部。音协和文化部的老先生非常支持这件事情，说他一直在盼望着箜篌的复兴，就马上组建了中央民族乐团箜篌改革小组，当时组里有德国音响专家王湘老师和沈阳音乐学院的张琨老师，我就直接调到中央民族乐团，从演奏角度上参与改革。苏州民族乐器厂蒋柏松在这个组里面做了非常重要的工作，还有苏州的张子瑞老师，他们使第一台中国的箜篌出现在了世界舞台上，也就是我在维也纳所弹奏的乐器。我感觉到非常幸运，是历史选择了我来演奏，历史选择了他们做箜篌。他们差不多都过世了，我希望今天的美妙的音乐能飞上蓝天，以告慰他们的英灵。

当时我们提出，把古代箜篌的竖箜篌和卧箜篌相结合，制作中国的现代箜篌。为了实现我们的理想，我们找了大量的资料进行实验，两年以后，1980年的春天，第一台现代中国的箜篌出现了，就是去维也纳演奏的那台，成为当时世界上唯一演奏了最美乐曲的箜篌。但是当时它还没有太多转调，还存在一些问题，在后来的发展中得到了很大的完善。10年后，我在中央音乐学院领导主持建立了箜篌专业，并开始招收学生，20多年中，我到世界多个国家去演奏箜篌，每到一个国家，都会得到很大的赞美。我在德国的十几个城市演过，参加了世界竖琴大会的多次开幕式、闭幕式，通过演奏箜篌登上了世界上各个辉煌的舞台，所以箜篌走到今天是非常成功的。现在我们的乐器非常昂贵，这样一台琴将近20万，在我的教学和演奏当中感觉学习的人已经很少了，于是我们的箜篌开始碰到瓶颈，怎么往下发展，怎么去宣传，让大家知道这个美好的乐器是我们今后要努力的方向。

箜篌有双排弦音色变化，它和竖琴完全是两种乐器，我们只有小二度和特色揉音压颤，和古筝并不完全一样，所以它凭借自己的特色屹立于乐器之群，得到人们的接受和承认。最好的消息就是四川音乐学院从今年开始招收箜篌专业的学生，还培养箜篌专业的硕士研究生。四川有非常好的乐器生产基地，有人热爱箜篌事业，投入资金进行建设，我觉得，四川的箜篌要领先于其他地方，是箜篌启航的好地方。我们现在发明了用拨片集成了卧箜篌演奏手法，也可以戴上指甲演奏。我们有三种演奏手法，丰富了艺术表现力。

我认为当今的发展就是要传承，没有传承就没有发展，现在的瓶颈就是箜篌乐器昂贵，而且笨重。我在巴黎演出的时候带着两台这样的琴，非常辛苦，只能让不认识的人帮我看着一台，把另一台琴推走，再来推这台，甚至出现了几次海关不让我进去，演出被停止的情况。因为箜篌价格太贵和搬运困难，没有太多的人学习，慢慢就会失传。现在，这种状况有了改变。首先，7年前中国国际箜篌协会成立时，我们同中央音乐学院合作编写并出版了教材，我还主编了中央音乐学院的考级曲目，这些都促使箜篌学习快速地发展。其次，现在制作了小的箜篌，轻便且造价合理，北京都在使用这种乐器。厦门也建立了这个专业，在小学生中普及这个乐器。北京联合大学有六七十人的箜篌乐团，中关村的小学里也有箜篌乐团，有的甚至达到四五十人。现在，中央民族乐团、北京广播乐团、中央广播乐团、北京民族歌舞团、北京民族乐团等单位都有了箜篌演奏家，所以，箜篌现在处在比较兴盛的阶段。

金沙讲坛

讲座集萃（2017）

国画欣赏与人文素质

◎任道斌

任道斌，中国文化与艺术史学者，中国美术学院教授、博士生导师。1981年毕业于中国社会科学院研究生院，史学硕士。初在中国社会科学院历史研究所从事研究工作，后调至杭州从事教学工作。著有《赵孟頫系年》《董其昌系年》《中国绘画史》《美术的故事》《思嘉室集》《中国少数民族美术史》（合作），主编《赵孟頫书画全集》《佛教文化辞典》等。

各位朋友冒着大太阳到这里来与我交流，我非常高兴，谢谢诸位。讲到美术，成都也是非常出名的，后蜀主孟昶成立了翰林图画院，这是中国历史上第一个画院，画家能够拿到工资，能够安心作画就是从成都开始的。

我今天就给大家讲一下我学习国画的一些体会。我对国画一直比较有兴趣，后来机缘巧合到了中国美院从事教学工作并创作。在教学和创作生涯中慢慢对国画有了一些了解，觉得国画非常好。我经常说，我们的中国画有一个非常优秀的特点，就是能够修身养性。

国画的民族特点

中国画的历史是比较悠久的，中国人对美术的兴趣也是非常久远的。绘画如果从功能上讲有记事、象征、装饰、抒情、教化、商品的功能。其实我觉得国画最大功能就是让人心情愉快，能够修身养性，延年益寿。中国画和国画之间有一个变化过程，先有中国绘画，然后有国画。最早的美术作品是古代先民岩石上的作品，像广西的左江、新疆天山、内蒙古阴山和宁夏这一带山上都有很多岩画。一般来说，北方的民族比较彪悍，他们的岩画都是在硬的器材上凿出来的。南方岩画都是动物，而且用植物的颜料涂出来，涂的一般是青蛙。广西这一带喜欢画青蛙，因为他们觉得青蛙跟天神是相通的。

大概四五千年前在杭州有一个良渚，这个地方有一些文化遗存，在玉器上刻着一些美丽的图案，如太阳神骑在神兽上。大概在四千年以前，彩陶上又出现了一批美术作品。夏商周时期也有一些美术作品，如青铜器纹饰图案、龙凤仕女图。在秦汉时期墓室里面有一些壁画，反映了当时的社会生活。

真正有名有姓的画家就是魏晋时期的顾恺之。顾恺之画的《女史箴图》是比较标准的仕女图。这幅画现在在英国伦敦大英博物馆。顾恺之的图像用笔很细，像春蚕吐丝，线条流畅，造型优美，反映了当时社会贵族女子的生活。

国画有什么民族特点呢？

第一，绘画的工具与西方的不一样，就是文房四宝：笔墨纸砚。其中笔是毛笔，毛笔分狼毫、羊毫和兼毫；墨有松烟；纸分丝织品和宣纸，丝织品有娟、绫和帛，宣纸有生宣和熟宣；砚就是砚台，在我国也有很多品种。

第二，笔墨与色彩。墨分五色，墨在画家用毛笔的过程当中会产生浓淡深浅、干涩等各种各样的变化，从黑到灰，呈现出丰富的色彩。我们学校有一个色彩研究所，专门有一个老师研究色彩，光是黑色色谱就有两千多种。国画用的是水墨，在水墨的作用下画会产生很多丰富、立体的效果。国画用的是没有油的矿物植物颜料，是环保的。

第三，构图和留白。构图和留白也是国画的特点，我们常用白来代表实体的东西。另外是散点透视，西方的画围绕一个中心来展开，而中国画则有很多点，是多中心。国画讲究辩证法，注重黑白、虚实、浓淡、多少、大小的变化等。我这里举一个例子，大家很熟悉齐白石画的虾，如果按照西方画家的惯例肯定要画水。但齐白石没有画水，这个白色就代表水，而且这个虾在游，显得非常生动。

第四，诗、书、画、印四绝互相配合。好的作品，尤其到了宋、元以后，中国的文人会在画上题思、书法，使画面的整体意境得到加强。比如画一条鳜鱼，这个鱼就是年年有余，桂代表了富贵，这就是一个吉祥的江南民间说法，里面有题跋，有印章，使整个画面看起来很协调。

第五，特殊的装裱方式。中国画的装裱方式也跟西方不一样。中国画面用的是挂轴、长卷、扇面、册页、条屏和镜片。过去的家里面基本上都是挂轴，每个月要换一下，现在就用玻璃框装好，长久地挂在墙上。挂轴上面有两条带子，叫作惊燕，就是在燕子飞过来时把它赶走，让燕子受惊害怕，以保护这幅画。这幅扇面画的是晚上看潮水，杭州的钱塘江潮非常有名，每年八月十八日潮水汹涌，气势宏大，在宋代的时候就有这种习惯，所以宋代画家就把皇帝看潮水的情形画出来了。

国画按照题材可分为人物、山水、花鸟、走兽和建筑。这幅是人物画，画的

是眉山苏东坡，是元朝的画家所画，非常儒雅。这幅是山水画，画家想表达自己隐居的意愿。这幅是花鸟画，鸟站在柱子上非常生动，好像真的有重量似的，把这个竹子压得趴下来。这幅是元朝画家画的人与马，马的鬃毛漂动的感觉、人的袖子被风吹动的形状及人的胡须形状，让我们感觉画面上好像真的有一股风吹了过来。

国画的技法可分为工笔画和意笔画，工意结合叫工兼意。工笔就是精细地勾描、柔和地渲染，就一个字——细。意笔就是写意，顾名思义画的是"意"，就是画感觉、画意境。一般这种画法相当地随意，风格要比起工笔粗狂、潇洒。

国画的色彩：我们有水墨画，水墨色有浅有深，还有青绿、金碧青绿和泼墨泼彩。这幅是潘天寿画的，他画的鸟颜色比较好，石头也有立体的感觉。这幅是张大千的《巫峡清秋》。张大千喜欢家乡，喜欢画青城山、峨眉山。这幅画就是泼墨画，一个神仙喝醉酒后踉踉跄跄地走，出自清代八大山人之手。

国画的内容可以分为风俗画、道释画和番族画。风俗画是讲民间生活、宗教等内容的，道释画是表现人物的，番族画表现的是少数民族的历史和现实题材。所以中国画的分类是比较丰富的。这幅是很出名的《清明上河图》，属于风俗画，讲的是当时河南开封民间老百姓的生活。这幅道释画画得非常细腻，画面上和尚的头、眉毛、胡须一笔一笔下去，画得非常仔细。和尚下面这个树也画得很好，把树当作山来画，很有立体的感觉。这幅番族画是辽代时候创作的，将少数民族的风俗表现得淋漓尽致。

画家按照职业来分有民间画工、宫廷画家，即现在的国家画院的画家，以及文人、士大夫画家。民间画工以画画为职业，服务民间，这些画工的技术很好，过去在古代寺庙里面特别多，有一个本子，他们可以按照这个本子画壁画。寺院里面还有画工和画僧。这几年，寺庙里面也开始慢慢恢复壁画，因为壁画比较直观，可让人更多地领会佛家、道家的一些精髓。中国美术学院成立了壁画工作组，这些壁画老师现在非常忙。另外一种是宫廷画家，宫廷画家最早产生在成都，现在虽然没有了宫廷画家，但是我们有国家画院。宫廷画家的绘画要为皇家服务，技术一定要很高。文人常在写了文章之后拿毛笔画一些画，于是产生了文人画。文人画不是拿来作为商品使用，而是用于朋友之间的交流，以展现自己的才华。文人画一直是中国绘画的主流，文人把自己的思想寄托在画里面。画家还有一种分类就是按地域分类。在美术史上有浙派，有吴门画派，还有扬州画派、海上画派。中国地大物博，各地的风情不一样，因此，形成的审美观也不一样。

国画的鉴赏

我们再来看绘画的审美标准，就是如何去看一幅画。对于一幅画虽然是各有各的看法，但是在业内还是有自己的标准。这个标准主要分两类：一个是绘画的意境，即想表达什么，这是比较要紧的；再一个就是绘画的技巧。

我们欣赏画，首先看意境，即看它的格调是不是高雅。现在国画现状比较混乱，比如有一位画家画胸罩，画洗澡，画自己坐在马桶盖上，这种现象在生活当中有，但是格调实在不高。画家的画一定要讲究高雅。这幅画是南宋一名画家画的，叫兰草图。这幅画简简单单，到底好在什么地方呢？这是南宋的画，当时蒙古人进攻宋朝，这名画家不愿意屈服，不愿意跟蒙古人同流合污，所以他说自己是一棵兰草，散发着幽香，但是兰草没有国土了，他用这幅画表达了自己对宋朝的忠心，所以意境很高。

这幅画画的是一匹瘦骨嶙峋的马，这名画家画的是千里马，这个马的肋骨如果有 15 根以上就是千里马，就是好马。但这些千里马为什么这么瘦呢？这名画家在画自己，用瘦马来比喻人才没有得到重视。

第二看气韵是不是生动，有生气，有神采。我们都知道，生物课上的标本图是很科学和准确的，但都是死的。而国画可以把事物表现得非常鲜活。

第三看造型怎么样，形象是否美观，构图是否合理。比如看山水画，会看它有没有近景、中景和远景。有的时候我们会说这幅画画得不好，太平了。这幅画是清朝画家画的，画的山有近景，中景就是山里面的云，远景就是远山。这幅也是清朝的画家，虽然是一个局部，但是也有近景、中景、远景。山水视角角度不一样，有平远、高远、深远和迷远。这个是平远，比较空旷，山也不高，画的水村，里面有人和动物，看上去非常开阔。这幅是高远，庐山高图。这幅也是画的高远，尤其云雾水气把山隔断，桥上有人在仰视，这个叫点睛人物。这幅是深远，山里面很深。这幅是有一年我带着一批英国画家到重庆画的长江三峡画，我在里面伪造了一下，因为那时候我们坐的是油轮，我却画了几只帆船，所以画画有这点好处，可以造景。这是迷远，就是 11 月份的雾天，看起来迷迷蒙蒙的感觉。还有，画面有黄金分割比例，一般在 3/5 的位置比较好。

第四看造型是否形象而传神。画人物往往不是要画得像，画得像是不对的，要看画得似与不似，这是中国画的最高境界，要把人的精神和喜怒哀乐表现出来。这幅是历代帝王图，画一个皇帝画得非常高大，旁边侍卫画得非常矮小，这就是似与不似。这幅是中央美术学院的年轻画家画的西藏雪域风光，西藏这个地

方阳光非常足，画家用的光束效果非常好，包括我们现在看这幅画好像也是受到了光的刺激一样。

第五看线条是否流畅。这幅簪花仕女图，裙子非常飘逸，线条非常流畅。这是林风眠画的，多一笔不行，少一笔也不行，尤其是窗上的窗帘加上去，使线条更加流畅有生趣。

第六看色彩是否柔和、清丽和自然。这幅是明朝画家董其昌画的，他的官职很高，用的颜料很讲究，所以他的画三四百年以后看还是和新的一样，色彩比较柔和。这幅是《秋兴八景图》，画的云像棉花一样有分量，但同时又是轻飘飘的。这幅画非常出名。

第七看画面是否变化而和谐，虚实、大小、浓度、高低，形象的变化是否丰富多端。比如说李可染画的桂林山水，山峰和逆光效果都与众不同，近山和远山都有可以走进去的感觉。

第八看诗书画印。有时候画家觉得画上没有充分表达自己的情感，所以写诗题跋来加强，或者后来的人有了各种体会，也会在画上题跋，这些都构成了整个画面的艺术效果。现在的人都不用毛笔，所以写起书法来很困难。很多画家画画得不错，但是写字写不好，写诗更不行，所以要讲究整个画面好，还是比较难的。题也必须要贴切。印章有名章、闲章、引首章和押脚章。印章既要盖得清晰，又要补充画面的不足。

第九看画是不是有创新精神。这幅人民大会堂挂的《江山如此多娇》，是郭沫若、周恩来、陈毅、傅抱石、关山月合作的。毛主席专门为这幅画题了"江山如此多娇"。

有的画虽然小，但是画里面可以展现很多东西，小小一幅画可以展现辽阔的江山。这幅是宋朝的画，它把江西湖北这一带长江两岸的风景画面展现得非常好，云烟在飘逸。有的画给人一种清凉的感觉，比如明朝徐渭画的雪中芭蕉，这幅画有争议，因为雪天芭蕉已经没有了。这幅是王维画的《雪溪图》，非常出名。

还有的画很喜气，比如近代吴昌硕画的红梅，海上画派的最大特点就是画工很吉利。有的画很有妙趣，让人很开心，比如丰子恺的画，丰子恺和齐白石把国画和生活结合起来，使大家领略到中国画的趣味。儿童看到家长在劳作，便自发组织起来干活。这幅是李可染画的，一个很倔强的牧童拉着牛，这个牛的背是S型的，我年轻的时候上山下乡，也放牛，看到这幅画非常有感触。

画是无声诗，诗是有声画。历史上也有很多画痴，比如，清朝收藏《富春山居图》的收藏家要去世了，他觉得这幅画不应该留给别人，好的东西应该自己留着，所以他就把这幅画烧掉，他的侄儿把这幅画抢救了出来，结果就变成了两段。乾隆皇帝很喜欢王羲之的兰亭序，他去世的时候就让这幅字给他陪葬。

以画为寄，以画为娱，以画养生。中国最大的收藏家是乾隆皇帝，他在世的时候把各地的好画都收藏起来，所以故宫有那么多名画。画画是非常好的，一些老年大学书画班的学生甚至愿意留级，不想毕业。中国的画室好，成本低，作画环境好。明朝画家说，你可以在纸上创造世界。日本的很多寺庙里面也都有中国书画；美国旧金山这一带，很多人学习中国书画。

中国画不受客观限制，能够让你心情愉快，养生长寿，这是董其昌提出来的，他说画画不应该一味按照自然界的规律，画画就是要进行充分的创造发挥。

很多外国学生来我们学校学习，会学习到很晚，因为他们在里面感觉到一种乐趣。我有一年带着一批日本学生到千岛湖写生，我把画画好后，日本学生就说："老师你画好了，但画得不对。"我问什么不对，学生说今天晴空万里，没有云，你为什么画云？这个山上没有亭子，你为什么要画个亭子？这里是五棵树你为什么画七棵画？我回答："第一个问题，中国宋朝的画家说，山就是人，山是有精神的，人的呼吸就是云，所以画了云之后这个山就活了，山也会显得更高。这是我们中国古人说的，虽然今天没有云，但是我想象今天这个山出云了，所以我就画云。第二个问题，我想走到山上面去，登高望远，风景一定很好，但是走上去很累，要找个地方休息一下，所以我添了一个亭子。第三个问题，这里有五棵树，但是太平淡，我便画两棵枯树在那里。画画就是要把自己的审美观、自己的思想画上去。"他们听了之后恍然大悟，明白了中国画的真谛。所以日本朋友回去画了富士山，很高兴地拿来给我看："任老师，我也画了云，怎么样？"我说不错，这就是中国画，要有想象力。

创造与人的社会阅历有关系。古人讲，你走的路越多，你的画才越好。经常有学生说某某人书读得比我多，但他画的画比我差；某某去地方比我多，但他画的画没有我好。这个问题问得很好，这个说法对，也不对。这个比较不是横向比较，应该是纵向比较，是把自己没有读书之前画的画跟读过书之后画的画相比，而不是跟别人比。所以，美术跟人的各方面素质都有关系。过去有人说人品高则画品高，人品就是人文素质。这是徐悲鸿在抗战时期画的《醒狮图》，鼓励中华民族团结奋起进行抗战，民族气节跃然纸上。

画画可以提高人的涵养，提高人的素质和审美观。中国画能让人健康长寿，乐观向上，我也希望诸位朋友能对中国画感兴趣，有机会多去学习、欣赏。

也祝大家健康长寿，谢谢大家！

金沙讲坛

讲座集萃（2017）

当代电影艺术趋势

◎尹　鸿

尹鸿，清华大学新闻与传播学院教授，影视传播研究中心主任，中国文艺评论家协会副主席，获国务院有突出贡献专家特殊津贴。北京电影家协会副主席，中国电影家协会理论评论委员会会长，中国电影评论学会副会长，中国文艺评论家协会网络文艺委员会主任，中国高校影视学会副会长，中广联电视剧导演委员会和编剧委员会指导委员。著有《百年中国电影艺术史》《百年跨越：全球化背景下的中国电影》《尹鸿自选集：媒介图景·中国影像》《娱乐旋风：理解电视真人秀》《当代电影艺术导论》等。

在电视出现之前，电影一度处于一个黄金年代。那时，全世界的人唯一的影像消费、影像体验、影像审美的对象就是电影。电视出现以后，全世界的电影发展都出现了低谷，直到电影重新找到了跟电视不一样的艺术趋势。对这个话题的进一步探讨，或许能帮助大家理解为什么今天的电影与 20 年前的电影、30 年前的电影相比，无论是在题材、形态，还是节奏和叙事方式等方面都有很大的不同。

电影的变迁史

1895 年，工业革命的成果中开始出现物理化学。电影所需的匀速运动摄影机和放映机、化学胶片、感光设备甚至电力都依赖于工业革命。早先我们有皮影，但皮影跟电影完全不是一回事，皮影没有现代工业的支撑，电影则完全是西方的舶来品。一开始有 30 年左右的默片时期，也叫无声电影。这一时期电影的表现要靠人物的夸张动作，而且故事的内容比较简单，因为它没有语言，没有台词。卓别林就是默片时代的巨星。20 世纪 30 年代左右，开始有了有声电影。

有两部电影正好表现转型期的特点。一部叫《雨中曲》，是美国比较早的音乐剧电影，描写了从默片到有声转型时电影发生的巨大变革，其中也包括演员和艺术家等；一部是奥斯卡最佳影片《艺术家》——2009年拍的黑白默片，用一个爱情故事表现电影从无声到有声的过渡。所以这是一个伟大的发展和变化。又过了10年左右，电影又出现了变化，从黑白变成了彩色。到了这个阶段，有声、彩色为电影在20世纪30年代进入黄金时代奠定了基础。

在这个时代，进电影院看电影几乎是文化消费最主流的形式。特别是在30年代，世界资本主义国家经历了第一次大的经济危机。这个时候，好莱坞为大家提供了集体梦幻，让大家在经济困顿的时期感受到了爱情，感受到了生命的希望，感受到了未来总是有梦想的。这一时期出现了很多经典电影：《罗马假日》《窈窕淑女》《一夜风流》《鸳梦重温》。这些电影代表了大多数人内心想改变自己命运的梦想，而这种改变在很大程度上都跟爱情有关。这些故事中男女之间的地位差异都比较明显，但是最终都用纯洁的爱战胜了地位的差异。这给大家提供了一个爱与平等的梦想，虽然它实际上包含了潜在的不平等，但传导的是一个看起来平等的价值观。

中国电影最黄金的时间是1979年，观影人次达到290多亿，当时中国约10亿人，意味着平均每年每人在大荧幕上看30次电影。2017年，尽管中国票房和观影人次也高速增长，但是观影人次是16亿，即接近14亿的人口平均每年每人一次多一点。这样的黄金时代是什么时候结束的呢？就是在电视机出现后。第二次世界大战结束以后，由于电子工业的发展，50年代到60年代电视逐渐普及，西方国家从60年代开始电影的观影人次大幅度下降。中国则是从80年代才开始，差了二三十年。

1983年中国的第一次春晚，成为电视普及的一个契机。很多家庭为了看春晚，倾力购买电视机。那个时候电视机不是一家人自己看，街坊邻居都来看，基本上跟现在看电影差不多。买了电视机都在街上转三圈才抬回家，要让亲戚看到我家有电视机了。

电视在中国的普及对电影也有很大的冲击。20世纪80年代，中国出现了一个非常奇特的现象。中国第一部在国际A级电影节上获奖的电影是张艺谋的《红高粱》，获得了金熊奖，这是中国电影第一次在国际电影上获得A类大奖，在此之前世界不知道中国人也能拍电影。笔者90年代初去国外学习，在他们的世界电影史上讲亚洲电影的时候，基本上只有印度电影和日本电影，根本不提中国电影，中国电影被世界关注就是从张艺谋的《红高粱》开始的。这以后张艺谋连续有7部电影在国际A类电影节上获大奖，在全世界电影舞台刮起了中国风。每一年五大A类电影节必有中国电影获得两项以上的大奖，所以这段时间是中国电影的黄金时期，在国际舞台上的黄金时期。但是与此同时，中国国内电影市场每况愈下，每年递减30%的观众。为什么？就是因为电视特别是电视剧的

普及。

在世界上找不到任何一个国家像中国这样，一个城市也能同时看到 40 个频道在播电视剧，而且都是免费的，每天晚上播两到四集。中国是世界上最大的电视剧产量国，我们一年生产 15000 集左右电视剧，这使得电影的观众越来越少。后来电影院都变成了录像厅，变成了茶室，变成了打台球的，很难维持，电影进入了后电视时代。但是到 90 年代前后，世界范围内的电影都找到了跟电视不一样的竞争方式，进入了所谓的当代电影时期。

电视后时代的电影

媒介分化开始让屏幕变得更大。早期电影屏幕跟最早非高清时代的电视屏幕长宽比是一样的。现在电视机都已经高清化了，变成宽屏了，电影从构图上来说与电视不一样，虽然还是黄金分割法，但是长宽比发生了改变，屏幕变得更宽了。

然后有了遮幅式宽荧幕。荧幕更大、更亮，可以包含更加丰富的细节和更宏大的场面。电影普遍追求大场面是在电视出现之后，电影荧幕所表现细节的丰富度也远远超过电视，所以制作上必然会升级，电影开始具有自己显著的特点。

一是内容上的分级。欧美国家电影分级制度是从 20 世纪 60 年代陆续开始实行的，亚洲国家和地区差不多从 20 世纪 70 年代到 80 年代陆续实现电影分级。

电影分级带来两大变化。第一大变化是电影题材空间扩展了，可以出现一些孩子不适合观看的内容，因为成年人有更好的鉴别能力。这个鉴别不只是跟情感有关系，跟性有关系，也包括暴力、粗口、犯罪等。实行分级制以后，美国出现了所谓的新好莱坞，其代表作品一个叫作《毕业生》，一个叫作《邦妮和克莱德》。《毕业生》是霍夫曼的成名作，影片表现出了对清教徒的挑战，对教会的挑战，对虚伪道德的挑战。如果没有分级制度，这部电影是不能拍的，因为可能会影响到年幼的孩子。《邦妮和克莱德》讲述的故事把两个抢银行的强盗变成了主人公，而且拥有了某种正面性，这在没有审查分级制度之前也是不可以的。

第二大变化是使得影院有了分级管理的措施。一个是普通级，就是孩子大人都可以看。第二个叫作辅导级，需要父母和成年人加以一定的引导，但是不禁止未成年人观看。第三个是所谓的限制级，通常是禁止未成年人观看。美国则将电影分为五级。第一个级别是 G 级，任何人都可以看。第二个级叫 PG 级，PG 级又分了两级，一个叫普通 PG 级，一个叫 PG13，是为了让成年人更好地根据孩子的年龄进行选择。第四个级别叫 R 级，虽然现在翻译成限制级，但是在美国并不是真正限制级。R 级的电影通常意义是说不适合未成年人观看，但是并不禁止观看。有的孩子从小信息量非常丰富，他有更好的鉴别能力，他可能可以承受，但是对于大多数小孩来讲可能这种内容不适合观看。美国的最高级别叫NC17。N 即 NO，17 岁以下的孩子不可以观看，即禁止级，观影需出示身份证件。

二是功能上的划分。在电视出现之前，电影是全功能的：既做新闻，也做科学教育、科学普及。以前的电影前面通常会加两个短片。一个是新闻简报，就相当于我们今天的新闻联播，由当时的中央新闻电影记录制片厂拍摄。第二个是由北京科学教育制片厂拍摄的科教短片。电视普及之后，电影的这些功能就被电视取代了，大部分电影趋于娱乐化。而这种娱乐体验可能是在所有需求当中促使观众产生消费行为的最主要动机。但是真正的好电影一定不是娱乐至上，一定有更深刻的主题传导。即便是这样，电影跟过去相比还是发生了很大的改变，功能更分化，或说更加娱乐、更加奇观，要不就是更加深刻，这是电视后时代的电影。

全球化艺术时代的电影

在电视后时代，20 世纪 90 时代的电影发生了两个大变化。

第一个是全球化。现在全球化这个词大家非常熟悉了，但是事实上在 80 年代之前电影是没有全球化的。从第二次世界大战结束的 1945 年一直到 1985 年，全世界有 40 年左右是处于冷战时期。这一期间两大阵营在长达 40 年的时间中文化相互割据，我们互相看不到或者很少能看到对方的文化产品，包括电影。

中国的改革开放和东欧国家的解体结束了全球冷战时期，文化间开始相互交流，这个时候电影才真正能够全球化。中国最早引进发行美国电影是在 1994 年，共 10 部美国大片，这个时候我们才能跟全世界人民一起同步看到美国电影，是第一次实现全球化。

全球化使得电影的主题要更加适合全球不同市场的需要。原来的电影都是代表一个国家、一个阵营、一个意识形态，有更强的政治性。在这之后电影带有更强的共享性，要使不同的国家、不同的社会制度、不同文化传统的人都能认可，实现全球共享，这对世界电影的发展有很大的影响。美国国内只占好莱坞票房的1/3，有 2/3 的票房都来自其他国家。虽然它将美国的政治、符号隐藏在电影的故事和共同情感当中，但不会让我们觉得它是美国电影。它的题材取自各国各地，题材和主题都实现了全球化。

中国国内 2017 年的电影票房将近 560 亿，但是海外票房算上好莱坞自己发

行的合拍片才 40 亿，不到我们国内电影票房的 1/10，电影国际化水平很低，仍处在被动的局面。

第二个是数字化。计算机的出现带来了电影的巨大变革。现在大家在影院看到的已经是数字屏幕，电影制作已经数字化了。过去我们说，电影是二度创造，一度创作是写一个剧本，二度创作是表演和拍摄。现在我们电影有三度创作，即后期。后期制作可以对电影做巨大的改变，现在一些数字技术依赖度比较高的电影甚至有 2/3 的画面都经过了数字重新合成。比如电影《地心引力》，其中的镜头基本上全部都是在绿幕前拍的，所有的场景都是后期合成的，包括浩渺的太空。

近些年幻想类电影大量出现，大大丰富了我们的想象世界，使得这一代孩子开始有了假定世界观、假定逻辑、假定人设的能力，虚构能力大大提升。这一点在上一代人中则较弱，所以我们发现了在观看幻想类作品的时候观众最容易出现代沟，而这类电影占据了很大的市场。

电影类型在发展，整个电影的观众群体也发生了巨大改变。过去在没有电视的时候，男女老少都看电影。现在在美国电影的主流观众是 14 到 24 岁，中国基本上是 16 到 35 岁，平均年龄在 22 岁左右。这类主流观影人群使电影的主题、题材、节奏、风格、样式等更加有了青年的特点。

当然，这并不意味着中老年人就不看电影，只是适合我们看的电影数量会变得不那么多，出一个《芳华》就很不容易。美国每年也拍一点适合中老年人看的电影。有一部电影叫《实习生》，讲三代人之间的代际关系，也非常好。还有影片《拉斯维加斯》等。但是这样的电影一定不是主流，而且数量比较少，主流电影更加奇观，更加自由，更加有想象力，更加追求影院的效果，更有梦幻感，甚至连声音和画面效果都不一样。比如现在影院多采用 7.1 环绕声道，观众能够听到任何机械的声音，例如一个爆炸，听到石头、沙土撞到墙面上所有的声音，已经远远超过了我们在日常生活中能分辨出来的声音。

在没有电视之前，一部常规电影镜头数量大概是 300 个。现在的好莱坞商业电影，比如《变相金刚》《速度与激情》，镜头则多达 3000 个，是以前影片镜头数量的 10 倍有余，这就意味着现在的商业影片节奏更快。而观看这一类影片的观众通常不会成为批评家，因为这个时候观众来不及批评，而被电影牵引着，不断接收新的信息。其实，这种商业大片就是用快速的节奏控制观众，让其来不及思考，因此，它也被称为爆米花电影，其基本功能就是让观众的心理得到宣泄和释放。这一过程所含的营养确实不多，它带给观众的主要快乐就是一级的娱乐体验。这就是数字化时代的电影。

近年来，人们越来越多地意识到我们要通过电影认知历史，认知世界发生的改变，因此产生了大量的历史电影和根据真实故事改编的电影。这些年奥斯卡获奖电影当中有大量根据真实事件改编的影片，比如大家熟悉的《逃离德黑兰》《菲利普斯船长》《敦刻尔克》《泰坦尼克号》等，包括最近刚刚在中国放映的英国电影《至暗时刻》。《至暗时刻》今年被评为全世界最好的电影之一，片中饰演丘吉尔的演员奥德曼也凭借此片获得奥斯卡最佳男主角。但是这个电影在中国只有 3000 多万的票房。

　　观众的鉴赏能力对电影的发展有重要影响。鉴赏水平还有一定差距的人，需要接受更多的艺术熏陶和教育，需要观看更多的不同的好电影。其实中国是有好电影的，遗憾的是很多观众要么不知道，要么不去看。比如《无问西东》，笔者是这部影片的策划人。说实话，这部电影是 7 年前策划的，后来笔者一度认为它已经烂尾了，没有什么信心。之后笔者去看了终剪版，看完以后很久说不出话来：我真是没有想到会是这么好的一部电影，那么有风骨，虽然还有缺陷，还有不足，但是它所体现出来的高贵性，人的高贵性，电影的高贵性，在国产电影中极为罕见。过去我们看《泰坦尼克号》，会觉得水淹没上来的时候，那群拉着提琴的人，有着人性的高贵。看《敦刻尔克》，飞行员弹尽油绝以后，为了让沙滩上的 20 万英军看到英国空军在他们的上空，他愿意开着没有油的飞机在上空滑翔，让他们怀有希望，宁肯迫降也不愿意跳伞，不让士兵们看着这架飞机失事坠毁；宁肯被敌人俘虏，也不会放弃这 20 万英军的希望。就是这种高贵感。

　　《无问西东》中也表达了这样一种高贵感。里面王力宏饰演的飞行员，那两个 60 年代的知识分子，当然也包含片尾的那一群中国当年的大师：他们在雨淋到自己身上的时候，仍然跟同学们在讲世界上最先进的文化；当炮弹在头上飞的时候，坚持一定要让学生先走。正式公映的头天早晨，笔者又去感受了一下。在场所有观众几乎没有一个在影片结束出字幕的时候离开，每出现一个人物大家便为他鼓掌，26 次掌声，给予了这种高贵性。国内的观众也开始意识到以前的爆米花电影越来越腻味，希望在电影院里看到一点真实的东西。通过电影来表现历史、回顾历史，让现在的年轻人了解历史，这是一种历史态度。《芳华》就是这样的一部电影，尽管由于各种各样原因，这种历史表述中还存在一定的偏差，还存在一些不能表述的内容，但是毕竟呈现了一代人经历过的一个年代。事实上，很多真实的事件要比电影中虚构的叙述要残酷很多，电影作为一种公众艺术已经做了很多修饰，然而其中的真实仍然具有打动人心的力量。

　　远离现实的历史逼真感、时代感，能够带给大家超出时空的知识，所以有年代感的电影大家还是会非常喜欢，通过电影获得一种超越时空的对话感。很多这种电影，如《无问西东》，片中的演员大多几乎没有报酬，大家都被这个故事打动，觉得能演这个人物是自己的荣幸，可以借此体验到这些人物所处的时代和他

们身上所肩负的理想。这些理想主义不是高高在上、脱离人间烟火的理想主义，当然内心也更加丰富。

电影类型的多样化

除了爆米花电影，电影大约还可分为四大类。

第一类叫艺术商业电影，看着是商业题材，比如犯罪、恐怖、惊险、悬疑等，但是进行了艺术化处理。这样的电影作者有自己独特的艺术思考和艺术判断。诺兰的电影很多都是这样，像过去的《盗梦空间》，近年来的《敦刻尔克》。《敦刻尔克》是一部战争电影，但是做了非常艺术化的处理：三段不同的时间，被放置在一个交叉时空进行剪辑，令观众感受到在同样的时间，不同的人命运的关联性，以及相互间人格高贵的关联性，带有很强的表意能力。笔者认为，《无问西东》也是这样的电影。

第二类叫商业艺术电影。它的题材没有特别强的商业性，但是在叙述上采用大众化叙述，大家比较熟悉，比如《楚门的世界》。它和《阿甘正传》是同一个年代，当年没有得到大奖，但是有很多提名。我们自认为生活在真实世界，但是实际上我们周围的一切都是媒介创造的假象，甚至我们认为不能做什么都是媒介给我们创造的假象。所以电影最后的结尾非常有震撼力，主人公活了几十年，突然有一天发现自己原来是活在一个摄影棚里，自己周围所有的人都是演员，只有自己不知道，全世界都在看自己演戏。看起来这是一个非常极端的故事，但是故事隐喻的是人处于媒介包围下的生存状态，所以这部电影非常有意思。

这类电影还有《艺术家》《海上钢琴师》等。特立独行的艺术家离开了自己的象牙塔就一无是处，但是在特定的空间环境里面表现优异。《海上钢琴师》里最经典的一段是斗琴。很少有电影能把文戏剧表现得惊心动魄，而这一段被拍得惊心动魄、细致入微。这类经典作品值得一看。

第三类分众电影，只给一部分人看的，比如《断背山》《七月与安生》《最后的拉斯维加斯》《实习生》等，也包括《冈仁波齐》这样的电影。这类电影可能不会被所有人喜欢，但是相当一部分内心有精神需求的人看后会被打动。当《冈仁波齐》在北京首映时，笔者正好跟导演一起做首映，当时他对这部电影的票房预计很低，影片中的出演者全是非职业演员，都是在表现自己。最后这部电影票房刚刚过一亿。让人知道情怀仍然有观众。

还有一类叫作者电影，有作者非常强烈的个人表达。观众如果没有跟他相同的艺术经验和生活经验，理解起来可能非常困难，会出现理解上的差异。作者电影对观众跟他的共鸣感和相似性要求会更高一些。

现代电影多种多样，这得益于越来越多的传播途径和越来越大的观众规模。比如影片《百鸟朝凤》。其实这部电影语言很旧，很传统，也不是特别有震撼力，但是它有独特的艺术风格和独到的艺术追求。但这部电影在四五年之前发行不了，因为那个时候市场太小，观众一年就进一两次电影院。后来这部影片能够进电影院，也收获了七八千万的票房，为什么？根本原因是电影市场的多样化给大家留出了更多的观影空间，从而有更多好电影被大家看到。

但不管是什么类型的电影，它们都有一个共同的特点：要适应影院的需要。当代电影的一大特点就是影院感，需要只有在影院那种封闭、黑暗、视听饱和的空间面才能够得到独特经验，这样的电影才会有影院性。因为影院是一个消费成本的场所，除了电影票价，更主要的是专门的时间成本、交通成本，如果没有足够的影院独特性，仅是一部好电影是不足以吸引观众进电影院的。因此电影仅具有可看性还不够，它更需要必看性，需要具备观众认为必须去影院观看的必看性。

怎么做到必看性？比如题材和人物的超常感。电影人物跟一般电视剧和新闻人物不一样，是有极致性的。另外故事叙述的建构，经常会是一个多线索叙述，打乱观众对电视的预期。因为现在每一个观众都会讲故事，如果只是按常规讲故事的方法，观众很快就足够用他的聪明判断这个故事会向什么方向发展，所以必须用叙述方式重新建构观众的预期。第三个是对节奏的控制。现代电影的节奏感已经强了很多，不管是镜头的数量、镜头的运动性还是剪辑的简洁性，跟过去相比都有了巨大的改变。这让观众在影院里面体验到一种极致的状态。第四个是声画系统的陌生感，现代电影，包括纪实风格电影，使用镜头的时候很少使用标准镜头，要么使用广角，要么使用长焦，大量镜头的改变让人产生跟日常视觉体验不一样的感受。技术的改变完全在改变着电影带给我们的体验，只不过我们很多人没有这种经验，没有这种分析能力，不知道它在影响着我们。

电影主题更重视世界共享

尽管不同国家，制度不同，文化传统不同，但是人类仍然有一些相似的价值观。比如打动我们的东西一定有人道主义，一定有对人的尊重。所有的人都是以个体为基础的，这是一切价值观的本源。人的生命是最宝贵的，所以好的电影一定对生命有尊重感，并非面对的是敌人，敌人的命就贱如蝼蚁；如果有牺牲，则需要有一定的价值感，它将保护生命作为最高道德，这是生命个体的自由。

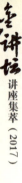
当然为了这个我们就要追求社会平等，而爱情、友情这些都建立在平等的基础之上。其实资本主义并不一定宣传因为人有财富而爱上他，都是爱上他才变成有财富的。不是财富让你得到爱，是爱让人获得地位和财富。这个逻辑关系不一样。美国电影在宣传国家的时候永远在宣传国家不放弃每一个个人，比如《拯救大兵瑞恩》，体现的是人道主义价值观。又比如《逃离德黑兰》。这种主题在国内的电影当中也会发生改变，过去我们只强调人人必须爱国家，但是我们现在也在表现国家也是爱人人的，比如说《湄公河行动》，片中小分队之所以跨境执行任务，是因为13个中国公民在湄公河上被害，我们要为中国公民讨回公道，这是国家的责任，小分队的人承担着国家使命，保护每一个中国公民的使命。

其实《战狼2》之所得获得普遍认可，其中也有一个主题，虽然它夸大了个人英雄的作用，但是这个时候主人公代表的是国家保护在境外本国公民的权利。当然这个故事为了呈现个人英雄，出现了过多对生命的伤害。这种镜头太多，不够谨慎，还可以克制，可以更有人道主义的精神感。但是，为什么这部影片在国内票房这么好，海外票房却很低？应值得我们去思考。

中国的电影在表现价值观的层面上还有很多工作需要做，所以中国电影要想走出去，既有技术方面的问题，也有商业渠道方面的问题，还有文化问题。中国要真正成为一个自信的大国，就必须让中国的文化融入世界的主流文化当中，为世界文化做贡献。中国电影需要成为世界电影的有机组成部分，而且是世界电影当中最有光彩的一个部分，那个时候中国电影才能真正走向世界。这一切除了电影人的努力，更重要的是电影观众的进步。希望有更多中国人能为中国电影未来的发展而骄傲。

后　记

　　大型公益性社会科学普及品牌活动——成都"金沙讲坛",创办于 2009 年 3 月 7 日,由中共成都市委宣传部主办,成都市社科联(社科院)承办,成都市广播电视台、成都传媒集团、成都博物馆、成都金沙遗址博物馆等协办。讲坛着眼于贴近百姓精神文化需求,免费、公开向市民开放。

　　"金沙讲坛"截止到 2018 年 4 月底,已举办现场讲坛活动 471 场。2017 年,金沙讲坛共邀请了 50 位名人名家举办了 50 场讲座,现场听众近 5 万人次。本书一共收录了 2017 年金沙讲坛现场讲座中最具代表性、也最受欢迎的讲座实录 49 篇。

　　本书得以出版,首先归功于众多做客"金沙讲坛"的主讲嘉宾,感谢他们的辛劳付出,让我们有机会汇集这份智慧、分享这份思想。同时,也要特别感谢四川大学出版社对本书的大力支持。

　　本书由成都市社科联(社科院)副主席(副院长)、金沙讲坛办公室主任王苹研究员策划,成都市委宣传部理党处李刚处长、成都市社科联(社科院)科研处处长钟声副研究员编审。

金沙讲坛办公室
2018 年 5 月